구미 지역사 연구

구미 지역사 연구

박인호 지음

필자의 말

정치 중심의 들추어내기에 치중하였던 과거 역사학과는 달리 현대 역사학은 현실과 지역의 필요에 부응하는 살아있는 역사의 기술을 추구한다. 그러나 아무래도 중앙 중심의 정치사 연구에 비해 상대적으로 연구 성과가 집적되지 못하고 있는 것이 지역사 연구이다.

필자는 역사학이라는 학문을 평생의 연구 과제로 삼은 이후 과연 역사학이 우리 현실에 무엇을 가져다줄 수 있을지에 대한 고민이 항상 있었다. 일반 역사학자들이 잘 접근하지 않는 대학의 역사, 인물의 역사, 지역의 역사에 대한 관심이 컸다. 어떠한 방식으로 기술해야 하는지에 대해 방법이나 이론이 잘 정립되지도 않은 상태에서 연구를 진행하였다. 그러나 필자는 이러한 분야에서의 연구가 현대 역사학에서의 지향 방향이라고 생각하였다. 그래서 봉직하던 대학의 대학사 집필이나 대학이 소재한 지역의 역사 연구에 적극적으로 참여하였다. 그 결과 제천과 구미 관련 지역사 책을 간행할 수 있었다.

이번에 출간하게 된 이 책은 구미와 관련된 기존의 필자가 발표한 논문을 정리한 것이다. 필자는 2004년 금오공과대학교에 적을 두면서 구미와 관련된 논문을 지속적으로 발표하였다. 이 논문들은 그동안 발표하였던 논문들을 정리한 것이다. 이 논문들은 구미 지역에 대한 전문 논문이라는 점에서 지역의 역사와 문화를 연구하려는 학자들에게 의미가 없지는 않을 것이나 학술지에 발표하였기 때문에 일반인들이 찾아 읽어보기에는 어려움이 있었다.

필자는 이전에 구미 지역 각 기관의 요청에 따라 이루어진 강연에 사용하였던 강연록을 정리한 『구미의 역사와 문화』를 간행하였다. 일반인들이 읽을 수 있는 구미에 대한 소개서였다. 그런데 구미 지역에 대한 전문 논문을 모아 열람하기 쉽도록 해 주기를 원하는 요청들이 있었다. 구미 지역에 대한 필자의 논문들은 대부분 교내 학술지에 투고되었기 때문에 구하기가 쉽지 않았으며, 그 외 논문들도 여러 학술지에 투고되었기 때문에 일일이 찾기가 쉽지 않았다. 책으로 발간함으로써 논문의 구득난을 해소하고, 또한 지역사를 연구하고자 하는 연구자들에게 자료가 될 수 있다면 더 바랄 것이 없다.

이 책에 수록된 글들은 모두 구미와 관련된 주제를 다룬 논문을 모은 것이다. 이미 발표된 논문을 모은 것이지만 학문적 연속성을 위해 가능하면 기존의 글을 원형 그대로 수록하는 방식으로 편집하였으며, 수정은 오탈자를 고치는 선에서 그쳤다.

구미에 대한 논문을 모은 이 책이 구미의 역사와 문화에 대한 학술적 연구를 진척시키는 밑거름이 되었으면 한다.

2022년 1월

박인호

차례

필자의 말 / 5
일러두기 / 11

제1장 지리서를 통해 본 구미와 인근 지역의 모습

제1절_지리지를 통해 본 전통시대 선산 사회의 변화 15
1. 머리말 15
2. 선산 관련 지리서의 편찬과 그 특징 16
3. 선산 사회 변화의 제 양상 28
4. 맺음말 51

제2절_선산 읍지 『일선지』의 편찬과 편찬정신 54
1. 머리말 54
2. 『일선지』의 편찬 55
3. 『일선지』의 추보 양상 62
4. 『일선지』에 나타난 편찬정신 78
5. 맺음말 93

제3절_인동 읍지 『옥산지』의 편찬과 편찬정신 95
1. 머리말 95
2. 『옥산지』의 이본에 대한 검토 96
3. 『옥산지』의 편찬 102

4. 『옥산지』에 나타난 편찬정신 111
5. 맺음말 127

제4절 _ 성주 읍지 『경산지』의 파판과 그 정치적 함의 129
1. 머리말 129
2. 성주 읍지의 편찬과 내용 130
3. 『경산지』의 파판과 함의 147
4. 맺음말 160

제5절 _ 김천 읍지 『금릉지』의 편찬과 편찬정신 162
1. 머리말 162
2. 『금릉지』의 편찬 163
3. 『금릉지』에 나타난 편찬정신 176
4. 맺음말 190

제2장 조선중기 구미의 사족 동향

제1절 _ 임진왜란기 구미 지역의 사족 동향과 의병 활동 195
1. 머리말 195
2. 지역 동향과 전황 196
3. 선산 지역의 의병 활동 200
4. 인동 지역의 의병 활동 211
5. 맺음말 224

제2절 _ 15세기 초반~17세기 중반 선산 지역 지식인들의 향현 추숭 활동 226
1. 머리말 226
2. 선산의 향현 추숭 추이 227
3. 금오서원을 통한 4현 추숭 241
4. 월암서원, 낙봉서원의 건립 양상 248

5. 향현 추숭을 위한 서원의 건립 252
6. 맺음말 254

제3절 _ 인재 최현의 서북 지역 인식과 관리책 256
1. 머리말 256
2. 선조~광해군 대 여진의 흥기와 서북 지역 상황 258
3. 서북 지역 관리책 263
4. 맺음말 284

제4절 _ 만오 박래겸의 암행어사 직임 수행 배경에 대한 일고찰 286
1. 머리말 286
2. 박래겸의 가문 내력 288
3. 박래겸의 이력과 활동 300
4. 맺음말 311

제3장 조선중기 여헌학파의 학문적 동향

제1절 _ 임진왜란기 지방 지식인의 피난살이
－장현광의 『용사일기』를 중심으로－ 315
1. 머리말 315
2. 자료 소개 316
3. 장현광의 피난 행로와 참상기 321
4. 임진왜란에 대한 여러 관점 329
5. 맺음말 342
【부록】 장현광의 피난 행로 345

제2절 _ 여헌학파의 동향과 만회당 장경우의 위상 350
1. 머리말 350
2. 여헌학의 학문 수수와 여헌학파의 동향 351

3. 장경우의 학문 연원과 교유 관계 ······ 358
4. 장경우의 여헌학파 내 위상 ······ 378
5. 맺음말 ······ 382

제3절 _『해동문헌총록』에 나타난 김휴의 학문세계 ······ 385
1. 머리말 ······ 385
2. 김휴의 가계와 생애 ······ 386
3. 학문적 연원 ······ 394
4. 『해동문헌총록』의 학문적 지향 ······ 403
5. 맺음말 ······ 412

찾아보기 / 415

일러두기

이 책의 글은 필자가 그 동안 개별적으로 발표하였던 지역 관련 논문들을 정리하여 수록한 것이다. 한자는 한글과 병기하면서 모두 괄호 속에 넣었다. 학술논문으로 발표한 것을 정리한 것이므로 내용 수정은 오탈자를 고치는 선에서 최소화했다. 원래 발표되었던 지면을 적으면 다음과 같다.

1장 1절「지리지를 통해 본 전통시대 선산 사회의 변화」, 『조선사연구』 23, 조선사연구회, 2014.
2절「선산 읍지 『일선지』의 편찬과 편찬정신」, 『역사학연구』 64, 호남사학회, 2016.
3절「인동 읍지 『옥산지』의 편찬과 편찬정신」, 『장서각』 22, 한국학중앙연구원, 2009.
4절「성주 읍지 『경산지』의 파판과 그 정치적 함의」, 『퇴계학과유교문화』 58, 경북대학교퇴계연구소, 2016.
5절「김천 읍지 『금릉지』의 편찬과 편찬정신」, 『한국사학사학보』 30, 한국사학사학회, 2014.

2장 1절「임진왜란기 구미 지역의 사족 동향과 의병 활동」, 『국학연구』 30, 한국국학진흥원, 2016.
2절「15세기 초반 ~ 17세기 중반 선산 지역 지식인들의 향현 추숭 활동」, 『선주논총』 24, 금오공과대학교, 2021.

3절 「인재 최현의 서북 지역 인식과 관리책」, 『선주논총』 23, 금오공과대학교, 2020.

4절 「만오 박래겸의 암행어사 직임 수행 배경에 대한 일고찰」, 『선주논총』 17, 금오공과대학교, 2014.

3장 1절 「임진왜란기 지방 지식인의 피난살이 - 장현광의 『용사일기』를 중심으로」, 『선주논총』 11, 금오공과대학교, 2008.

2절 「여헌학파의 동향과 만회당 장경우의 위상」, 『지방사와 지방문화』 19권 1호, 역사문화학회, 2016.

3절 「『해동문헌총록』에 나타난 김휴의 학문세계」, 『선주논총』 9, 금오공과대학교, 2006.

제1장

지리서를 통해 본 구미와 인근 지역의 모습

☙ 제1절 ❧

지리지를 통해 본 전통시대 선산 사회의 변화

1. 머리말

이 글은 특정 지역 지리서의 계속 이어진 자료를 바탕으로 지역 단위 생활상의 변화를 살펴보는데 그 목적이 있다. 조선후기에는 매우 다양한 지리서가 지역에서 편찬되었다. 지리서는 전국지 속에 포함된 것과 개별 읍지로 나눌 수 있으며, 또한 관찬과 사찬으로 나눌 수 있다. 단위 지역에 대한 지리서는 일정한 시간이 지나면 새로이 편찬되었는데, 이는 지역에서의 생활상이 변화되었기 때문에 나타난 결과이기도 하다. 그래서 여기서는 한 지역을 택하여 그 지역에 해당하는 지리서를 모두 모아 지역사회의 변화를 미시적인 측면에서 살펴보려고 한다. 우리가 전통시대 한 지역의 발전을 검증하고자 할 때 그나마 지역 단위의 발전을 설명하는 수 있는 자료는 지리서이다. 이 작업은 전통시대 지리서의 역사 사료로서의 가치를 다시 확인해 보는 작업이기도 하다.

여기서는 자료에 대한 접근이 가능하고 또한 다른 지역에 비해 상대적으로 오랜 기간 동안 연속된 지리 자료가 남아 있는 선산(善山) 지역을 택하여 관련 지리서를 모두 모아 편찬 순으로 지리서를 정리하였다. 그 다음 지리서의 내용 가운데 이전 지리서와 비교해 현저히 변화된 모습을 살피고, 이것이 생활상의 변화와 어떻게 연결되는 지를 서술하였다. 그리고 지리서의 내용을 통해 생활의 중요한 인적·물적 자원의 변화 양상을 전 시기를 통해 구명함으로써 지역에서의 시대별 변화상을 살펴보았다.

2. 선산 관련 지리서의 편찬과 그 특징

〈표 1〉 선산 관련 지리서의 편찬

순번	편찬 연대	편찬자	책명	구분	특기사항
1	1425년	금유, 김빈	선산(『경상도지리지』 소수)		아세아문화사 외 영인
2	1454년		선산 (『세종실록지리지』 소수)		아세아문화사 외 영인
3	1469년	이맹현 외	선산 (『경상도속찬지리지』 소수)		아세아문화사 외 영인
4	1477년	김종직	선산지도지	사찬지도 (읍지)	일선지 내 서문
5	1531년	이행 외	선산 (『신증동국여지승람』 소수)	관찬전국지	아세아문화사 외 영인
6	1601년	노경임	숭선지	사찬읍지	성암고서박물관
7	1618년	최현	일선지	사찬읍지	4권으로 구성 추정
8	1630년대 (?)	최현 원저, 후대 보유본	일선지	사찬읍지	선산문화원 영인, 4권 4책
9	1630년대 (?)	최현 원저, 후대 보유본	일선지(국립중앙도서관)	사찬읍지	선산문화원본에서 누락된 제영 수록
10	1656년 초고 완성	유형원	선산(『동국여지지』 소수)	사찬전국지	아세아문화사 영인

순번	편찬 연대	편찬자	책명	구분	특기사항
11	1759년		선산(『여지도서』 소수)	관찬읍지, 관찬전국지	국사편찬위원회 영인
12	1775년		선산읍지(미산본)	관찬읍지	선주논총 영인
13	19세기초		선산읍지	관찬읍지	
14			선산읍전도	관찬지도	
15	1832년		선산부읍지 (『경상도읍지』 규장각 666)	관찬읍지	경상도 1, 아세아문화사 영인
16	1864년	김정호	선산(『대동지지』 소수)	사찬전국지	아세아문화사 영인
17	1877년경	최현 원저	일선읍지(장서각)	사찬읍지	8번의 후대 보유본을 고종대 추가로 추록함
18	1877년경	최현 원저	일선지(규장각 15484)	사찬읍지	8번의 후대 보유본을 고종 대 추가로 추록 (조선시대 사찬읍지, 한국인문과학원, 1991 영인)
19	1893년	오횡묵	선산 (『여재촬요』 소수, 장서각본)	사찬전국지	
20	1895년		선산읍지 (『영남읍지』 규장각12174)	관찬읍지	경상도 2, 아세아문화사 영인
21	1899년		선산읍지(규장각 10844)	관찬읍지	
22	1900년경	김지원	일선속지	사찬읍지	선산문화원 영인
23	1926년	정규삼	선산읍지	사찬 근대읍지	한국인문과학원 영인
24	1931년	최석봉 원저, 박영기 보유	선산(『영지요선』 소수)	사찬전국지	한국인문과학원 영인
25	1930년대 중반	이병연	선산(『조선환여승람』 소수)	사찬전국지	한국인문과학원 영인
26	1937년	정원호	선산(『교남지』 소수)	사찬전국지	오성사 외 영인

1) 15세기~16세기

조선왕조 건국 이후 편찬된 관찬 지리지는 당대 물적 토대와 생활상을 파악하게 해주는 중요한 자료다. 조선전기 관찬 지리지로는 1432년(세종 14)에 편찬된 『신찬팔도지리지(新撰八道地理志)』, 1454년(단종 2)에 편찬된 『세종실록지리지(世宗實錄地理志)』, 1477년(성종 8)에 편찬된 『팔도지리지(八道地理志)』, 1481년(성종 12)에 편찬된 『동국여지승람(東國輿地勝覽)』 등이 있다. 『동국여지승람』은 이후 여러 차례 수정을 거쳐 1531년(중종 26) 『신증동국여지승람(新增東國輿地勝覽)』으로 간행되었다.

1번의 『경상도지리지』는 1424년(세종 6) 『신찬팔도지리지』 편찬을 위한 찬진 명령을 받고 1425년(세종 7) 경상도에서 편찬한 것이다. 서술 규식에 의하면 읍의 역대 명칭 변천, 부·주·군·현과 향·소·부곡의 이합, 산천·경계·험조·관방, 산성과 읍성의 둘레와 넓이, 온천·빙혈·풍혈·염분·염정·목장·철장·양마의 산출, 토지의 비옥도와 물의 깊이, 기질·기온·민속의 차이, 호구·인구·토산(土産)·잡물(雜物)의 수, 조세·공물의 운반 경로, 군사와 교통 시설, 군인과 전함의 수, 섬과 육지의 원근과 입도인의 유무, 봉화대의 소재처, 능침과 명현의 묘, 인물, 전설 등을 다루도록 되어 있다.[1] 이는 조선초기 국가의 입장에서 인적·물적 토대를 확인하기 위한 기초 자료였다. 선산도호부의 경우 연혁, 속현(속현·부곡·역), 산천, 계역(界域), 호구, 인물, 성씨, 공부(貢賦), 토산공물, 토의경종(土宜耕種), 대제(大堤), 봉화, 임내로 구성되어 있다. 선산과 관련하여 관부에서 파악하여 남아있는 자료 가운데 가장 이른 시기의 것이라고 할 수 있다.

2번의 『세종실록지리지』는 『신찬팔도지리지』 편찬 이후 변동된 사항을 수정하여 1454년(단종 2) 『세종실록』이 편찬될 때 편입된 것이다. 선산도호부의 경우 연혁, 속현(속현·부곡), 산천, 계역(界域), 호구, 성씨, 풍

1 『경상도지리지』, 「선산」; 전국지리지 1, 아세아문화사, 1983, 99~100쪽.

속, 공부(貢賦), 토의(土宜), 토산공물, 토성, 군창, 역, 봉화, 대제(大堤), 절로 구성되어 있다. 호구, 공부, 토의, 토산공물, 토성 등 국가에서 파악하는 경제적 기반과 호구, 성씨, 봉화 등 군사·행정적 내용이 자세히 기록되어 있다. 『경상도지리지』 선산편과 비교할 때 성씨, 공부, 토산, 군창, 역 등 물적 기반에서 증액이 이루어져 지역의 경제적 기반이 향상되고 있음을 확인할 수 있다.

3번의 『경상도속찬지리지』는 1468년(예종 즉위) 『팔도지리지』 고정을 위한 명을 받고 이맹현(李孟賢) 등이 완성하여 1469년(예종 1) 올린 것이다.[2] 선산도호부의 경우 명현, 부곡, 공세, 제언, 봉화, 참역, 정표, 영현, 도진, 정도, 약재, 도기소, 공철·읍성, 산성, 누대·제영, 승사, 원우 순으로 기록하고 있다. 이전 두 지리지와 비교하면 제언이 자세하게 기술되고 관개의 혜택을 입는 결수까지 적고 있다. 또한 참역(站驛), 도진(渡津), 정도(程途), 원우(院宇) 등 교통과 관련된 시설을 자세히 소개하고 있다. 즉 농사의 물적 토대가 되는 제언에 대한 관심과 지역망·교통망의 확대에 따른 기술이 이루어지고 있음을 볼 수 있다. 또한 정표문려(旌表門閭), 누대·제영(題詠) 등 문화적 항목이 들어가기 시작하였다.

4번의 『선산지도지』는 현재 남아 있지 않으나 1477년(성종 8) 선산부사로 있던 김종직(金宗直, 1431~1492)에 의해 편찬되었다. 그런데 『선산지도지』는 산천(山川), 정락(井落), 창해(倉廨), 역원(驛院) 등을 그린 다음 호구, 간전, 도리에서 촌락에 이르기까지 지지적인 수치를 적어놓아 후대 지도집의 구성 방식을 취하였다.[3] 김종직이 세정을 펼치고 관할 지역의 사정을 파악하기 위한 행정 자료로 이 책을 만들었을 것이나 현재 남아 있지 않아서 정확한 내용과 형태는 알 수 없다. 후대에 나오는 군현지도의

2 이성무, 「한국의 관찬지리지」, 『규장각』 6, 서울대, 1982.

3 『一善志(崔晛)』, 〈선산지도지서〉; 구미문화원, 1998.

모습을 갖추었을 것으로 추정된다.

5번의 『신증동국여지승람』은 1531년(중종 26) 이행(李荇) 등에 의해 간행되었다. 선산도호부의 경우 이전에 비해 누정, 학교, 불우, 사묘 등 문화와 관련된 내용이 자세하게 기술되어 있으며, 명환, 인물, 우거, 효자, 열녀 등 인물 관련 기사가 다양하게 나타나기 시작하였다. 특히 제영에서 관련된 시문이 수록된 특징을 보이고 있다. 선산편에는 제영의 시문 외에도 노자석(鸕鶿石), 견탄(犬灘), 북관(北館), 남관(南館), 월파정(月波亭), 양소루(養素樓), 해평현향교(海平縣鄕校), 대혈사(大穴寺), 도선굴(道詵窟), 제성단(祭星壇), 원흥사(元興寺), 약가(藥哥) 등에 시문이 첨부되어 있다. 또한 태조산(太祖山), 이매연(鯉埋淵), 도리사(桃李寺), 어성정(御城亭) 등에는 지역에서 전해오는 전설을 수록하고 있다. 성종을 거쳐 중종대에 이르는 16세기 초반 선산 사회가 안정된 가운데 지역의 문화에 대한 자부심을 보여주고 있다.

2) 17세기~18세기 초반

임진왜란과 병자호란이라는 미증유의 전란을 겪으면서 사회가 크게 일변하였다.[4] 선산이 겪었던 변화는 지리지의 기술 내용에서도 볼 수 있다. 지리서의 형태에서도 임난 이전에는 국가 통치를 위한 행정 자료를 획득하기 위한 목적에서 관찬 전국지가 주로 편찬되었다. 그러나 16세기 이후에는 수령들은 지방 통치를 수행하기 위한 기초자료로, 또한 사림세력들은 향촌 사회의 주도권을 장악하고 기존의 향촌 질서를 영속화하기 위한 자료로 공동의 관심사에 의해 사찬읍지를 주로 편찬하였다.

6번의 『숭선지』는 당시 활발하게 편찬되기 시작하였던 사찬읍지로 나

4 임난 당시 선산 사회가 겪고 있던 고통의 모습은 당시를 적은 일기 자료인 정경달의 『반곡임난일기』, 장현광의 『용사일기』, 정방준의 『금오산성축성일지』 등에서 볼 수 있다.

온 것이다. 영남 지역은 음애(陰崖) 이자(李耔)가 의성현령(義城縣令)에 있으면서 1507년(중종 2) 『문소지(聞韶志)』를 편찬한 이래로 지역별로 사찬읍지가 활발하게 편찬되었다. 선산 지역의 경우 노경임(盧景任, 1569~1620)이 사찬읍지로 『숭선지(嵩善誌)』를 편찬하였다.[5] 정붕의 안상도(案上圖)를 첫머리에 배치하고 고려 김순충(金順忠)에서 시작하여 조선에 이르기까지 80명의 저명한 공경대부와 도학이 있는 인물을 주로 다루고 있어[6] 지역에서의 인물에 대한 관심을 볼 수 있다.[7] 성암고서박물관의 소장의 『숭선지』는 1601년(선조 34) 노경임이 편찬한 『숭선지』를 사위인 경와 김휴(金烋, 1597~1638)의 사위인 수분재(守分齋) 김덕일(金德一)이 1727년(영조 3) 발문을 쓴 필사본이다.

7번의 『일선지(一善志)』는 인재(訒齋) 최현(崔晛, 1563~1640)이 1618년 편찬한 선산의 옛 읍지이다. 자세한 형태는 알 수 없으나 4권이었으며, 1권은 선산문화원본의 1권, 2권은 누락된 제영, 3권은 인물, 4권은 인물의 김윤수 이하로 구성되어 있었을 것으로 추정된다.[8] 이것에 보유, 별집,

---

5 성암고서박물관본(성암2-820) 『嵩善志』는 1책 20장 필사본이며, 크기는 32.7x22.5cm이다.

6 『省克堂集(金弘微)』 권1, 「賦」, 〈題嵩善誌〉. "吾友盧弘仲 性本愛書籍 常念吾東少文獻 德業文章 未免歸泯滅 乃於襄陽 遊刃餘 抽得散逸 成一帙 上自麗朝 迄我聖明 時名公鉅卿 與夫道學才行 靡不錄 雖云或詳或略 疏漏多 自是採摭 頗歷歷 嗚呼 此豈獨見愛書 深如公好德 末路眞罕覿 我今偶題短長吟 弁之卷首 爲君重歎息" 이외 序跋로 『敬菴先生文集(盧景任)』 권2, 「序」, 〈嵩善誌序〉: 『塤篪兩先生文集(鄭萬陽·鄭葵陽)』 권23, 「序」, 〈嵩善誌序〉; 권24, 「跋」, 〈題嵩善志後〉가 있다.

7 『敬菴先生文集(盧景任)』 권2, 「序」, 〈嵩善誌序〉. "吾鄕本新羅一善郡也 上下千餘年間 宏才碩德 前後相望 或以豐功盛勳鳴 或以文章節義鳴 或以學問道德鳴 彪炳一代 垂耀無窮者固非一二 吁亦盛矣 世所謂朝鮮人才半在嶺南 嶺南人才半在善山者 豈不信歟 第世代變遷 古今荒茫 則安知今日之炳炳者未免薰沈響絶 盡歸一場也 此誌之所以作也 但余以年少後進 既無父老傳聞之益 又乏文籍可證之實 雖欲詳錄而備記 末之也已 僅拾平日所聞之若干 以資後日之考 非以求多于前人 恐更遲延 并與今日之聞而亡之也 余之意亦戚矣 況年代之先後 事蹟之虛實 尤非後生所可詳 聊記所知而已 後之覽者其恕之 至於講明道學 以繼開爲任如諸先生 則似當別錄 而自歎孤陋 以待後之君子云"

부록이 뒤에 첨가되고 또한 내용 가운데 일부가 신증되어 8번이 되었을 것이다. 그런데 7번을 증보한 8번의 『일선지』에서는 제영이 누락되어 있는 반면 9번의 『일선지』에서는 별도로 제영이 수록되어 있다.[9]

7번의 『일선지』는 1630년대 보유 작업이 있었으며, 그것이 8번의 형태를 갖추었을 것으로 추정된다. 8번[10]의 경우 〈제일선지인물후〉로 인해 1630년(인조 8) 이준(李埈, 1560~1635)이 보유한 것으로 알려졌으나 생몰연대나 친분관계로 보아 이준의 글은 8번의 보유본을 만들 때 최현이 이준으로부터 이 글을 받아서 수록한 것으로 여겨진다. 8번의 『일선지』를 보면 1책의 권수에 『선산지도지(善山地圖誌)』와 『지리도십절(地理圖十絶)』이 있다. 이어 지리(地理), 풍속(風俗), 공부(貢賦), 관사(官師), 학교(學校), 질사(秩祀), 공서(公署), 고적(古蹟)이 있다. 2책에는 인물(人物)과 신증(新增), 3책에는 행장과 묘지명 등, 4책에는 잡저와 별집 및 부록 「금생이문록(琴生異聞錄)」을 수록하고 있다. 이러한 구성은 뒷 시기에 나오는 관부에서 편찬한 『경상도읍지(慶尙道邑誌)』나 『영남읍지(嶺南邑誌)』의 선산편에 수록된 읍지와 큰 차이를 보이고 있다. 특히 인물에 대한 행적이 2책에서 4책에 이르기까지 광범위하게 수록되어 있다. 이는 지역사회에서 인물 현창이 중요한 시대적 과제로 등장하고 있음을 의미한다.

17번 『일선읍지(一善邑誌)』는 장서각 소장으로 6책본이며,[11] 18번의 『일

---

8 선산문화원본에는 김윤수 이하에 권지4의 표시가 있다. 따라서 원래 최현이 1618년 편찬하였을 때는 4권으로 편찬된 것으로 추정된다.

9 국립중앙도서관본(한고조62-70)은 1책 49장 필사본이며, 크기는 32.2×21.5cm이다. 地理第一, 秩祀第六, 公署第七, 古跡第八, 題詠第九로 구성되어 있다. 현재 남아 있는 국립중앙도서관본의 제영이 7번의 제영인지는 알 수 없다. 다만 8번의 선산문화원본에서 누락된 것으로 보아 7번에서는 간략한 제영이었다가 그 이후 어느 시점에 다시 보충되어 9번의 모습으로 남게 된 것으로 보아도 무방할 것이다.

10 최현 후손가 소장본을 선산문화원에서 1983년 영인하였다(『일선지』, 선산문화원, 1983).

11 장서각본(k2-4291)은 표제가 『一善邑誌』이며, 필사본이다. 線裝이며, 本誌 3권, 補遺 3권 합 6책이다. 크기는 31.5×20.8cm이다.

선지』는 규장각 소장으로 3권 3책본이다.[12] 이 두 책은 같은 내용을 전하고 있으며 규장각본은 보유편 이하 부분이 탈락된 낙질본이다. 후사본들은 8번의 형태를 기본적으로 유지하면서 17세기 이후 변동된 일부 내용을 첨가하여 나온 것이다.[13] 장서각본에서 가장 늦은 기록은 선산부사 가운데 기록된 이호숙의 재임 기록으로, 그는 1874~1876년에 재임하였다. 그리고 청덕비 수립 기사가 있으며 청덕비는 1877년 수립되었다. 따라서 장서각본은 1877년 이후의 편찬물이라고 할 수 있다.

한편 조선중기에는 국가적인 사업으로 전국지를 만들지 못하였다. 그러나 임진왜란 이후의 급격한 사회 변화는 새로운 지리서를 요구하였다. 이러한 요구에 부응하여 개인이 편찬한 전국지로 유형원(柳馨遠, 1622~1673)의 『동국여지지(東國輿地志)』[14]가 나왔다. 10번 『동국여지지』 선산도호부편을 보면 편목상으로는 『동국여지승람』과 큰 차이를 보이지 않으며 내용에 있어서도 『신증동국여지승람』의 것을 근간으로 삼고 있다. 그러나 이 책에는 선산 지역과 관련하여 『일선지』를 인용서목에서 직접 인용하고 있다.[15] 풍속조의 시서교흥(詩書敎興)과 풍절도의(風節道義) 구절은 『동국여지승람』에는 없는 내용으로 『일선지』에서 가져온 자료이다. 산천조의 호지(狐池)와 신곡지(新谷池)에 대한 설명에서 '민뢰관개지리(民賴灌漑之利)' '다관개지리(多灌漑之利)'라는 설명도 마찬가지로 『일선지』에서 가져온 것이다. 한편 『동국여지승람』와 비교해보면 토산·성곽 등의 군사적인 사항, 명관·인물·열녀 등의 그 지역에 살았던 인물들에 대한 사항은

---

12 규장각본(奎15484)은 3권 3책 필사본이며, 크기는 30.6×20.7cm이다. 한국인문과학원에서 1989년 영인하였다.

13 가장 큰 차이는 8번에 누락되고 9번에 있는 제영이 여기에 수록되어 있다는 점이다.

14 『동국여지지』; 전국지리지 3, 아세아문화사, 1983. 서울대 고도서로 9권 10책의 필사본이다. 현재 권 4 상의 경상좌도 부분이 누락되어 있다.

15 박인호, 「유형원의 동국여지지에 대한 일고찰」, 『청계사학』 6, 청계사학회, 1989.

증가 혹은 상세해지고 있다. 여기서도 『일선지』와 마찬가지로 지역 인물에 대한 관심이 확대되고 있음을 확인할 수 있다.

3) 18세기 중반~19세기 후반

18세기 영·정조 대에 들어가면서 국가적 통치 질서를 확립하려는 노력과 맞물리면서 지리지를 편찬하여 상송하라는 명령이 이어졌으며, 이러한 상송령에 의해 관찬 읍지가 계속 편찬되었다. 또한 이러한 관찬읍지를 모아 전국을 단위로 하는 관찬 전국지리지도 편찬되었다. 이 시기 지리서를 보면 관부에 의해 지속적으로 편찬이 이어지면서 물산, 공납, 전세, 봉름, 군병 등 국가에서 파악하려는 부세와 군역에 관련 자료가 자세하게 기술된 특징이 있다.

11번은 영조 때 거듭된 전국적 상송령에 따라 수집 편성된 『여지도서(輿地圖書)』의 「선산편」이다. 『여지도서』 「선산편」의 정확한 상송 년대는 알 수 없으나 1757년과 1759년의 연이은 상송령에 따라 편찬된 것 가운데 하나이다. 1757년 홍양한의 발의에 따라 상송령이 내려져 읍지의 수합이 있었으나 체재와 내용에 미흡한 점이 있었다. 1759년에는 항목과 지침을 수정하여 각 지방에서 작성할 내용을 구체적으로 지시한 관문이 새로이 내려왔다.[16] 이 수정작업에는 선산의 경우 김유수(金裕壽, 1695~1761)가 참여하였다.[17]

『여지도서』의 구성은 지침에 의해 작성되었으므로 대체로 유사하나 일부 지역의 경우 지역의 특성을 반영하면서 구성에서 차이를 보이기도 한

16 배우성, 「18세기 전국지리지 편찬과 지리지 인식의 변화」, 『한국학보』 85, 1996.

17 『晩窩集(金裕壽)』, 「題本府輿地勝覽後」. 김유수는 태수로부터 수정의 명을 받아 일에 참여하였는데, 조목 가운데 바뀌어야 할 것은 조정에서 명한 조례를 따랐으며, 자료는 모두 『일선지』의 기록을 이용하였다.

다. 선산도호부의 경우 기존의 형태와는 달리 한전(旱田), 수전(水田), 진공(進貢), 조적(糶糴), 전세(田稅), 대동(大同), 균세(均稅), 봉름(俸廩), 군병(軍兵) 등의 경제 관련 조항이 모두 뒤에 배치되어 있다. 『여지도서』 「선산편」은 국가적인 파악 작업의 일환으로 작성되었으며 지침에 의거하여 동일한 항목 아래에서 기술되었으므로 다른 지역과 비교해 지역간 차이를 파악하기 쉬운 장점이 있다.

12번의 미산본 『선산읍지(善山邑誌)』[18]는 상송을 위해 지역에서 준비한 관찬 읍지이다. 1775년 경 편찬된 것으로 보이는데 선산 관련 관찬읍지 가운데 비교적 앞선 시기의 것이다. 내제는 선산읍지이다. 『여지도서』 이후 각 분야별로 변화된 수치를 기록하고 있다.[19]

13번의 선산읍지는 김기헌(金箕憲)이 선산부사로 재직하던 때(1802~1806) 편찬한 것으로 전·후 2권으로 알려져 있다.[20]

14번의 〈선산읍전도(善山邑全圖)〉[21]는 군현지도로 편찬된 것으로 읍의 모습을 잘 알 수 있는 자료이다. 원형으로 선산 읍성을 묘사하고 있으며, 감천(甘川) 아래에는 당시 교통로와 함께 각 마을을 정리해 두고 있다. 지도의 하단에는 금오산성을 그리고 있다. 읍성은 1734년(영조 10) 부사 조두수(趙斗壽)가 다시 쌓았다는 기록이 있으므로 그 이후의 상황을 그린 것으로 보인다. 읍내는 기와집과 초가집의 다양한 형태를 통해 당시 선산의 발전 모습을 엿볼 수 있게 한다. 〈선산읍전도〉는 선산에 대한 고지도 가운데 읍내의 상황을 가장 정밀하게 묘사한 지도이다. 1872년에 편집된

---

18 미산본의 경우 필사본 1책 29장이며, 크기는 34.6×22.4cm이다. 1775년 禮房에 의해 수정 완성되었다. 『선주논총』 10(금오공과대학교, 2007)에 영인되어 있다.

19 김석배, 「미산본 선산읍지에 대하여」, 『선주논총』 10, 금오공과대학교, 2007.

20 『선산읍지(정규삼)』, 〈선산읍지발〉, 시은서실, 1926. 여기서 정규삼은 김기헌이 선산부사로 재임할 때 2권으로 지었으며, 당시 군청에 판각이 소장되어 있다고 적고 있다.

21 〈선산읍전도〉(규장각본, 고축 4709-49), 1軸의 彩色圖, 크기 128×58cm.

규장각 소장『조선후기 지방지도』내의 〈선산부지도(善山府地圖)〉보다 이전 시기의 상황을 그리고 있다.[22]

19세기 중엽 고종 대에 들어와 국가의 명령에 의해 전국적으로 작성된 1871년, 1895년, 1899년의 관찬 읍지 편찬에서 재정과 군사에 대한 사항이 더욱 강화되었다.

15번의 「선산부읍지」[23]는『경상도읍지』에 수록된 것으로 지역에서 편성되어 상송된 것을 편집한 것이다.『경상도읍지』「선산부읍지」는 호구자료가 1831년의 것을 수록하고 있으며 다른 읍지들의 하한선이 대체로 1832년 경이므로 대체로 이 시기에 작성된 것으로 보인다.『경상도읍지』내「선산부읍지」의 구성은 뒤에 나오는 20번[24]의『영남읍지』내『선산읍지』와 유사한 형태를 가지고 있다. 21번의『선산읍지』는 단권 형태의 관찬읍지로 규장각 소장이며, 1899년 상송령에 따라 편찬되었다.[25]

이 관찬읍지들은 12번 이래의 관찬읍지의 형태를 그대로 답습하고 있으나 일부 항목에서 수정이 있었다. 21번『선산읍지』의 경우 책판(冊版)이 탈락하고 장시(場市), 이적(異蹟) 등 항목이 보충되는 등 차이가 있다. 이 관찬읍지들은『여지도서』에 비해 읍의 파악이 훨씬 자세하고 경제 관련 자료를 다수 포함하고 있다. 모두 통일된 체제를 갖추고 있으며, 일부는『경상도읍지』나『영남읍지』에 수록되어 있어 당시 다른 지역의 사정

---

22 〈선산읍지도〉를 포함하여 선산 관련 지도류에 나타난 선산 사회의 변화 모습은 박인호, 「조선후기 구미 사회의 변화와 갈등」,『성리학의 본향 구미의 역사와 인물』, 2006, 203~208쪽 참조.

23 필사본이며, 20책으로 구성되어 있다. 크기는 35×22.6cm이다.『읍지』경상도 1, 아세아문화사, 1987.

24 『영남읍지』,「선산부읍지」;『읍지』경상도 2, 아세아문화사, 1987. 1895년경에 편찬되었다.

25 규장각 소장본(규 10844)의 경우 필사본 1책 30장이며, 크기는 37.6×25.8cm이다. 1899年(광무 3) 읍지 상송령에 의해 편찬되었다.

과 비교하면서 선산의 상황을 이해할 수 있는 장점이 있다.

한편 16번의 선산편은 김정호(金正浩)의 『대동지지(大東地志)』에 수록된 것으로 사찬 전국지 속에 수록되어 있다. 김정호가 『대동지지』를 편찬하기 이전에 편찬한 『여도비지』를 보면 행정구역의 극고표, 강역표, 방위표, 도리표 등을 제시하고 있으며, 주요 지역을 연결하는 거리가 중요하게 작동하고 있다. 거리에 대한 강조는 당시 백성들이 사유할 수 있는 공간이 확대되면서 공간을 연결할 수 있는 거리와 교통로가 중시되었기 때문이다. 『대동지지』「선산편」도 각 지점의 거리를 주로 수록하고 있다는 점에서 같은 문제의식에서 나온 것이라고 하겠다.

4) 20세기 초반

19번의 선산편은 오횡묵(吳宖默)이 1893년 편찬한 세계 및 조선지리서인 『여재촬요(輿載撮要)』에 수록되어 있다. 서구의 지리지식이 수용되어 있으며, 각 지역간의 거리가 역시 중요하게 다루어지고 있다. 선산편은 다른 지역과 마찬가지로 선산의 방리와 지도를 수록하고 이어 기존의 지리서의 내용을 간략히 축약하여 기술하고 있다.

22번의 『일선속지(一善續誌)』는 1900년경 김지원(金志遠, 1841~1906)이 『일선지』의 속편으로 편찬한 것이다.[26] 『일선지』의 형태와 체재에 따라 기술하였으며 내용도 『일선지』와 중복되는 부분은 제외하고 신증되는 부분만 기술하고 있다. 『일선지』에서 서술한 내용은 "의구(依舊)"로 생략하였다. 『일선속지』는 『일선지』와 마찬가지로 인물에 대한 자료를 광범위하게 수집하고 있다. 『일선속지』는 편찬자인 김지원이 지역의 선산 김씨 출신이므로 선산 김씨 관련 자료가 상대적으로 많이 수집되어 있다.

23번의 『선산읍지』는 정규삼(丁圭三)이 1926년 전통적인 관찬읍지의

26 『일선속지(김지원)』; 선산문화원, 1985.

내용을 바탕으로 근대적인 내용을 첨보하여 편찬한 것이다.[27]

24번의 『영지요선(嶺誌要選)』 선산편은 1876년(고종 13)에 최석봉(崔錫鳳)이 영남의 읍지를 간략하게 발췌하여 만든 것으로 뒤에 박영기(朴永琪)가 증보하여 1931년 간행한 것이다.

25번의 『조선환여승람(朝鮮寰輿勝覽)』 선산편은 이병연(李秉延)이 1910~1937년까지 전국을 대상으로 하는 『조선환여승람』을 만들면서 선산편으로 만든 것이다. 각 군에 관련된 현황을 50여개 항목으로 나누어 게재하고 있다. 특히 유현·학행·유일·유행·문행·훈신·원종훈·공신·명신·명환·명관·청백·문원·선문·선시·필원·행의·명망·진목·충신·절의·효자·효부·열·문과·사마·무과·음사·수직·증직 등 인물에 관련된 조항을 세분하여 기술한 특징이 있다.

26번의 『교남지(嶠南誌)』 선산편은 정원호(鄭源鎬)가 경상도 도지로 『교남지』를 만들면서 선산편을 편찬한 것이다. 『교남지』는 76권 15책으로 1937년 대구 경문당에서 인쇄하였으며, 1940년 발행하였다.

3. 선산 사회 변화의 제 양상

1) 성씨의 분화와 확대

선산 관련 지리서에 나타나는 재지 사족층의 동향 가운데 주목할 만한 것은 지속적으로 성씨의 확대가 이루어지고 있다는 점이다. 지역 성씨에 관련된 가장 이른 시기 기록인 『세종실록지리지』에 따르면 선산에는 토성(土姓)으로 김·곽·문·임·심·진(秦)·백, 내성(來姓)으로 최·조(趙), 사성(賜姓)으로 유(柳)가 있었다. 해평에는 토성으로 김·윤·길·전·손,

---

27 『선산읍지(정규삼)』, 시은서실, 1926; 김혈조 역, 『국역 선산읍지』, 구미문화원, 2007.

내성(來姓)으로 섭(葉)이 있었다. 비산(緋山)에는 속성(續姓)으로 김·박, 도개에는 속성으로 김, 가덕에는 속성(續姓)으로 진(秦), 고아에는 속성(續姓)으로 곽·박이 있었다.[28] 이러한 지역의 유력 성씨는 중종 대 편찬된 『신증동국여지승람』에서도 대부분 그대로 유지되고 있어 조선전기에는 성씨의 분화에 있어 급격한 변화상을 보이지 않는다.

그러나 임진왜란을 거치고 난 다음에 나오는 기록에서는 변화의 모습을 보여주고 있다. 17세기 초반의 상황을 전하는 『일선지』에서는 선산부의 김(金)·곽(郭)·문(文)·임(林)·심(沈)·진(秦)·백(白)·조(趙)·최(崔) 9성에 대해 김이 매우 성하고 곽·문·심·진·조는 지금 사는 이가 없으며, 최·임 또한 거의 없고, 아전 중에는 백과 김이 많다고 적고 있다. 그러나 그 외에도 전(田)·황(黃)·박(朴)·정(鄭)·노(盧)·이(李)·강(康)·윤(尹)·배(裵)·공(孔)이 새로이 자리잡고 있다. 해평은 김(金)·윤(尹)·전(全)·길(吉)·손(孫)·유(柳)·섭(葉)에 대해 윤은 서울로 옮겨가 토성이 매우 쇠하게 되었으며, 김과 길 또한 쇠하여 난리 뒤에는 남은 자가 거의 없고, 전·손·유·섭도 모두 끊어졌다고 적고 있다. 그러나 최(崔)·고(高)·문(文)·허(許)·강(康)·박(朴)·이(李) 성이 새로 자리잡고 있다. 가덕은 진(秦)이 끊어지고 대신 김·이 성이 자리잡고 있다. 고아와 비산은 기존의 성이 모두 끊어졌다고 적고 있다.[29] 임진왜란 이후의 사회 변화는 많은 성씨의 부침을 가져와 서울로 옮겨간 토성이 생기고 아울러 일부 지역별로 새로운 성씨가 자리잡고 있음을 볼 수 있다.

18세기 중반의 사정을 전하는 『여지도서』에는 선산의 경우 기존의 성씨 외에 이(李)·정(鄭)·안(安)·황(黃)·강(康)·공(孔)·여(呂)·홍(洪)·오(吳)·성(成)·전(田)·민(閔)·강(姜)·노(盧)·정(丁)·권(權)·조(曺)가 신증되

28 『세종실록』 150, 「지리지」, 〈안동대도호부 인동현〉, 〈상주목 선산도호부〉.

29 『일선지』 권 1, 「지리」, 성씨; 구미문화원, 1988, 68~69쪽.

었다. 인구의 급격한 증가와 함께 새로운 성씨의 정착이 이루어지고 있음을 볼 수 있다. 다만 행정단위별 거주지 성관으로 정리되지 못함으로써 일부 성씨의 증가는 확인할 수 있으나 자세한 행정단위 혹은 성관별 특성을 드러내지는 못하였다.

성씨의 확대 추세는 19세기에도 이어진다. 19세기 초반의 상황을 전하는 『경상도읍지』「선산부읍지」에서는 청송 심, 덕수·벽진·완산·연안·인천 이, 밀양 박, 연일·해주·동래·초계 정, 선산·일선·문소·광산·연안·청도 김, 완산 최, 덕산 황, 남양 홍, 양주 조(趙), 창녕 조(曺), 안동 권, 해평·파평 윤, 신천 강, 문화 유, 현풍 곽, 야로 송, 해주 오, 연안 전, 해평 길, 경주 노, 나주 정, 남평 문, 곡부 공, 죽산 안, 여흥 민, 함양 여, 풍천 임, 제주 고, 분성 허, 팔려 도씨가 새로 사족을 형성하고 있다.[30] 임, 풍기 진, 수원 백, 손, 섭, 창녕 성, 진양 강은 「선산부읍지」가 편찬된 19세기 초반 이미 없어졌다.[31] 성관별 구분이 이루어졌으나 거주지별 주요 성씨는 아직 크게 드러나지 못하고 있다.

19세기 후반에 나온 관찬 읍지의 선산편에 따르면 선산에는 성씨로 심(沈), 이(李), 박(朴), 정(鄭), 김(金), 최(崔), 문(文), 노(盧), 길(吉), 강(康), 윤(尹), 황(黃), 홍(洪), 조(趙), 권(權), 조(曺), 유(柳), 전(田), 정(丁), 도(都), 곽(郭), 송(宋), 공(孔), 오(吳), 강(姜), 허(許), 안(安), 민(閔), 여(呂), 고(高), 임(任)이 있었다.

한편 19세기 말의 모습을 전하는 『일선속지』에서는 각 면 단위에서 거주하는 특정 성씨를 기록하여 각 거주지별 주요 성씨의 존재를 엿볼 수 있다. 이후 선산 지역의 성씨는 1926년 정규삼의 『선산읍지』에 따르

---

30 『경상도읍지』「선산부읍지」; 『읍지』 경상도 1, 한국지리지총서 1, 아세아문화사, 1987, 394쪽.

31 『교남지』에는 이에 대한 정보를 남기고 있다.

면 97성 319본으로 증가되었다.[32]

〈표 2〉『일선속지』 소재 각 면 거주 성씨

면	성
본부	沈, 金
해평	崔, 朴, 康, 吉
평성	金(평성), 金(일선), 康, 尹, 柳, 李
망장	李, 康, 尹, 宋, 許, 黃, 吳
무래	李, 金, 崔
신당	鄭, 沈, 全, 白
무을	田, 黃, 金, 朴, 李
독동	金, 沈, 盧
주아	趙, 曺, 盧, 朴
신곡	金, 朴, 鄭, 盧, 閔
도개	金, 洪, 朴, 盧
산양	金, 鄭, 李, 洪, 丁
산동	李
몽대	金, 朴
장천	崔, 張
상고미	吉, 朴, 李, 金, 柳, 崔
하고미	李, 金, 呂, 許, 申, 朴, 柳

이상에서 보이듯이 선산 지역에서는 인구의 이동으로 다양하게 성씨가 확대되는 양상을 지속적으로 보여주고 있다. 특히 임진왜란 이후 편찬된 읍지에서는 이전과는 달리 성씨의 확대가 급속하게 진행되는 모습을 보여주고 있다. 한편 19세기 말에는 각 면별로 특정 성씨가 기록되어 집성

32 『선산읍지』, 시은서실, 1926, 23a쪽.

촌의 모습을 보여주기도 한다.

2) 인구의 증가

선산은 경상도 서북부권의 대읍 가운데 하나였다. 임진왜란 이전에는 생산력의 미흡으로 인구 성장이 더디었다. 게다가 임진왜란 시 호적이 산실되면서 정확한 수치를 알 수 없게 되었다. 임진왜란을 맞이하여 일시적으로는 급속한 인구 감소가 있었는데, 임난 직후의 호수 존립 양상을 보면 1124호 가운데 원래 거주하던 집은 706호에 불과하고 유민이 418호에 달하였다.[33]

『양역실총(良役實摠)』·『여지도서』·『호구총수』 등에서 보이듯이 18세기 중반에 들어와서는 급격한 인구 증가가 있었다. 아래 인구변화를 정리한 표를 보면 18세기에는 40,000~50,000명 선을 유지할 정도로 많은 인구가 선산에 유입되었거나 혹은 증가되었다. 인구 증가 원인으로는 내부적으로는 사회적 안정과 이에 따른 인구의 급속한 자연 증가를 들 수 있다. 외부적으로는 1735년 독진으로 승격되었던 선산부가 군사적으로 중요한 위치를 점하면서 물류의 이동과 함께 인구의 이동도 활발해졌기 때문으로 추정된다.[34]

그러나 19세기 중반을 정점으로 그 이후는 다시 감소세에 있었음을 확인할 수 있다. 19세기 중후반에는 세도정치의 폐해가 극에 달하면서 기근이 잇달아 발생하고 각종 민란이 일어나던 시기이다. 이와 같은 순조 연간의 파행적인 정치 양상이 지역사회에도 영향을 미친 것으로 보인다. 게다가 선산에서는 1862년 농민항쟁이 일어날 정도로 사회적으로 불안하였

33 『일선지』, 「공부」.

34 박인호, 「조선후기 구미 사회의 변화와 갈등」, 『성리학의 본향 구미의 역사와 인물』, 구미문화원, 2006, 198쪽.

다.[35] 19세기 말까지 인구가 극도로 축소되었다가 다시 20세기에 들어와서는 인구의 급격한 성장을 가져와 60,000명이 넘는 인구수를 가지고 있었다.

이러한 인구수의 변화 추이를 놓고 보면[36] 선산은 임진왜란 직후인 17세기 초반과 순조 연간인 19세기 중반에 인구수가 격감하는 양상을 보여주어 지역사회가 어려운 처지에 몰리고 있음을 보여주고 있다. 그러나 18세기 중반에서 19세기 초반까지는 지속적으로 인구가 늘어나고 있어 지역사회가 불어나는 인구를 소화할 수 있을 정도로 건실하게 발전하였음을 볼 수 있다.

〈표 3〉 선산의 인구 변동

읍지(편찬연대)	인구조사연도	호수	인구수	남	여
경상도지리지(1425년)	1425년	809	9136	4218	4918
일선지(17세기 초반)	17세기 초	1124	1026	521	505
일선지(17세기 중반)	17세기 중반		8330		
양역실총(1749년)	1749년	10484		20951	
여지도서(1759년경)	1759년	9012	42165	18705	23460
선산읍지 미산본(1775년)	1774년	8765	42178	20765	21413
호구총수(1789년)	1789년	8863	42972	19841	23131
선산부읍지 경상도 1 내 (1832년)	1831년	7372	37107	9875	11418
광여도·해동지도	19세기 초중반	10621	50964	20749	30215
여지도·팔도여지도	19세기 중반 상황	10249	48352		
대동지지(1864년)	1860년대	7240	35110		

35 이 시기 만연한 부패와 수탈의 모습은 박인호, 위의 논문, 233~235쪽.

36 표에서 적은 인구수는 성인 남자에게 부여되는 부세와 군역을 위한 것이므로 미성년자가 누락된 인구수이나 대체적인 인구의 변동 추이는 볼 수 있을 것이다. 연도는 조사가 이루어진 연대를 적었으나 나타나지 않은 자료는 책의 편찬연대를 적었다.

읍지(편찬연대)	인구조사연도	호수	인구수	남	여
선산읍지 정규삼편찬본 내 기록(1864년)	1864년	9104	45137	20771	24366
일선읍지(1870년대 후반)	1870년대 후반	7605	40064		
선산읍지 정규삼편찬본 내 기록(1888년)	1888년	7364	36713	16908	19805
선산읍지 경상도 2 내 (1895년경)	1895년	7251	38359		
선산읍지 규장각 소장(1899년경)	1899년경	7112	20766	10798	9968
선산읍지 정규삼편찬본 내 기록(1918)	1918년	11716	66141	34793	31348
조선환여승람(1930년대)	1930년대	11716	71093		
교남지 내(1937년)	1937년	13287	75068		

인구수를 통해 보면 19세기 말까지는 여자의 수가 남자의 수에 비해 계속 많은 수치를 기록하고 있다. 19세기 초반의 경우 전체 5만 명 가운데 2만대 3만으로 1만 명까지 남녀 간 차이를 보이고 있다. 이와 같이 남여의 성비가 불균형한 것은 성인 남자들이 과도한 부세부담에 시달리면서 은루정구(隱漏丁口)하여 호구를 탈루하였기 때문으로 이해된다.

3) 행정구역의 변화

선산 지역은 조선에 들어와 1413년(태종 13) 지방제도를 개정하면서 감무를 혁파(革罷)하고 지방관을 임명하면서 선산군이 되었다. 선산의 경우 인구가 천 호 이상이었으므로 1415년(태종 15) 1속현[해평], 4부곡[비산, 도개, 가덕, 고아]을 배정받아 도호부(都護府)가 되었다. 도호부가 되면서 선산의 치소는 구미 선기동에서 선산의 완전동으로 옮겼다. 선산의 군청은 일선 김씨의 거택을 빌려 시작하였다. 그리고 세조 때 진관체제 성립에 따라 선산부는 경상도 우병영 상주진관에 속하게 되었다. 해평군은 1415년(태종 15) 현으로 강등되었다가 다시 선산에 병합되어 군의 위치를 상실하였다. 『동국여지승람』에 이미 해평은 폐현으로 나온다.

지방 행정의 하부 조직에 대한 『경국대전』의 규정에도 불구하고 16세기까지는 면제(面制)가 제대로 확립되지 못하였다. 선산의 경우 17세기 초에 편찬된 『일선지(一善志)』에 수록된 방리의 명칭을 보면 읍내(邑內) 4동, 서면(西面) 11동, 남면(南面) 11동, 동면(東面)·북면(北面) 22동, 상리(上里) 4동, 하리(下里) 4동, 오리(五里) 3동, 개별 동리 15동 등 방위면·리와 개별 동리로 이루어져 있다. 선산의 경우 이 시기에 이르러 차츰 자연 촌락 단계에서 벗어나 행정 하부의 동리를 형성하고 있음을 볼 수 있다. 다만 면, 리, 촌, 동의 단위가 혼재되어 있는 것으로 보아 제일적(齊一的) 지배에는 미치지 못하고 있음을 볼 수 있다.

한 세기가 지나 18세기 중엽 이후의 사정을 정리한 『여지도서』의 선산조에서는 동내면(東內面), 독동동면(禿同洞面), 신곡면(新谷面), 도개면(道開面), 산내면(山內面), 해평면(海平面), 몽대면(夢臺面), 하구미면(下龜尾面), 상구미면(上龜尾面), 북웅곡면(北熊谷面), 평성면(坪城面), 망장면(網障面), 무래면(舞來面), 무을동면(無乙洞面), 신당포면(新堂浦面), 주아면(注兒面), 서내면(西內面), 산성(山城) 등 18면이 자리잡았다. 이 가운데 신곡(新谷), 도개(道開), 북웅곡(北熊谷), 무을동(茂乙洞), 무래(舞來), 신당포(新堂浦), 주아리(注兒里) 등은 17세기 초 편찬된 『일선지』에서 동리명으로 나오고 있어 방위면 아래에서 성장하였던 마을들이 17세기 이후 면으로 확대되고 있음을 볼 수 있다.

1775년 편찬된 미산본 『선산읍지』에 의하면 동내방(東內坊) 5리, 독동동방(禿同洞坊) 5리, 주아방(注兒坊) 13리, 신곡방(新谷坊) 9리, 도개방(道開坊) 11리, 산내방(山內坊) 14리, 산외방(山外坊) 14리, 해평방(海平坊) 23리, 몽대방(夢臺坊) 28리, 북웅곡방(北熊谷坊) 20리, 하구미방(下龜尾坊) 14리, 상구미방(上龜尾坊) 23리, 평성방(坪城坊) 23리, 망장방(網障坊)

9리, 무래방(舞來坊) 5리, 무을동방(無乙洞坊) 14리, 신당포방(新堂浦坊) 17리, 서내방(西內坊) 11리 등 18방 258리로 재편되었다. 이전의 자연 촌락의 명칭도 완전히 방리 체제에 수렴되고 행정 체제도 갖추어졌음을 볼 수 있다. 그런데 여기서 보이는 동리 명칭을 『일선지』의 것과 비교하면 계속 이어지는 동리 명이 많지 않아 18세기 중반 이후 새로운 마을이 광범위하게 형성되고 있음을 알 수 있다. 이 기록은 1832년의 『경상도읍지』 「선산부읍지」에서도 그대로 답습되고 있다.

한편 1789년의 기록인 『호구총수(戶口總數)』[37]에서는 18면 309리에 달하는 면리의 명칭을 확인할 수 있다. 미산본 『선산읍지』에 비해 동리 수가 51개 더 많다. 이러한 면리 체제는 구한말에까지 이어지면서 기존 동리의 확대와 새로운 동리의 신설이 이어졌다. 1890년에서 1906년 사이에 편찬된 『일선속지』에 의하면 방리 신설로 61리를 추가로 소개하고 있다. 또한 방리도 미산본 『선산읍지』 이후 관찬 읍지에서는 모두 방으로 표기된 반면 이 책에서는 면으로 바꾸어 기술하고 있다.

〈표 4〉 선산의 행정구역 변동

	면	리
경상도지리지(1425년)		
일선지(17세기 초)	1읍내, 4면, 3리	74동
여지도서(1759년)	18	
선산읍지 미산본(1775년), 선산부읍지 경상도 1내(1831년), 선산읍지 규장각 소장 (1899년)	18	258
호구총수(1789년)	18	309
해동지도(주기는 19세기 초중반 상황?)	19	
일성록(1896)	18	348

37 『戶口總數』; 서울대학교 규장각, 1996.

	면	리
조선총독부관보(1914)	9	113
선산읍지 정규삼편찬본 내(1926년)	9	130
조선환여승람(1930년대)	9	113
교남지 내(1937)	9	113

1895년(고종 32) 지방제도의 개정으로 전국을 23부로 나누면서 선산은 대구부(大邱府) 관할의 군이 되었다.[38] 1896년(건양 원)에는 다시 23부를 13도로 개정하였으며, 선산은 경상북도 소속의 3등군이 되었다.[39] 선산군의 경우 동내면(東內面) 6리, 서내방(西內面) 12리, 무래면(舞來面) 7리, 무을면(無乙面) 27리, 신당면(新堂面) 15리, 주아방(注兒面) 15리, 독동면(禿同面) 5리, 망장면(網長面) 23리, 평성면(坪城面) 18리, 상고면(上古面) 28리, 하고면(下古面) 25리, 몽대면(夢大面) 33리, 장천면(長川面) 34리, 산동면(山東面) 13리, 해평면(海平面) 31리, 산양면(山陽面) 18리, 도개면(道開面) 19리, 신곡면(新谷面) 19리 등 18면 348리로 구성되어 리의 수가 이전과 비교할 때 가장 많이 나타나고 있다.

한편 1914년 조선총독부 경상북도 고시 제76호에 의해 선산군은 선산면 14동, 옥성면 11동, 도개면 9동, 해평면 14동, 산동면 11동, 고아면 18동, 장천면 9동, 무을면 10동, 구미면 17동 등 9면 113동으로 면내 동리 명칭과 구역 확정이 있었다. 일부 동리는 소속 면이 바뀌었다.[40]

한편 이러한 촌락의 분화가 지속적인 확장만을 의미하지는 않는다. 전통 지역사회의 지속성에도 불구하고 내부적으로는 적지 않은 변화를 맞이하면서 일부 촌락의 경우 폐지되거나 통합되는 부침이 있었다.

---

38 『일성록』, 고종 32년 5월 26일. 시행은 윤5월 1일이었다.

39 『일성록』, 건양 원년 6월 25일.

40 『조선총독부관보』 605호, 대정 3년 8월 7일.

여기서 한 예로 주아리의 촌락 행정 변화를 살펴보고자 한다. 17세기 초반 『일선지』에 따르면 동면(東面)·북면(北面)의 22개 동리 가운데 하나로 주아리(注兒里)가 있다. 18세기 중엽의 『여지도서』에서는 주아면으로 확대되었다. 1775년 편찬된 미산본 『선산읍지』의 경우 주아방(注兒坊)으로 표기되면서 초곡리(草谷里), 농소리(農所里), 주아리(注兒里), 추동리(楸洞里), 이곡리(伊谷里), 문정자(文亭子里), 구평리(龜坪里), 관동리(官洞里), 옹점리(瓮店里), 수태리(水泰里), 창암리(蒼巖里), 외구동리(外九洞里), 내구동리(內仇洞里)의 13개 동리를 거느리고 있다.

1789년 편찬된 『호구총수』에서는 면으로 바뀌어 주아면(注兒面)이 되었으며, 초곡리(草谷里), 농소리(農所里), 주아리(注兒里), 추동리(楸洞里), 이곡리(伊谷里), 창암리(滄巖里), 문정자(文亭子), 구평리(龜坪里), 관동리(官洞里), 중리(中里), 신옹점(新瓮店), 구옹점(舊瓮店), 수태리(水泰里), 죽전리(竹田里), 외구수동(外九水洞), 봉촌(鳳村), 내구수동(內九水洞) 등 17개 동리를 거느리고 있다. 중리, 죽전리, 봉촌이 새로 생겨나고 옹점리가 신옹점(新瓮店)과 구옹점(舊瓮店)으로 분리되었다. 1890년에서 1906년 사이에 편찬된 『일선속지』에서는 방리 신설로 주아방(注兒面)에 휴암(鵂巖), 구평(九坪)이 새로 신설되었다고 적고 있다.

1896년 선산군이 18면 348리로 구성되면서 주아면(注兒面)에는 초곡동(草谷洞), 주아동(注兒洞), 추동(楸洞), 농소동(農所洞), 이곡동(伊谷洞), 문정동(文亭洞), 중리(中里), 구평동(九坪洞), 관동(冠洞), 옥성동(玉城洞), 봉촌(鳳村), 내구동(內九洞), 죽전동(竹田洞), 신기동(新基洞), 송암동(松岩洞)의 15개리를 거느리었다. 창암리, 신·구옹점, 수태리, 외구수동이 없어지고 대신 옥성동, 신기동, 송암동이 새로 생겨나고 있다.[41] 한편 1914년 조선총독부 경상북도 고시 제76호에 의해 주아면은 옥성면에 소속되면서

41 『일성록』, 건양 원년 6월 25일.

세력이 위축되면서 주아리로 바뀌었다.[42]

이와 같이 마을은 새로 신설되면서 만들어지기도 하고 일부는 병합되거나 사라지기도 하였다. 또한 새로운 면이 발생하면서 아예 면으로서의 중심 기능을 상실하고 하나의 동리로 편재되기도 한다. 이와 같이 촌락사회도 시기별로 부침을 거듭하면서 사회적 변화를 따라갈 경우 확대되지만 뒤처질 경우에는 사라지고 있음을 볼 수 있다.

4) 도로와 지역망의 확대

행정구역의 변화와 짝하여 중앙에서 지역으로 혹은 지역에서 지역으로 나아가는 우역망은 일찍부터 자리잡고 있다. 『경상도지리지』 선산편에서는 구며역(仇旀驛), 안곡역(安谷驛), 연향역(迎香驛)이 있었다. 『신증동국여지승람』 선산편에도 이미 역원조를 두어 선산 지역의 역을 자세히 소개하고 있다. 당시 역으로는 기존에 있던 구며역(仇旀驛), 안곡역(安谷驛), 연향역(迎香驛) 외에도 상림역(上林驛), 죽현원(竹峴院), 전마원(箭磨院), 안곡원(安谷院), 다정원(茶亭院), 소법곡원(所法谷院), 을고개원(吾乙古介院), 관풍원(觀風院), 관심원(觀心院), 남상원(南上院), 미라원(彌羅院), 초적원(草積院), 동원(東院), 상림원(上林院), 병비원(竝飛院), 유원(柳院), 허충원(許忠院), 삼한원(三韓院), 속리원(俗離院)이 있었다. 조선초기에 비해 조선중기에는 역망이 크게 확충되고 있음을 확인할 수 있다.

그러나 조선후기에 해당하는 『여지도서』와 『경상도읍지』 「선산부읍지」 단계에서는 구며역(仇旀驛), 안곡역(安谷驛), 연향역(迎香驛), 상림역(上林驛)은 역마와 역리, 역비 등을 두어 관리하고 있으나 전마원(箭磨院), 상림원(上林院)을 제외하고는 죽현원(竹峴院), 안곡원(安谷院), 다정원(茶亭

42 『조선총독부관보』 605호, 대정 3년 8월 7일.

院), 소법곡원(所法谷院), 을고개원(吾乙古介院), 관풍원(觀風院), 관심원(觀心院), 남상원(南上院), 미라원(彌羅院), 초적원(草積院), 동원(東院), 병비원(竝飛院), 유원(柳院), 허충원(許忠院), 삼한원(三韓院), 속리원(俗離院) 등 기존의 우역은 모두 폐쇄되고 없다. 연향발참에 별장과 발참이 파견되어 있을 뿐이다. 역망이 번성하면서 결과적으로 각 동리가 만들어지고 이에 따라 자연히 우역은 없어진 것으로 보인다.

한편 후대에 편찬된 지리지일수록 각 지점과의 거리와 도로망에 대해 자세히 소개하고 있다. 『세종실록지리지』에서는 사방 경계에 대해 동쪽으로 군위(軍威)에 이르기 57리, 서쪽으로 상주(尙州) 임내(任內)인 공성(功城)에 이르기 29리, 남쪽으로 인동(仁同) 임내인 약목현(若木縣)에 이르기 35리, 북쪽으로 상주 임내인 장천 부곡(長川部曲)에 이르기 25리라고 적고 있다. 『신증동국여지승람』에서도 경계에 대해 동쪽은 군위현(軍威縣)의 경계까지 70리, 남쪽은 인동현(仁同縣)의 경계까지 45리, 서쪽은 개령현(開寧縣)의 경계까지 17리, 북쪽은 상주(尙州)까지 39리, 단주(丹州)까지 29리이며, 서울과의 거리는 536리로 적고 있다. 이러한 동서남북으로 거리를 적은 점은 『동국여지지』도 마찬가지이다.

그러나 『일선지』가 편찬될 즈음에는 강역조를 두어 서술이 중요 지점을 중심으로 확대되고 있다.[43] 『여지도서』 이후 각 읍지의 강역조에서는 인근 고을에 이르는 거리뿐만 아니라 감영이나 병영에 이르는 거리까지 기록하고 있다. 또한 도로조가 추가되어 주요 지점에 이르는 도로의 길이도 세밀하게 적고 있다.[44] 지도인 『광여도』와 『해동지도』의 경우도 주기에서 각면의 거리, 각 면 주요 지점에서 지점까지의 거리를 적고 있다. 『교남지』에서는 도로를 구체적으로 명기해 1, 2, 3, 등외 도로 및 철도를

43 『일선지』, 「지리」, 강역.

44 『여지도서』, 「선산도호부」, 강역.

기술하고 있다.

이는 지리 지식의 확대로 지역 간 교류와 유통망이 발전하는 추세와 더불어 도로에 대한 증대된 관심을 보여주고 있다. 또한 역사적으로는 자신이 인지할 수 있는 공간이 더욱 확대되었을 뿐만 아니라 공간의 거리 지식도 더욱 정밀해짐을 의미한다.

5) 인물 관련 인식의 변화

지리서를 보면 지역에서는 인물에 대한 관심도가 높았음을 알 수 있다. 지리지의 편찬과정에서 인물에 관련된 충신, 명현, 효자, 열녀 등 조항이 확대되어 나오고, 또한 지리지에 수록된 인물의 수도 지속적으로 확대되었다.

〈표 5〉 선산의 지리지 소재 인물 변동

	인물	우거	충신	명현	훈열외	효자	열녀	명필
경상도지리지(1425년)	2							
세종실록지리지(1454)	0							
경상도속찬지리지(1469)						2		
신증동국여지승람(1531)	16	10				3	2	
일선지(17세기 중반)	296					26	29	
동국여지지 (1656년 초고 완성)	31						10	
여지도서(1759년)	51	10				18	12	
선산읍지 미산본(1774년)	121					18	13	
선산부읍지 경상도 1 내 (1832년)	65					19	23	
선산읍지 경상도 2 내 (1895년)	15	11	1	12		9	9	
선산읍지 규장각 소장 (1899년경)	146					20	11	
일선속지(1900년경)				1	169	11	9	4

	인물	우거	충신	명현	훈열외	효자	열녀	명필
선산읍지 내(1926년)	146					28	21	
교남지 내(1937년)	292					36	22	

『신증동국여지승람』 선산편에서는 수록된 인물이 대폭 증가하고 있으며, 효자조 외에 열녀조 항목이 새로이 설정되었다. 『일선지』에서는 이전과 비교가 되지 않을 정도로 많은 수의 인물에 대한 자료들을 수집하고 있다.[45] 효자와 열녀가 이렇게 늘어난 것은 지역의 사족들이 효행이나 절의와 같은 유교적 도덕관을 확산시키는 데 노력을 크게 기울이고 있었기 때문이었다. 효자조의 인물은 대부분 사족 출신으로 부모 봉양과 치료에 일정한 공이 있는 이들이다.

그런데 『일선지』의 열녀(烈女)조를 보면 사족 신분이 많으나 하층 신분의 열녀도 적지 않다.[46] 또한 동물까지 충성과 의리의 논리로 표창하는 의구총(義狗塚)과 의우총(義牛塚)을 만들어 유교적 도덕관을 강화시켜 나가고 있다. 이러한 효열의 권장에는 수령의 교화 의지도 크게 작용하고 있다. 선산에서는 여러 열녀, 의구, 의우에 대한 이야기가 전해지고 있다. 이는 수령들의 향풍 교화라는 적극적인 의지 속에서 나온 것이며, 또한 수령들도 이러한 내용들을 발굴하고 전하는 데 큰 역할을 담당하였다.

인물에 대한 현창은 전국지리지인 『동국여지지』 선산편에도 반영되어 나타났다. 18세기의 『여지도서』에서는 『신증동국여지승람』에 수록된 인원은 그대로 수록하면서 신증으로 인물들을 추가하고 있다. 같은 시기에

45 17세기 초에 편찬된 『일선지』의 인물 관련 항목에 수록된 인물의 수는 후비4, 선현, 훈열 234, 숙행34, 기예2, 효자11, 열녀6 신증 효자3 열녀 17이다. 고종 대 만들어진 장서각본 『일선지』에 수록된 인물의 수는 후비 4, 선현 12, 훈열·문무·음사·웅천 234, 숙행 118, 음사68, 효자 26, 열녀 29명이다.

46 박주, 「조선중기 경상도 선산지역의 효자·열녀」, 『조선시대사학보』 8, 1999, 87쪽.

관찬 읍지인 미산본에서도 121명에 달하는 상당한 인물 수를 기록하고 있다.

그러나 이러한 충열 관련 기사는 18세기 이후에 이르면 기록의 증가가 어느 정도 답보상태를 보이고 있다. 숙종 대 이후 중앙 진출이 거의 불가능해진 그리고 큰 선현의 출현이 어려워진 현실 속에서 새로운 인물의 부각이 상대적으로 어려워진 지역의 현실을 반영하고 있다.

그러나 20세기에 들어와서는 규장각본 『선산읍지』를 필두로 하여 정규삼본 『선산읍지』, 이병연의 『조선환여승람』과 『교남지』의 선산편 등에서 수록 인원이 대폭 증가하고 있다. 특히 규장각본 『선산읍지』의 경우에는 수록 인원이 이전에 비해 단연 증가되어 있는 모습을 보이고 있다. 그러나 이 시기의 인물 현창은 지역에서 자신들의 선조에 대한 계보적 관심이 책의 편찬에 투입된 것으로 판단된다.

이러한 충열의 강조 이면에는 당시 사람들의 열악했던 현실이 감추어져 있다. 선산 지역 무반 가문 출신인 노상추(盧尙樞)가 남긴 『노상추일기(盧尙樞日記)』에 의하면 노씨 집안 여성들은 이유 여하를 막론하고 남편이 사망한 이후에 수절하는 것을 당연한 것으로 받아들이고 있으나 남성들은 재혼과 삼혼을 오히려 당연하게 받아들여지고 있다.[47] 열녀조에서 열녀의 행위를 칭송하고 있으나, 결과적으로는 당시 여성들의 열악한 현실과는 유리된 모습을 보이고 있는 것이다.

6) 생산 기반과 경제 변동

선산으로서는 18세기 중엽 급격하게 늘어난 인구를 유지하기 위해서 일정한 농업적 기초가 필요하였다. 선산의 농업 환경을 보면 『세종실록지

47 『노상추일기』, 국사편찬위원회, 2005~2006.

리지』에 의하면 간전(墾田)이 9170결이며, 논이 3분의 2가 못된다고 적고 있다. 상대적으로 논의 비율이 높은 편에 속하고 있다. 『일선지』에 의하면 임진왜란 직후에는 쑥대가 들판을 덮었고 1594년에서야 비로소 둔전을 일으켰다고 적고 있다.[48] 그러나 17세기 후반서부터는 원장부(元帳付) 기록이 8000결이 넘어서고 있으며 18세기~19세기가 되면서 원장부 기록이 동일하게 나타나고 있다. 그러나 세금 징수의 기준이 되는 시기전(時起田)의 경우 1830년대에는 그 전·후 시기에 비해 상대적으로 낮은 수치를 보여 이 시기 지역의 어려워진 경제 현실을 보여주고 있다. 게다가 19세기 중반 시기전의 수치가 높아졌다고 하여도 18세기 시기전보다 수치가 낮다는 것은 이 시기에 광범위하게 은결(隱結)이 행해지고 있음을 보여준다. 19세기의 낮은 시기전 수치는 농업의 황폐화라는 측면보다 관에 의한 음성적 수탈 내지는 포탈의 결과로 보여진다.

〈표 6〉 선산의 지리지 소재 전결 변동

		총 결수	밭	논
세종실록지리지(1454년)	원장부	9170		
일선지(1611년 기록)	원장부	1601		
일선지(1634년 기록)	원장부	8218		
	시기전	6884		
여지도서(1759년 기록)	원장부		5327(81.4)	3569(74.3)
	시기전		3083(58.5)	2806(97.8)
선산읍지 미산본 (1756년 기록)	원장부	8897(55.7)	5377(81.4)	3569(74.3)
	시기전		3078(18)	2682(16)

48 『일선지』, 「공부」, 전결.

		총 결수	밭	논
선산부읍지 경상도 1 내 (1831년 기록)	원장부	8897(55.7)	5327(81.4)	3569(74.3)
	시기전		2519(30.2)	2112(62.8)
선산읍지 규장각 소장 (1845년 기록)	원장부	8897(55.7)	5327(81.4)	3569(74.3)
	시기전		2831(74.1)	2463(11.4)
선산읍지 규장각 소장 (1899년 기록)	원장부			
	시기전	4984(18)		

* 단위: 結(負. 束)으로 표기함.

17세기까지 선산 지역 백성들은 부세 부담으로 전세, 토산, 토공, 공납, 진상, 군역, 잡역 등을 짊어지고 있었다. 공납으로는 봉상시, 제용감, 상의원, 공조, 의영고, 교서관, 전생서, 장흥고, 장원서, 조지서, 혜민서, 사섬시, 전설사, 선공감, 사재감, 예조, 관상감, 사도시, 풍저창, 군기시 등 각사의 공물 값 및 작지 인정은 정목이 1010필27척이었으며 재감(裁減)을 제외하면 오승목이 673필7척, 육승목이 96필이었다. 진상물건으로 관찰사 도계 때의 진상, 호도(胡桃), 상(箱), 경인정목(京人情木) 운가 등을 무명으로 셈해서 올렸다. 그 외 매달 정조, 납일, 약재 등 진상이 있었다.[49] 이러한 세액은 모두 농민에게서 거둔 것으로 농민들의 부담이 과중하였다. 게다가 수세과정에서 품질을 논하여 퇴짜를 놓으면 이에 대한 해결 방안으로 별도의 뇌물이 요구되었다.

대동과 균역이 실시된 이후의 사정을 전하는 『여지도서』에 의하면 전세는 매년 3월에 거두어 5월에 강 배에 실어 낙동강을 따라서 감동포(甘同浦)에 이르러 다시 바다 배에 실어 닷새 걸려 동래에 이르러 부산창에 넣었다. 대동세는 작목으로 3월에 거두어 4월에 육로로 여드레 걸려 서울

---

49 『일선지』, 「공부」.

에 이르러 선혜청에 넣었으며, 쌀은 선산도호부에 쌓아 두고 선혜청서 나누어 주는 것과 같이 하였다. 균세는 전세조 무명과 결전(結錢)은 대동과 같은 시기에 거두어 중앙에 넣었으며, 선무목(選武木)은 9월에 거두어 10월에 육로로 서울에 이르러 균역청에 넣었다.[50]

대동법과 균역법에서 현물로 내던 것이 19세기 초중반 화폐납으로 공식화되면서 수취 형태가 변화하기도 하였다. 『경상도읍지』「선산부읍지」에 따르면 선산에서는 감동미가 돈으로 교환되어 순영으로 납부되고 있다.

이외에도 군역 부담을 적은 『여지도서』의 군병조와 『경상도읍지』「선산부읍지」의 군액조, 환곡 운영을 보여주는 『여지도서』와 『경상도읍지』「선산부읍지」의 조적조 등을 보면 부담액이 점점 늘어가는 양상을 보여 농민들의 부담이 증가하고 있음을 보여주고 있다.

〈표 7〉 선산의 지리지 소재 부세 변동

	전세	대동	균세
여지도서 (1759년)	작목(作木) 70동20필32척3촌(부산창)	작목 1백동(선혜청) 미 1백77석7두5도2홉3사(선산)	전세조 무명 12동1필30척5촌, 결전(結錢) 3042냥7전8푼(중앙) 선무목(選武木) 3동10필(균역청)
선산읍지 미산본 (1775년)	작목 73동40필18척4촌, 미(米) 666석8두4도8홉3사, 태(太) 51석4두8도4홉6사(부산창)	작목 115동(선혜청) 미 1340석(부산창) 미 300석(양산 감동창)	전세조 무명 3동21필25척1촌 대동조 무명 7동25필8척3촌, 결전 3143냥2전1푼 백이조전 82냥8전7푼 호조납삼수량 무명 1동4필32척(중앙) 선무목 3동10필(균역청)

50 『여지도서』, 「전세」·「대동」·「균세」. 후일 대동세 일부는 부산과 양산으로 옮기기도 하고 화폐로 바꾸어 순영에 넣기도 하였다.

	전세	대동	균세
선산부읍지 경상도 1내 (1832년)	작목 58동9필9척 6촌, 미(米) 623석 4두2승6홉5사, 태(太) 43석5두5승 9홉(부산창)	작목 40동(선혜청) 미 855석6두(부산창) 감동미 1131석3두4승 8홉(화폐로 바꾸어 순영)	전세조 무명 3동21필25척1촌 대동조 무명 7동25필8척3촌, 결전 2654냥4전 백이조전 53냥8푼 호조납삼수량 무명 1동4필32척 (중앙)
선산읍지 규장각본 (1899년)	작목 67동26필26척 2촌, 미(米) 667석14 두8도7홉8사, 태(太) 49석77도7홉 (부산창)	작목 90동(선혜청) 미 740석(부산창) 미 450석(양산 감동창)	전세조 무명 3동21필25척1촌 대동조 무명 7동25필8척3촌, 결전 2981냥2전9푼 백이조전 59냥6전3푼 호조납삼수량 무명 1동4필32척 (중앙)

선산에서 생산되었던 농산물은 도내 중요 상업 지역으로 운송되었으며, 일부는 낙동강의 수로를 따라 동해안과 함경도 일원까지 나아갔다. 선산 지역은 면화 지배에 적합하여 면작이 성행하였으며 부세도 작목으로 내었다. 이러한 면작 농업을 가능케 한 것은 광범위하게 개발되었던 수리시설이 있었기 때문이다.[51] 『경상도지리지』와 『세종실록지리지』에서는 호제(狐堤) 1곳을 적고 있으나, 15세기의 『경상도속찬지리지』에는 35제(堤)나 있으며 이러한 광범위한 수리시설은 조선초기 선산 지역의 상대적인 선진성을 보여주는 지표라고 할 수 있다. 이러한 선진성을 바탕으로 길재 - 김숙자 - 김종직 - 김굉필 - 정붕 - 박영으로 이어지는 조선전기 유학의 중심지가 될 수 있었다.

임진왜란을 거치면서 농업 분야에 적지 않은 타격을 입었을 것이나 선산 지역에서는 이를 곧바로 회복하고 있다. 임진왜란 직후의 사정을 보여주는 『일선지』에는 52 저수지 및 천방[池渠]이 있었다. 『경상도속찬지리

51 이태진, 「조선전기 선산지방의 사회변동과 수전농업 발달」, 『민족문화논총』 21, 2000, 147쪽.

지』와 비교할 때 위치상 유사한 것을 감안하면 『일선지』에서 새로 생긴 것이 16개 정도, 폐기되어 사용하지 않은 것이 16개 정도가 되어 제언의 비중은 여전하였다.

그러나 18세기 중반의 『여지도서』에는 6개의 제언만 기록되어 있다. 일정 규모 이상의 제언의 수치를 기록한 『여지도서』의 제언 기록[52]에서 볼 때 선산의 수치는 상대적으로 매우 낮다. 17세기 이후 지역에서 불어나는 인구 압력을 지탱하려면 농사가 활성화되어야 할 것이나 17세기의 제언기록에서는 사용하지 않거나 낮은 수치를 보여 생산 기반이 차츰 쇠퇴해 가는 모습을 보여주고 있다. 이것은 선산이 다른 지역에 비해 생산성이 떨어지고[53] 학문적으로 주변부로 전락해 가는 양상과 맞물려 있다.

다만 18세기와 19세기의 상황을 전하는 미산본 『선산읍지』와 『경상도읍지』「선산부읍지」, 규장각본 『선산읍지』, 정규삼의 『선산읍지』에서는 총 51개 제언이 있으며 이 가운데 폐한 것은 청룡제 1곳 뿐일 정도로 관개 시설이 확충되어 있다. 그러나 호지, 몽대제, 해평연제, 신곡제 등이 3000척 이상의 크기를 유지할 뿐 대부분이 200~500척[54]에 불과할 정도로 소규모의 제언으로 남아 있어 선산 지역의 농업의 영세화를 보여주고 있다.

한편 장시로 해평장은 조선 선조 때 시가원과 해평 객사가 있었으나 임진왜란 때 없어지고 시장 형태를 이루어왔다. 장천에서는 조선 세조

---

52 정치영, 「여지도서를 이용한 조선후기 제언의 지역적 특성 연구」, 『대한지리학회지』, 43-4, 2008, 631쪽 참조.

53 오횡묵도 『자인총쇄록』에서 선산과 인동의 낮은 생산성을 언급하고 있다(『자인총쇄록』, 무자(1888), 9월 경자(16일). "蓋自踰嶺以下 聞慶咸昌田畓豐裕 尙州僅免荒蕪 善山仁同漆谷大邱慶山河陽慈仁等地 沿路所見 峽泉山溪 有源之處 則掘沙導流 懸槹仰溉 備盡人力 千辛萬苦 十或一得 其外磽确之坪沙礫之地 秧焦直立 穗枯不實 田穀萎黃 野草絶靑 間或代播 時晩霜早 已無及矣").

54 둘레를 측정한 척을 cm로 환산하면 주척으로는 21cm, 영조척으로는 31cm 정도이다.

때부터 소규모의 시장이 형성되었다. 이들 시장에서는 곡물, 무명, 소금, 해산물 등이 거래되었다.

장시는 대동법이 실시된 이후 차츰 활성화되어 나타났다. 기록에 의하면 선산 읍내는 2일, 해평은 4일, 구미는 1일, 장천은 5일에 장이 열렸다.[55] 18세기 후반 선산과 해평에서는 5일장으로 선산 읍내의 읍내장이 2일과 7일, 해평장이 4일과 9일 개장하였다.[56] 이전에 나타나지 않던 장시 기록이 지역 지리서로는『경상도읍지』「선산부읍지」에 보이고 있으며, 19세기 초반 선산 지역에는 읍내장이 2일과 7일, 해평장이 4일과 9일, 구미장이 1일과 6일, 장천장이 5일과 10일 정기적으로 열렸다.[57] 19세기 후반에는 보통장이 3일과 8일 열렸다.[58] 20세기에는 도개장이 3일과 8일 열렸다.[59]

7) 사찰 시설의 변화[60]

사찰과 관련된 조항을 보면『세종실록지리지』죽림사,『경상도속찬지리지』에서는 주륵사가 기록되어 있다.『신증동국여지승람』불우조에서는 도리사(桃李寺) 대혈사(大穴寺), 도선굴(道詵窟), 주륵사(朱勒寺), 수다사(水多寺), 득익사(得益寺), 접성사(接聖寺), 미봉사(彌峯寺), 금당암(金堂菴), 용수암(龍水菴), 정지암(井池菴), 문수사(文殊寺), 석천사(石泉寺), 죽림사(竹林寺), 죽장사(竹杖寺) 등 15개의 사찰이 있으며 고적조에 원흥사(元興

---

55 『도로고』4,「개시」;『여암전서』2, 경인문화사, 1976, 306쪽.

56 『동국문헌비고』, 1770; 서유구,『임원경제지』.

57 『경상도읍지』「선산부읍지」;『읍지』경상도 1, 한국지리지총서 1, 아세아문화사, 1987, 399쪽.

58 『일선지』, 규장각 15484, 장시; 한국인문과학원, 1991, 35쪽.

59 『선산읍지』, 시은서실, 1926.

60 재지사족의 집결체로서인 서원의 설립과 문중서원으로의 성격 변화는 박인호,「조선후기 구미 사회의 변화와 갈등」,『성리학의 본향 구미의 역사와 인물』, 구미문화원, 2006, 224~227쪽 참조.

寺) 1개의 사찰이 있다. 이 시기에는 유학자들도 절에 와서 글을 읽었다.[61]

17세기 중반 『일선지』에서는 34개의 사, 암, 굴이 있다.[62] 『동국여지지』에서는 13개 사찰이 있는데 그대로 있는 사찰은 11개이며 보봉사, 동양사 2개 사찰이 추가되었다.

그러나 조선후기로 가면서 지역에서의 불교는 약세를 면치 못한다. 18세기 중반의 『여지도서』에서는 『신증동국여지승람』의 15개 사찰을 그대로 적으면서도 대혈사, 주륵사, 득익사, 접성사, 석천사, 죽림사, 죽장사가 없어지거나 쓸모가 없어졌다고 적고 있어 불교의 시설 기반이 대폭적으로 축소되고 있음을 확인할 수 있다. 19세기 초반의 현황을 적은 『경상도읍지』 「선산부읍지」에서는 30개의 사찰을 적고 있으나 내용을 보면 『승람』 단계에서 내려오는 것은 일부에 불과할 뿐만 아니라 대부분 암자이거나 당시 없어진 것이라 적고 있어 불교가 위축을 금치 못하고 있다. 『교남지』에서는 사찰이 31개나 되며 그 가운데 남아 있는 것은 24개가 된다. 다만 사가 12, 암이 12이다. 당시 없어진 것은 7개이다.[63]

지역에서 보면 17세기 후반을 시작으로 18세기에는 불교 사찰이 없어지거나 퇴보하는 것을 확인할 수 있다. 19세기에는 암자가 많아지면서 불교 시설이 열악해지고 있으며 사람들과도 거리상으로 점점 멀어지고 있음을 볼 수 있다. 선산의 경우 17세기까지는 경상도의 다른 군현과 비

---

61 인동 출신으로 17세기 인물인 장현광의 『용사일기』에는 묵방사에 있는 중을 전부터 잘 알았다거나 혹은 대곡사에서 글을 읽은 적이 있다는 언급이 있다(박인호, 「임진왜란기 지방 지식인의 피난살이-장현광의 용사일기를 중심으로」, 『선주논총』 11, 금오공과대학교, 2008).

62 『여지도서』에 기록된 사찰의 수로 선산이 경상도에서 경주, 진주, 함양 다음으로 많은 수의 불우가 있으며(이병희, 「조선시기 사찰의 수적 추이」, 『역사교육』 61, 1997, 46쪽), 이는 선산이 불교 포교에서 중요한 위상을 지니고 있음을 의미한다.

63 1918년 출간된 『한국불교통사』에서 선산의 사찰 수는 5개에 불과해(이병희, 앞의 논문, 65쪽) 불교의 쇠락 정도가 다른 군현에 비해 컸음을 짐작할 수 있다.

교할 때 상대적으로 많은 수의 사찰이 있었으나 그 이후에는 지속적인 감소세에 있었으며, 특히 20세기에 들어와서는 사찰의 영세화가 가속화하여 사(寺)를 대신하여 암(庵)이 많아지고 있으며, 다른 군현에 비해 불교의 쇠락 정도가 컸다.

4. 맺음말

이 논문에서는 선산 관련 지리서의 내용에 대한 분석을 통해 지역에서의 변화상을 살펴보았다. 여기서는 지리서를 성씨의 분화, 인구의 증가, 행정구역의 변화, 도로와 지역망의 확충, 인물관련 인식의 변화, 제언·장시 등 경제기반 시설의 조성, 유·불교 종교 시설의 조성이라는 주제별로 나누어 분석하였다.

선산 지역은 성씨의 확대가 읍지에 지속적으로 수록되어 있어 인구의 이동과 성씨의 분화가 활발하게 일어나고 있었음을 보여주고 있다. 『일선속지』에 따르면 19세기 말에는 각 면별로 특정 성씨가 기록될 정도로 집성촌의 모습을 보여주고 있다.

선산은 17세기 초반과 19세기 중반에 인구수가 격감하는 어려움이 있었으나 18세기 중반~19세기 초반까지는 나름대로 인구를 소화할 수 있을 정도로 건실한 발전상을 보이고 있다. 19세기 잇단 기근과 민란으로 중반을 정점으로 이후 감소세로 돌아서서 19세기 말 인구가 극도로 축소되었다가 20세기에 들어와서 다시 인구가 증가하는 양상을 보여주고 있다. 인구수를 통해보면 19세기 말까지는 여자의 수가 남자의 수에 비해 계속 많은 수치를 기록하고 있는데, 이는 성인 남자들이 과도한 부세부담에 시달리면서 호구를 탈루하였기 때문으로 이해된다.

한편 19세기 말까지 행정구역에서 동리의 증가가 활발하였는데 촌락

사회도 시기별로 부침을 거듭하면서 사회적 변화를 따라갈 경우 확대되지만 뒤처질 경우에는 사라지고 있음을 볼 수 있다.

우역과 도로에 대한 지리 내용이 자세하게 기록된 것은 지역간 교류와 유통망이 발전하는 추세와 더불어 확대된 지리 지식을 보여주고 있다.

인물에서는 인물 관련 항목이 계속 설정되고, 다루는 인물도 확대되고 있다. 이는 지역의 사족들이 효행이나 절의와 같은 유교적 도덕관을 확산시키는데 큰 노력을 기울이고 있었기 때문이다. 그러나 18세기 이후에 이르면 기록의 증가가 어느 정도 답보상태를 보이고 있다. 이는 중앙 진출이 거의 불가능해진 그리고 큰 선현의 출현이 이루어지지 않는 현실 속에서 새로운 인물의 부각이 상대적으로 어려워진 지역의 현실을 반영하고 있다.

경지면적을 살펴보면 18세기~19세기에는 원장부 수치가 동일하게 나타나고 있으나 시기전(時起田)의 경우 1830년대에는 상대적으로 낮은 수치를 보여, 이 시기 지역의 어려워진 경제 현실을 보여주고 있다. 게다가 19세기 중반 시기전의 수치가 높아졌다고 하여도 18세기 시기전보다 수치가 낮아 이 시기에 은결(隱結)이 광범위하게 행해지고 있음을 보여준다. 그런데 낮은 시기전 수치는 농업의 황폐화라는 측면보다 관에 의한 음성적 수탈 내지는 포탈의 결과로 보여진다.

조선초기 다른 지역에 비해 상대적으로 우수성을 보여주던 선산 지역의 제언이 17세기에서는 수치가 낮아져 차츰 쇠락해 가는 모습을 보여주고 있다. 이것은 선산이 다른 지역에 비해 경제적인 측면뿐만 아니라 학문적으로도 주변부로 전락해 가는 양상과 맞물려 있다. 18세기와 19세기에는 소규모의 제언으로 남아 있어 선산 지역 농업의 영세화를 보여주고 있다. 장시는 대동법이 실시된 이후 차츰 활성화되어 나타났는데 선산의 경우 18세기에 정기시장에 대한 기록이 나타나기 시작한다.

선산은 17세기까지 경상도의 다른 군현과 비교할 때 상대적으로 많은 수의 사찰이 있었으나 17세기 후반을 시작으로 18세기에는 지속적인 감소세에 있었다. 19세기에는 대신 암자가 많아지면서 불교 시설이 열악해지고 있으며 사람들과도 거리상으로 점점 멀어지고 있다. 특히 20세기에 들어와서는 사(寺)를 대신하여 암(庵)이 많아지고 있으며, 다른 군현에 비해 불교의 쇠락 정도가 컸다.

이상의 결과로 볼 때 임진왜란이 끝난 17세기에서부터 영조 대인 18세기 중반까지는 지역사회가 크게 성장하는 시기임을 볼 수 있다. 18세기 후반부터 지역사회가 퇴보하기 시작하였으며 특히 19세기 중반에 가면 인구가 늘어나고 있으나 이를 지탱할 수 있는 능력을 상실하고 있다. 이러한 퇴보 현상이 20세기 초반까지 지속되고 있다. 다만 이러한 일시적 퇴보에도 불구하고 조선후기의 전 시기 측면에서 보면 선산의 지역적 발전은 끊임없이 일어나고 있음도 확인할 수 있다. 이를 전국 단위로 확대하여 보기에는 주저되는 점이 있으나 전통시대 지역사회의 변화 정도를 감안한다면 다른 지역에서의 일상생활의 변화도 이와 유사한 과정을 보일 것으로 예상된다.

꧁ 제2절 ꧂

선산 읍지 『일선지』의 편찬과 편찬정신

1. 머리말

선산의 사찬 읍지인 『일선지』는 최현에 의해 편찬되었다. 『일선지』는 이후 동일한 제명으로 몇 사례 수정이 이루어졌으나, 기본적인 형태는 최현이 만든 『일선지』에서 마련되었다. 선산에 대한 관찬 읍지도 지속적으로 편찬되었으나 내용 면에서 『일선지』의 풍부함에 미치지 못한다. 최현의 『일선지』는 이후 선산에서 편찬된 지리지의 원형이라고 할 수 있다.[1] 따라서 선산의 기본 사료라고 할 수 있는 『일선지』에 대한 분석은 전통시대 선산 사회를 이해하는 하나의 통로가 될 수 있을 것이다.

이 논문에서는 먼저 『일선지』의 편찬자와 편찬 동기를 살펴보았다. 그동안 『일선지』에 대해 단편적으로 진행된 해제 작업에서는 최현, 이준, 혹은 최현과 이준이 공동 편찬한 것으로 적고 있다. 여기서는 『일선지』에 수록된 내용과 편찬 양상을 통해 편찬자 문제를 살펴보았다. 그리고 최현이 어떠한 문제의식에서 『일선지』를 편찬하게 되었는지를 살펴보았다.

1 선산 관련 관·사찬 지리서의 편찬 양상과 사회 변화상에 대해서는 박인호의 「지리서를 통해 본 전통시대 선산 사회의 변화」(『조선사연구』 23, 조선사연구회, 2014)를 참조.

『일선지』에 대한 서지학적 접근으로 각 도서관에 소장된 『일선지』의 이본을 소개하고 그 체재를 비교하였다. 이를 통해 각 『일선지』 별로 추보된 양상을 살펴보았으며, 또한 상호 비교를 통해 보완될 수 있는 내용을 적기하였다.

그리고 『일선지』의 각 항목별로 수록된 내용을 분석하고 그것이 가지는 의미를 살펴보았다. 원래 내용과 추보된 부분과의 비교를 통해 선산 사회의 변화상을 그려보았다. 그리고 『일선지』의 편찬이 가지는 학술사적인 의미를 살펴보았다.

이 연구를 통해 『일선지』의 편찬자에 대한 재검토, 편찬 동기에 대한 해명, 『일선지』의 이본을 통한 다양한 추보 양상 확인, 그리고 지역사 연구의 보고로서의 『일선지』의 가치를 재발견할 수 있을 것으로 기대된다.[2]

2. 『일선지』의 편찬

1) 편찬자 최현

『일선지』는 1618년 최현이 편찬한 것으로 전한다.[3] 최현(崔晛, 1563~1640)의 자는 계승(季昇), 호는 인재(訒齋), 시호는 정간(定簡), 본관은 전

---

2 『일선지』에 대한 기존의 연구로 이병도의 해제(「일선지에 대하여」, 『성기집』, 정화출판문화사, 1983)가 있으며, 이후 『일선지』를 활용한 박주와 이태진의 연구가 있었다. 다만 이들 연구는 『일선지』에 대한 이본 분석이 없이 규장각본을 저본으로 이용함으로써 자료 이용에 문제를 보이고 있다.
박주, 「조선중기 경상도 선산지역의 효자·열녀 - 『일선지』를 중심으로」, 『조선시대사학보』 8, 1999.
이태진, 「조선전기 선산지방의 사회변동과 수전농업 발달 - 『일선지』 분석을 중심으로」, 『민족문화논총』 21, 2000.

3 『訒齋先生文集(崔晛)』, 「訒齋先生年譜」, 〈四十六年戊午(1618) 先生五十六歲〉. "一善誌成"

주(全州)이다. 좌찬성 최심(崔深)의 아들이다. 최현은 어릴 때 고응척(高應陟)의 문하에서 수학을 시작하여 청년 시절에는 김성일(金誠一)에게서 학문을 본격적으로 수학하였다. 1588년 생원시에 입격하였으나 부친상으로 관직에는 나가지 못하였다.[4]

1592년 임진왜란이 일어나자 선산에서 노경임이 중심이 되어 향병이 결성되었을 때 최현은 장서(掌書)로 참가하였다. 최현의 활동은 의병에 관련된 문건을 작성하는 데 장점을 보였다.[5] 이에는 1592년 향병이 결성된 후 작성한 〈향병약속문(鄕兵約束文)〉과 〈통개령의병문(通開寧義兵文)〉 등의 격문, 전란기 지휘부에 보낸 서간, 전란에 따른 곤고한 민생에 대한 애긍과 우국 충정 및 민심을 기록한 〈용사음(龍蛇吟)〉과 〈명월음(明月吟)〉 등의 가사(歌詞),[6] 그리고 임란 후 조사보고서인 『난중잡록(亂中雜錄)』 등이 있다.[7] 『난중잡록』은 1603년 이원익(李元翼)의 건의에 의해 편찬이 이루어졌다. 감사가 좌우 도청 및 열읍 유사를 차출하였는데, 최현은 우도도청(右道都廳), 송원기(宋遠器)는 좌도도청(左道都廳)을 담당하였다.[8] 1598년 임진왜란 때의 공적으로 건원릉참봉(健元陵參奉)에 임명되

---

4 최현의 일생과 현실인식은 박영호의 「인재 최현의 현실인식과 문학관」(『동방한문학』 18, 동방한문학회, 2000)을 참조.

5 『인재선생문집』, 「인재선생연보」, 1592~1598년.
박인호, 「임진왜란기 구미 지역의 사족 동향과 의병 활동」, 『국학연구』 30, 한국국학진흥원, 2016, 383~ 384쪽.

6 필사본 『인재선생속집』 인(홍재휴, 『역주 북애가사』, 전주최씨해평파 북애고택, 2006, 영인).

7 최현의 연보와 묘갈명에는 저술로 『亂中雜錄』이 집에 소장되어 있다고 적고 있다(『인재선생문집』, 「부록」, 〈묘갈명〉). 그런데 최근 이종사촌인 신흘의 후손가에 소장된 영남지역 임란 조사보고서인 『亂蹟彙撰』이 보고되었다. 이 책의 작성에 최현도 일정하게 관련된 것으로 보인다(하태규, 「성은 신흘의 생애와 난적휘찬」, 『역주 난적휘찬』, 역락, 2010, 215~225쪽).

8 『인재선생문집』, 「인재선생연보」, 〈三十一年癸卯(1603) 先生四十一歲〉. "四月 以朝命撰輯亂中雜錄 時完平李公以亂後事蹟撰輯事 陳于榻前 道伯因朝令差出左右道都

었다.

1606년 문과에 급제하면서 본격적으로 관계에 들어갔다. 1608년 동지사(冬至使)의 서장관(書狀官)으로 중국에 갔다가 이듬해 3월 복명하였다. 이 때 작성한 중국으로의 사행 기록인 「조천일록(朝天日錄)」과 각종 복명 서류가 남아 있다.[9] 1610년 5월에는 평안도 암행어사로 파견되어 북쪽의 국경지대를 살펴보았는데 복명 기록인 「관서록(關西錄)」이 남아 있다.[10] 1613년 낙향한 후 고향에 있으면서 지역 선현들의 문집을 편찬하고 여러 친우들과 종유하면서 보냈다. 이때 『일선지』도 편찬하게 되었다. 1623년 인조반정 후 다시 관계에 나아가 승지, 관찰사 등을 역임하였으나 만년에는 모반사건에 연루되어 유배와 옥고를 치렀다. 1632년에는 『춘추』의 예에 따라 『동국통감(東國通鑑)』을 편찬하였다. 정묘호란과 병자호란 때는 고향에서 의병을 일으켰다.

최현의 존모소로 송산서원(松山書院)이 있었다. 송산서원은 안렴사공파 9세인 송정(松亭) 최응룡(崔應龍)과 11세 인재(訒齋) 최현(崔晛)을 제향하는 서원인데 1707년(숙종 33) 해평에 사당을 세웠으며, 1776년(영조 52) 창림리로 이건하면서 서원이 되었다. 후일 병암(屛庵) 김응기(金應箕), 신재(新齋) 김진종(金振宗), 주천(舟川) 강유선(康惟善), 경암(敬庵) 노경임(盧景任) 등을 추가로 배향하였다. 1868년(고종 5) 서원 철폐령에 따라 훼철되었으며, 서원은 송산서당(松山書堂)으로 남았다. 지금은 동재, 서재, 사당이 없어지고 강당과 출입문에 해당하는 사주문만 남아 있다.

廳及列邑有司 先生爲右道都廳 宋進士遠器爲左道都廳"

9 사행 기록인 「朝天日錄」 5권, 「呈文」·「狀啓」 1권은 1785년 간행된 『인재선생속집』에 수록되어 있다. 「조천일록」은 그 중요성이 주목되면서 최근 연행과 관련된 각 자료집에 공통으로 수록되어 있다.

10 복명 기록인 「關西錄」과 복명시의 별책 書啓는 1778년 간행된 『인재선생별집』 권1에 수록되어 있다. 「관서록」과 서계는 평안도의 국경지대 성보에 대한 종합 보고서일 뿐만 아니라 군사 관련 폐단에 대한 개선 보고서이다.

최현이 남긴 글은 『인재선생문집』으로 정리되어 남아 있다.[11] 최현의 묘소는 구미시 장천면 묵어리에 있다. 구미시 해평면 해평리의 옛 송산서원 자리에는 유허비가 남아 있다.

2) 편찬 동기

최현이 『일선지』를 편찬하게 된 직접적인 동기는 건재(健齋) 박수일(朴遂一)의 요청이었다. 최현은 1591년 향현의 사적을 몽유록의 형태로 작성한 「금생이문록」을 만들었다. 그러나 임란 동안 그 원고를 잃어 버렸다가 1594년 초고본을 박수일의 집에서 다시 찾았다. 이때 박수일로부터 향현의 사적이 날로 멀어지니 그대가 '일선지'를 편찬하여 뒷날에 전해야 한다는 말을 들었다. 최현은 가볍게 한 말일지라도 반드시 행하여야 할 일이라고 생각하여 그의 종제인 박성일과 함께 '일선지'를 편찬하려고 하였다. 두 사람이 연이어 사망하여 일이 중단되었으나 이를 완성하려는 생각을 잊지 않고 있었음을 전하고 있다.

> 내가 신묘년(1591) 가을 금생전을 초하여 박순백에게 보여드렸더니, 순백이 칭송하기를 "이는 나의 조부 용암 박운의 소망하신 것이다"라고 하였다. 임진란에 그 원고를 잃어버렸는데 갑오년(1594) 여름 내가 다시 순백이 사는 고곡(해평 괴곡)을 방문했는데, 순백이 부탁하기를 "향현의 가르침이 날로 아득해지니 그대가 마땅히 일선지를 편찬하여 오래도록 전하는 것이 마땅할 것이오"라고 말씀하시면서 이어 좀먹은 종이 몇 장을 꺼내 보여주었다. 이것

11 『인재선생문집』은 原集 13권, 別集 2권, 拾遺 1권, 年譜 1권, 附錄 1권, 합 18권 9책으로 1778년(정조 2)에 三治堂에서 간행하였다. 이 책은 한국고전번역원에서 한국문집총간의 하나로 영인하였다(67집, 1991). 1785년 『인재선생속집』이 朝天日錄 5권과 呈文·狀啓 1권, 拾遺 1권, 합 7권 3책으로 간행되었다. 경인문화사에서는 한국고전번역본과는 달리 속집을 포함하여 한국역대문집총서의 하나로 영인하였다(930-933, 4책, 1994).

> 은 바로 내가 전에 초한 금생전이었다. 선세의 덕을 좋아하는 마음을 잊지 않고 또 선배의 바램을 이루어 드리려고 하자면 비록 이와 같은 가벼운 말씀일지라도 오히려 지키고 행하여야 할 것이다. 순백이 근심스럽게 마음을 쓰는 일은 진실로 우러러보고 공경할 만한 것이다. 그러므로 그의 종제인 성백과 더불어 장차 일선지를 편찬하여 전거할 만한 문헌이 없는 한을 풀어보려고 『용암일기』, 『환성사우록』(환성당은 용암 박운의 둘째인 박연의 자이다) 그리고 향현의 유기 몇 편을 붙여 엮었다. 얼마 지나지 않아 두 사람이 계속 이어 세상을 떠나게 되었으나 내 마음 속에 지를 만들려고 하였던 것을 차마 잊지 못하고 가지고 있었다. 지금 이 책을 엮으면서 슬픈 생각을 금할 수 없으니, 어찌 측은한 느낌과 비감한 마음이 없겠는가. 순백의 이름은 수일이요 성백의 이름은 성일이다. 모두 학행이 뛰어났으나 불행하게도 이를 펼치지 못하고 일찍 세상을 떠나게 되었으니 세상 사람들이 모두 애석하게 여겼다.[12]

이 자료는 최현이 『일선지』를 편찬하게 된 것은 박수일의 권유가 있었고, 향현의 사적을 밝혀 후세에 전하려는 목표가 있었음을 보여주고 있다. 최현이 『일선지』의 인물조에 선현(先賢) 항목을 별도로 표제화한 것도 이에서 연유한다.

그 뒤로도 향현의 사적을 모아 전하려는 문제의식은 여전히 남아 있었다. 최현은 금오서원의 이건과 향현의 종사를 실현하기 위해서는 지역 인물에 대한 광범위한 정보가 필요하였다. 1609년(광해군 원) 12월에 부

---

12 『일선지』 정, 「부록」, 〈금생이문록〉; 선산문화원 영인, 1983. “余於辛卯秋 草出琴生傳示朴君純伯 純伯贊之曰 此吾先祖龍巖之遺意也 壬辰之亂失其稿 甲午夏余訪純伯于古谷 純伯屬余曰 鄕賢典刑愈邈 君宜撰一善誌以壽其傳 仍以囊簡數之示之 乃余前日所草琴生傳也 不忘先世好德之心 欲揄揚先輩之風 則雖此等類俳語 尙爲其所護持 純伯用意之勤 誠可敬而可仰也 乃與其從弟誠伯 將撰成一善誌 而恨無可據文籍 則將龍巖日記喚醒師友錄[喚醒龍巖第二子演也]鄕賢遺記諸篇付之 未幾兩君相繼以沒 而吾之所心許於作誌者則有不忍終負 今旣編摩而愴念存沒 何得無輟斤之感掛劒之悲哉 純伯諱遂一 誠伯諱成一 俱有學行聞於人 不幸不振而早世 人皆惜之”.

지암에서 사수로 한강 정구(鄭逑)를 찾아가서 금오서원의 입향하는 일과 상례의 여러 조목을 논하였다. 연보에는 서원의 제향과 관련하여 최현이 정구에게 자문을 구하였던 내용을 자세히 수록하고 있다.

12월 부지암(不知巖)에서 사수(泗水)로 가서 한강 선생을 찾아뵈었다. 서원의 입향과 상례의 몇 조목에 대해 의논드렸다. 일기에 전하기를 모시고 말씀을 나누다보니 밤이 되었는데 조보의 몇 소식을 보고서 문의하기를 "신궁으로 옮겨가는 건으로 대간이 계청하기에 이르렀는데 어떻게 생각하시는지요"라고 하자 선생께서는 가볍게 미소를 지으면서 말씀하기를 "대간이 이렇게 하는데, 초야에 있는 내가 어찌 감히 조정의 일을 논할 수 있겠는가"고 하였다. 나는 이어 우리 고향의 서원 일로 문의하기를 "처음 야은 선생을 위해 금오산 아래에 서원을 세웠는데 지금 지세가 불편하여 낙동강 가에 옮기고 청액하려고 하는데 계달하여 금오로 서원 이름을 받았습니다. 야은을 위해 창건하였으나 점필재, 신당, 송당을 아울러 제향하고 있고 또 야은도 금오산인이라고 자칭하였으니 서원의 이름을 금오라고 하여도 무방할 듯합니다. 이 의론에 대해 어떻게 생각하십니까"고 하였다. 선생이 말하기를 "지금 낙동강 가로 옮겨 짓는데 금오라고 하는 것은 온당하지 못한 부분이 있고, 또 3현을 아울러 제향하고 있는데 야은의 이름을 홀로 칭하는 것도 편하지 않는 부분이 있다. 선산에 10현이 있다고 하는데 들어볼 수 있겠는가"고 하였다. 대답하기를 "앞의 4선생 외에 충절로 일컬어지는 이로는 판서 김주, 정언 이맹전, 참판 하위지가 있고, 학문으로 일컬어지는 이로는 사예 김숙자, 진낙당 김취성, 용암 박운이 있습니다"라고 하였다. 이에 선생이 말하기를 "선산에는 충현이 많구나"고 하였다. 내가 다시 여쭙기를 "어떤 사람은 향현도 아울러 서원에서 제향하여야 한다고 하고, 혹은 4선생이 이미 서원에 들어가셨으니 그 나머지 향현은 별도로 묘를 세워 제향하여야 한다고 하고 있는데 어느 설이 옳습니까"고 하였다. 선생께서 말씀하기를 "상세하게 듣고 본 것이 없고 깊이 생각해 보지도 않았는데, 내가 어찌 함부로 논할 수 있겠는가. 반드시 행장과 묘갈 등 기록한 것이 있을 것이니 그 글들을 보기를 원하다"고 하였다. 내가 말하기

> 를 "말씀에 따라 적어서 올리겠습니다"고 하였다. 밤이 깊어 물러나 잠을 자고 다음날 아침 문안을 드리고 상례의 여러 조목에 대해 여쭙다가 날이 늦어져 인사를 하고 나왔다.[13]

최현이 정구에게 금오서원에서의 향현 제향건을 문의하였는데, 정구는 선산 향현들의 업적을 파악하기 위해 관련 인물들의 행장과 비갈 등을 모아 줄 것을 요청하고 있다.

최현은 지역 향현들의 사적이 제대로 드러나지 않고, 또 외부에서도 이들에 대해 제대로 평가를 해 주지 않는 것에 대해 곳곳에서 그 안타까움을 직접 표시하고 있다. 최현은 김주(金澍)의 사적에 대해 세대가 멀고 문헌으로 징험하기는 어려우나 그 자취는 민멸할 수 없음을 강조하고 있다. 이 점은 동향의 학자인 용암 박운이 『동국문헌록』을 지어 김주와 이맹전의 일을 명현록에 넣으려고 하였던 것의 연장선상에 있다.[14] 신당 정붕

---

13 『인재선생문집』, 「인재선생연보」, 〈三十七年 光海元年 己酉(1609) 先生四十七歲〉. "十二月 自不知巖轉往泗水 拜寒岡先生 論書院入享事及喪禮諸條 日記略曰 陪話至夜 見朝報數三條 因問曰 移御新宮 臺諫必至於啓請 何如 先生微哂曰 臺論如是 草野何敢議朝廷事乎 余因稟吾鄉書院事曰 初建冶隱書院于金烏山下 今以地勢不便 移卜洛江之濱 請額之際 瞢然啓達 以金烏賜額書院 爲冶隱刱建 而以佔畢齋新堂松堂幷祀 或言冶隱自稱金烏山人 院號金烏無妨 此議如何 先生曰 今旣移設洛濱 號以金烏 未穩 且幷祀三賢 而獨稱冶隱之號 亦未安 聞善山有十賢之號 可得聞耶 對曰 前者四先生外 以忠節稱者有金判書澍李正言孟專河參判緯地 以學問稱者有金司藝淑滋金眞樂堂就成朴龍巖雲耳 先生曰 多乎哉 善山之忠賢也 余曰 或以爲鄉賢宜幷入書院 或以爲四先生旣入書院 其他鄉賢 宜別立廟 何說爲是 先生曰 旣無聞見之詳 又乏可考之事 吾豈敢議爲 必有行狀碑碣等可記者 願見其書 余曰 從當書進 夜深退宿 翌朝入謁問喪禮數條 日晩辭出".

14 『일선지』 형, 「인물」, 〈선현〉. "金澍 (중략) 按金先生之事 雖無載籍 去古未遠 父老或有傳者 先生五代孫金應教振宗 與朴龍巖爲道義交 嘗以此密語龍巖 龍巖每加景歎 惟恐先生節義泯而無傳 故其仲子演及孫遂一 錄其親聞父師之言載于日記 余先君亦爲應教一家人 親問其語 而誨余如是 常如朴公商確所聞 思有以闡揚龍巖之意者 素矣 (龍巖欲撰東國名賢錄 以金先生及耕隱李先生事擬入錄中 抵書退溪先生 先生答以數公之事 鄙意恐在所商量 未可遽然揭出 以犯古人所謂慮患之道也 龍巖有志撰錄 而竟

(鄭鵬)에 대한 임제광(林霽光)의 묘갈명 기사에 대해 흐릿하고 너무 간략하여 선생의 공과 학문에 조금도 미치지 못하고 있다고 비판하고 있다.[15] 여기서도 향현의 사적을 드러내려는 최현의 찬술 의도가 드러나고 있다.

이상에서 보듯이 『일선지』 편찬의 직접적인 동기는 선산 출신 향현의 행적 파악과 추숭을 위한 자료 수집에서 출발하였음을 볼 수 있다.

3. 『일선지』의 추보 양상

1) 『일선지』의 편찬과 추보

현재 남아 있는 『일선지』는 후대에 추보된 것이므로 최현이 편찬하였던 『일선지』를 확정하는 데 어려움이 있다. 현존하는 『일선지』를 정리하면 다음과 같다.

〈표 1〉 『일선지』의 이본 양상

순번	편찬연대	편찬자	책명	특기사항
1	1618년	최현	『일선지』	4권으로 추정
2	1630년대	최현 보유본	『일선지』(선산문화원)	선산문화원 영인
3	1630년대	최현 보유본	『일선지』(국립중앙도서관)	지리·공서·고적 등 일부와 제영 수록

不果)夷考當時之跡 與先生子孫之所傳詳略 雖或不同 而概不出於採薇之意焉 (중략) 世代旣遠 文獻無徵 如此等事 固不可臆料 而其抗志康義 飄然遠逝之跡 終有不可得以泯沒者 故竝錄鄙見 以備參考云".

15 『일선지』 리, 「잡저」, 〈新堂鄭先生墓碣銘(林霽光)〉. "林公以文章自許 而今此碑文操語 鶻災略不及先生用功學問之事 豈其人素無學識 而自謂知先生者 亦非道義之交也 抑當時士禍未殄 仇視善良 有所怵迫 而未能盡言耶 噫 惟魚知魚 唯聖知聖 是豈文士之所可形容也".

순번	편찬연대	편찬자	책명	특기사항
4	1877년경	후대 추보본	『일선읍지』(장서각)	보유본을 고종 대 추가로 추보
5	1877년경	후대 추보본	『일선지』(규장각)	보유본을 고종 대 추가로 추보 (한국인문과학원 영인)

최현이 『일선지』를 편찬하기 이전에 선산에서 만들어진 사찬 읍지로는 김종직(金宗直, 1431~1492)이 편찬한 『선산지도지(善山地圖誌)』와 노경임이 편찬한 『숭선지(嵩善誌)』가 있다.[16] 『숭선지』는 주로 인물에 대한 기록을 담고 있다.[17] 이를 바탕으로 편찬되어 나온 것이 『일선지』이다. 최현의 연보에 의하면 1618년 완성한 것으로 적고 있다. 그런데 현재 남아 있는 『일선지』에는 그 이후의 내용이 보충되어 있어 1618년 편찬된 『일선지』를 확정하거나 혹은 그 내용을 이해하는 데 어려움을 보여주고 있다.

현존하는 『일선지』 가운데 가장 이른 시기의 것이 후손가에서 소장하고 있던 『일선지』이다.[18] 그런데 이 책에는 창석(蒼石) 이준(李埈, 1560~1635)이 집필한 〈제일선인물지후(題一善人物誌後)〉[19]가 인물조 선현 항목 끝에 남아 있어, 이로 인해 이준이 1630년(인조 8) 경 최현의 『일선지』를 추보한 것으로 알려지고 있다.[20] 그러나 이준의 1630년 작 제후가 있다고 하여

---

16 『善山地圖誌』는 남아 있지 않으며, 서문만 『일선지』에 수록되어 있다. 『嵩善誌』는 성암고서박물관본이 남아 있다.

17 『省克堂集(金弘微)』 권1, 「賦」, 〈題嵩善誌〉.
『敬菴先生文集(盧景任)』 권2, 「序」, 〈嵩善誌序〉.
『塤篪兩先生文集(鄭萬陽·鄭葵陽)』 권23, 「序」, 〈嵩善誌序〉; 권24, 「跋」, 〈題嵩善志後〉.

18 선산문화원에서 1983년 영인하였다(『일선지』, 선산문화원, 1983). 이를 바탕으로 1998년 국역하였다(『국역 일선지』, 선산문화원, 1998).

19 『蒼石先生文集(李埈)』 권12, 「잡저」, 〈題一善人物誌後〉. "(상략) 崇禎庚午正月壬寅日 蒼石叟題" 『일선지』와는 달리 『창석선생문집』에는 1630년 작성이라는 연기가 표기되어 있다.

그것이 바로 이준이 추보하였던 증거라고는 할 수 없다. 게다가 이준의 제후는 전체 『일선지』에 대한 제후가 아니라 인물조 선현 항목에 대한 제후이다.

최현이 1640년까지 생존하였던 점에서 본다면 최초로 만들어진 『일선지』의 선현 항목을 보고서 이에 대해 이준이 제후를 보내왔으며, 최현이 『일선지』를 추보하면서 이준의 글이 첨입되었던 것으로 생각된다. 이준은 최현과 밀접하게 교류하고 있었으며,[21] 초고를 보내주면 서로 의견을 제시하기까지 하였다. 이준은 「금생이문록(琴生異聞錄)」을 보고서 최현에게 답장을 보냈는데 명도(鳴道)의 문장(文章)이라고 극찬하면서도 신당과 송당의 학술에 대한 일부 구절에 대해서는 산개(刪改)를 요청하였다.[22] 현재 남아 있는 「금생이문록」에서는 해당 구절이 보이지 않는다. 이는 최현이 이준의 의견에 따라 해당 부분을 고치고서 이준이 작성해 준 제후를 덧붙여 놓은 것이다.[23] 『일선지』에 수록된 이준의 인물조 선현 항목 제후도

---

20 그외 1656년 유형원이 편찬한 『동국여지지』에서도 『일선지』의 작자를 최현과 이준의 찬으로 적고 있다(『東國輿地志』, 「纂輯諸書」).

21 최현은 1617년 蒼石 李埈 등과 옥성서원에서 만나 회강하였으며, 1629년에는 月澗 李㙉의 睦齋에서 강을 열었다. 최현은 말년까지 상주의 월간과 창석 형제와 밀접하게 교류하고 있었음을 볼 수 있다(『月澗先生文集(李㙉)』, 「月澗先生年譜」 권1, 〈四十五年丁巳 先生六十歲〉 및 〈二年己巳 先生七十二歲〉).

22 『蒼石先生文集』 권9, 「書」, 〈答崔季昇晛〉. "(상략) 然此等文字 須以涵蓄爲務 使忠厚之意多 然後可傳之永久而無弊 願就其文意淺露處 更加刪改 要使無疵纇 然後出而示人如何 至於新堂松堂兩先生學術之精粗 非後學淺識所可窺 然一仕於無道之世 不能救善士之死 晩日再越 竟卒于官 一爲無賴所誣 橫被重栲 未及歸理舊業 而輿尸而歸 兩先生英爽若在 其必以不能早尋遂初賦爲歉然也 此實推本兩賢之心而言之 亦出於責備賢者之義 今於立傳命意之際 須有折衷之設以示後學 未知兄意如何 凡語意未穩處 雖承示鄭重 或刪或改 而其僭踰之罪 實無所逃矣 況率爾點竄 未必所見之爲是耶 惟兄更加繹焉而取舍之 幸甚"

23 『일선지』 정, 「부록」, 〈題崔季昇所撰琴生傳後(李埈)〉.
『인재선생문집』, 「인재선생연보」, 〈二十二年甲午(1594) 先生三十二歲〉. "琴生異聞錄成 此乃先生寓言 而發揮鄕賢事蹟者也 作於辛卯(1591) 失於亂中 甲午 因健齋朴公得本草 乃更輯成 蒼石李公跋"

초고 작성 후 이준으로부터 받은 의견을 수록한 것으로 생각된다.[24]

선산문화원본을 바탕으로 1618년 편찬된 『일선지』를 추정해 보면 최현이 처음 편찬한 것은 총 4권이었던 것으로 보인다. 1권은 현 선산문화원본의 1권, 2권은 선산문화원본에서 누락되어 있는 제영, 3권은 인물, 4권은 인물의 김윤수 이하[25]이었을 것이다. 이것을 후대에 다시 증보하면서 보유, 별집, 부록이 뒤에 첨가되고 또한 내용 가운데 일부가 신증, 혹은 증보되었던 것으로 추정된다.

선산문화원본 『일선지』의 내용을 보면 1618년 이후에 보충된 기사가 다수 보인다. 첫째 인물와 분묘에서의 신증, 둘째 관사조의 이여황(李如璜) 사망 기사,[26] 셋째 이준이 1630년 작성한 일선인물지 제후, 넷째 서원조 월암서당의 1636년 하위지와 이맹전의 병향 기사,[27] 다섯째, 『일선지』의 공부조에서 전결(田結) 항목에 1634년 기록이 있으며, 토공(土貢) 항목에는 1634년 전답 측량 후에 3년 기한으로 그대로 두었다는 등의 기록이 있다. 이를 통해 보면 1618년 처음 완성 후 1630년 중반까지 지속적으로 보충되었음을 볼 수 있다. 따라서 최현이 1618년 완성하였을 당시 책의 구성은 4권으로 되어 있었다가 일부 내용의 보충과 인물의 신증, 일부 제후 첨가, 보유편 작성이 최현의 생전에 지속적으로 이루어졌던 것으로

24 만약 이준이 추보하였다면 추보된 『일선지』가 이준의 집안에서 나와야 할 것인데 선산문화원본 『일선지』는 최현의 후손가에 소장되어 있었다. 또한 이준이 『일선지』를 본격적으로 수정·보충하였다면 이준의 문집인 『창석선생문집』에 관련된 내용이 나왔을 것이나 현재 『창석선생문집』에는 『일선지』의 수정·보충과 관련된 사항은 전하지 않고 있다.

25 선산문화원본에는 김윤수 이하에 '卷之四'의 표시가 있다. 이를 근거로 추정하면 처음 최현이 1618년 편찬하였을 때는 4권으로 편성되었던 것으로 보인다.

26 李如璜(1590~1632)은 선산부사 재직 중 사망하였으므로 이 책은 최소한 1632년까지의 상황을 반영한 것이라고 할 수 있다.

27 『일선지』 원, 「학교」, 〈月巖書堂〉. "在府東面二十里洛江之岸 崇禎庚午(1630) 鄕士子共爲新谷金先生澍 呈文于府使趙公纘韓 立廟建書堂 丙子(1636)以河先生緯地李先生孟專幷享" 선산문화원본에서 가장 늦은 기록이다.

보인다.[28]

그런데 국립중앙도서관 소장의 『일선지』[29]는 1책의 낙질본으로 남아 있으나 그 내용을 보면 장서각본의 추보 이전의 것이 수록되어 있어 최현에 의해 만들어진 초기 『일선지』에 해당한다.

그 뒤 『일선지』에 지속적으로 추보가 이루어졌음은 현재 남아 있는 장서각본과 규장각본 『일선지』의 내용을 통해 알 수 있다. 추보자는 현재 알 수 없다. 장서각 소장의 『일선읍지』는 6책본이며,[30] 규장각 소장의 『일선지』는 3권 3책본이다.[31] 이 두 책은 같은 내용을 전하고 있으며 규장각본은 장서각본 혹은 장서각본에 해당하는 것을 후대에 필사한 것이다.

이 필사본들은 17세기 이후 변동된 일부 내용을 선산문화원본의 내용 뒤에 첨가하고 있다. 기본적인 형태는 최현이 편찬하였던 『일선지』의 모습을 유지하고 있다. 관쉬조(官倅條)에 의하면 마지막이 이호숙(李鎬肅)이며, 그는 1874년(고종 11) 6월에 도임하여 1876년(고종 13) 12월에 체거하였다. 그리고 이호숙(李鎬肅)의 청덕비 수립 기사가 있으며, 청덕비는 1877년 수립되었다. 금오산성의 내성 항목에서 고종 연간의 이용직이 언급되어 있어 장서각본은 고종 연간까지 추보된 것임을 알 수 있다.[32] 따라서 장서각본은 1877년 이후의 고종 때 추보된 것으로 보인다.

---

28 최현이 1640년까지 생존한 것으로 보면 최후까지 추보한 것이 현 선산문화원본으로 보인다.

29 국립중앙도서관본(한고조62-70)은 1책 49장 필사본이며, 크기는 32.2×21.5cm이다. 선산문화원본 『일선지』와 비교하면 수록 내용이 같다.

30 장서각본(k2-4291)은 표제가 『一善邑誌』이며, 필사본이다. 線裝이며, 本誌 3권, 補遺 3권 합 6책이다. 크기는 31.5×20.8cm이다.

31 규장각본(奎15484)은 3권 3책 필사본이며, 크기는 30.6×20.7cm이다. 지지의 내용에서는 장서각본과 같으나 보유편 이하 부분이 누락된 낙질본이다. 이를 한국인문과학원에서 1989년 영인하였다.

32 성단조의 내용을 보면 고종 대 암행어사 이용직(1824~?)이 운현궁에 지도를 보냈다는 내용이 전한다.

한편 1900년 경 김지원(金志遠)이 『일선지』의 속편으로 편찬한 『일선속지(一善續誌)』가 남아 있다.[33] 『일선지』의 형태와 체재에 따라 기술하고 있다. 『일선속지』는 『일선지』를 이어 편찬한다는 의식이 강한 책으로, 내용도 『일선지』의 서술 내용은 "의구(依舊)"로 생략하고, 신증되는 부분만 기술하고 있다. 지역 출신 인물들의 행적과 시문을 주로 수록하고 있는데, 구암 김취문과 그 계열 인물의 자료가 상대적으로 많은 분량을 차지하고 있다.

2) 『일선지』 이본의 체재 비교

여기서는 먼저 현존하는 『일선지』 이본의 항목 구성을 상호 비교함으로써 각 『일선지』의 추보 양상을 살펴보고자 한다.

〈표 2〉 『일선지』 이본의 항목 구성 비교

<table>
<tr><th colspan="2">선산문화원본
『일선지』</th><th colspan="2">국립중앙도서관본
『일선지』</th><th colspan="2">장서각본
『일선읍지』</th><th colspan="2">규장각본
『일선지』</th></tr>
<tr><td rowspan="9">卷1
(元)</td><td>善山地圖誌</td><td rowspan="9">卷1</td><td>善山地圖誌</td><td rowspan="9">卷1</td><td>善山地圖誌</td><td rowspan="9">卷1</td><td>善山地圖誌</td></tr>
<tr><td></td><td></td><td>地圖</td><td>地圖</td></tr>
<tr><td>地理圖十絶</td><td>地理圖十絶</td><td></td><td></td></tr>
<tr><td>地理第一</td><td>地理第一
(一部)</td><td>地理第一</td><td>地理第一</td></tr>
<tr><td>風俗第二</td><td></td><td>風俗第二</td><td>風俗第二</td></tr>
<tr><td>貢賦第三</td><td></td><td>貢賦第三</td><td>貢賦第三</td></tr>
<tr><td>官師第四</td><td></td><td>官師第四</td><td>官師第四</td></tr>
<tr><td>學校第五</td><td></td><td>學校第五</td><td>學校第五</td></tr>
<tr><td>秩祀第六</td><td>秩祀第六
(一部)</td><td>秩祀第六</td><td>秩祀第六</td></tr>
</table>

33 『一善續誌(金志遠)』; 선산문화원, 1985.

<table>
<tr><td rowspan="4"></td><td colspan="2">公署第七</td><td rowspan="3"></td><td>公署第七</td><td rowspan="2"></td><td colspan="2">公署第七</td><td rowspan="2"></td><td colspan="2">公署第七</td></tr>
<tr><td colspan="2">古蹟第八</td><td>古蹟第八</td><td colspan="2">古蹟第八</td><td colspan="2">古蹟第八</td></tr>
<tr><td colspan="2" rowspan="2"></td><td></td><td rowspan="6">卷2</td><td rowspan="2">題詠</td><td>地理圖十絶</td><td rowspan="6">卷2</td><td rowspan="2">題詠</td><td>地理圖十絶</td></tr>
<tr><td>卷</td><td>題詠第九</td><td>題詠</td><td>題詠</td></tr>
<tr><td rowspan="11">卷2
(亨)</td><td rowspan="9">人物</td><td>后妃</td><td rowspan="19"></td><td rowspan="19"></td><td rowspan="4">人物</td><td>后妃</td><td rowspan="4">人物</td><td>后妃</td></tr>
<tr><td>先賢</td><td>先賢</td><td>先賢</td></tr>
<tr><td>題一善人物誌後</td><td>題一善人物誌後</td><td>題一善人物誌後</td></tr>
<tr><td rowspan="2">勳烈文武蔭仕應薦</td><td>勳烈 文武蔭仕 應薦</td><td>勳烈 文武蔭仕 應薦</td></tr>
<tr><td rowspan="7">卷3</td><td rowspan="7">人物</td><td>勳烈 文武蔭仕 應薦</td><td rowspan="7">卷3</td><td rowspan="7">人物</td><td>勳烈 文武蔭仕 應薦</td></tr>
<tr><td>淑行</td><td>淑行</td><td>淑行</td></tr>
<tr><td>技藝</td><td>技藝</td><td>技藝</td></tr>
<tr><td>孝子</td><td>孝子(追加)</td><td>孝子(追加)</td></tr>
<tr><td>烈女</td><td>烈女(追加)</td><td>烈女(追加)</td></tr>
<tr><td rowspan="2">新增</td><td>孝子</td><td rowspan="2"></td><td rowspan="2"></td></tr>
<tr><td>烈女</td></tr>
<tr><td>卷3
(利)</td><td>補遺</td><td>雜著(行狀,行錄,墓誌銘)</td><td></td><td colspan="2"></td><td></td><td colspan="2"></td></tr>
<tr><td rowspan="7">卷4
(貞)</td><td>補遺</td><td>雜著</td><td rowspan="4">卷4</td><td>補遺</td><td>雜著</td><td rowspan="7"></td><td colspan="2" rowspan="7"></td></tr>
<tr><td rowspan="5">別集</td><td>雜著</td><td rowspan="3">別集</td><td>雜著</td></tr>
<tr><td>祭文</td><td>祭文</td></tr>
<tr><td>挽章</td><td>輓章</td></tr>
<tr><td rowspan="2">詩</td><td rowspan="3">卷5</td><td rowspan="2">別集</td><td>輓章</td></tr>
<tr><td>詩</td></tr>
<tr><td>附</td><td>琴生異</td><td>附</td><td>琴生異聞錄</td></tr>
</table>

	錄	聞錄				錄			
						雜著	(行狀, 行錄, 墓誌銘)		
					卷6	雜著	(墓誌銘)		

일부 누락된 부분이 있지만 선산문화원본과 국립중앙도서관본을 비교해 보면 권1은 같은 체재로 되어 있음을 알 수 있다. 그런데 국립중앙도서관본은 『일선지』의 전체 체재를 파악하는 데 있어서 매우 중요한 서적이다. 왜냐하면 선산문화원본에서 누락된 제영의 전체 내용을 국립중앙도서관본에서 수록하고 있기 때문이다. 이 제영이 최초 만들어진 최현의 『일선지』에 수록되었던 것인지는 알 수 없다. 다만 제영 항목이 사찬 읍지에 일반적으로 수록되었던 점을 감안한다면, 국립중앙도서관본에 있는 제영은 최현이 최초에 편찬한 『일선지』의 제영 부분을 필사한 것으로 추정된다.

다음 선산문화원본과 장서각본을 비교하면 선산문화원본은 원(元), 형(亨), 리(利), 정(貞)의 4책으로, 장서각본은 6책으로 분책되어 있다. 선산문화원본은 원(元)이 권1, 형(亨)이 권2로 되어 있으나 리(利)는 보유, 정(貞)은 보유와 별집으로 표시되어 있다. 순서로 보면 먼저 왕에게 올린 상소문이므로 정의 보유가 앞에 나오고, 이어 리의 보유가 편집되는 것이 옳을 것으로 보인다. 장서각본의 권5와 권6에는 선산문화원본 권3의 것이 나뉘어 수록되었다. 그런 점에서 본다면 장서각본은 선산문화원본의 내용을 바탕으로 후일 체재와 순서가 조정된 것으로 보인다. 한편 장서각본과 규장각본은 같은 체재로 구성되어 있다.

그런데 선산문화원본이 이러한 체재를 가지게 된 데에는 1617년 이준이 편찬한 『상산지(商山誌)』의 영향이 컸다.[34] 사찬 읍지의 기본 형태를 보여주는 정구의 『함주지(咸州誌)』와 비교하면 『함주지』는 각 항목을 나누어 그 아래에 관련된 주제를 내걸고 내용을 적는 형식을 취하고 있다.[35] 이에 반해 『상산지』와 『일선지』는 이와는 달리 큰 항목을 분류한 다음 각 항목 아래 별도의 세목을 분류하는 방식을 취하였다. 묘제(廟制)에서 제문을 기록한 것은 『상산지』와 동일한 방식이다. 이는 지식과 내용의 확대에 따라 기존의 항목에서 세부 항목을 개발하는 단계에 들어갔음을 보여주고 있다. 이러한 항목 설정은 인근 인동의 사찬 읍지인 『옥산지』에서도 나타나고 있다.[36]

〈표 3〉 사찬 읍지별 항목 비교

<table>
<tr><th colspan="2">함주지(咸州誌)
(鄭逑)</th><th colspan="2">상산지(商山誌)
(이준본)</th><th colspan="2">일선지(一善志)
(선산문화원본)</th></tr>
<tr><td rowspan="7">목차</td><td rowspan="7">京師相距 疆界 建置沿革 郡名 形勝 風俗 各里 戶口·田結 山川 土産 館宇 城郭 壇廟 學校·書院 驛院 軍器 烽燧 堤堰 灌漑 亭射 橋梁 佛宇 古蹟 任官 名宦</td><td rowspan="2">一輿地</td><td rowspan="2">沿革 屬縣 疆域 山川 城池 驛院 橋梁 姓氏 風俗 烽燧 津渡</td><td>地理第一</td><td>沿革 疆域 形勝 山川 城柵 藪澤 池渠 烽燧 嶺峴 津橋 坊里 驛院 田野 姓氏 墳墓</td></tr>
<tr><td>風俗第二</td><td>風俗</td></tr>
<tr><td>二貢賦</td><td>田賦 土貢 土産 戶口 軍兵 徭役</td><td>貢賦第三</td><td>田結 戶口 土産 土貢 倉穀 軍案 雜役</td></tr>
<tr><td>三學校</td><td>鄕校 書院 書堂 學制 學田</td><td>學校第五</td><td>鄕校 海平鄕校 學制 學田 田僕 書院 院規 學規 月巖書堂</td></tr>
<tr><td>四秩祀</td><td>壇壝 廟制</td><td>秩祀第六</td><td>壇壝 廟制</td></tr>
<tr><td>五官制</td><td>牧使 判官 文提督 武提督</td><td>官師第四</td><td>守臣 教授</td></tr>
</table>

34 최현은 『일선지』 형, 「인물」, 〈勳業·文武·蔭仕·應薦〉에서 이 책의 저술에 『商山誌』를 이용하였음을 적고 있다.

35 『함주지』와 그 뒤에 나온 『영가지』, 『진양지』와의 항목별 유사성은 김경수의 「정구의 함주지 연구」(『우강권태원교수정년기념논총』, 1994), 602쪽, 〈표 6〉을 참조.

36 박인호, 「인동 읍지 옥산지의 편찬과 편찬정신」, 『장서각』 22, 한국학중앙연구원, 2009, 63~66쪽.

<table>
<tr><td rowspan="6"></td><td rowspan="6">姓氏 人物 寓居 流配 善行 閨行 見行 文科 武科 司馬 塚墓 旌表 冊板 題詠 叢談</td><td>六公署</td><td>客館 州衙 附鄕射堂 存愛院</td><td>公署第七</td><td>客館 公衙 司倉 官廳 府司 軍器庫 大同廳 武學堂 鄕射堂 鳳下樓 司馬所</td></tr>
<tr><td>七名宦</td><td></td><td rowspan="3">人物</td><td>后妃 先賢</td></tr>
<tr><td rowspan="2">八人物</td><td rowspan="2">文科 武擧 蔭敍 恩賜 孝烈</td><td>勳烈 文武 蔭仕 應薦</td></tr>
<tr><td>淑行 技藝 孝子 烈女</td></tr>
<tr><td>九古蹟</td><td>古都 古縣 山城 部曲 亭觀 寺刹</td><td>古蹟第八</td><td>廢驛院 亭觀 佛宇</td></tr>
<tr><td>十文翰</td><td>題詠 記 序 碑文 上樑文 雜著</td><td>(題詠第九)</td><td>(題詠)</td></tr>
</table>

한편 선산문화원본과 장서각본의 추보된 내용을 비교하면 아래의 표에서 보이듯이 각 항목별로 조금씩 내용이 추보되어 있다. 선산문화원본이 원래의 『일선지』에 가까운 것이라면, 장서각본은 그 이후의 내용을 각 항목별로 계속 추가한 것이라고 할 수 있다. 항목별 추보 양상은 아래 표와 같다.

〈표 4〉『일선지』 항목별 추보 양상

條目(題目)	선산문화원본	장서각본 추보
地圖		지도 추가
地理圖十絶	〈卷1〉	〈卷2 제영 첫머리〉
地理	沿革	郡名 善山 추가
地理		官職 조항 추가
地理	城柵	城壇 조항 명칭 변경
地理		城壇 邑城 趙斗壽 石築 記事 新增
地理		城壇 金烏山城 內城 外城 이하 기사 증보
地理	池渠	角寺池 이하 기사 증보

條目(題目)	선산문화원본	장서각본 추보
地理	坊里	阿兒坊 이하 기사 증보
地理		場市 조항 추가
地理	墳墓	金叔弼墓 이하 기사 증보
貢賦	田結	庚子改量後 기사 증보
貢賦	戶口	今元戶 戶人口 기사 증보
貢賦	土貢	其人價 기사 누락, 進貢 기사 증보
貢賦	倉穀	時存米 이하 기사 증보
貢賦	軍案	軍摠 조항 명칭 변경
貢賦	雜役	時在 이하 기사 증보
官師	守臣	邑倅 조항 명칭 변경
官師		邑倅 부사 인명 증보〈李鎬肅 부사 재임까지〉
學校	書院	金烏書院 기사 증보
秩祀	廟制	來格廟奉安祭文 작자 趙纘韓 누락
秩祀		三綱閣 冊板 기사 증보
公署		今改公廨 이하 기사 증보
古跡		祿傳巖, 節婦崖, 兄弟淵, 鸕鶿巖 기사 증보
古跡	亭觀	기사 증보
古跡	佛宇	기사 증보
古跡		義狗冢 義牛冢 기사 증보
題詠	題詠篇 탈락	題詠篇 수록
人物	淑行	淑行 최현 이하 기사 증보
人物		蔭仕 기사 증보
人物	新增-孝子, 烈女	孝子, 烈女條 기사 증보
人物	新增-烈女-金娘	題詠 끝으로 이동[37]

37 김랑은 국립중앙도서관본에는 없으나 선산문화원본에서는 人物조의 新增-烈女에 수록되어 있는데, 장서각본과 규장각본에서는 제영의 끝에 수록되어 있다.

선산문화원본에서 〈지리도십절〉을 앞세운 것은 원래 이러한 형식으로 편찬되었기 때문으로 보인다. 그것은 방리에서 도개부곡(道開部曲)을 설명하면서 '이견십절(已見十節)'이라고 표시하고 있는데 앞의 십절에 보인다는 말은 앞에 편집해 두고 있다는 말이므로 지리 항목 앞에 〈지리도십절〉이 있었을 것으로 추정된다.[38] 〈지리도십절〉의 경우 장서각본과 규장각본에서는 제영조의 첫머리에 수록되어 있는데 이는 후대 이기 과정에서 옮겨진 것으로 추정된다.

추보된 내용을 보면 일부 세부 세목이 추가된 경우도 있으나 실제로는 각 항목별로 최현이 편찬한 『일선지』 이후 시기의 기사를 증보하는 데 그치고 있다. 따라서 추보된 『일선지』는 최초 『일선지』의 기본적 형태와 구도가 그대로 유지되고 있다. 선산문화원본에 있던 일부 구절이 장서각본에서 빠진 경우도 있다. 이 경우 대부분 간단한 어구에 불과하며, 이는 이기과정에서 누락한 것으로 추정된다.

그런데 선산문화원본에 누락된 제영은 국립중앙도서관과 장서각본, 규장각본으로 보충할 수 있다. 남아 있는 3종류의 제영조를 조합해 보면 이본별로 작자가 기재된 것과 되지 않는 것이 있어 상호 보충할 수 있다. 특히 〈차매학정운(次梅鶴亭韻)〉 다음의 〈차(次)〉는 국립도서관의 경우 이황으로 적고 있으나 장서각본과 규장각본은 구분하지 않고 앞의 〈차매학정운(次梅鶴亭韻)〉에 합하여 놓았으므로 이를 수정할 수 있다. 다음 표는 각 『일선지』 제영조에서 작자 명을 밝힌 것을 상호 비교하여 정리한 것이다.

---

38 처음 편찬한 『일선지』에는 김종직의 〈선산지도지〉 앞에 최현이 간략하게 그린 지도가 있었다.
『일선지』 원, 〈善山地圖誌(金宗直)〉. "按舊圖無存者 今仍俗號山川坊里 參考古迹 粗成小圖于卷首 因付先生之誌及十絶 弟恨經亂未久 一境榛莽 非復昔時之盛 故戶口田野不錄其詳云"

〈표 5〉『일선지』 제영편 수록 시문 작자

題詠 下 詩文 題目	국립중앙 도서관본	장서각본	규장각본	비고
地理圖十絶	* 〈卷1〉에 수록			金宗直
月波亭記	權近	權近	權近	權近
廣善軒記		權採	權採	權採
善山北館重修記		洪貴達	洪貴達	洪貴達
養素樓記				曺偉
海平鄕校記		鄭麟趾		鄭麟趾
冶隱祠堂重修記略		高應陟	高應陟	高應陟
灑然亭記				高應陟
來格祠記	李埈	李埈	李埈	李埈
鳳下樓序	趙纘韓	趙纘韓	趙纘韓	趙纘韓
藍山書院上樑文	李埈	李埈	李埈	李埈
月巖祠宇上樑文	趙纘韓	趙纘韓	趙纘韓	趙纘韓
泛舟洛東下犬灘 古詩	李奎報	李奎報	李奎報	李奎報
鶻鷲巖				李奎報
洛東謠		金宗直	金宗直	金宗直
鄕校歌謠				金宗直
善山金太守季昷來壁上有尹淡叟詩	徐居正	徐居正	徐居正	徐居正
過金烏山	南孝溫	南孝溫	南孝溫	南孝溫
書秋江金烏山詩後	鄭經世			鄭經世
過金烏山	李荇	李荇	李荇	李荇
過鳳溪有感		李滉		李滉
江行 律詩	李奎報	李奎報	李奎報	李奎報
八月七日---因題二首[39]				李奎報

39 원제는 〈八月七日黎明 發龍潭寺 明日泛舟龍浦 過洛東江泊犬灘 時夜深月明 迅湍激

題詠 下 詩文 題目	국립중앙 도서관본	장서각본	규장각본	비고
放舟不悼----得詩二首云[40]				李奎報
又				李奎報
宿元興寺				李奎報
過月波亭	柳方善			柳方善
公堂饗老	金宗直			金宗直
南館卽事				金宗直
曉赴鞍谷驛迎節度使有書贈鄭剛叟				金宗直
與金善源集冠童遊甘川西岸				金宗直
寶泉灘迎母氏				金宗直
鯉埋淵禱兩齋日夜賦				金宗直
善山東軒 三首	徐居正	徐居正	徐居正	徐居正
上林驛				徐居正
善山遇雪寄姜景醇名希孟				徐居正
遊金烏山憩納石西巖上	曺伸	曺伸	曺伸	曺伸
康子鰮江樓名仲珎 二首				曺伸
題梅鶴亭 三首		趙昱		趙昱
題忠臣碑	魚無跡	魚無跡	魚無跡	魚無跡
金烏山	鄭士龍			鄭士龍
次梅鶴亭韻	李楨	李楨	李楨	李楨
次	李滉	* 제목 무	* 제목 무	李滉

石 青山蘸波 水極淸澈 跳魚走蟹 俯可數也 倚船長嘯 肌髮淸快 洒然有蓬瀛之想 不覺沈痾頓釋 江上有龍源寺 寺僧聞之 出迎於江上 固請入寺 予辭之 邀僧至船上 相對略話 因題二首〉이다.

40 원제는 〈放舟不棹 順流東下 舟去如飛 夜泊元興寺前 寄宿船中 時夜靜人眠 唯聞水中跳出之魚鱍鱍然有聲 予亦枕臂小眠 夜寒不得久寐 漁歌商笛 相聞于遠近 天高水清 沙明岸白 波光月影 搖蕩船閣 前有奇巖怪石 如虎踞熊蹲 予岸幘徙倚 頗得江湖之樂 噫 江湖之樂 雖病中不可以不樂 況乎日擁紅粧 彈朱絃 得意而遊 則其樂曷勝道哉 得詩二首云〉이다.

題詠 下 詩文 題目	국립중앙 도서관본	장서각본	규장각본	비고
次		宋純	宋純	宋純
自詠	朴英	朴英	朴英	朴英
次梅鶴亭韻	成運	成運	成運	成運
次 二首	黃俊良	黃俊良	黃俊良	黃俊良
題梅鶴堂	卞世俊	卞世俊	卞世俊	卞世俊
舟中寄鸕鷀亭主人	柳成龍	柳成龍	柳成龍	柳成龍
來格廟有感	趙纘韓	趙纘韓	趙纘韓	趙纘韓
移卜四賢廟	金涌			金涌
大灘 絶句	李奎報	李奎報	李奎報	李奎報
又 六言				李奎報
善山鄕校南樓	魚變甲	魚變甲	魚變甲	魚變甲
竹杖寺	鄭以吾	鄭以吾	鄭以吾	鄭以吾
題文殊騎牛圖	朴瑞生	朴瑞生	朴瑞生	朴瑞生
船上卽景				朴瑞生
月波亭	田大有	田大有	田大有	田大有
次	姜淮伯	姜淮伯	姜淮伯	姜淮伯
次	金復恒	金復恒	金復恒	金復恒
月波亭用明字	姜希孟	姜希孟	姜希孟	姜希孟
月波樓 二首	徐居正	徐居正	徐居正	徐居正
月波亭宴大內殿使臣瑞興德恩等二人用板上韻以賦求和走筆贈之	金宗直	金宗直	金宗直	金宗直
又次 二首				金宗直
寶川(泉)灘絶句				金宗直
上元前一日----望月占年				金宗直
詠東軒梅			金宗直	金宗直
淸迴樓				金宗直
南樓觀漲 四首[41]				金宗直
次贈善山客館東軒	徐居正	徐居正	徐居正	徐居正

題詠 下 詩文 題目	국립중앙 도서관본	장서각본	규장각본	비고
善山古客舍用松堂韻				徐居正
善山途中望竹杖寺用郊隱先生韻				徐居正
安谷驛				徐居正
孝里亭				徐居正
孝思亭次徐四桂詩	李滉	李滉	李滉	李滉
與柳同善山希哲金泉察訪李景濂泛舟江而下至仁同則夜幾四鼓矣	金安國	金安國	金安國	金安國
石首灘	朴英	朴英	朴英	朴英
松堂有感	宋純	宋純		宋純
梅鶴亭與諸公飮酒				宋純
過金烏山				宋純
孤山遇雪	李瑀	李瑀	李瑀	李瑀
明鏡堂	朴雲	朴雲	朴雲	朴雲
寄明鏡堂	金就成	金就成	金就成	金就成
後凋堂	李好閔	李好閔	李好閔	李好閔
綠野亭十景	無名氏	無名氏	無名氏	無名氏
題朴秀才晉塵草亭	趙纘韓	趙纘韓	趙纘韓	趙纘韓
次善山客舍韻	洪聖民	洪聖民	洪聖民	洪聖民
次	洪瑞翼	洪瑞翼	洪瑞翼	洪瑞翼
次	洪命耇			洪命耇
謁來格廟	李埈	李埈	李埈	李埈
又[42]				李埈
謁來格廟	張顯光			張顯光
金娘	* 내용 무			* 烈女條

41 『점필재집』에 수록된 제명은 〈自端午大雨 至十日不止 甘川竹川皆漲 數日不退 悶甚有作〉이다.

42 『창석선생문집』에 수록된 제명은 〈謁金籠巖祠〉이다.

『일선지』의 제영(題詠)조는 16세기까지 선산의 명승과 고적을 저명한 문인들이 시문으로 적은 것으로, 후일 사라지거나 변형되기 전의 유적 모습을 보여주고 있다.

4. 『일선지』에 나타난 편찬정신

1) 『일선지』의 내용

최현이 사찬으로 편찬한 『일선지』의 항목 구성은 일정한 편람에 의해 작성되었던 『경상도읍지(慶尙道邑誌)』나 『영남읍지(嶺南邑誌)』의 선산편에 수록되거나 별도로 편찬된 관찬 읍지와 차이를 보이고 있다. 다음의 표는 『일선지』와 관찬 읍지의 항목을 비교한 것이다.[43]

〈표 6〉 선산 관련 관·사찬 읍지의 항목 비교

	항목	비고
『一善誌』(선산문화원본)	地理[沿革, 疆域, 形勝, 山川, 城柵, 藪澤, 池渠, 烽燧, 嶺峴, 津橋, 坊里, 驛院, 田野, 姓氏, 墳墓], 風俗, 貢賦[田結, 戶口, 土産, 土貢, 進上物件, 倉穀, 軍案, 雜役], 官師[守臣, 教授], 學校[鄕校, 書院], 秩祀[壇壝, 廟制], 公署[客館, 公衙, 司倉, 官廳, 府司, 軍器庫, 大同廳, 武學堂, 鄕射堂, 鳳下樓, 司馬所], 古跡[亭觀, 佛宇], 人物[后妃, 先賢, 勳烈·文武·蔭仕·應薦, 淑行, 技藝, 孝子, 烈女, 新增], 補遺[行狀, 墓碣, 墓碑, 雜著]	

43 각 읍지의 서지적 특징은 박인호의 「지리서를 통해 본 전통시대 선산 사회의 변화」(『조선사연구』 23, 조선사연구회, 2014) 참조.

	항목	비고
『善山邑誌』(미산본)	善山邑誌 [地圖] 建置沿革, 郡名, 官職, 姓氏, 山川, 風俗, 坊里, 戶口, 田賦, 軍兵, 城池, 倉庫, 關阨, 鎭堡, 烽燧, 學校, 壇廟, 陵寢, 寺刹, 公廨, 樓亭, 道路, 橋梁, 堤堰, 驛院, 牧場, 形勝, 古蹟, 物産, 進貢, 俸廩, 先生案, 人物, 題詠, 冊版	『일선지』와는 달리 관찬 읍지에 보이는 정형화된 항목을 갖춤.
『善山府邑誌』(『경상도읍지』〈규 666〉 9책)	善山府邑誌 [地圖] 建置沿革, 郡名, 官職, 姓氏, 山川, 風俗, 坊里, 戶口, 田賦, 軍額, 城池, 林藪, 倉庫, 軍器, 關阨, 鎭堡, 烽燧, 學校, 壇廟, 塚墓, 佛宇, 公廨, 樓亭, 道路, 橋梁, 島嶼, 堤堰, 場市, 驛院, 牧場, 形勝, 古蹟, 異蹟, 土産, 進貢, 俸廩, 宦蹟, 科擧, 人物, 題詠, 碑文, 冊版	『선산읍지』에 비해 林藪, 軍器, 場市, 異蹟, 科擧, 碑文 등의 항목이 들어감. 일부 제명 교체.
『善山邑誌』(규 10844)	善山邑誌 [地圖] 建置沿革, 郡名, 官職, 姓氏, 山川, 風俗, 坊里, 戶口, 田賦, 軍兵, 城池, 倉庫, 關阨, 鎭堡, 烽燧, 學校, 壇廟, 塚墓, 寺刹, 公廨, 樓亭, 道路, 橋梁, 堤堰, 場市, 驛院, 牧場, 形勝, 古蹟, 異蹟, 物産, 進貢, 俸廩, 宦蹟, 人物, 題咏	『선산부읍지』에 비해 林藪, 軍器, 科擧, 碑文, 冊板 항목이 탈락됨. 일부 제명은 교체.

선산문화원본 『일선지』를 중심으로 책의 내용을 검토하면 원에 해당하는 1책에는 관찬 읍지와 비교하여 인물(人物)을 제외한 항목이 모두 수록되어 있다. 『일선지』의 지리(地理)조는 연혁(沿革), 강역(疆域), 형승(形勝), 산천(山川), 성책(城柵), 수택(藪澤), 봉수(烽燧), 영현(嶺峴), 진교(津橋), 방리(坊里), 역원(驛院), 전야(田野), 성씨(姓氏), 분묘(墳墓)를 항목으로 설정하였다.

지리서에서는 특정 군현의 위치를 설명하기 위해 사방 경계의 거리를 기록하고 있다. 『일선지』에서도 강역조를 두어 사방경계를 기술하고 있는데 이전 지리서에 비해 서술이 동서남북의 사방에서 선산에 경계한 중요 지점으로까지 확대되고 있다.[44]

『일선지』에 수록된 방리의 명칭을 보면 읍내(邑內) 4동, 서면(西面) 11

44 『일선지』 원, 「지리」, 〈강역〉.

동, 남면(南面) 11동, 동면(東面)·북면(北面) 22동, 상리(上里) 4동, 하리(下里) 4동, 오리(五里) 3동, 개별 동리 15동 등 방위 면·리와 개별 동리로 이루어져 있다. 『일선지』가 임란 직후의 상황을 보여주고 있기 때문에 선산의 경우 차츰 자연 촌락 단계에서 벗어나 행정 하부의 동리를 형성해 가고 있음을 볼 수 있다. 다만 면, 리, 촌, 동의 단위가 혼재된 양상을 보이고 있어 조선후기의 제일적 지방체제에는 이르지 못하고 있다. 방리는 대체로 위치를 설명하는 데 그치고 있으나 최현은 임진왜란기 방리에서 일어난 의병이나 피해 상황은 별도로 기록하고 있어 임란이 가져온 지역사회에서의 충격과 관심도를 엿볼 수 있다.[45]

성씨조에서는 『세종실록지리지』와 『신증동국여지승람』 단계에서 토성(土姓), 내성(來姓), 사성(賜姓)을 간략히 소개하였던 것[46]과는 달리 『일선지』에서는 구체적인 성씨의 증감을 표시하고 있다. 그리하여 선산부의 김(金)·곽(郭)·문(文)·임(林)·심(沈)·진(秦)·백(白)·조(趙)·최(崔) 9성에 대해 김이 매우 성하고 곽·문·심·진·조는 지금 사는 이가 없으며, 최·임 또한 거의 없고, 아전 중에는 백과 김이 많으며, 그 외에도 전(田)·황(黃)·박(朴)·정(鄭)·노(盧)·이(李)·강(康)·윤(尹)·배(裵)·공(孔)이 새로이 자리잡고 있음을 보고하고 있다. 해평은 김(金)·윤(尹)·전(仝)·길(吉)·손(孫)·유(柳)·섭(葉)에 대해 윤은 서울로 옮겨가 토성이 매우 쇠하게 되었으며, 김과 길 또한 쇠하여 난리 뒤에는 남은 자가 거의 없고, 전·손·유·섭도 모두 끊어졌으며, 최(崔)·고(高)·문(文)·허(許)·강(康)·박(朴)·이(李) 성이 새로 자리잡고 있음을 보고하고 있다. 가덕은 진(秦)이 끊어지고 대신 김·가 성이 자리잡고 있음을 보고하고 있다. 고아와

45 박인호, 「임진왜란기 구미 지역의 사족 동향과 의병 활동」, 『국학연구』 30, 한국국학진흥원, 2016, 369~410쪽.

46 『세종실록』 150, 「지리지」, 〈안동대도호부 인동현〉, 〈상주목 선산도호부〉.

비산은 기존의 성이 모두 끊어졌다고 적고 있다.[47] 이것은 임진왜란 이후에 지역사회에서 성씨의 부침이 크게 이루어졌음을 보여주고 있다.

공부(貢賦)조에서는 전결(田結), 호구(戶口), 토산(土產), 토공(土貢), 진상물건(進上物件), 창곡(倉穀), 군안(軍案), 잡역(雜役) 등의 항목이 있다. 공부조에서는 임란 직후의 선산 사회의 전반적인 위기적 상황을 보여주고 있다. 전결에서는 1594년 둔전으로 겨우 유민들이 모여들고 1611년 양전에서 1601결에 불과함을 보여주고 있다. 1634년 선산부의 원장부가 8218결에 달해[48] 선산도 전란 전의 생산성을 거의 회복하고 있음을 보여주고 있다. 호구 기록에서도 임란 직후 1124호 가운데 원래 거주하던 집은 706호에 불과하고 유민이 418호에 달하였음을 적어,[49] 임란 직후 선산 사회의 급격한 인구 감소를 보여주고 있다. 다만 18세기 중반에 들어와서는 급격한 인구 증가가 있었다.

관수(官帥)조에서는 수신(守臣)와 교수(教授) 항목을 두고 있다. 선산 문화원본에서는 관수조에서 임란 전후를 비롯한 시기에 재직하였던 부사의 이름이 많이 누락되어 있으며, 끝에는 이여황(李如璜)까지 기재하였다. 그러나 장서각본에서는 이호숙(李鎬肅)의 1877년 청덕비 수립까지 전하고 있다.[50]

고적(古跡)조의 불우(佛宇) 항목을 보면 『신증동국여지승람』 불우조에는 15개 사찰이 기록되어 있으나 『일선지』에서는 34개의 사, 암, 굴을 기록하고 있다. 비록 수치의 증가는 있으나 대부분이 암과 굴의 형태로

47 『일선지』 원, 「지리」, 〈성씨〉

48 『일선지』 원, 「공부」, 〈전결〉.

49 『일선지』 원, 「공부」, 〈호구〉.

50 선산 군청에 소장된 『일선부선생안』(『일선속지』 「부록」, 선산문화원, 1985, 영인)에 역대 수령의 명단을 기재하고 있는 것으로 보아 官帥조는 이러한 지역 자료를 활용하였을 것으로 보인다.

존재하여 불교 쇠락을 엿볼 수 있다.

『일선지』의 형(亨) 책에서는 많은 수의 인물에 대한 자료들을 수집하여 수록하고 있다. 인물조는 후비(后妃), 선현(先賢), 훈열(勳烈)·문무(文武)·음사(蔭仕)·응천(應薦), 숙행(淑行), 기예(技藝), 효자(孝子), 열녀(烈女) 항목으로 구성되어 있다. 선현 항목을 별도로 만든 것에 대해서는 "이미 사림의 긍식이 된 인물들로 범인과 섞여 기록할 수 없기 때문에 세대에 얽매이지 않고 왕후 다음에 기록한다"고 적고 있다.[51] 수록된 내용도 다른 인물 소개와는 달리 관련 사적을 모두 모아 자세히 기술하였을 뿐만 아니라 항목의 끝에는 이준이 쓴 제후를 첨기해 두고 있다.[52] 최현은 인물의 각 항목의 설정 이유와 구분 기준을 다음과 같이 밝히고 있다.

> 훈열 아래에 문관를 둔 것은 지체와 명망을 중시한 것이고, 무관이나 음관 가운데 4품에 달하지 못하는 자는 기록하지 않았다. 관은 높으나 낮은 행실로 인해 유림의 배척을 받은 이는 별도의 전을 세우지 않았다. 숙행에서는 행실이 한 고을의 공경과 믿음을 받을 만한 자는 작질의 유무를 보지 않고 기록하여 한 편으로 한 것은 그 행실을 없앨 수 없기 때문이었다. 기예에서 한 시대에 명성을 떨친 이를 기록한 것은 그 재주를 빠뜨릴 수 없기 때문이었다.[53]

그런데 선산문화원본『일선지』의 인물 관련 항목에 수록된 인물의 수는 후비4, 선현12, 훈열234, 숙행34, 기예2, 효자11, 열녀7 신증 효자3 열녀

---

51 『일선지』 형, 「인물」, 〈先賢〉. "凡在志中者 莫非後人之所尊敬 而近世稱以先賢 已爲士林之矜式者 則不可混書於凡人 故不拘世代 着于王后之次".

52 『일선지』 형, 「인물」, 〈題一善人物誌後(李埈)〉.

53 『일선지』 형, 「인물」, 〈淑行〉. "上篇既載勳烈以下 文官雖秩卑竝書者 地望也 武科蔭官止于四品者 省文也 官高而行卑 見擯儒林者 不立別傳者 賤之也 今又特取有行誼爲一鄉敬信者 不論爵秩有無 別爲一篇者 行不可泯也 至以技藝擅名一世者 竝附于下者 才不可遺也 第恨世遠無徵 只以見聞所及錄之 未免詳於今而略於古也".

17 등 총 324명이 수록되어 있다. 고종대까지 추보된 장서각본 『일선지』에 수록된 인물의 수는 후비4, 선현19, 훈열·문무·음사·응천227(누락1, 선현7 이동, 숙행1 이동, 기예2 이동), 숙행36(훈열1 이동), 문무82,[54] 음사68, 효자25, 열녀30 등 총 491명이다. 이 가운데 기존에 수록된 인물을 제외하더라도 숙행1, 문무82, 음사68, 효자11, 열녀6 등 총 168명이 추보되었다.

〈표 7〉 각 『일선지』 별 수록 인물(검은 색은 추보된 인물임)

항목	선산문화원본 『일선지』	장서각본 『일선지』	『일선속지』
후비	海良院夫人 文和王后 元貞王后 貞顯王后 (4)	(4)	
선현	吉再 金澍 河緯地 李孟專 金淑滋 金宗直 金宏弼 鄭鵬 朴英 朴雲 金就成 成運 (12)	金應箕 金振宗 金就文 崔應龍 李瑀 盧景任 高應陟 (12+7=19)	張顯光(1)
勳烈·文武·蔭仕·應薦	金宣弓 金文奉 金奉術 金萱術 宣必 金元崇 尹莘俊 尹君正 尹萬庇 尹碩 尹之彪 尹之賢 尹寶 尹珍 尹可觀 金昌緖 金均 金用宣 金洙 尹邦晏 尹思永 尹思修 尹彰 尹莘 尹須 尹普老 金延 金恩宥 金諧 金南寶 朴英美 康允鼇 呂克誨 李懋 金漢忠 金起 金得忠 金良印 金愼緘 金右鏐 金右誼 金元老 金濟海 金達祥 金君鼎 金希迪 吉元進 林永和 金得資 金天富 林自栩 林堅味 林樸 玉麟龜 玉岑 車原命 吉師舜 金文久 金季壽 金吉德 金升萬 金完湜 金安仁 金由道 金由性 尹延命 尹延年 田霖 尹沔 金陽普 金自淵 金孝貞 金成美 李審之 金士冲	(淑行) 崔晛 金宗武 (文武) 黃瑋 金輔輪 金寧 金揚善 朴守弘 李尙逸 朴敬祉 鄭錟 金厦樑 朴增輝 金厦梴 權震翰 沈捴 吳煥 鄭東望 李東溟 張汝衎 金元燮 朴準世 朴守剛 朴鳳齡 沈澍 金雲長 李壽海 朴春普 李敏武 李東維 盧啓禎 李鎔 (金汝祉 許應祥 黃道熙 尹重邦 金汝鍵 朴世龜 李德海 李敬彬 鄭趾新 鄭胄新 鄭達新 丁志遠 李鳳翼 金	金宗武 崔晛 崔山輝 黃瑋 黃璕 朴守弘 金應祖 朴敬祉 朴守剛 金鏶 金厦樑 金元燮 金厦梴 李景節 朴愰 李尙逸 金濯 金寧 金揚善 張汝衎 金壽長 金雲長 康遂學 朴增輝 李東溟 李墀 李馥 吉瑞 權震翰 李坡 金壽聃 李東維 朴準世 李壽海 崔慭 朴春普 朴鳳齡 李德海 李敬彬 吉尙義 洪楫 李志奭 李鼎華 李志尹 朴鶴齡 李世玧 李廣矩 朴天儀 李春彬 李祥海 李福海 黃道

54 장서각본 『일선지』에서는 선산문화원본에 수록된 34명 아래에 별도의 항목 구분없이 최현과 김종무와 문무과 합격자 82명을 적고 있다. 김종무는 선산문화원본에서 훈열 항목 이미 기재되어 있으므로, 여기서는 숙행에 최현과 김종무를 추가하고 별도의 문무 항목을 두어 문무과 합격자를 82명으로 정리하였다.

	金召南 張贇 金峙 明川都正 金福尙 金文尙 田可植 兪勉 鄭招 朴瑞生 河澹 徐居正 金環 沈澮 吳湜 申希忠 金允壽 盧浩 盧從善 金志道 金從理 金克柔 康居義 康居禮 康居寶 金允集 金允德 金九鼎 金石崇 河綱地 河紀地 金壽貞 金堪 朴信生 朴好問 吉仁種 金可銘 中槩 金有瓚 金宗碩 金嶠 金地 金之慶 金惟慶 金成慶 康愼 李堰 崔水智 李叔專 李季專 李末專 金吉通 宋乙開 楊道 白仲信 朴斯悌 高台翼 尹壕 金順命 金漢生 金安生 金京生 朴哲孫 朴壽宗 朴壽長 朴孝元 朴信元 金孟性 李壽生 李壽朋 李壽川 金長訥 金仲訥 金甲訥 金世琬 康伯玠 康仲玠 李世仁 金瑄 金應箕 李玉衡 權鈞 河潤 朴蕃 朴文璐 金參 郭瑋 黃璘 宋重器 李埰源 康顗 申自準 曹孟誠 成世俊 金湜 金振祖 金振宗 琴元福 尹忭 金世孝 尹殷輔 尹殷弼 李希騫 金末文 林億齡 金就文 金就精 金應祥 金頤 李增榮 宋希奎 鄭遍 朴大仁 崔應龍 朴啓賢 金宇弘 宋鉉 裵淑綺 高應陟 李震 李國柱 柳景源 安玹 李忠綽 朴應寅 尹斗壽 尹根壽 尹承吉 尹承勳 朴安世 金汝岉 吉謙 吉誨 金仲卿 金孝元 金信元 金義元 金克鍵 李瑀 權東輔 白惟讓 金權 李希閔 李尙閔 柳澈 李敏善 金廷龍 崔山立 金宗武 李洸 金昌一 康復誠 金垓 高翰雲 金天英 盧景任 權晉慶 李好閔 金允安 (234)	夢華 崔慜 崔光壁 鄭宅東 李益洙 朴天行 朴天衡 金振久 姜楗 權綸 權綝 金驥燦 李麒峻 金[illegible] 沈能燮 權膺祐 李思謙 宋應望 盧尙樞 李宅彬 金尙元 鄭惟轍 鄭惟寬 沈能栻 金聲振 朴來謙 李元延 崔昇羽 朴春秀 崔龍羽 李必玉 權謙 盧翼燁 鄭琠 金長爀 盧壁燁 盧慶燁 沈宜聞 金錫模 洪永祚 蔭仕 田胤弼 田胤武 李壽川 朴遂一 李景節 崔山輝 盧景佖 金褁 金錫光 金翊 黃錞 康鏻 朴晉慶 李禾耳 朴悅 金埴 盧道一 金翬 康在山 李尙達 朴重輝 呂端齊 金就鍊 田應井 朴昌輝 金就彬 李墀 李坡 金命基 李東魯 沈若濆 洪楫 李志奭 李增華 吉震龜 李鼎華 李志尹 朴鶴齡 沈溥 李世玧 李廣澤 李廣矩 李廣義 金裕壽 朴天儀 李昇海 李祥海 李祿海 李福海 李春彬 李亨彬 金宅東 沈元之 崔陽羽 李昇洙 朴善浩 崔光迪 李憲儒 李憲愚 李之受 李載延 沈能格 朴履浩 李氣浩 朴泰浩 朴來鼎 李瞰 李敏元	熙 尹重邦 金宅東 丁志遠 李鳳翼 李縡 沈元之 金夢華 崔光壁 李昇洙 朴昌輝 朴成裕 朴震煋 朴天俊 朴天衡 金振久 朴天行 金履達 金宅和 金士奕 金增 盧啓禎 盧尙樞 鄭譔 鄭東望 鄭巑 鄭峋 鄭達新 鄭又新 鄭趾新 鄭惟轍 鄭惟寬 崔陽羽 姜楗 朴善浩 金驥燦 金士宏 李麒峻 李憲儒 李憲愚 姜時煥 沈能燮 李宅彬 宋應望 李之受 李昇普 金尙元 李載延 沈能栻 沈能格 金聲振 崔鴻羽 崔龍羽 金希泰 朴來謙 朴來鼎 盧翼燁 盧壁燁 盧慶燁 柳致明 李暾 金長赫 朴春秀 李綱峻 李必玉 金相稷 李承冑 許佐 沈宜聞 沈宜東 朴龜夏 金錫謨 金秀升 曺錫萬 鄭來輝 金秀穆 朴來冕 洪永祚 許稷 李能華 金秉沃 金富鉉 盧鎭巘 鄭宗鉉 鄭泌 (138)
숙행	徐隣 丘思平 金琯 林載 吳欽老 金英發 鄭仲虔 鄭鐵堅 康應謙 康應誠 金輔輪 許諒 李元守 金應奎 金仲 金世忠 朴緝 盧守誠 吉勉之 崔海 金節 李思溫 成近 成遠 成遇	(훈열227〈훈열 항목에서 金達祥 누락, 선현으로 이동 7명, 숙행으로 이동 1명, 기예에서 2명 이동〉+숙행35 〈훈열에서 1명 이동〉+숙행1+	金蕃 金震護 趙遵道 金濩 金玒 尹弘宣 朴演 朴晉慶 崔喆 姜居敏 盧守誠 盧景倫 金培 姜在山 金翊 金相玉 金是榲 金

	康景善 康惟善 田允武 田克禮 朴遂一 盧景俶 康復粹 金熹 金宗儒(34)	문무82+음사68=413)	裕壽 李師靖 李世珩 金厦鍵 鄭瀾 金夢儀 金夢彩 崔晉行 姜儼 金墩 金翼昊 金振遠 金坱 沈奎澤 金性昊(32)
기예	金允璞 黃耆老(2)	* 훈열로 이동	名筆 朴益齡 金錫龍 沈能泰 金周永(4)
효자	高麗 朴英美 本朝 田佐命 金峙 張翰 林載 宋氏 兪著 林乙枝 朴雲 李薰 金乃瑾 (新增) 金彦悌 金沂世伊(14)	裵淑綺 鄭時良 鄭佶 朴震煥 李晉華 趙德卿 金頊 李命峻 李昉 姜允河 金復彦 (14+11=25)	朴震煥 李晉華 金善初 崔萬載 白龍 金德徵 李昉 金復彦 李命峻 姜允河 金崟(11)
열녀	高麗 韓氏 藥哥 本朝 延內 康氏 金氏 李氏 卞氏 (新增) 烈女 黃氏 金氏 朴氏 宋氏 河氏 金氏 康氏 許氏 康氏 金氏 崔氏 林氏 仇叱之 金召史 近從妻召史 裵鵲山妻召史 金娘(24)	金氏 香娘 趙氏 張氏 朴氏 韓氏 (24+6=30)	趙氏 李氏 尹姓女 香娘 魚氏 鄭氏 李氏 鄭氏 金氏(9)
계	324	323+168=491	195

선현 항목에는 지역에서 존숭하였던 길재(吉再) 이하 12명을 수록하고 있는데 이들은 선산뿐만 아니라 조선전기 유학 학맥에서 중요한 위치를 차지한 인물들이다. 장서각본의 선현 항목에 추보된 인물은 김응기(金應箕), 김진종(金振宗), 김취문(金就文), 최응룡(崔應龍), 이우(李瑀), 노경임(盧景任), 고응척(高應陟) 7명이다. 이들은 이미 선산문화원본의 훈열·문무·음사·응천 항목에 수록되었던 인물들로, 사림의 긍식이 된 인물이라는 후대 지역 사회에서의 평가가 반영된 것으로 보인다.

훈열·문무·음사·응천 항목은 훈열, 과거, 음직, 천거 등 공적 기준에 부합한 인물을 수록하고 있으며, 숙행 항목은 비록 관계에서 크게 현달하지는 않았으나 행실에서 모범이 될 인물들이었다. 수록 대상은 대체로 17세기 초까지 활동하였던 인물들로, 주요 가문별로 망라되어 있다. 그런데 장서각본에서 인물을 추보하면서 숙행 아래에 이어서 문무 합격자와 음사 출신자를 보충하고 있다. 이는 조선후기 극심하였던 서남 대립 속에서 지역 출신 인물을 함부로 품평하기 어려웠으므로 과거나 음사와 같은 공적 기준을 내세워 추보한 것으로 보인다. 문무 합격자로 82명, 음사 출신자로 68명을 추보하고 있다. 이들을 본관별로 살펴보면 일선 김씨, 선산 김씨, 안강 노씨, 밀양 박씨(용암공파), 밀양 박씨(경주공파), 덕수 이씨, 벽진 이씨, 전주 최씨 등 지역의 유력 사족 후예들을 망라하고 있다.[55] 결과적으로 지역의 남인과 서인 가문을 모두 아우르고 있다.

효자와 열녀 항목의 수록 인물이 늘어난 것은 전쟁 이후의 황폐한 지역 현실에서 효행이나 절의와 같은 유교적 도덕관의 확산이 중요한 사회적 지향점이 되었기 때문이었다. 장서각본 『일선지』에서는 훈열 항목에 있던 배숙기를 효자 항목에 별도로 추가해 수록하고 있다. 또한 사족에 한정된 효자(孝子) 항목과는 달리 열녀(烈女) 항목 수록 여인들의 신분이 하층 신분에까지 확대되고 있어 조선후기로 가면서 여성들에게 부과되는 도덕적 의무가 오히려 더 과도해짐을 보여준다.

『일선속지』에서는 선산문화원본 『일선지』에 수록된 인물을 아예 수록하지 않고 새로 195명이 추보되었다. 추가된 195명은 지역의 유력 사족들로, 특정 당색인을 배제하지는 않고 있다. 이는 시기가 바뀌어도 지역 사회에서 인물 현창이 중요한 시대적 과제이었음을 보여주고 있다.[56]

한편 장서각본 『일선지』를 기준으로 관찬 읍지의 수록 인물 수의 변화를 살펴보면 장서각본 『일선지』는 총 491명이 수록되어 있는데, 미산본 『선산읍지』(1775)의 총 152명, 규장각본 『선산부읍지』(1832)의 총 107명, 규장각본 『선산읍지』(1899)의 총 178명에 비해 그 수가 2~3배에 달하여

55 문과방목을 통해 본 선산 출신 문과 급제자들의 시기별 급제자 추이와 가문 내력은 박인호의 「조선후기 구미 사회의 변화와 갈등」(『성리학의 본향 구미의 역사와 인물』 상, 구미문화원, 2006), 211~216쪽 참조.

56 『一善續誌(金志遠)』; 선산문화원, 1985.

인물에 관한 한 정보량이 절대적으로 우위를 점하고 있음을 볼 수 있다.

『일선지』의 리(利)와 정(貞) 두 책에서는 인물에 대한 행장과 묘지명 등 비지문 자료와 선현의 행적을 알 수 있는 제문, 만사, 시문 등이 수록되어 있다. 권3 리의 잡저에 수록된 행장과 묘지명 등을 보면 그 대상이 야은 길재부터 김극건에 이르기까지 선산에 관련된 인물에 대한 기록을 수록하고 있다. 이 경우 선산 출신이 아니더라도 선산에 부처되었거나 혼인 관계로 거주하였던 인물, 외가로 인해 선산에서 태어난 이도 포함하고 있다.[57] 권4 정의 제문과 만장에 수록된 대상 인물도 마찬가지이다.[58]

16세기 이후 경상도 지역에서는 사찬 읍지류가 활발하게 편찬되기 시작하였다.[59] 그런데 이들 읍지류는 해당 지역의 정형화된 향촌의 제도와 함께 인물과 풍속을 기술하는 데 집중하고 있어, 『일선지』의 잡저와 같은 내용을 수록하고 있지 않다. 대부분 사찬 읍지는 제영(題詠) 항목에 시문을 수록하는 형태를 취하고 있다. 이와는 달리 아래 표에서 보이듯이 『일선지』 권3의 보유편에서는 지역과 관련된 출신 인사들의 제문(祭文)과 만장(輓章), 그리고 행장(行狀), 행록(行錄), 묘지명(墓誌銘) 등 향현의 사적과 행적에 대한 기록을 광범위하게 수집하고 있다. 또 권4의 일부 「잡저」와 별집에 수록된 시문도 제영편의 미비한 내용을 보충하기 위한 것이지만 작자의 대부분이 지역 향현이거나 차운의 대상이 향현이다. 이 역시 향현의 사적을 드러내고자 하는 최현의 편찬 의도를 여실히 보여주고 있다.

---

57 『일선지』 리, 「잡저」의 행장과 묘지명 수록 대상 인물은 吉再, 宋希奎, 柳光績, 金孝元, 高應陟, 尹之彪, 金允壽, 金之慶, 李季専, 朴壽長, 金宗直, 金應箕, 李元守, 吉勉之, 姜仲珍, 河緯地, 朴緝, 鄭鵬, 朴英, 金就成, 金振宗, 姜景善, 姜維善, 朴雲, 李薰, 金就文, 成運, 田允武, 李思淸, 鄭遍, 崔應龍, 朴遂一, 金錫祉, 吉誨, 尹斗壽, 尹根壽, 金克鍵이다.

58 『일선지』 정, 별집의 「제문」에 수록된 이는 吉再, 金善源, 金宗直, 朴英, 金振宗, 金就文, 崔應龍, 高應陟, 金澍, 河緯地, 朴遂一이며, 「만장」에 수록된 이는 金之慶, 朴英, 姜維善, 崔應龍, 金就文, 高應陟이다.

59 최윤진, 「16, 17세기에 편찬된 경상도의 사찬 읍지」, 『전북사학』 17, 전북사학회, 1994,

〈표 8〉『일선지』 리·정 수록 잡저·시문 일람

권		항목	내용 * (　)는 저자임
卷3 (利)	補遺	雜著 (行狀, 行錄, 墓誌銘)	冶隱吉先生行狀(朴瑞生) 通政大夫行大丘府使宋公行狀(金就文) 贈戶曹參議義禁府都事通善郎柳公言行錄(韓浚謙) 省庵金公言行錄略 通訓大夫成均司成高公言行錄(崔晛) 海平君諡忠簡尹公墓誌銘(李穡) 忠淸道按撫使諡胡襄金公墓碣(金成慶) 開城留守諡敬質金公墓碣 開城留守諡恭僖李公墓誌銘 通政大夫僉知中樞院事朴公墓碑 文簡公金先生神道碑銘(洪貴達) 議政府左議政諡文戴金公墓碣銘(安瑭) 司直李公墓碣銘 成均生員吉公墓碣銘(崔應龍) 判校康公仲珍墓碣銘(曺伸) 禮曹參判河先生墓碣銘(張顯光) 處士朴公漑仲墓誌(朴英) 新堂鄭先生墓碣銘(林霽光) 松堂朴先生墓碣 處士金公墓誌(金就文) 應教金公墓碣銘(權文海) 上舍康公墓誌(金就文) 康上舍墓碣(盧守愼) 進士朴公雲墓碣銘(李滉) 內禁衛李公墓碣(李滉) 通政大夫守江原道觀察使金公墓誌(崔應龍) 堂叔大谷先生墓碣記(成渾) 司憲府監察田公墓表(朴承任) 教授李公墓碣銘(裵三益) 司成鄭公碑銘 嘉善大夫刑曹參判崔公墓碣銘(高應陟) 處士朴公墓碣銘(張顯光) 贈戶曹參判金公贈貞夫人康氏合堋墓碣銘(張顯光) 通訓大夫司憲府掌令吉公墓碣(崔晛) 海原府院君尹公神道碑銘(崔岦) 海平府院君尹公神道碑銘(申欽) 通川郡守金公諱克鍵墓誌銘(李埈)
卷4 (貞)	補遺	雜著	策文(河緯地) 衣帶遺疏(金湜) 上榮靖大王書(金就文) 上仁宗疏(康維善) 第三疏 上明宗疏(康維善)
	別集	雜著	小簡儀銘序(鄭招) 三綱行實跋(鄭招) 勸農教書世宗(河緯地) 車原頫雪冤記序(河緯地) 六臣傳(南孝溫) 書秋江記事後(柳成龍) 善山金氏譜圖誌(金宗直) 彝尊錄序(曺偉) 彝尊錄跋(李楨) 佔畢齋文集序(南袞) 弔義帝文(金宗直) 附戊午史禍事蹟(南袞) 柳子光李克墩構禍事蹟(南袞) 籠巖先生傳(尹根壽) 擊蒙編跋(李珥) 耕隱先生事蹟跋(崔晛)
		祭文	高麗注書吉再賜祭文(朴應福) 祭吉先生文(李甫欽) 祭冶隱墓文(尹根壽) 吳山書院奉安文(柳成龍) 亡友金善源甫哀辭(金宗直) 祭佔畢齋墓文(金馹孫) 祭朴節度使英文(成運) 祭金應教振宗文(朴雲) 大司諫金就文賜祭文(宋應漑) 刑曹參判崔應龍賜祭文(尹覃休) 祭杜谷高公應陟文(張顯光) 祭籠巖金先生澍文(趙纘韓) 祭丹溪河先生緯地文 祭亡友朴公遂一文(張顯光)
		挽章	開城留守金公之慶挽詞(金宗直) 朴松堂挽章(李彦迪) 懷舟川泣書(盧守愼) 舟川之死籲天無從夢見覺泣遂用桓韻 崔參判應龍挽章 又(金貴榮) 金大諫就文挽詞(鄭芝衍) 又(吳建) 又(朴承任) 又(朴淳) 杜谷高公應陟挽章(張顯光) 又(鄭經世) 又(李埈)

卷4(貞)	別集	詩	生吉注書頃次于家携老小還善州來別一宿而去(李穡) 無題(吉再) 偶吟金教授從理歸順興詩以爲贐(柳方善) 短歌行贈吳仲安欽老(柳方善) 題孝子金峙詩卷(卞季良) 鳳溪--起居韻(南在) 墓側奉詩(南在) 次南龜菴詩(卞季良) 和諸公詩 奉使日本有感(朴瑞生) 放洋遭大風舟回不行 送徐剛中居正兄弟榮親歸大丘(河緯地) 送直提學崔先生德之歸湖南故山和陶淵明述酒竝序(金宗直) 題黃著作璘榮親詩卷 康甥辭歸善山將還京十月十一日絽亡十五日槀葬干日峴 次李正言孟專韻 贈鄭比安仲虔(李孟專) 次李正言孟專韻(鄭仲虔) 閒吟 送友人還鄕善山 遣興 奉呈盧利城伯仲 贈鄭比安(盧利城) 金城軒上韻(金孝貞) 送昌原李使君壽生用諸韻(徐居正) 送晉州牧使李壽生兼賀家君李府尹大叔父尊前 送康慘軍仲珎落職歸善山 送東萊金斯文瑄 寄金可均錘在善山 送金新恩應箕歸覲平壤兼簡監司相國尊大人 贈李教授同年恂 奉酬吉城金太守甲訥 寄善山權太守同年 又寄權太守得經 奉酬善山金太守宗直 次韻金同年漢生見寄 次韻吉城金太守甲訥 賀金平壤府尹之慶之子應箕登第 賀金中樞之慶之子應箕選入藝文館 用古韻贈李教授恂 次金近仁甲訥重九韻 乞郡得善山過鳥嶺(金宗直) 洛東津 寄善山太守金季昷(成俔) 次成磬叔韻(金宗直) 金正字應箕榮母墳席上戲贈 康甥伯珎得第來榮吾萱闈及其父母于嵩善將還也贈以二詩庶幾求和于搢紳間少有以張吾甥者矣 康子韞登第詩卷後(曺偉) 拜曾祖父母祖父母墳令從吏審新堤及檻穽(金宗直) 和鄭剛叟鐵堅 寄鄕校讀書生 送康甥伯珎之任咸安 送李牧使壽生赴濟州次鄭比安韻 和鄭比安 鄭比安仲虔不赴老人宴有詩次韻且饋以酒 和李正言孟專 戲與吉直長仁種 和金大猷 次朴掌令孝元韻 人日次權處智韻(金宗直) 書曺伸金烏錄後 送二樂堂主人歸湖南(鄭鵬) 在謫所別友人別送廣文 送松堂朴自實(申光漢) 閒居(朴英) 偶吟 贈允師 戍邊 謝慶州尹黃獻之以米魚問遺(金安國) 勸示善山學者 醉贈濟州牧使文君繼昌文曾爲咸鏡評事 次韻朴龍巖韻(宋純) 次龍巖韻(李滉) 寄高叔明應陟 次上退溪先生(高應陟) 遊關東(金就文) 次慕齋詩(金振宗) 奉別林通判士遂遞任還京 書懷奉
卷4(貞)	別集		呈尹評事 寫相思(未詳) 寄舟川子(盧守愼) 次同年高叔明韻(崔岦) 破閑不妨又疊幸教 次贈高提督應陟(李廷馣) 贈旅軒張德晦(高應陟) 喜張德晦來寓遠塘(高應陟) 答簡高杜谷應陟寄外岡絶敍未歸之懷(李好閔)
	附錄	琴生異聞錄	琴生異聞錄(崔晛) 題崔季昇所撰琴生傳後(李埈)

한편 부록에 수록된 최현의 「금생이문록」은 꿈을 매개로 하여 길재·김종직·정붕·박영·김주·하위지·이맹전·김숙자·박운·김취성의 선산 10현을 추숭하여 그 유현으로서의 사적을 드러내려는 목적에서 나온 것이

다.[60] 그런데 『일선지』의 잡저류 말미에 마무리 글로 넣은 것은 『일선지』 잡저류의 전체 기록들이 향현의 추숭과 관련됨을 보여주고 있다.

2) 편찬의 의미

첫째, 『일선지』의 편찬은 17세기 초반까지 선산과 관련된 지역 자료의 종합적 정리라는 의미가 있다. 상례와 관련하여 삼년상을 지내는 것이 무방하다는 말을 하면서 자신도 『일선지』를 지었는데, 간략하게 적어 잃어버리게 되기보다 차라리 많이 적어서 잃어버리는 것이 낫다고 생각한다고 적고 있듯이[61] 최현은 지역과 관련한 자료는 모두 모아야 한다고 생각하였다. 그렇기 때문에 1618년 초고가 완성된 상태에서도 말년까지 관련된 자료들을 지속적으로 모아 증보를 계속하였다.

둘째, 『일선지』는 수록된 내용의 정확도가 뛰어나다. 최현은 현실을 기록할 때 사실대로 정확히 적어야 한다는 문제의식을 가지고 있었다. 최현은 1603년 조정의 명에 따라 임란 중 경상도 지역의 관과 의병의 사적을 정리하였다.[62] 이괄의 난이 일어났을 때도 여러 장수들의 근만과 공과에

---

60 「금생이문록」은 1971년 홍재휴에 의해 소개된 이래 여러 논문이 나왔다. 창작 의도와 관련하여 향현의 사적을 둘러싼 시비의 해소라는 관점에서 접근한 논문도 있다. 엄기영, 「향현의 사적을 둘러싼 시비와 의혹의 해소 - 금생이문록의 창작 의도에 대하여」, 『한국문학이론과 비평』 52, 한국문학이론과 비평학회, 2011.

61 『인재선생문집』 권9, 「서」, 〈答文戚斐然書〉. "(상략) 生已著于一善誌 與其失於薄 寧失於厚 生意如此 未知如何 幸須量處".

62 『인재선생문집』, 「인재선생연보」, 〈三十一年癸卯(1603) 先生四十一歲〉. "四月 以朝命撰輯亂中雜錄 時完平李公以亂後事蹟撰輯事 陳于榻前 道伯因朝令差出左右道都廳及列邑有司 先生爲右道都廳 宋進士遠器爲左道都廳".
『인재선생문집』 권8, 「서」, 〈答曹汝益友仁書〉.
『인재선생문집』 권9, 「잡저」, 〈亂後事蹟撰集時通道內文〉. "爲纂錄事 道內經變十年之後 凡百事跡 泯而無傳 善惡無所勸懲 而後來無所憑考 最爲識者之恨 鄙生不量愚拙 曾欲略修見聞 記其百一 而耳目不廣 有志未果 今巡察相公 有意撰集 欲廣採公論 爲一篇書 不以某爲無似 委以參證纂錄 辭不獲已 敢因前日之志 告于同執 各記見聞 務

대해 세밀히 적어 놓고 있다.[63] 이러한 기록 정신으로 본다면 『일선지』의 기록은 매우 엄격한 선별과정을 거친 것이라고 보아도 좋을 것이다. 다른 읍지와는 달리 『일선지』의 내용 정확도가 뛰어난 것도 이와 관련이 있다.

셋째, 『일선지』에서는 당해 지역과 관련된 모든 인물을 망라하여 기록하는 원칙을 지키고 있다. 그리하여 고향은 아니지만 대대로 토성으로 경향안에 기록된 자나 혹은 처향·외향으로 전택이 있어 왕래한 자취가 있는 자는 비록 다른 곳에 우거하였다고 하더라도 『여지승람』과 『상산지』에 의거하여 뚜렷하게 일컬을 만한 사람은 기록하였다.[64] 우거나 연고 중심으로 인물을 기록하는 것은 당시 읍지류에서 공통적으로 나타나기 시작하였던 것이다. 이는 『동국여지승람』에서 취하였던 본관 위주의 인물 기재방식과는 다른 것으로 점증하는 사족의 지역 연고의식을 보여주는 것이다. 『일선지』 수록 인물 가운데 선산부사를 역임하고 호란 때 이거해 온 유철(柳澈), 선산 거주 하취심(河就深)의 사위로 신곡에서 살았던 의병장 김해(金垓), 만년에 해평에서 거주한 김윤안(金允安) 등이 이러한 경우이다. 잡저의 비지문에서도 거주, 유배, 혼인 등의 관계로 선산과 관련을 맺은 인물을 수록하고 있다. 이러한 입장은 『일선속지』에까지 이어져 산양 여차리에 잠시 거주한 도암(陶庵) 이재(李縡), 김종무의 외손인 표은(瓢隱) 김시온(金是榲)을 읍지에 적고 있다.[65] 이와 같은 거주지와 출생지 중심으로 인물을

令該盡 以爲他日考閱之資 幸各邑諸益 勿以人賤見輕 而視爲已任 隨所聞知 俾無闕漏而堙沒 亦無夸浮而誣世 折衷在心 期以至公 抄錄完畢 送于本校或弊舍 幸甚"

63 『인재선생문집』 권10, 「잡저」, 〈西征壯士勤慢功罪行蹟〉.

64 『일선지』 형, 「인물」, 〈훈업·문무·음사·웅천〉. "文籍蕩失於兵火 見聞不逮於久遠 只以地誌所載古老所傳雜出於文集者錄之 未免闕漏 勳烈以下 雖別其題目 而難以後人淺見評品 故書以世代之次 觀者自當識之 且非枌榆所在 而世爲土姓錄於京鄕案者及或以妻鄕或以外鄕有田宅往來之跡者 雖寓居他處 而竝依輿地勝覽及商山誌 錄其表表可稱者 唯在世者姑不記焉".

65 『일선속지』, 「인물」, 〈훈업·문무·음사·웅천〉(선산문화원, 1985), 31쪽; 〈숙행〉, 53쪽.

이해하려는 것은 당시 읍지의 일반적인 경향을 반영한 것이다.

넷째, 최현이 편찬한 『일선지』는 선산 사회의 기본 정보원이 되었다. 이후 편찬된 선산의 관찬 읍지는 기본 정보를 『일선지』에서 얻고 있다. 이 점은 외부에서 편찬된 각종 지리지도 마찬가지였다. 『일선지』를 인용한 가장 이른 시기의 책으로 유형원이 편찬한 『동국여지지』가 있다. 유형원이 『일선지』를 구하게 된 것은 외사촌 형인 조송년(趙松年)이 읍지 편찬에 관심이 많았던 여헌 장현광의 제자인데 기인하는 바가 있다. 조송년은 김산현감을 역임하였는데, 유형원은 직접 김산(金山)을 방문하기도 하였다. 고모부인 김세렴(金世濂, 1593~1646)은 현풍현감으로 재직하였는데, 현풍 읍지인 『포산지(苞山志)』를 편찬하였다. 또한 사돈인 배상유(裵尙瑜, 1622~ 1686)는 김산의 만력동에 낙향해 있었다. 이러한 연유로 유형원은 『일선지』를 구할 수 있을 것으로 보인다.[66]

다섯째, 『일선지』의 편찬은 집필자인 최현의 뛰어난 능력을 보여주고 있다. 최현은 자신이 수행하였던 직무와 관련된 활동 내역을 꼼꼼히 정리하였다. 최현은 1610년에 평안도 암행어사를 관서지역을 순시하였는데 이 때 평안도 북부 국경의 성보에 대한 자세한 조사보고서인 「관서록」을 작성하였다.[67] 1614년에는 사마천의 『사기』를 읽으면서 중국의 지지와 산천 경위의 잘못된 곳을 이정할 정도였다.[68] 이러한 정리 능력과 지리서

---

66 박인호, 「유형원의 동국여지지 편찬을 위한 고투와 실학적 지리학」, 『반계 유형원의 저술을 통한 계승 방안』, 부안문화원, 2014, 89~91쪽.

67 『인재선생문집』, 「인재선생연보」, 〈三十八年庚戌(1610) 先生四十八歲〉. "十八日 以平安道暗行御史下封書 受命西征(有關西錄) 八月 復命"
『인재선생문집』, 「부록」, 〈행장(李象靖)〉. "庚戌正月 赴宣廟再期 除司憲府持平兼春秋館記注官實錄廳郎廳兼體府從事官 旣而錄玉堂 以暗行御史下關西 有規畫沿江防守便宜 復命"
『인재선생별집』 권1, 「關西錄」.

68 『인재선생문집』, 「인재선생연보」, 〈四十二年甲寅(1614) 先生五十二歲〉. "八月 覽馬史 釐正中國地誌山川經緯誤處".

의 편찬 경험은 『일선지』 편찬의 바탕이 되었다.

5. 맺음말

이 논문은 최현이 편찬한 선산의 사찬 읍지인 『일선지』의 편찬과 편찬정신에 대해 살펴본 것이다.

『일선지』의 작자와 관련하여 최근까지 일부 해제에서는 이준의 〈제일선인물지후(題一善人物誌後)〉와 〈제최계승소찬금생전후(題崔季昇所撰琴生傳後)〉가 수록되어 있는 점을 들어 막연하게 최현과 이준(李埈)의 공저로 생각하였다. 그러나 이준의 〈제알선지리지후〉는 선현 항목, 〈제최계승소찬금생전후〉는 「금생이문록」에 대한 각각의 발문으로 작성된 것으로, 전체 글에 대한 발문으로 보기 어렵다. 최현과 이준의 교유 관계와 작성 시기로 보아 1618년 최초 편찬된 『일선지』에 보충이 이루어지면서 이준의 발문들이 최현에 의해 추보된 것으로 보인다.

현재 최현이 편찬한 『일선지』는 네 종류가 남아 있는데 특히 후손가 소장의 『일선지』는 최현이 최초로 만든 것을 보충한 것으로, 그 보충 시기는 1630년대 중후반으로 추정된다. 국립중앙도서관본은 초기에 만든 『일선지』 지리 부분 일부와 제영 부분이 별도로 남은 것이다. 장서각본과 규장각본 『일선지』는 같은 내용을 적고 있는데, 장서각본은 완본이다. 이 책들의 추보 시기는 고종 대까지 내려온다. 『일선지』의 채재와 항목은 관찬의 정형화된 체재와는 다르며 대주제와 세부적인 소항목으로 구성되어 있으며, 이는 직전에 만들어진 이준의 『상산지(商山誌)』로부터 크게 영향을 받고 있다.

『일선지』를 편찬하게 된 직접적인 동기는 「금생이문록」의 망실과 초고 회수 과정에서 건재 박수일로부터 향현(鄕賢)의 사적이 날로 어두워지므로 '일선지'를 편찬하라는 권유가 있었으며, 서원의 향현 추숭과 관련하여 먼저 향현의 행적을 파악해야 한다는 정구의 요청이 있었다. 향현의 행적 파악과 추숭을 위한 자료 수집에서 출발하여 읍지로 정리된 것이 『일선지』라고 할 수 있다. 이에 따라 다른 사찬 읍지에서는 제영의 일부로 수록하였던 향현의 행적에 관련된 행장과 비지문 원문을 다양하게 수록하고 있다.

『일선지』에서 보인 당대 선산 사회를 다룬 정확성이나 거주 중심의 인물 기재 등의 내용은 사찬의 전국지리지인 유형원의 『동국여지지』에서도 주목되었다. 『일선지』는 임진왜란 직후에 편찬되면서 임란 이후의 선산 사회의 변화상을 극명하게 보여주고 있으며, 내용 중에서는 임란과 관련된 사항에 대한 기술이 각 항목에 다양하게 보이고 있다.

『일선지』는 17세기 초반까지의 선산 사회를 총체적으로 파악할 수 있도록 하는 종합 보고서의 역할을 하고 있으며, 그리고 이후 편찬된 선산에 대한 지리서의 기본 정보원이 되었다.

ꕥ 제3절 ꕥ

인동 읍지 『옥산지』의 편찬과 편찬정신

1. 머리말

조선전기는 국가적 차원에서 민(民)에 대한 지배질서를 확립하기 위해 진력하였던 시기였기 때문에 지리서에서도 전국을 대상으로 한 일통지(一統志) 류의 지리지가 국가 사업으로 편찬되었다. 그러나 16세기 이후 새로운 사회세력의 주력으로 사림(士林)이 등장하면서 편찬 주체에도 변화가 일어나 수령과 지방의 사족 집단이 연합하여 지방의 행정 단위별로 읍지를 편찬하기 시작하였다. 사찬읍지는 이전에 편찬된 관찬의 전국지리지로부터 적지 않게 영향을 받았으나 지방의 사족세력과 수령이 결합하여 편찬하면서 편찬 형식이나 수록 내용에 적지 않은 변화를 가져왔다.

그런데 이러한 사찬읍지의 편찬에 대해 이제까지는 대체로 지방 사족세력과 수령의 결합이라는 관점에서 접근하여 읍지의 편찬을 설명해 왔다. 그런데 지역에 따라서는 지방 사족세력이 정치적인 입장에 따라 분열되어 있을 경우 읍지의 편찬과 개정에서 이면에 정치적 함의를 가질 수밖에 없다. 그런데 기존의 읍지를 다룬 논문에서는 읍지 편찬에 내재하고 있는 정치적 갈등에 대한 접근이 별로 없었다. 여기서는 인동에서 편찬된 『옥산지(玉山志)』를 통해 그 정치적 함의를 구명해 보고자 한다.

인동(仁同)은 1914년 행정구역 개편과 함께 칠곡군 내에 통합되었다가 구미 지역이 발전하면서 1977년 구미에 통합되어 옛날의 모습을 잃어버렸지만 전통시대에는 독립된 군현을 구성하고 있었다. 인동은 여헌 장현광과 같은 걸출한 지식인을 배출하였고 또 천생산성과 같은 천혜의 요새를 가진 곳이어서 전통시대 내내 방어거점 지역으로 인식되었다. 현재는 옛 인동지역에 구미공단이 들어서면서 일부 중심지역을 제외하고는 옛 모습을 찾아보기가 쉽지 않다. 바로 이 사라져버린 인동의 과거 모습을 묘사하고 있는 지리서가 『옥산지』이다. 인동의 사찬읍지로 『옥산지』가 있으나 이제까지 기존의 읍지 연구에서는 언급되지 않아 아직 학계에 제대로 소개되지 못하고 있는 실정이다.

여기서는 우선 『옥산지』의 이본에 대한 검토에서부터 편찬자, 편찬시기, 편찬체재 등 서지적 측면을 구명하고자 한다. 다음으로는 장유가 『옥산지』를 편찬하면서 선행한 장학의 『옥산지』를 왜 전혀 언급하지 않았는가에 대한 물음에서 시작하여 현재 남아 있는 『옥산지』의 편찬 동기, 내용 및 편찬이 가지는 의미를 검토하고자 한다. 지역 사족세력들의 동향과 함께 『옥산지』의 편찬과정을 살펴봄으로써 『옥산지』의 편찬자가 가지고 있는 정치적 입장이 책의 편찬에 어떻게 반영되고 그것이 가지는 의미가 무엇인지를 살펴보고자 한다.[1]

2. 『옥산지』의 이본에 대한 검토

『옥산지』라는 표제의 읍지로 가장 먼저 편찬된 것은 장학(張㶅, 1614~

---

1 인동의 관부에서 편찬한 각종 읍지류에 대한 소개는 박인호, 「19세기말 인동의 지역 모습과 그 정리」(『선주논총』 7, 금오공과대학교, 2004) 참조.

1669)이 편찬한 『옥산지』였다. 남파 장학이 『옥산지』를 편찬하였음을 알 수 있는 자료로 장학이 쓴 〈옥산지서(玉山誌序)〉가 장학의 문집인 『남파집(南坡集)』에 수록되어 있다.

> 옥산은 인동부로부터 동쪽으로 2리쯤에 있는데 언덕이 큰 덮개로 덮어 놓은 것과 같다. 천성(天城)은 성벽의 높이가 천길이나 되는데 밀덕암(천성 서쪽 끝에 있다)에서부터 내려와 두 갈래로 나뉘어져 구불구불 서북쪽으로 이어지는데 큰 강을 건너 작은 물을 거슬러 올라가면 서북쪽으로 모여있는 것이 정산(鼎山)이며, 그 다음이 장암(壯巖)이고, 그 다음이 부지암(不知巖)이다. 한 갈래는 서쪽으로 곧바로 떨어져 나와 두 고개를 지난 뒤 남쪽으로 한 쪽 날개 쪽을 보내니 대암(帶巖)이 우뚝 솟아 남산의 주봉을 이룬다. 그 나머지는 중간에 여러 번 바뀌어 서쪽으로 향하여 있는 것이 안태리(安泰里)이며 그 뒷산이 바로 부의 주산을 이룬다. (중략) 옥산의 일이 끝내 기록되지 않는다면 이 산의 신령한 뜻이 과연 어디에 있을 수 있겠는가? 이것이 이와 같으므로 내가 글 솜씨가 없는 것을 생각하지 않고 감히 자료를 모아 후손들이 수시로 듣고 증거로 삼을 자료로 삼을 뿐이다.[2]

장학의 『옥산지』가 인동의 촌가에 전해져 왔음은 장석용(張錫龍, 1823~1908)[3]이 쓴 〈인동읍지지(仁同邑志識)〉가 남아 있어 역시 그 편린을 볼 수 있다.

---

2 『南坡集(張翯)』 권 2, 「잡저」, 〈옥산지서〉.

3 張錫龍(1823~1908)의 본관은 인동, 초명은 龍逵, 자는 震伯, 호는 遊軒 또는 雲田, 시호는 文憲이다. 증자헌대부 규장각제학 四好翁 張學樞의 아들이며, 증이조판서 張學德에게 출계하였다. 어머니는 善山金氏로 金龜雲의 딸이다. 장석용은 생조부인 張濠로부터 가학을 익혔으며, 인근의 임은 김해 허씨 許傪의 딸과 결혼하였다. 1846년(헌종 12) 정시 문과에 급제한 후 내외의 여러 관직을 역임하였다. 1895년 명성왕후 살해 후 각 지방에서 의병이 일어나자 고종의 密諭를 받아 의병을 효유하였다. 1902년 궁내부 특진관에 배수되었으며, 숭정대부에 올랐다. 문집으로는 『遊軒集』 11권 7책이 전한다. 양자인 張承遠이 편집하여 1928년 칠곡군 북삼면 이우정에서 간행하였다.

> 읍에 읍지가 있는 것은 『시경』에 「국풍」이 있는 것과 같다. 큰 고을, 작은 고을을 막론하고 모두 읍지가 있는 것은 후세 사람들이 참고하고 살피는 데에 대비하기 위함이다. 내가 오산으로부터 와서 향교의 서편에 살았는데 그곳은 옛 조상들의 유적지로 서글픈 마음이 일어났다. 오늘 옛 읍지를 보려고 하니 향리들이 관가가 여러 번 바뀌는 바람에 이미 잃어버린 지가 3년이 되었다고 말하였으며, 이에 별나른 살펴볼 만한 사료가 없었다. 뒤에 군리인 김성연이 양원의 시골집에서 읍지를 구하였는데 이에 자세히 그 전말을 살펴보니 이는 바로 남파선생이 편찬한 것으로 읍의 연혁, 산천의 내력에서 토산품, 물산, 객관, 관아, 사직, 원우, 봉수, 인물, 풍속까지 자세하게 기록하지 않은 것이 없었다.[4]

장석용이 읍지를 구하다가 우연히 군리가 구해준 것을 보았는데 이것이 바로 남파 장학이 편찬한 『옥산지』였으며,[5] 장석용은 옛날 들은 것과 새로 안 것에 근거하여 간략히 더하고 깎아 내기를 귀암(歸巖) 이원정(李元禎)이 『경산지』를 중수한 것처럼 하였다[6]는 것이다. 그러나 현재 장학의 『옥산지』와 장석용의 수정본은 남아 있지 않아 장석용이 추보한 것이 과연 장학의 『옥산지』인지, 또 장석용이 추보한 『옥산지』는 어떠한 모습을 갖추었는지 확인할 수 없다.

한편 1699년(숙종 25) 조정에서 여러 고을에 영을 내려 『여지승람』을 손질하고자 하니 새로 첨가할 것을 올리라고 하였는데 당시 인동부사인

---

4 『遊軒先生文集(張錫龍)』 권9, 「잡저」, 〈仁同邑志識〉.

5 『유헌선생문집』 권9, 「잡저」, 〈인동읍지지〉. "後郡吏金性淵 覓邑志於楊原郁家 於是詳攷顚末 則乃南坡先生所撰 而邑之沿革山川來歷土品物産客館官衙社稷院宇烽燧人物風俗 無不纖悉盡錄焉" 다만 이 구절로 보면 장석용이 본 읍지는 남파 장학이 편찬한 것으로 보인다. 그리고 장석용이 그렇게 판단한 데에는 장학의 읍지 서문이 있었기 때문일 것인데, 현재 장학이 편찬한 『옥산지』가 남아 있지 않아 잘 알 수 없다.

6 『유헌선생문집』 권9, 「잡저」, 〈인동읍지지〉. "故一依舊聞新知 略加增删 如歸巖李文翼公重修京山誌者"

최문징(崔文澂)[7]은 지역의 인사들에게 편찬토록 권유하였다. 이에 지역의 인사들이 관련 자료를 수집하여 편찬하였으며, 향교의 책임자였던 안재(安齋) 장유(張瑠, 1649~1724)가 이 편찬 작업을 주관하고 서문을 작성하였다.

> 왕께서 즉위한 지 25년이 되던 해에 조정에서는 각 고을에 영을 내려 『여지승람』을 고쳐 새로 내용을 첨가할 것을 올리도록 하였다. 최문징은 고을 사람들을 향교에 모아서 자료를 모으고 수집하도록 하였다. 이에 고을의 어른 아이 할 것 없이 각자 자신들이 들어서 아는 것을 와서 말하였으며, 일을 기록하는 자는 쓸 것은 쓰고 삭제할 것은 삭제하되 조금도 사사로운 뜻을 집어넣지 않았다. 당시 나는 향교의 책임자를 맡고 있어 함께 이 일을 의논하였는데, 이를 통해 듣지 못하였던 일은 더욱 잘 듣게 되었고 알지 못하던 일은 더욱 잘 알게 되었다. 수정을 마치고 내가 가만히 생각해 보니 나보다 먼저 태어난 사람도 오히려 옛 일에 두루 알지 못하는데 하물며 나보다 뒤에 태어난 사람들은 누구에게 좇아가서 알게 되겠는가. 이 고을에서 태어나 이 고을에서 늙었으면서도 어리석게도 이 고을의 일을 알지 못한다면 궁벽한 촌의 사람과 다를 바가 없다. 먼저 아는 사람이 뒤에 아는 사람을 깨우치게 하려는 것은 진정 그 고을의 일을 잘 알도록 하는 데 있으니 읍지는 정말 없어서는 안되는 것이다. 이것이 읍지가 만들어진 까닭이다. 이에 마침내 『승람』에 기록된 것에 따라 큰 항목을 배치하고 작은 조목을 나열한 뒤 그 아래에 주석을 나누어 달았다. 무릇 『승람』에서 빠졌거나 간략한 것은 상세하게 추가하였다. 또 전에 다듬고 지은 글은 아래 편에 붙여서 '보유'라고 하였다. 이를 모두 합쳐 『옥산지』라고 하였는데, 이는 진실된 기록이다. 아! 동쪽 땅 삼백 고을의 지리 연혁, 산천 형태, 풍속 미악, 인물 성쇠가 모두 『승람』에 기재되어 있지 않음이 없다면 읍지는 짓지 않아도 괜찮을 것이다. 그러나 생각하건대 읍지는 『승

7 崔文澂은 무관으로 가선대부에 올랐다. 1698년(숙종 24) 인동에 부임하여 1700년(숙종 26) 7월 擺撥의 拆見으로 교체되었다(『옥산지』 및 국립중앙도서관본 『인동읍지』).

> 람』과 비교하여 상세함과 간략함이 다르니 읍지 또한 짓지 않을 수 없다. 그렇지만 읍지라는 것은 사실을 기록하는 책이니 진실로 공정한 도리를 취하는 믿을 만한 필자가 아니면 그것을 감당해 낼 수 없다. 한 사람의 편견으로 사사로이 그 좋아하고 싫어함을 표시하는 것은 명백히 옳지 않기 때문이다. 구양수가 말하기를 "후세 사람이 진실로 공정하지 않았다면 지금까지도 성현은 없었을 것이다"라고 하였고, 주자는 말하기를 "군자가 말함에 있어서 오직 자기 마음에 부끄럽고 후회하는 바가 없어야 한다"고 하였다. 내가 비록 주자의 그 마음은 얻지 못하였지만 구양수의 말은 실행하였으니, 어찌 감히 엉터리 없는 것을 칭찬하기를 진정한 것을 칭찬하듯이 하여 후세의 비난을 자초하겠는가? 돌아보건대 나는 보고 들은 것이 보잘 것이 없어 옛 사람들의 남은 자취를 드러내기에 부족하여 사람들의 꾸짖음을 듣지 않을 수 없다. 오직 바라는 것은 후세의 옛 것을 좋아하는 선비가 혹 널리 자료를 수집하고 잘 보충한다면 좋을 것이다.[8]

『옥산지』의 표제로 한국학중앙연구원 구입본(이하 한중연본)과 구미문화원 영인본(이하 구미문화원본) 등이 있는데 이들 필사본에는 위의 장유가 쓴 서문이 남아 있다. 따라서 현재 남아 있는 『옥산지』는 모두 장유가 편찬한 『옥산지』라고 할 수 있다.

첫째, 한중연본의 도서번호는 귀 B15FB 21이다. 표제는 『옥산지』이며, 1책 67장, 32×21㎝의 필사본이다. 한중연본은 후술할 구미문화원본에 비해 오탈자가 적다.

둘째, 지역에는 필사본으로 사주쌍변(四周雙邊)의 광곽, 어미(魚尾), 판심제(版心題)가 없는 본이 있다. 이 필사본에는 1983년 8월 필사하였다는 필사기가 표지에 붙어 있다.[9] 저본은 무엇으로 하였는지 설명이 없다. 기

---

8 『安齋先生文集(張瑠)』, 〈옥산지서〉 및 한중연본 『옥산지』 〈서〉 참조.

9 원본을 확인하지 못하였으나 여헌학연구회 장인채 선생이 소장하고 있는 복사본으로 확인하였다.

본적인 내용에서는 한중연본과 같으나 일부 구절에는 상이한 점이 있으며 한중연본에 비해 추가된 부분이 있다.

셋째, 구미문화원본은 2001년 국역본을 간행하면서 뒤에 첨부한 것으로 필사본이다. 구미문화원본은 1983년 필사기가 있는 필사본에 광곽, 어미, 판심제를 넣어 별도로 제작한 것이다.[10] 구미문화원본은 기본적인 내용에서 한중연본과 같으나 일부 오류가 눈에 띈다.

구미문화원본과 한중연본의 차이를 적기하면 다음과 같다.

(1) 구미문화원본 서문 뒤에 간주로 "최문징찬 숙종조(崔文徵撰 肅宗朝)"라고 추기하였으나 서문은 장유(張瑠)가 지은 것이다. 이 간주는 뒤에 다른 사람에 의해 추보된 것이다.

(2) 구미문화원본에는 지리제일(地理第一) 표기가 누락되었다.

(3) 구미문화원본에는 한중연본에 없는 일부 강원(江源), 천원(川源), 지택(池澤) 등 표제 항목이 내용에 맞게 부여되어 있다.

(4) 구미문화원본에는 교량(橋梁)에서 량(樑)으로 기록, 초원재부북삼리(草院在府北三里)에서 리(里)자 누락의 오류가 있다. 또한 산천(山川), 관수(官師) 등의 항목에서 한중연본과 구미문화원본 사이에 오자와 탈자로 인한 차이가 있는데 구미문화원본은 오류가 많다.

(5) 한중연본 총묘에서 부사 장중양(張仲陽)과 장령 장수(張脩)의 순서를 줄 옆에 수정한 내용이 구미문화원본에서 그대로 따르고 있다.

(6) 공부(貢賦)의 천안(賤案)의 내용에서 구미문화원본은 양원역만 적고 있으나 한중연본은 동안역까지 적고 있어 한중연본이 원 기록에 해당한다.

(7) 구미문화원본 제영에서 유성룡 작의 서헌칠절(西軒七絶)의 연당(蓮

---

10 『옥산지』「보유」, 장천한의 〈寄文康公屋字詩〉에서 필사하면서 누락된 글자인 若을 넣은 것이 구미문화원본에도 동일하게 남아 있으며, 필체도 동일하여 같은 것을 가지고 처리한 것임을 알 수 있다.

塘)에서 갱(更)자를 누락하였다. 한중연본은 칠절(七絶)을 옳게 적었으나 구미문화원본은 잘못 적어 주기를 남겼다.

(8) 구미문화원본 제영에서 삼우당의 작자인 박경신(朴慶新)을 누락하고 다음의 황수(黃灖)를 잘못 기재하였다.

(9) 구미문화원본 보유 잡시 여차정 다음의 차운 작자인 이도(李蒤)가 누락되었다.

(10) 구미문화원본 보유 잡시에는 한중연본에 없는 장현광의 〈문강공제와천문(文康公祭臥川文)〉이 추기되어 있다.

(11) 〈부지암서당창건문〉의 작자에 대해 한중연본은 장용한(張龍翰)이라고 바르게 적고 있으나 구미문화원 영인본에서는 박침으로 오기하였다.

따라서 두 필사본 사이의 차이를 통해 볼 때 한중연본이 원본에 가까우며, 구미문화원본에 비해 오탈자가 매우 적다. 구미문화원본의 경우에는 한중연본을 저본으로 하였는지 혹은 지역에서 전해 내려온 것을 저본으로 하였는지 확실하지 않으나 1983년 필사기가 있는 필사본에 광곽을 그어 영인한 것이다. 따라서 여기서는 한중연본을 저본으로 하여 관련 사항을 살펴보고자 한다.

3. 『옥산지』의 편찬

1) 편찬자

현재 남아 있는 『옥산지』의 편찬자는 장유(張瑠)이다. 필사본에 희미하게 추가된 "최문징찬 숙종조(崔文徵撰 肅宗朝)"라는 구절로 인해 구미문화원 번역본[11]이나 구미에서 나온 각종 서적류에서 『옥산지』를 최문징이 편찬한 것으로 적고 있으나 이는 잘못된 것이다. 서문은 누가 쓴 것인지

적지 않았으나 장유의 『안재선생문집』에 〈옥산지서〉가 수록되어 있으며, 이것이 한중연본 『옥산지』의 서문과 같으므로 장유가 『옥산지』를 편찬하였음을 알 수 있다.

그런데 장유는 장학의 『옥산지』가 17세기 중반에 이미 편찬되어 있었는데도 이에 대한 언급이 전혀 없이 새로이 편찬한 것으로 적고 있다. 장학이 편찬한 『옥산지』와 장유가 편찬한 『옥산지』의 차이는 장학의 『옥산지』가 남아 있지 않아 잘 알 수 없다. 다만 장유가 『옥산지』를 편찬하면서 지역 관련 정보를 적는 읍지의 특성상 장학이 편찬한 『옥산지』에 수록된 내용에서 많은 부분을 취하였을 것이나, 장유(張瑠)와 관련된 내용이 『옥산지』 본문 서술에 들어가 있는 것으로 보아[12] 어느 정도 수정이 있었을 것으로 추정된다. 특히 『옥산지』 보유의 설정에 대해서는 "전에 다듬고 지은 글들은 아래 편에 덧붙여서 '보유'라고 하였다. 이를 모두 합쳐 『옥산지』라고 하였다"[13]고 서문에서 밝히고 있으므로 이 부분의 첨부에는 장유의 의지가 크게 작용하였음을 볼 수 있다.

선행하는 『옥산지』를 편찬한 장학(張學, 1614~1669)의 본관은 인동, 자는 성원(聖源), 호는 남파(南坡)이다. 인동 장씨 상장군 장금용(張金用)의 후손으로, 증공조참판 극명당 장내범(張乃範)의 손자이며, 증승정원 좌승지 만회당 장경우(張慶遇)의 아들이다. 11세의 나이로 여헌 장현광의 문하에서 수학하였다. 여헌이 사망한 후 학사(鶴沙) 김응조(金應祖)가 인동 부사로 있을 때 여헌 문집 간행건이 있어 이를 교정하였다. 1642년(인조 20) 생원에 합격하였다. 1652년 유일로 추천받아 창릉(昌陵) 참봉에 제수되었으나 나아가지 않고 학문에 전심하였다. 1660년(현종 1) 인동 부사

11 『옥산지 -국역본-』, 구미문화원, 2001.

12 『옥산지』, 「학교」, 〈향교〉 학제 ; 「사마소」.

13 『옥산지』, 〈옥산지서〉. "又取前脩所撰文字 附之於下 而謂之補遺 摠以名之曰玉山志"

유정(兪椗)을 배척할 음모가 꾸몄다는 혐의로 의금부에 구금되었다가 그 해 9월 충청도 보은에 유배되었으며, 이듬해 5월 해배되어 고향으로 돌아왔다.[14] 1774년(영조 50) 인동 옥계사에 제향하였으며, 1990년 옥계서원(玉溪書院)으로 승호하여 배향하고 있다. 문집으로 『남파집(南坡集)』 4권 2책이 있는데 목판본으로 8대손인 장두현(張斗鉉)이 편집 간행하였다.[15]

현재 남아있는 『옥산지』를 편찬한 장유(張瑠, 1649~1724)의 자는 유옥(留玉)이며, 호는 안재(安齋)이며, 죽정(竹亭) 장잠(張潛)의 후손이다. 죽정 장잠은 정암(靜菴) 조광조(趙光祖)로부터 학문을 익혔으며 인동 장씨 황상파의 파조이다. 장유의 고조부는 곤(崑)으로 호조참의, 증조부는 용한(龍翰)으로 호는 기촌(岐村)이며 율곡 이이 문하에서 수업하였다. 조부는 내량(乃亮)으로 호는 송재(松齋)이며 군자감정에 이르렀다. 아버지는 희달(喜達)이다. 호를 안재라고 한 것은 마을 이름인 인의(仁義)의 뜻에서 취하였다.[16] 1705년(숙종 31) 식년 진사시에 합격하였다.

장유는 우암 송시열 문하에서 수업하였으며, 권상하(權尙夏) 등 노론계열의 인물들과 교류하였다. 어머니 상을 당한 이후에는 과거를 버리고 자기 수양에 몰두하였다. 1682년에 이르러 김장생 문묘종향소를 올리면서 1678년과 1679년에 있었던 이재헌(李在憲) 등이 올린 우암 출향소를 비판하였다. 1694년에는 율곡 이이와 우계 성혼을 문묘에 향사하게 되자 안일리(安日履)가 율곡과 우계를 배척하는 소문을 올렸는데 장유는 그 무고함을 비판하였다. 또한 1696년의 이제억(李濟億), 강유(姜楡), 정시한(丁時翰)의 소문에 변무소를 올렸다. 1723년 도봉서원(道峯書院)에서 우암 송시열이 축출당하자 변무소를 올려 향사를 복원시켰다. 당시 선비들

---

14 장학이 보은에 유배된 후 해배 때까지 적은 일기인 〈三山日記〉가 『남파선생문집』 권3, 「잡저」에 수록되어 있다.

15 『남파선생문집』 권 4, 〈행장(參奉李榮世撰)〉.

16 『안재선생문집』 권 3, 「잡저」, 〈안재기〉.

은 임금의 마음을 돌리게 한 공은 실로 장모(張某)가 상소하였기 때문이라고 할 정도였다. 이와 같이 장유는 인동을 중심으로 서인세력의 구심 역할을 수행하였던 인물이다.

예제와 관련하여 송시열을 비롯한 서인의 예설을 적극 지지하면서 「사례집설」, 「사례책제」, 「의례집설」, 「상례요람」, 「제의」 등에서 예설을 다루었다.[17]

지역에는 장용한(張龍翰)·장유(張瑠)를 제향하는 봉양서원(鳳陽書院)이 있었다. 봉양서원은 1789년(정조 13) 세워졌으며, 인동 장씨 황상파의 문중서원으로 대표적인 노론계 서원이었다. 인동 장씨 노론계의 핵심이라고 할 수 있는 기촌 장용한을 배향하였으며, 후일 그의 증손인 장유를 종향하였다. 인동 기산면에 있었으며, 현재는 칠곡군 석적면 중리로 이건하여 봉양재로 남아 있다.

2) 편찬 시기

한중연본 서문을 보면 1699년(숙종 25) 조정에서 여러 고을에 영을 내려 『여지승람』을 손질하고자 하니 새로 첨가할 것을 올리라고 하였으므로, 부사인 최문징(崔文徵)이 고을 사람들을 향교에 모아 자료를 수집하고 편찬하도록 권유하였다. 이에 고을의 어른 아이 할 것 없이 각자 자신들이 알고 있는 것을 와서 말하면 적는 사람이 적을 것은 적고 뺄 것은 빼어 편찬하였다. 당시 향교의 책임자였던 장유(張瑠)는 이 일을 주관하였으므로 이에 서문을 작성한 것으로 보인다. 향교의 책임자인 도유사로 있었다는 서문의 구절로 보아 장유가 처음 편찬을 완료하였던 것은 상송령이 내려온 1699년에서 크게 벗어나지는 않았을 것이다.

---

17 『안재선생문집』 권 6, 「부록」, 〈행장(李宜朝撰)〉.

내용 중 인물편 관련 부분과 학교편의 1717년(숙종 43) 김장생의 복향 기사, 관사편의 부사 명단에서 최문징이 교체된 1700년 이후부터 1717년 이익해의 파직 기사가 수록되어 있는 점 등으로 보아 장유가 편찬을 완료한 하한선은 1717년 경으로 추정된다.

3) 편찬체재

장유는 서문에서 "동쪽 땅 삼백 고을의 지리 연혁, 산천 형태, 풍속 미악, 인물 성쇠가 모두 『승람』에 기재되어 있지 않음이 없다면 읍지는 짓지 않아도 괜찮을 것이다. 그러나 생각하건대 읍지는 『승람』과 비교하여 상세함과 간략함이 다르니 읍지 또한 짓지 않을 수 없다"[18]고 적고 있다. 즉 상세하고 간략함에 많은 차이가 있음을 언급하고 있다. 또한 『승람』에서 빠졌거나 간략한 것은 상세하게 추가한다고 밝히고 있다.

먼저 『승람』의 항목과 『옥산지』의 수록 항목을 비교하면 『신증동국여지승람』 인동현에서는 건치연혁(建置沿革), 속현(屬縣), 관원(官員), 군명(郡名), 성씨(姓氏), 산천(山川), 토산(土産), 봉수(烽燧), 신증 궁실(新增宮室), 누정(樓亭), 학교(學校), 역원(驛院), 신증 교량(新增 橋梁), 불우(佛宇), 사묘(祠廟), 총묘(塚墓), 고적(古跡), 명환(名宦), 인물(人物), 제영(題詠)의 순으로 기술되어 있다.[19] 그러나 『옥산지』에서는 크게 지리, 인물, 풍속, 관사, 향교, 제단, 공서, 공부, 고적, 제영의 순으로 분류되어 있으며, 각 항목의 하부는 별도의 제목에 따라 분리되어 있다. 『승람』은 상대적으로 작은 세목으로 나열된 반면, 『옥산지』는 큰 항목으로 분류하고 아래에

---

18 『옥산지』, 〈옥산지서〉. "環東土三百州 地理之沿革 山川之形勝 風俗之美惡 人物之盛衰 莫不具載於勝覽 則邑志雖不作可也 第念邑志比勝覽 詳略不同 則邑志亦不可不作也"

19 『신증동국여지승람』, 아세아문화사, 1983, 473~474쪽.

별도의 세목을 둔 형태를 취하고 있다.

한편 당시 활발하게 편찬되어 나온 다른 지역의 사찬읍지와 비교하면 『옥산지』의 형태는 매우 독특하다. 조선중기에 편찬된 사찬 읍지의 체재와 항목 편성에 있어서 전형적인 형태를 보여주는 것으로 평가되는 『함주지』는 경사상거(京師相距), 사린강계(四隣疆界), 건치연혁(建置沿革), 군명(郡名), 형승(形勝), 풍속(風俗), 각리(各里), 호구·전결(戶口·田結), 산천(山川), 토산(土產), 관우(館宇), 성곽(城郭), 단묘(壇廟), 학교·서원(學校·書院), 역원(驛院), 군기(軍器), 봉수(烽燧), 제언(堤堰), 관개(灌漑), 정사(亭射), 교량(橋梁), 불우(佛宇), 고적(古蹟), 임관(任官), 명환(名宦), 성씨(姓氏), 인물(人物), 우거(寓居), 유배(流配), 선행(善行), 윤행(閨行), 견행(見行), 문과(文科), 무과(武科), 사마(司馬), 총묘(塚墓), 정표(旌表), 책판(冊板), 제영(題詠), 총담(叢談)의 순으로 적고 있다. 『함주지』는 각 항목을 나누어 그 아래에 관련된 주제에 따른 표제를 내걸고 내용을 쌍행으로 적는 형식을 취하고 있다.[20]

그런데 『옥산지』는 항목별로 나열하는 사찬읍지와는 달리 큰 항목으로 분류한 다음, 각 항목 아래에 별도의 세목을 분류해 정리하는 독특한 형태를 지니고 있었다.

20 『함주지』와 그 뒤에 나온 『영가지』, 『진양지』와의 항목별 유사성은 김경수, 「정구의 함주지 연구」, 『우강권태원교수정년기념논총』, 1994, 602쪽, 〈표 6〉 및 박홍갑, 「청도 사찬읍지 오산지(1673)의 편목과 특징」, 『중앙사론』 21, 중앙사학연구소, 2005, 198~199쪽 참조.

〈표 1〉『일선지』와 『옥산지』 항목 구성 비교

<table>
<tr><th>읍지</th><th colspan="2">책</th><th>항목구성</th><th>비고</th></tr>
<tr><td rowspan="11">『一善志』</td><td rowspan="8">元
(53장)</td><td>제1</td><td>地理 – 沿革 疆域 形勝 山川 城柵 藪澤 池渠 烽燧 嶺峴 津橋 坊里 驛院 田野 姓氏 墳墓</td><td rowspan="11">崔晛
(1563~1640),
1618년 편찬,
4권 4책</td></tr>
<tr><td>제2</td><td>風俗</td></tr>
<tr><td>제3</td><td>貢賦 – 田結 戶口 土產 土貢 進上物件 倉穀 軍案 雜役</td></tr>
<tr><td>제4</td><td>官師 – 守臣 敎授</td></tr>
<tr><td>제5</td><td>學校 – 鄕校(海平鄕校 學制 學令) 書院(學田 田僕)</td></tr>
<tr><td>제6</td><td>秩祀 – 壇壝 廟制</td></tr>
<tr><td>제7</td><td>公署 – 客館 公衙 司倉 官廳 府司 軍器庫 大同廳 武學堂 鄕射堂 鳳下樓 司馬所</td></tr>
<tr><td>제8</td><td>古跡 – 亭觀 佛宇</td></tr>
<tr><td colspan="2">亨(86장)</td><td>人物 – 后妃 先賢 勳烈·文武·蔭仕·應薦 淑行 技藝 孝子 烈女 新增(孝子 烈女)</td></tr>
<tr><td colspan="2">利(79장)</td><td>補遺 – 行狀 墓碣 墓碑</td></tr>
<tr><td colspan="2">貞(103장)</td><td>補遺 – 雜著(疏)
別集 – 雜著(序, 跋, 祭文, 挽章, 詩, 附錄)</td></tr>
<tr><td rowspan="9">『옥산지』</td><td colspan="2">제1(28면)</td><td>地理 – 沿革 疆域 山川 形勝 城柵 藪澤 烽燧 橋梁 津船 坊里 驛院 田野 土產</td><td rowspan="6">張瑠
(1649~1724),
1699년경
편찬, 1책</td></tr>
<tr><td colspan="2">제2(26면)</td><td>人物 – 姓氏 先賢 忠臣 孝子 孝婦 烈女 勳烈·文武·蔭仕·應薦·生進 淑行 技藝 塚墓</td></tr>
<tr><td colspan="2">제3(2면)</td><td>風俗</td></tr>
<tr><td colspan="2">제4(12면)</td><td>官師 – 監務·訓導 縣監 府使</td></tr>
<tr><td colspan="2">제5(17면)</td><td>學校 – 鄕校(學制 學令 學田 典僕) 吳山書院(學制 學田 典僕) 東洛書院(學制 學田 典僕) 飛浪川尙賢祠 司馬所</td></tr>
<tr><td colspan="2">제6(1면)</td><td>秩祠 – 壇壝</td></tr>
<tr><td colspan="2">제7(6면)</td><td>公署 – 客館 鄕射堂 講武堂</td><td></td></tr>
<tr><td colspan="2">제8(11면)</td><td>貢賦 – 田結 戶口 土貢 倉穀 軍案 吏案 賤案 工匠 雜役</td><td></td></tr>
<tr><td colspan="2">제9(4면)</td><td>古跡 – 亭觀 寺刹</td><td></td></tr>
</table>

	제10(9면)	題詠	
	보유(16면)	雜詩	

이와 같은 형태는 표에서 보이듯이 『일선지』와 매우 유사하다.[21] 또한 『일선지』의 원(元), 형(亨)과 『옥산지』의 제1~제9까지는 인물(人物)과 공부(貢賦)의 순서만 바뀌었을 뿐 각 항목의 표제도 동일하다. 그리고 일반 지지와 인물 항목은 기존의 읍지에서도 설정하고 있으나, 『옥산지』에서 제영과 잡시를 수록한 것은 『일선지』 보유편에서 행장, 묘갈, 묘비 및 잡저를 수록한 것과 유사한 형태이다. 게다가 『옥산지』 산천편의 낙동강 부분에서 "『일선지』에 상세히 보인다"고 적고 있어 『옥산지』는 『일선지』를 참고하였음을 확인할 수 있다. 따라서 『옥산지』의 항목 설정과 체재 결정에는 인근 선산의 『일선지』로부터 직접적인 영향을 받았음을 알 수 있다.

한편 동일한 인동 지역을 다룬 관찬의 인동읍지류와 항목을 비교해보면 『여지도서』 「인동부」편에서는 건치연혁·속현(建置沿革·屬縣), 군명(郡名), 관직(官職), 성씨(姓氏), 산천(山川), 풍속(風俗), 방리(坊里), 호구(戶口), 전부(田賦), 군액(軍額), 성지(城池), 임수(林藪), 창고(倉庫), 조적(糶糴), 천생산성군기(天生山城軍器), 관액(關阨), 진보(鎭堡), 봉수(烽燧), 학교(學校), 단묘(壇廟), 총묘(塚墓), 불우(佛宇), 공해(公廨), 누정(樓亭), 도로(道路), 교량(橋梁), 도서·제언(島嶼·堤堰), 장시(場市), 역원(驛院), 목장(牧場), 형승(形勝), 고적(古跡), 토산(土産), 진공(進貢), 봉름(俸廩), 환적(宦蹟), 과거(科擧), 인물·효자·효부·열부·충용(人物·孝子·孝婦·烈婦·忠勇), 제영(題詠), 비문(碑文), 책판(冊板)으로 구성되어 있다.[22]

이 구성은 뒤에 나오는 규장각 소장 각종 경상도 읍지 내의 『인동읍지』

---

21 『일선지』, 구미문화원, 1998.

22 『여지도서』 하, 국사편찬위원회, 1973, 615~619쪽.

나 국립중앙도서관본 『인동읍지』와 큰 차이를 보이지 않으며, 일부 항목에서 조정이나 수정되는 정도이다.[23] 이러한 관찬 읍지류의 구성은 『옥산지』의 항목 설정이나 서술 방식과 비교할 때 적지 않은 차이를 보이고 있다. 관찬의 읍지류에서는 각 항목에 관련된 내용을 표제에 따라 적는 방식을 취하고 있으나 『옥산지』에서는 각 항목의 서술에서 연원이나 연혁, 관련 인문적 정보를 포함하여 다양하게 적고 있다.

이러한 항목 비교를 통해 나타난 『옥산지』의 체재적 특징을 적기하면 다음과 같다.

첫째, 『옥산지』는 지리(地理), 인물(人物), 풍속(風俗), 관사(官師), 향교(鄕校), 질사(秩祠), 공서(公署), 공부(貢賦), 고적(古跡), 제영(題詠)의 순으로 큰 항목을 배열하고 그 아래에 세목을 나열하였다. 지도는 맨 앞 쪽에 있었을 것이나 현재는 생략되어 있다.[24] 각 항목의 표제를 보면 『승람』의 항목 체계를 발전시킨 것이지만, 당시 인근 선산에서 나온 『일선지』의 직접적인 영향을 받아 이를 본받아 만든 것이다.

둘째, 공부와 관련하여 『승람』만 하더라도 토산(土産) 항목 하나뿐이었으나 『옥산지』에서는 공부의 큰 제목 아래에 전결(田結), 호구(戶口), 토공(土貢), 창곡(倉穀), 군안(軍案), 이안(吏案), 천안(賤案), 공장(工匠), 잡역(雜役) 등 세목이 설정되어 있다. 이에서 국가가 파악하고 관리하는 부분이 시대의 변화에 따라 크게 확대되고 있음을 볼 수 있다. 다만 뒤에 편찬된 관찬 인동읍지류에서는 전부(田賦), 군액(軍額), 조적(糶糴) 등의 기사가 상세하나, 『옥산지』에서는 이와 관련된 내용이 수록되어 있지 않다. 이는 관부적 차원에서 파악하려는 대상과 사찬의 항목 설정이 차이를

---

23 박인호, 「19세기말 인동의 지역 모습과 그 정리」, 『선주논총』 7, 금오공과대학교, 2004, 195~198쪽.

24 『옥산지』, 〈옥산지리도〉. "按舊圖無存者 今仍俗號山川坊里 參考古迹 粗成小圖于卷首"

보인 데서 연유한 것으로 보인다.

셋째, 임란 이후 파괴된 향촌의 질서를 회복하려는 사족으로서의 목적의식이 표출되면서 향촌교화와 관련된 많은 사항이 『옥산지』에 수록되었다. 인물과 관련된 세부 항목으로 성씨(姓氏), 선현(先賢), 충신(忠臣), 효자(孝子), 효부(孝婦), 열녀(烈女), 훈열·문무·음사·응천·생진(勳烈·文武·蔭仕·應薦·生進), 숙행(淑行), 기예(技藝), 총묘(塚墓) 등을 설정한 점, 학교편에서 향교와 서원의 연혁(沿革)과 학제(學制), 경제적 기반으로서의 학전(學田)과 전복(典僕)의 수치에 대해 자세히 기술하고 있는 점도 이와 관련이 있다. 조선전기 관부에서 편찬한 통지류들이 정치·행정과 군사적 측면이 강조되었던 것에 반해, 『옥산지』에서는 교육과 인물에 대한 항목의 증가폭이 크고 내용도 자세하게 기술되었다.

4. 『옥산지』에 나타난 편찬정신

1) 편찬 동기

장유가 쓴 『옥산지』의 서문에는 편찬과 관련된 의도를 밝히고 있다. 이를 통해 편찬 동기를 정리하면 다음과 같다.

첫째, 왕의 명령과 수령이었던 최문징(崔文徵)의 적극적인 권유가 『옥산지』를 편찬하는 데 중요한 동기가 되었다. 1차적으로는 이전에 나온 자료인 『여지승람』의 부족을 메우려는 중앙의 요구가 있었다. 이러한 요구에 부응하여 각 군현에서 사찬으로 읍지를 편찬할 때 수령의 관심과 역할이 중요하였다. 인동의 경우도 인동부사 최문징이 지역 인사들을 향교에 불러 집필을 독려하였다.

둘째, 서문에 의하면 "나보다 먼저 태어난 사람도 오히려 옛 일에 두루 알지 못하는데 하물며 나보다 뒤에 태어난 사람들은 누구에게 쫓아가서 알게 되겠는가. (중략) 먼저 아는 사람이 뒤에 아는 사람을 깨우치게 하려는 것은 진정 그 고을의 일을 잘 알도록 하는 데 있으니 읍지는 정말 없어서는 안되는 것이다"고 하였다. 고을의 일을 잘 알 수 있도록 읍지를 편찬한다고 서문에 밝히고 있듯이 인동의 전통 문화에 대한 자긍심과 이에 대한 자료로서 읍지의 유용성에 대한 자각을 들 수 있다.

셋째, 17세기 초 함안의 『함주지』를 비롯하여 안동의 『영가지』, 진주의 『진양지』, 상주의 『상산지』, 선산의 『일선지』, 의성의 『문소지』, 단성의 『운창지』, 밀양의 『밀양지』, 함양의 『천령지』, 경주의 『동경잡기』, 청도의 『오산지』, 성주의 『경산지』 등 경상도의 각 지역에서는 사찬의 읍지가 활발히 편찬되었다.[25] 지역에서는 『일선지』 앞에 이미 노경임(盧景任)의 『숭선지(嵩善誌)』[26]가 나왔으며, 장학(張㶅)의 『옥산지(玉山志)』가 편찬되어 있었다. 이러한 다양한 사찬읍지의 편찬과 이웃 고을인 선산에서의 『일선지』의 편찬은 인동에서 사찬읍지를 편찬하는 데 자극이 되었다.

넷째, 정치적으로는 기촌(岐村) 장용한(張龍翰)에서부터 장유(張瑠)로 이어지는 인동 장씨 황상파의 활동을 더욱 자세히 밝히려는 노력의 산물이다. 현존 『옥산지』의 제영 다음에 전대 인물의 문장 가운데 빠진 것을 모아 보유로 편집한 부분이 있다. 장학의 『옥산지』에서 수정된 부분이 얼마인지는 알 수 없지만 이 보유는 장유가 편찬한 것으로 이에 수록된 시문들이 대부분 죽정(竹亭) 장잠(張潛) 후손의 작품이며 인동 장씨 황상파와 관련이 있다. 이러한 작품을 보유로 수록한 데서 이들을 현양하려는 의도를 엿볼 수 있다.

다섯째 향교, 서원, 사우 등의 항목에서는 여헌 장현광과 인동 장씨 관

---

25 16~17세기 경상도 사찬읍지의 편찬 상황에 대해서는 양보경, 「조선중기 사찬읍지에 관한 연구」, 『국사관논총』 81, 국사편찬위원회, 1998 참조.

26 『경암선생문집』 권 2, 〈숭선지서〉.

련 내용이 자세하게 수록되어 있다. 산천, 방리, 선현, 향교, 서원, 상현사, 향사당 등에서 여헌 장현광과 관련한 사소한 내용까지도 자세하게 기록한 점, 숙행과 효부조에서 여헌이 황상파의 장곤(張崑)과 장용한(張龍翰)의 묘갈명을 지은 것을 특별히 주기한 점, 제영편 보유에서 장현광의 시문 4편을 수록한 점에서 장유는 장용한의 스승이기도 한 여헌 장현광의 학문적 현양하고 또한 계승하려는 의식을 보여주고 있다. 비록 장유를 비롯한 인동 장씨 황상파가 정치적으로는 서인으로 자정하였으나 이들 역시 장현광을 학문적으로 존신하는 선조로 받들고 있었다. 그것은 남인이 주류를 이루는 지역사회에서 여헌 현양은 여전히 정치적으로나 학문적으로 중요한 연결고리였기 때문이다.

2) 『옥산지』의 내용

사찬읍지인 『옥산지』를 뒤에 편찬되어 나온 관찬의 인동읍지류와 비교하여 살펴보면 양적인 측면에서 정보량이 월등하다.[27] 이하 전후에 편찬된 지리지나 읍지와 비교하면서 『옥산지』의 내용을 소개하고자 한다.[28]

제1장의 지리편에서는 연혁(沿革), 강역(疆域), 산천(山川), 형승(形勝), 성책(城柵), 수택(藪澤), 봉수(烽燧), 교량(橋梁), 진선(津船), 방리(坊里),

27 서 이하 본문 분량에 대한 단순 비교를 통해 보아도 『옥산지』가 정보량이 월등함을 알 수 있다.

	옥산지 (한중연본)	여지도서 (인동편)	인동부읍지 〈경상도읍지 경상도 1 내〉	인동읍지 〈영남읍지 경상도 4 내〉
면수	137면	16면	44면	36면
	인동읍지 〈규장각본 규고 4790-22〉	인동읍지 〈국립중앙 도서관본〉	인동읍내 〈영남읍지 경상도 2 내〉	
면수	35면	36면	46면	

28 이하 서술은 별도의 주기 표기가 없을 경우 모두 장유, 『옥산지』의 내용을 정리한 것이다.

역원(驛院), 전야(田野), 토산(土産) 등 각종 지리 정보를 제공하고 있다. 지도(地圖)의 경우 남아 있는 것이 없어 옛 자취를 참고하여 작은 지도를 만들어 책의 첫머리에 놓았다고 적고 있으나 현재 한중연본이나 필사본에는 남아 있지 않다. 연혁조에서는 인동인 수동현의 연혁에 약목현, 해평현, 소호리 등의 연혁을 소개하고 있다.

산천조에서 뒤에 편찬된 관찬 지리서인 『여지도서』 인동편이나 경상도읍지 내 『인동부읍지』, 그리고 관찬 인동읍지류에서는 산으로 소개한 것이 유악산(流嶽山), 천생산(天生山), 옥산(玉山), 박집산(朴執山), 오산(吳山) 등 4~5개 소에 불과하나 이보다 이전에 나온 『옥산지』에서는 각 동리별로 남아 있는 산의 이름을 모두 기술하여 90여 개 소에 달한다. 강과 하천에 관련된 기록으로 『여지도서』와 인동읍지류에서는 낙동강, 『경상도읍지』에서는 낙동강(洛東江), 칠진(漆津), 북천(北川), 정진천(淨塵川), 소암천(嘯巖川) 등을 적고 있으나 『옥산지』에서는 강과 하천을 합하여 대략 40여 개 소를 밝히고 있다. 수록된 관련 정보의 양만 보아도 『옥산지』는 지역의 지리에 대해서는 가장 풍부한 자료를 수록하고 있음을 알 수 있다.

성책조에서 관방시설로 천생산성(天生山城)을 소개하고 있다. 천생산성의 지형적 조건을 기술하고 임진왜란 때 명나라 장수 유정(劉綎)이 이곳에서 진을 치고 공을 세웠음을 적고 있다. 이시발, 곽재우 등의 장계로 둘레 3,612尺의 외성을 쌓았음을 적고, 네 개의 연못, 서쪽의 밀덕바위 등을 소개하고 있다. 천생산성의 절에는 별장(別將) 1인과 승장(僧將) 1인이 있음을 밝히고 있다.

인동의 경제를 유지하기 위해서는 일정한 농업적 기초가 필요하였다. 그 가운데 관개 시설은 『경상도속찬지리지』에 의하면 인동현의 경우 북정자제(北亭子堤), 박파제(薄破堤), 가곡제(加谷堤), 저전제(楮田堤)와 임내인 약목현의 관북제(官北堤), 유제(酉堤), 대송제(大松堤) 등 모두 7곳이 있었다.[29] 『옥산지』에는 수택(藪澤)조에서 제방과 관련하여 서정자제(西亭

子堤), 안태지(安泰池), 옥랑지(玉浪池), 저전동지(楮田洞池), 가곡지(嘉谷池), 장곡상동지(長谷上洞池), 마가동지(馬可洞池), 유지(酉池), 북지(北池), 선완지(蟬完池), 대송지(大松池) 11곳을 적고 있다. 이 가운데 위치상 유사한 것을 감안하면 제언의 증가도는 그다지 높지 않다. 그런데 경상도 읍지 내 『인동부읍지』 단계에서는 제언조에 12개가 기록되어 있을 뿐만 아니라 별도의 방천조에서 25개의 방천 이름과 몽리(蒙利) 면적을 기록하고 있다.[30] 낙동강을 끼고 있던 인동에서는 18세기에 본격적으로 방천이 개발되었음을 볼 수 있다. 『옥산지』의 전야(田野)조에서는 지역 소재 각 들의 품을 소개하여 토질의 고하를 정리해 두고 있다.

『옥산지』 방리(坊里)조를 보면 동부, 서부, 남부와 북면, 동면, 석적면, 문량면, 장곡면, 북삼면, 약목현, 기산면을 포함하고 있었다. 『옥산지』의 기록이 18세기 초반의 것이므로 인동은 17세기에 이미 지역사회에서 면 단위가 일정하게 자리잡고 있음을 알 수 있다. 『옥산지』에서는 면단위에 형성된 동명과 주요 인물을 결부하여 소개하고 있다. 1759년 이후의 사정을 정리한 『여지도서』의 인동편에서는 읍내면(邑內面), 동면(東面), 석적면(石積面), 장곡면(長谷面), 문량면(文良面), 북면(北面), 북삼면(北三面), 약목면(若木面), 기산면(岐山面)의 9면으로 자리잡았으며 이후 읍지류를 보면 9면으로 전개되고 있다. 『옥산지』 방리조의 기록은 인동의 지역 사회가 방위 면에 행정단위로서의 면이 부가되는 과정에 있었음을 보여주고 있다.

제2장 인물편은 『옥산지』의 여러 항목 가운데 가장 주목할 만한 부분이다. 인물편은 성씨(姓氏), 선현(先賢), 충신(忠臣), 효자(孝子), 효부(孝

29 『경상도속찬지리지』, 「안동도」, 〈인동현〉; 아세아문화사, 1983, 730쪽.

30 『경상도읍지』, 「인동부읍지」 규장각 666; 『읍지』 경상도 1, 한국지리지총서, 아세아문화사, 1987.

婦), 열녀(烈女), 훈열·문무·음사·응천·생진(勳烈·文武·蔭仕·應薦·生進), 숙행(淑行), 기예(技藝), 총묘(塚墓)로 나누어 매우 상세하게 기술하고 있다. 이는 17세기에 들어와 이 지역 출신 인물들이 크게 현달하였고 또한 지역 출신의 인물에 대한 관심이 고조되면서 이들을 자세히 소개하려는 의식의 산물이라고 할 수 있다.

〈표 2〉 각 읍지의 수록 인물 비교

	『승람』	『옥산지』	『여지도서』	관찬 인동읍지류
성씨	10성	28성	10성	24성
선현		장수, 장잠, 장현광		
충신		장안세, 장사진, 김몽운, 이의정	장사진, 이의정, 김몽운, 백수화	장사진, 이의정, 김몽운, 백수화
효자		장적손, 김존성, 이철강, 유원추, 장순명	김존성, 유원추	김존성, 유원추
효부		박씨	유씨	유씨
열녀		김씨, 임소사	김씨 임소사, 이씨	김씨, 임소사, 이씨
훈열 외	유원순 이하 2명	장금용 이하 96명	유원순 이하 14명	유원순 이하 15명
숙행		장곤, 김경장		
기예		이이		
총묘	길재	유원순, 길재, 장보, 장맹저, 장적손, 장현광	길재	

훈열·문무·음사·응천·생진조에 포함된 인물을 보면 『승람』의 경우 유원순과 장말손 2명에 불과하나 『옥산지』에서는 모두 96명이 기록되어 있다. 이는 이후에 나온 『여지도서』나 관찬의 읍지에 비해 매우 자세한 기록이다. 당시까지 인동에서 배출된 인물 가운데 지명도가 있는 분은 모두 망라한다는 생각에서 기록하였음을 알 수 있다.

성씨조에서는 『승람』의 경우 본현의 장(張), 유(兪), 유(劉), 심(沈), 고

(高)와 약목의 이(李), 유(柳), 한(韓), 촌성으로 김(金), 속성으로 백(白)에 불과하나 『옥산지』에서는 부내, 북면, 문량면, 장곡면, 북삼면, 약목현, 기산면의 면 단위 혹은 그 아래의 동리 단위에 이르기까지 성씨를 기술하고 있다.[31] 후대에 나온 관찬 읍지류에서 24성을 기록하고 있으나 성씨를 단순히 나열하고 있어 동리 단위별 성씨를 기록하고 있는 『옥산지』와는 차이를 보이고 있다. 『옥산지』는 이미 동리 단위로 형성되던 동족부락의 모습을 보여주고 있다.

인물편을 통해 보면 유력 성관으로 인동의 인동 장씨와 약목의 평산 신씨를 들 수 있다. 인동 장씨의 경우 소과 입격자가 한말에 이르기까지 계속 이어졌다. 『옥산지』 훈열조에 수록된 96명의 인물 가운데 인동 장씨는 44명, 평산 신씨는 11명으로 두 집안의 인물만 하더라도 반수를 넘고 있다. 당시 사족세력으로 인동 장씨와 평산 신씨가 인동을 대표하고 있었음을 이를 통해서도 알 수 있다.

제3장 풍속편의 서술은 각 마을 단위로 풍속을 기술한 것이 특징적이다. 대부분 읍지에서는 풍속편의 서술이 그리 자세하지 않다. 그러나 『옥산지』에서는 인동의 인심이 착하지 못하여 인정이 야박한 것으로 소문이

31 각 면과 동리 단위의 성씨를 표로 정리하면 다음과 같다.

면	동리	성씨
부내		張, 兪, 劉, 南(안동)
북면	가락촌	朴(울산), 金(순천), 鄭(영일)
	양촌	楊(청주)
문량면	반저	李(농서), 李(벽진)
	청계	趙(한양), 柳(곤산), 朴(밀양)
장곡면	율촌	李(전주)
	성동	都(팔거), 殷(행주)
북삼면	도식	宋(야로)
	강진	辛(영산)
약목면		申(평산), 文(남평), 白(선산), 琴(봉화), 李(벽진), 李(성산)
기산면	가며촌	朴(함양), 蔡(인천), 趙(함안), 朴(죽산)

났고 궁마(弓馬)를 익히려고 하여 예의와 사양하는 기풍이 소멸되었음을 유감으로 생각하면서 각 면별로 자세하게 그 풍속을 소개하고 있다. 그 가운데 부내(府內)에 대해서는 덕을 높이고 학문을 숭상하며 예의 지키기를 좋아한다고 적고 있다. 동면(東面)에 대해서는 예로부터 인정이 야박한 것으로 소문이 났다고 적고 있는 반면에, 북면(北面)은 양반들이 기강이 있다는 소문이 있다고 칭찬하고 있다. 장곡(長谷)은 사람들이 충후(忠厚)하며 문량(文良)과 석적(石積)은 백성들이 부지런하다고 적고 있다. 기산면(岐山面)은 순후하지 않고 약간의 원한이 있어도 반드시 복수하며, 죽전면(竹田面)은 강한(江漢)의 기풍이 있다고 적고 있다.

제4장 관사편에서는 감무, 현감, 부사로 이어지는 인동부 수령의 명단을 적고 있다. 『옥산지』의 경우 현감 강생민(姜生敏)으로부터 시작하여 부사인 유승서(柳承瑞)를 거쳐 1717년(숙종 43) 이익해(李翼海)의 파직기사까지 기록하고 있다. 이 기록은 이후 관찬의 인동읍지에서 〈인동부선생안(仁同府先生案)〉 항목에서 이어지고 있다.

그런데 관사편 머리말에서 수령의 전별과 신영의 절차에 대해 자세하게 적고 있다. 인동의 경우 경주인의 편지가 오면 당일로 이방 이하 하인과 마부와 말을 신수령에게 보내었다. 이방이 신수령에게 여쭈어 거행조건을 정하고 유향소에 편지를 보내면 호장은 죽산(竹山)에 하인을 보내고 자신은 문경(聞慶) 마포원(馬浦院)에 가서 맞이하였다. 또 부임하는 수령이 선산(善山) 연향역(延香驛)에 도착하면 별감, 병방, 군관이 관인(官印)을 가지고 연향역으로 들고 가도록 규정하고 있다. 관청에 오르는 날에는 지역 사정과 관련된 단자(單子)를 바쳐 지역의 현실을 파악하도록 하고 있다. 수령의 마부와 말은 평시에는 인리(人吏)가 준비하였는데 임난 이후에는 국역(國役)에 나가지 않는 장정을 배치하여 인리를 돕도록 하였다. 17세기에는 고마창(雇馬倉)을 설치하여 그 이자로 마부와 말의 값을 지급하였다. 17세기 수령이 부임하는 절차의 실제를 파악함에 있어서 『옥산지』의 것이 유용하다.

인동은 별도의 선생안이 남아 있지 않으나 『옥산지』를 통해 초기 수령 역임자의 명단을 파악할 수 있다. 인동의 경우 조선초기는 음사 출신이 주로 보임되었으나 선조 대 후반기부터는 무과 출신이 임용되었다. 천생산성 수축과 도호부 설치와 관련된 것으로 보인다. 그 이후 인조부터 이 책에서 기술한 숙종 대까지는 문과 출신과 무과 출신이 교체 임명되기도 하였으나 대체로 무과 출신이 임명되는 무과(武窠)였다.[32]

제5장 학교, 제6장 질사, 제7장 공서편은 교육시설, 배향시설, 관공서 시설에 대한 정보를 남기고 있다. 사족세력에 의한 인동의 교육과 향촌사회의 동향을 알 수 있는 항목으로 학교편을 들 수 있다. 학교편에서는 향교(鄉校) 뿐만 아니라 오산서원(吳山書院), 동락서원(東洛書院), 상현사(尙賢祠), 사마소(司馬所) 등에 대해서도 적고 있다. 향교에서는 향교의 개설부터 임진왜란 후 선조, 인조 때의 이건에 관한 연혁, 제향대상, 학제, 학령, 학전, 전복 등을 기록하고 있으며, 서원에서는 오산서원과 동락서원의 연혁과 학제, 학전, 전복을 기록하고 있다. 이러한 학교 연혁과 경제적 기반까지 밝혀 적은 것은 이러한 교육조직에 대한 파악은 사림세력들이 지역에서 향권을 장악하는 데 있어서 무엇보다 절실하였기 때문이다. 특히 인동 향교를 둘러싸고 벌어졌던 서남간 갈등의 한복판에 있었던 장유로서는 이들 교육기관에 대한 자세한 파악이 있었을 것이다.

이 가운데 향교편의 학제와 사마소편에서는 장유와 관련된 일의 처리를 적고 있다. 1697년 도유사 장유가 부사 조석주(趙錫周)에게 청하고 아사(亞使)에게 힘을 써 봄과 가을의 경서 강론 시험에 교생만이 응시할 수 있도록 하였다는 것이다.[33] 또한 부사 최문징(崔文徵)이 별관을 향교

---

32 박인호, 「조선후기 구미 사회의 변화와 갈등」, 『성리학의 본향 구미의 역사와 인물』, 구미문화원, 2006, 218~220쪽 참조.

북쪽 담장 밖에 지어서 군관에게 주려고 하자 장유는 군관들이 향교 곁에 청사를 마련하는 것은 적당하지 않으니 차라리 그곳을 사마소로 삼기를 청하였다. 이에 부사는 도유사가 유학이면서 사마소 설치는 주장하여 의아하다면서도 설치를 허락해 주었다는 것이다.[34] 이러한 내용은 장유의 업적을 특별히 별기하는 모습을 보인 것으로 장유의 본인 서술여부를 떠나 특별히 장유의 업적으로 적고 있는 데서 장유의 활동을 현양하려는 의미를 엿볼 수 있다.

제8장 공부편에서는 전결(田結), 호구(戶口), 토공(土貢), 창곡(倉穀), 군안(軍案), 이안(吏案), 천안(賤案), 공장(工匠), 잡역(雜役) 등 지역의 경제 현실을 파악하도록 한다.[35] 관찬 자료에서 나오는 전부(田賦), 군액(軍額), 창고(倉庫), 조적(糶糴), 군기(軍器), 진공(進供), 봉름(俸廩) 등이 주로 중앙에서 부과한 세액과 관련된 자료라면, 『옥산지』의 공부(貢賦)에서 나오는 자료는 대부분 지역 관아에서 운용하고 있는 물적, 인적 자원에 대한 자료이다.

기묘년 기록(1639년?)을 수록한 호구수는 뒤에 나온 다른 읍지류의 수치에 비해 가장 많은 수를 기록하고 있다.[36] 당시 인동은 임진왜란과 병자호란 이후의 위기를 잘 극복하고 안정된 단계에 들어서고 있음을 보여주고 있다.

---

33 『옥산지』, 「학교」. "丁丑年間 都有司張瑠 請于府使趙錫周 宣力于亞使 只以校生應講"

34 『옥산지』, 「학교」. "己卯年 府使崔文潑 搆別館於鄕校北墻外 及其遞歸時 許給軍官 都有司張瑠爭之曰 軍官輩 不當設廳於黌舍逼近之地 不如歸之本校以爲司馬所 府使笑曰 都有司以幼學 汲汲於司馬所者 何耶 仍許之"

35 관부에서 나온 『여지도서』에는 관원으로 좌수 1인, 별감 3인, 군관 4인, 인리 20인, 지인 11인과 함께 사령 13명, 관노 20명, 관비 15구가 소속되어 있었다. 경상도읍지 내 『인동부읍지』에는 좌수 1, 별감 3, 군관 4, 인리 34, 지인 23, 사령 21, 관노 21, 관비 19로 규정하고 있어 『옥산지』에서 파악한 수치와 차이를 보이고 있다.

36 박인호, 「조선후기 구미 사회의 변화와 갈등」, 『성리학의 본향 구미의 역사와 인물』, 구미문화원, 2006, 200쪽 참조.

제9장 고적편에서는 옛 유적에 별도로 정과 사찰을 소개하고 있다. 정관(亭觀)조의 경우 고응척(高應陟)의 용수암강정(龍首岩江亭), 유희참(柳希參)의 선창강정(仙窓江亭), 박곤정(朴鵾程)의 증연강정(甑淵江亭), 장광한(張光翰)의 자성정(自醒亭), 이륜(李綸)의 사월정(沙月亭), 장학(張㶅)의 여차정(如此亭)을 소개하면서 거주하였던 인물을 덧붙이고 있다. 사찰(寺刹)조의 경우 경상도읍지 내 『인동부읍지』, 국립중앙도서관본 『인동읍지』 등에서는 선봉사(僊鳳寺), 위봉사(威鳳寺), 대흥사(大興寺)를 수록하고 있을 뿐이나, 『옥산지』에서는 선봉사(僊鳳寺), 수행사(修行寺) 등 23개소의 절과 암자를 수록하고 있다. 수록된 내용은 임란을 전후한 시기 각 사찰의 변동을 주로 소개하고 있다.

제10장 제영편에서는 지역의 문물을 노래한 시문을 소개하고 있다. 장수(張脩), 김요(金銚), 서거정(徐居正)의 〈인풍루(仁風樓)〉, 윤상(尹祥)의 〈향교(鄕校)〉, 성현(成俔)의 〈경풍루(慶風樓)〉, 유성룡(柳成龍)의 〈서헌칠절(西軒七絶)〉, 박경신(朴慶新), 황수(黃灑)의 〈삼우당(三友堂)〉, 강혼(姜渾)의 〈망호헌기(望湖軒記)〉, 이민성(李民宬)의 〈삼우당기(三友堂記)〉를 수록하고 있다. 망호헌은 현감 금치담이 세운 것으로 임진왜란 때 소실되었으며, 삼우당은 부사 여인길이 세운 것이다.[37] 『옥산지』 보유에서는 제영에서 빠진 시문(詩文)을 보충하고 있다.

3) 편찬의 의미

인동 장씨의 경우 대부분은 남인세력이었으나 황상파의 장광한·장용한 후손 일부는 서인으로 자정하였다. 황상파의 파조인 장잠(張潛)은 조광조의 문인이었으며, 그 후손인 기촌(岐村) 장용한(張龍翰)은 일찍이 율곡 이이(李珥)의 문하에서 수업하면서 친서인적 면모를 가지고 있었다.[38] 그런

37 『옥산지』, 〈公署〉.

데 장용한 대만 하더라도 당색이 그리 명확하지 않아 장용한은 장현광의 문인이기도 하였으며, 장현광은 장용한이 사망한 후 그를 위해 묘갈명을 지어주기도 하였다.[39]

그런데 장용한의 손자인 장유 대에 이르러서 장유가 송시열 문하에서 수업하면서 정치적으로 서인세력과 동향을 같이 하였으며, 그는 이후 인동에서 서남대결이 격화되는 동안 그 중심에 위치하였다.

17세기 중반 이후 중앙에서의 당쟁과 관련된 대립이 지방에도 영향을 미쳐 지역사회의 경우 17세기 후반 남인과 서인의 갈등이 크게 표출되었다. 남인 일색의 지역 사회에서 일부 사족이 서인세력을 지지하는 모습을 보이고 있으며, 특히 인동의 경우 김장생(金長生) 승무소 소청 개설, 향교 교임직, 송시열 변무소 설치, 송시열 서원 배향 문제 등을 둘러싸고 서남간 대립이 향전의 양상을 띠면서 격렬하게 전개되었다.[40]

숙종 즉위 초의 중앙 정계는 현종 대 예론의 여파로 남인이 득세하고 있었는데, 1681년(숙종 7) 인동 향교의 교임직을 두고서 남인계인 장우명(張羽溟), 장우한(張宇翰), 장우추(張宇樞), 김순발(金順發) 등이 재임하고 있던 황상파 서인계인 장선(張璿)을 공격하면서 향전이 일어났다. 서로 소송장을 감영에 보내 소를 제기하였으나 감사는 관련자 모두를 방면하면서 이를 무마하였다.

본격적인 향전은 김장생 종무소 소청 개설 문제로 일어났다.[41] 1680년

---

38 『岐村先生文集(張龍翰)』, 「연보」, 7년(선생 16세). "就學于文成公栗谷李先生"

39 『기촌선생문집』, 「부록」 하, 〈墓碣銘〉 文康公旅軒張顯光.

40 인동의 향전 양상을 중앙 정계의 동향 변화에 따른 서남 대립으로 설명한 것은 박인호, 앞의 논문, 2006, 227~229쪽 참조. 인동 향전에 대해서는 이연숙, 「17~18세기 영남지역 노론의 동향」, 『실학사상연구』 23, 역사실학회, 2002; 이재철, 「조선후기 대구지역 서인세력의 동향」, 『대구사학』 76, 대구사학회, 2004(『조선후기 사림의 현실인식과 정국운영론』, 집문당, 2009); 김학수, 「영남학파의 정치적 분화」, 「17세기 영남학파 연구」, 한국학중앙연구원 박사학위논문, 2007 참조.

허견(許堅)의 역모와 관련되어 남인이 실각하고 서인이 집권하자, 인동 장씨 황상파 서인계인 장경홍(張慶弘)과 장유(張瑠)는 1682년(숙종 8) 사계 김장생 청원소를 위한 도회를 인동 향교에서 개최하려고 하였으나 그 사이 장만기(張萬紀), 김순발(金順發), 장우한(張宇翰), 장우주(張宇柱) 등이 향교를 점거하였다. 이에 장경홍과 그의 조카 장유는 영남의 대표적 서인세력인 대구의 옥천 전씨 전극태(全克泰)·전극념(全克念) 형제, 선산의 덕수 이씨 이정화(李鼎華), 함창의 인천 채씨 채항길(蔡恒吉) 등과 세력을 결집하여 이에 대항하였다. 향교의 교임 자리를 두고 계속 대립하게 되자 서인인 감사 이수언(李秀彦)은 남인계 장우추(張宇樞), 장만기(張萬紀) 등에게 형을 가하여, 결국 김순발(金順發), 장우추(張宇樞)가 감옥에서 죽기에 이르렀다. 당시 중앙 정계를 서인이 장악하고 있었으므로 이러한 분란에도 불구하고 지역의 서남 대립은 소강상태로 들어갔다.

한편 중앙 정계는 1683년 노소분당이 있었으며, 1688년(숙종 14) 희빈(禧嬪) 장씨(張氏)가 낳은 왕자(후일의 경종)에 대한 원자 책봉 문제로 집권 노론과 남인이 대립하고 있었다. 1689년 1월 원자가 책봉되면서 송시열은 실각하고 제주도로 유배되었다.

중앙에서 노론이 실각하자 1689년(숙종 15) 장우한(張宇翰), 장우명(張羽溟) 등은 중앙의 남인 세력과 협력을 모색하는 한편, 장만기(張萬紀), 장우상(張宇相) 등은 지역에서 격쟁을 일으켜 장유 등이 준비한 송시열 변무소를 무산시켰다. 그리고 남인계가 감사 이현석(李玄錫)에게 정소하였으며, 이현석은 이 사건에 관련되었던 서인계들을 처벌하였다. 중앙에서는 인현왕후 민씨가 폐위하여 서인이 되고 송시열은 6월 서울로 압송되어 오던 중 정읍에서 사약을 받고 죽었다.

---

41 사건의 발단에서 1689년까지의 경과 과정은 장경홍, 「출기사록략」(옥천 전씨, 『연방집』 형, 전극렴, 『단구유고』 부록) 참조.

한편 중앙 정계는 1694년(숙종 20) 폐출되었던 인현왕후가 복위되면서 남인은 중앙 정계에서 완전히 거세되고 대신 서인이 다시 집권하는 변화가 있었다. 이에 지역에서도 다시 서인계가 활동을 재개하였으며, 1694년 12월 장유 등이 상소하여 송시열(宋時烈)과 송준길(宋浚吉)을 오산서원(吳山書院)에 배향하기를 청하는 상소를 연이어 올렸으나[42] 남인계의 저지로 좌절되었다.[43]

그러자 장유는 장잠을 기리는 현암사(賢巖祠)의 건립과정을 주도하면서 서인계 서원으로 탈바꿈시키려고 하였다. 그는 1698년과 1702년 두 차례의 이건을 거쳐 남인 색채를 지우고 서인계 서원를 세우게 되었다. 현암서원(賢巖書院)은 장잠(張潛)을 추모하여 장현광이 의견을 내었으나 뜻을 이루지 못하였으며 그 뒤에도 장응일(張應一)과 장경우 등이 글을 내었으나 일을 이루지 못하였다. 1692년(숙종 18)에는 양호동 증동산(甑洞山) 아래에서 일을 시작하였으나 중도에 그쳤다. 그리고 1698년(숙종 24) 황상동 화동산(花洞山) 아래에 옮겨 세우려다 역시 완성하지 못하고 마침내 1702년(숙종 28) 9월 황상동 앞 비랑천(飛浪川)에 현암사를 세웠으며 일명 상현사(尙賢祠)라고도 하였다.[44] 1692년(숙종 18) 이후의 건립 여론은 이전과는 달리 장잠의 후손인 장유가 주도하였다.[45] 현암사의 사적은 장유가 작성하였으며, 상량문은 송시열의 문인인 남극표가 작성하였다. 현암사는 처음 창건이 논의되던 때와는 달리 이건과정을 거치면서 서원의 주도세력이 서인계로 바뀌게 되었음을 보여주고 있다.

이와 같이 장유가 인동의 사찬읍지인 『옥산지』를 편찬하였던 시기는

---

42 『숙종실록』 권 27, 숙종 20년 12월 21일(갑인). 『서원등록』 3책, 숙종 23년 3월 17일.

43 『육의당일고(장대립)』 하, 「통오산서원문」; 나남, 1992, 166쪽.

44 『죽정선생일고(장잠)』 「증봉고문」·「화동고문」·「비랑천고문」; 『서원가고』; 『옥산지』 참조.

45 『죽정선생일고』; 『안재선생문집』; 『열읍원우사적』 참조.

비록 1694년 인현왕후 민씨가 복위하면서 중앙 정계가 서인측의 집권으로 귀결되었던 시기이지만 인동 향교를 중심으로 치열하게 서남향전을 전개하였던 여파가 여전히 남아 있던 때였다. 보유편에서 황상과 인물들의 제영이 추가된 데에는 이러한 상황과 관련이 있으며, 이에는 인동 장씨 서인계의 현양이라는 장유의 의도가 반영된 것이다.

한편 제영을 통해 이전에 편찬된 문자의 부족한 부분을 보충하였는데 『옥산지』 보유에 수록된 시문의 제목과 작자를 정리하면 다음과 같다.

咸興題詠	張安世
益山題詠	張脩
無絃琴	張潛
天水寺次仁風樓張脩韻	張天翰
亂後次仁風樓張脩韻	張顯光
砥柱中流碑	張天翰
呈旅軒先生	張龍翰
自香寂菴曉還	張鴻翰
砥柱中流碑	蔡楙
同題	朴悳
如此亭	蔡楙
次韻	李蓀
同題	朴悳
文康公自報恩棄官歸作詩以寄之	張天翰
答次韻	張顯光
寄文康公屋字詩	張天翰
答次韻	張顯光
(文康公祭臥川文	張顯光)
不知巖書堂創建文	張龍翰

이 보유는 장유가 첨보한 것으로 보인다. 장유의 문집인 『안재선생문집』에는 보유에 수록된 장안세의 〈함흥제영〉을 운으로 한 〈경차선조부윤공함흥현판시운(敬次先祖府尹公咸興懸板詩韻)〉, 장수의 〈익산제영〉을 운으로 한 〈경차선조장령공익산현판시운(敬次先祖掌令公益山懸板詩韻)〉, 장잠의 〈무현금〉을 운으로 한 〈경차선조죽정공운(敬次先祖竹亭公韻)〉, 장용한의 〈정여헌선생〉을 운으로 한 〈경차회왕고운상시(敬次會王考韻傷時)〉가 수록되어 있어, 이들 제영들은 장유가 매우 관심을 가지고 있던 시문이었음을 알 수 있다.[46]

그런데 구미문화원본에 수록된 19수[47]의 잡시 가운데 작자를 보면 장현광 4, 장천한 4, 장용한 2, 박침 2, 채무 2수이며, 그 외 장안세, 장수, 장잠, 장홍한, 이도가 각 1수이다. 작자의 면모를 보면 장잠(張潛) - 장곤(張崑) - 장광한(張光翰)·장용한(張龍翰)으로 이어지는 황상파가 인동 장씨 내에서도 서인세력을 대표한다는 점에서 이들을 현양하려는 의도가 있다고 할 것이다.

장현광의 시문을 수록하고 장현광이 와천(臥川) 장천한(張天翰)을 제사하는 제문을 수록한 것은 장용한이 '오사(吾師)'[48]라고 표현하고 있듯이 장용한도 장현광을 높이 존숭하고 있는 입장이었으며, 장용한의 후손이며 우암의 문인인 장유의 입장에서는 장현광의 학문이 장용한에게 이어지고 이것이 다시 장유에게로 이어지고 있음을 보여주려는 의도가 있었다. 특히 장현광의 강학처인 부지암서당의 창건취지문을 지어 사우들을 선도해 나간 이가 바로 기촌 장용한이며, 장유가 장용한의 〈부지암서당창건문(不知巖書堂創建文)〉을 수록한 것은 율곡을 사사하였던 그의 이력 때문에 지역

46 『안재선생문집』 권 1, 「시」.

47 구미문화원본에는 한중연본에는 없는 〈文康公祭臥川文〉(張顯光)이 추가되어 모두 19수가 수록되어 있다.

48 『기촌선생문집』, 「잡저」, 〈부지암서당창건문〉.

의 여헌 학맥 내에서 배제되고 있던 현실 속에서 장현광 - 장용한으로 이어지는 계통의 모습을 강조하려는 의도가 있었다.

서남대립의 과정에서 서인의 대표자로 있는 장유가 관여한 것으로 보이는 보유편은 추가되어 있는 글의 선정과 수록 자체가 일정한 정치적 의미를 지닌다고 할 수 있다.

5. 맺음말

이 글의 집필목적은 인동의 사찬읍지인 『옥산지(玉山志)』의 편찬양상과 그 편찬정신을 살펴보려는 데 있다. 『옥산지』는 현재 한중연 소장본과 지역에서 유행하는 본 등이 있으나 한중연본이 오자·탈자가 상대적으로 적어 자료적 가치가 높다.

『옥산지』의 편찬자에 대해서는 후대에 추가로 기입된 간주로 인해 인동부사 최문징(崔文澂)이 편찬한 것으로 잘못 알려져 있으나 『안재선생문집』을 통해 장유(張瑠)가 편찬하였음을 밝혔다. 장학(張學)이 편찬한 『옥산지』가 별도로 있었으나 현재는 남아 있지 않으며, 필사본으로 남아 있는 『옥산지』는 장유가 편찬하였다. 장유는 읍지 편찬령이 내려진 1699년에 『옥산지』 편찬을 시작하여 그리 멀지 않은 시기에 완료하였던 것으로 보인다. 관사편의 부사 임명 기록에서 1717년 이익해(李翼海)의 파직 기사가 있는 것으로 보아 편찬의 하한선은 1717년경으로 추정된다.

『옥산지』는 당시 인동에 대한 가장 자세한 내용을 수록할 뿐만 아니라 뒤에 나온 관찬의 인동읍지에 비해 매우 자세한 내용을 수록하고 있어 실제 16~17세기 인동을 연구함에 있어서 기본 자료가 된다.

읍지의 항목은 『승람(勝覽)』을 비판하면서 『일선지(一善志)』의 체재를 수용하여 편찬하였다. 그 결과 당시 나온 여타 지역의 읍지나 뒤에 나오는 관찬의 인동읍지류와는 다른 모습을 보이고 있다. 특히 『옥산지』에서는 인물에 대한 서술이 매우 다양하게 기술된 특징을 보이고 있다. 인물에 관련된 항목에서는 동리별 성씨로부터 각 개인의 이력에 이르기까지 자세히 기록하였으며, 선현조(先賢條)의 기술 대상이 대폭 늘어나 있다.

제영편의 보유에서는 인동 장씨 황상파의 글이 다수 수록되었는데 이는 당시 지역의 향권을 두고 인동 장씨의 서인계인 황상파 일부 인물들과 남인계가 향전을 벌였던 상황에서 『옥산지』를 편찬하였기 때문이다. 그러므로 인동의 대표적인 서인인 장유가 편찬한 인동의 사찬읍지인 『옥산지』에서는 인동 장씨 서인계의 현양이라는 의도가 내재하고 있다.

『옥산지』의 편찬은 중앙이나 지역에서의 정치적 변동에 따라 사찬읍지 편찬의 주체가 달라지고 일부 내용에서 수정될 수 있음을 보여주는 한 사례라고 할 수 있다.

꧁ 제4절 ꧂

성주 읍지 『경산지』의 파판과 그 정치적 함의

1. 머리말

전통사회에서 책의 출판이 정치적 논의의 대상이 되는 경우가 있었다. 조선초기만 하더라도 세조는 8도 관찰사에게 비기류를 수거할 것을 지시하고 있다.[1] 이때만 하더라도 개인 소장을 금지하는 정도에 그쳤다면, 조선중기 이후에는 사화가 이어지면서 정치적으로 사화에 연계된 인물의 문집과 저작물이 금서로 지정되었다. 이에 따라 학문적 저작물이 정치적 이유로 탄압의 대상이 되기도 하였다. 조선후기에는 당쟁이 격렬해지면서 저작물 자체가 정치성을 가지게 되었으며 이에 따라 학문적 예서나 철학서조차 금지 대상이 되었다. 역사서도 이러한 금지 대상에서 예외일 수는 없었다.

이 논문은 17세기 당쟁이 격렬하게 전개되었던 숙종 대에 『경산지』를 두고 일어난 논의를 중심으로 당시의 학문에 대한 태도를 살펴보려는 데 연구의 목적이 있다.

성주 읍지 『경산지(京山志)』는 16~17세기 사찬읍지가 광범위하게 편찬되었던 시기에 영남 남인의 대표적인 주론자였던 이원정(李元禎, 1622~

1 『세조실록』 권7, 세조 3년 5월 무자(26일).

1680)이 편찬하였다. 그러나 『경산지』는 서인계 선현을 모욕하였다는 혐의로 경상도 감사에 의해 판목이 불태워졌으며, 그 내용이 중앙에서도 논란이 되었다.

여기서는 『경산지』의 편찬과정과 내용을 살펴본 다음, 파판(破板)이 이루어진 시대적 배경과 그 정치적 함의(含意)를 살펴보고자 한다. 이러한 접근으로 책의 출판과 금서의 경향을 통해 조선후기의 사상적 배타성과 이념화 경향을 살펴볼 수 있을 것이다.

2. 성주 읍지의 편찬과 내용

1) 성주 읍지의 편찬 과정과 『경산지』의 편찬

조선중기 정구(鄭逑, 1543~1620)가 영남 지역을 중심으로 여러 읍지를 편찬하면서, 성주 지역에서도 읍지 편찬 필요성이 고조되었을 것이나 쉽게 읍지의 편찬에는 이르지 못하였다. 성주 지역 읍지의 편찬에 대한 발의는 정구와 함께 이 시기 학문을 이끌어나갔던 장현광(張顯光, 1554~1637)으로부터 시작하였다.

장현광은 1635년(인조 13) 자신의 외가[2]인 성주가 사림 인물들이 잇따라 나온 곳이었으나 문헌이 없던 점을 안타깝게 여겨 성주 출신인 김주(金輳)[3]와 여찬(呂燦)[4]에게 성주 읍지를 편찬하도록 하였다. 이들은 일을 진

2 장현광의 외조부는 성산 이씨 李彭錫이다. 월항면 巖浦에서 살았다(『경산지』 1, 「각방」. 〈柳等洞〉, 巖浦村).

3 金輳(1564~1635)의 자는 志遠, 호는 雲巖, 본관은 海平이다. 한강과 동강의 제자이다. 동강이 안동부사에서 회령으로 귀양 갔을 때 동문 제자들과 같이 스승을 배종하여 배소에서 면학하였다. 특히 김우옹의 『續綱目』 편찬 사업을 도왔다(『성산지』 4, 「인물」 및 『東岡及門錄』).

4 呂燦(1579~1646)의 자는 晦伯, 호는 石村이다. 呂允恕의 아들이다. 한강 문하에서 수

척시키지 위해 지역에서 기록에 능하였던 도세순(都世純)과 함께 집필에 착수했다.[5] 그러나 서면과 남면에 대해 기록하면서 일이 그다지 진척되지 못하자 이들은 박문강기(博聞强記)하였던 이도장(李道長, 1603~1644)에게 부탁하였다. 이도장이 이 일을 맡아 진행하다가 조정에 나아가게 되자 그동안 집필하였던 원고는 상자 속에 방치되었다. 이도장의 아들 이원정[6]은 정계에서 물러나 고향에 내려와 있을 즈음인 1668년 무렵 아버지의 뒤를 이어서 편찬을 시작하여 대략의 형태를 완성한 다음, 1677년 『경산지』를 간행하였다.[7]

『경산지』는 이후 성주 지역에서 사찬 읍지를 편찬할 때마다 체재와 내용의 근간을 이루었으며, 관부의 명령에 의해 편찬된 관찬 읍지에서도 대략적인 내용은 『경산지』에서 출발하고 있다.

업하면서 예학에 힘을 기울였다. 석담 이윤우, 등암 배상룡, 백천 이천봉 등과 교유하였다. 병자호란 때 의병을 일으켰으나 화의가 이루어졌다는 말을 듣고 돌아왔다. 이현일이 지은 묘갈명이 있다. 부인 야로 송씨는 啞軒 宋遠器의 딸이다(『성산지』 4, 「인물」 및 『星山呂氏大同譜』).

5 都世純(1574~1653)의 자는 厚哉, 호는 巖谷이다. 都勻의 증손이다. 한강 정구의 문인이며, 川谷書院 講長을 역임하였다. 문집으로 『巖谷遺稿』가 있다. 임진왜란 시기 겪은 일을 적어 『용사일기』를 남길 정도로 기록에 능하였다. 김우옹의 제자이기도 하다(『성산지』 4, 「인물」 및 『동강급문록』).

6 李元禎(1622~1680)의 자는 士徵, 호는 歸巖, 시호는 文翼이다, 본관은 廣州 이다. 아버지는 李道長이며, 어머니는 金時讓의 딸이다. 學稼齋 李糸宙(1599~1669)의 문인이다. 1680년 경신환국으로 장살당하였다. 유문을 모은 『歸巖集』이 남아 있다(이원정의 인적·학적 연계망에 대해서는 박인호, 『영남 남인의 정치 중심 돌밭, 칠곡 귀암 이원정 종가』, 예문서원, 2015, 38~53쪽 참조).

7 『경산지』, 「경산지서」. "曾於崇禎乙亥年中 旅軒張先生 以爲士林府庫之邦 不可使文獻無徵 屬鄕老金正郎轃呂士人燦 使志之 蓋是州於張先生爲外鄕也 二老者 退與都公世純 略記西南二面舊聞 而自謂聞謏見淺 不足副軒老之托 乃貽書吾先君而請之 是時先君年甚少 特以多聞强記 見推於鄕黨 鄕黨鄭重之請 有未可以孤焉 則於是乎 裒集而錄之 書未半就 而被召還朝 亂稾蠹簡 委諸篋笥者數十年所矣 迨顯廟戊申 元禎見擯 於時退而家食 時取海東史傳及諸家子集 旁搜廣索 及復參訂 仍將先君遺草 足而成之 (中略) 上之三年丁巳四月上澣鄕人嘉義大夫行司諫院大司諫李元禎序"

성주에 대한 현존하는 조선시대 지리지를 중심으로 각 읍지의 편찬 순서에 따라 간략하게 편찬의 추이를 정리하면 다음과 같다.

〈표 1〉 조선시대 성주 관련 지지의 편찬

순번	편찬연대	편찬자	책명	구분	특기사항
1	1425년	금유, 김빈	성주(『경상도지리지』 소수)		아세아문화사 외 영인
2	1454년		성주(『세종실록지리지』 소수)		아세아문화사 외 영인
3	1469년	이맹현 외	성주(『경상도속찬지리지』 소수)		아세아문화사 외 영인
4	1531년	이행 외	성주(『신증동국여지승람』 소수)	관찬전국지	아세아문화사 외 영인
5	1668~1677년	이원정	경산지초본	사찬 읍지	개인소장(성주문원, 성주문화원 영인 수록)
6	1677년	이원정	경산지	사찬 읍지	목판본 간행(장서각 등) 필사본(천리대, 국학진흥원, 부산대, 계명대 등) 활자본(성주문화원 간행) 성주문화원 번역본 간행[8]
7	1656년 초고 완성	유형원	성주(『동국여지지』 소수)	사찬전국지	규장각 아세아문화사 영인
8	1759년		성주(『여지도서』 소수)	관찬 읍지, 관찬전국지	교회사연구소 국사편찬위원회 영인
9	1832년	최주하	경산지증보		개인소장
10	1832년		성주읍지(『경상도읍지』 규장각 666)	관찬 읍지	규장각 경상도 1, 아세아문화사 영인, 성주문화원 영인
11	1832년		성주목읍지	사찬 (관찬읍지)	국립중앙도서관, 영남대도서관 등

순번	편찬연대	편찬자	책명	구분	특기사항
12	1864년	김정호	성주(『대동지지』 소수)	사찬전국지	규장각 등 아세아문화사 영인
13	19세기 후반	도한기	읍지잡기	사찬읍지	연세대 성주문화원 번역본 간행[9]
14	1893년	오횡묵	성주(『여재촬요』 소수)	사찬전국지	장서각
15	1895년		성주읍지(『영남읍지』 규장각 12174)	관찬읍지	경상도 2, 아세아문화사 영인
16	1899년		성주군읍지	관찬읍지	규장각(1책)
17	1931년	최석봉 원저, 박영기 보유	성주(『영지요선』 소수)	사찬전국지	한국인문과학원 영인
18	1931년	조경하	성주지	사찬근대 읍지	국립중앙도서관, 고려대 등
19	1937년	이순흠 증보	성산지(1937, 1938)	사찬근대 읍지	국립중앙도서관, 계명대, 동국대 경주, 성균관대, 영남대 등 한국인문과학원, 성주문화원 영인, 성주문화원 번역본 간행[10]
20	1937년	이병연	성주(『조선환여승람』 소수)	사찬전국지	한국인문과학원 영인, 성주문화원 번역본 간행[11]
21	1937년	정원호	성주(『교남지』 소수)	사찬전국지	오성사 외 영인
22	1961년	전호봉	성주대관	사찬현대 읍지	

성주 지역에 대한 최초의 기록은 김부식이 편찬한 『삼국사기』의 성산군(星山郡) 항목에 처음으로 나타난다.[12] 조선 전기에는 관부에 의해 활발

8 이상필 역주, 『역주 경산지』, 성주문화원, 2000.

9 강희대 국역, 『국역 성주 읍지잡기』, 성주문화원, 2012.

10 이세동·정병호, 『국역 성산지』, 성주문화원, 2010.

11 제수천, 『국역 조선환여승람』, 성주문화원, 2002.

하게 지리지가 편찬되면서 성주 관련 각종 기록이 지리서에 남아 있다.[13] 그 가운데 조선 전기 지역 자료를 집대성한 『동국여지승람』에서는 다른 지역과 마찬가지의 일관된 체재에 의해 그 동안 조사된 지역 자료가 종합적으로 정리되었다.[14] 게다가 이전 지리서에는 수록되지 않았던 유적과 관련된 시문이 다양하게 기술되어 있다(순번 4).

성주에서는 17세기에 들어와 경상도 다른 지역에서의 사찬 읍지 편찬 경향과 맞물려[15] 읍지의 편찬 시도가 있었다. 그런데 김주, 여찬, 도세순이나 이도장에 의해 만들어진 초고 원고는 남아 있지 않다.[16] 그러나 이원정이 편찬한 『경산지』 초고본이 현재 남아 있다(순번 5).[17] 이 책은 책의 완성도, 칠곡을 별기한 형식, 그리고 무엇보다 수록 내용으로 보아 이원정이 만든 초고본으로 추정된다. 이원정에 의해 편찬된 『경산지』는 1677년 목판본으로 간행되었으나 후술하는 바와 같이 파판을 거치면서 목판 간행임에도 불구하고 현재 남아 있는 것은 많지 않다(순번 6).[18] 그러나 필사본은 여러 도서관에 남아 있으며, 1997년 성주문화원에서 신활자본으로

---

12 『삼국사기』 권34, 「지리지」.

13 『경상도지리지』, 『세종실록지리지』, 『경상도속찬지리지』 등 지리서 외에 기전체 사서인 『고려사』에도 「지리지」가 설정되어 간략하게 성주를 소개하고 있다.

14 『신증동국여지승람』 28, 「慶尙道」, 星州牧. 항목은 전국지의 체재에 따라 境界道里, 建置沿革, 官員, 郡名, 姓氏, 風俗, 形勝, 山川, 土産, 城郭, 烽燧, 宮室, 樓亭, 學校, 驛院, 倉庫, 佛宇, 祠廟, 古蹟, 名宦, 人物, 寓居, 孝子, 烈女, 題詠의 순서에 따라 기술하고 있다.

15 최윤진, 「16, 17세기에 편찬된 경상도의 사찬 읍지」, 『전북사학』 17, 전북사학회, 1994, 19~52쪽.

16 『성산지』의 기록에 의하면 도세순에 의한 만들어진 초고는 『경산본지』라고 불렀다(『성산지』 4, 「인물」, 도세순).

17 『京山志草稿本』, 경북유형문화재 제365호. 1책, 표지에는 '京山志 本草'가 묵서되어 있다. 19.0cm×23.2cm. 경북 성주군 도일회 소장. 『星州文苑』, 성주문화원, 2007에 영인되어 있다. 일부 순서가 착종되어 이용에 주의를 요한다.

18 목판본 『京山志』는 6권 2책이다. 한국학중앙연구원 등에 소장되어 있다.

간행하였다.

조선중기 이후 지역 사정은 사찬이나 관부의 전국 지리지에 수록되어 변화된 현실에 따라 내용과 체재가 정밀하게 갖추어졌다(순번 7, 8). 조선후기에는 지역에서 읍지를 만들어 올리도록 명령이 내려와 관부가 중심이 되어 읍지를 편찬하여 상송(上送)하였다. 기록에 의하면 임진년 성주 향내 유림들이 기존의 『경산지』를 증보하여 읍지를 편찬하였다고 전한다.[19] 여기서의 임진년은 1832년으로 이 때 읍지 편찬의 조령에 따라 지역에서 읍지를 편찬하여 상송하였다. 이 때 성주 읍지는 도우권(都宇權)[20]과 최주하(崔柱河)[21] 등이 편찬한 것으로 전한다. 중앙에 올린 읍지는 다른 읍지와 함께 편집되어 규장각의 『경상도읍지』에 편집 수록되었다.[22] 성주목은 4책에 수록되어 있다(순번 10). 그런데 이 책과 같은 시기에 나온 것으로 국립중앙도서관에 『성주목읍지』가 있으며(순번 11), 국편에 수집된 『경산지』 제명의 필사본이 있다(순번 9). 국립중앙도서관본 『성주목읍지』는 규장각본과 같은 내용을 담고 있어 후대에 필사된 것으로 추정된다. 국편 수집본 『경산지』 필사본은 『경산지』 제명을 사용하고 있으나, 필사된 내용으로 보아 1832년 지역에서 편집된 관찬 읍지의 초고이거나 초고를 필사한 것으로 추정된다.

19세기 중, 후반에는 국가적 편찬사업에 비견될 수 있는 수준에 달한

---

19 『성산지』, 「성산지발문(이기철)」. "右吾州之第三誌也 其曰京山者 誌之所由始 乃文翼公李先生之撰集也 其日壬辰本者 亦出于鄕父老之手 而增補京山者也 亦百許年 未遑剞劂 寔吾州之所慨 然往歲戊辰趙侯鏡夏 與鄕內章甫謀刊行 而未偕焉 越九年丁丑始克成編於壬辰本 又有所增補云爾 昭和丁丑仲秋下澣 星山李基澈謹識"

20 都宇權의 자는 稱中, 호는 默癡, 행정 都衡의 후손이다(『성산지』 4, 「인물」 및 『성주대관』).

21 崔柱河는 호가 蒙窩이다. 재기가 탁월한 것으로 저명하다. 죽헌 崔恒慶의 후손이다(『성산지』 4, 「인물」).

22 『경상도읍지』 1, 아세아문화사, 1982년 영인. 『경상도읍지』의 성주 해당 부분을 뽑아서 성주문화원에서 『성주목읍지』 제하에 1996년 영인하였다.

사적으로 편찬한 전국지리지가 나오면서 개별 군현으로 성주에 대한 항목이 기록되었으나, 각 읍의 연혁에 대한 부분의 내용 수준은 이전의 전국지리지의 수준에서 크게 벗어나지 못하였다(순번 12, 14).

19세기 후반 도한기(都漢基)는 기존의 사찬 읍지의 편찬 전통을 이어 『읍지잡기(邑誌雜記)』를 편찬하였다. 이 책은 항목 설정의 유사성에도 불구하고 서술 내용이나 체재에서 기존의 사찬 읍지와는 다른 형태를 취하면서 19세기의 사회경제적 변동의 현실을 반영하고 있다(순번 13). 이 책은 사족이 편찬을 주도하였던 이전의 사찬읍지와는 달리 향리 출신의 인물이 주도함으로써 내용이나 구성이 신흥 부농층의 이익과 동향을 반영하고 있다.[23]

이후에도 고종 대 여러 차례 국가의 조령(朝令)에 의해 지역 읍지가 편찬되어 전국 지리지 속에 수록되었으나, 조령에 의해 기본 체재가 정해져 내려왔기 때문에 내용에서 1832년의 읍지 수준을 크게 뛰어넘지는 못하였다(순번 15, 16).

20세기에 들어와 성주 군수 조경하(趙鏡夏)가 1928년 향내의 유생들과 함께 읍지 편찬을 시도하였으나 완간하지는 못하였다. 그러나 일부 내용이 『성주지(星州誌)』 제하에 1931년 성주 연계당(蓮桂堂)에서 석판본으로 간행되었다(순번 18). 이때 향내의 유생 가운데 연계당 도청으로 배정곤(裵定坤, 1874~?)이 재임하고 있었는데, 그는 조경하를 도와서 향지 편찬을 주도하였다.[24] 다만 목록에는 권8까지 있으나 실제 이 책은 권1과 권2의 1책 간행에 그쳤다.[25] 내용과 편목은 『경산지』를 기본으로 하고 임진년 간행된

---

23 이윤갑, 「읍지잡기의 사회경제론 연구」, 『대구사학』 36, 1989, 28쪽.

24 裵定坤의 자는 仁汝, 호는 小軒, 본관은 星州다. 裵炳善의 아들이며, 郭鍾錫의 문인이다. 성주읍 금산리에서 살았다(『성주대관』 3, 「인물」, 배정곤).

25 『성주지』, 소화 6년, 발행겸인쇄자, 조경하, 인쇄소 제일선사, 발행소 성주연계당. 2권 1책으로 1930년 조경하가 쓴 서문이 있다.

읍지로 보충하였으며, 근세의 일들을 보충하여 편찬하였다.[26]

1937년에는 기존의 1931년 간행된 권1~권2의 『성주지』에 미완성으로 남겨두었던 권3 이하의 인물에 대한 부분이 보충되어 『성산지(星山誌)』 6권이 간행되었다(순번 19).[27] 이 일은 이순흠(李舜欽, 1872~1945)[28] 등이 주관하였다. 1931년에 완본이 간행되지 못하고 1937년에 완본이 간행된 것은 인물 항목의 인물 선정에 의견이 엇갈렸기 때문이었다. 『성주지』와 『성산지』의 범례 7개 조 가운데 5개 조가 인물에 대한 규정을 내세울 정도로 인물 수록에 대한 기준이 중요하였다.[29] 권3~권4의 인물 관련 조항을 보면 권4 이사룡까지의 고려, 조선의 인물은 일부 인물의 출입을 제외하고 대체로 『경산지』의 내용을 그대로 답습하고 있다. 그러나 인물 항목에서 권4의 송광정 이하 이원조까지 새로 추가되었다.

또한 『경산지』에서 효자(孝子), 열녀(烈女), 부행(婦行), 우거(寓居)로 구분되었던 항목이 『성산지』에서는 유일(遺逸), 유망(儒望), 학행(學行), 명망(名望), 문과(文科), 무과(武科), 생진(生進), 음사(蔭仕), 관직(官職), 충(忠), 효자(孝子), 열녀(烈女), 부행(婦行), 우거(寓居)의 다양한 항목으로 나뉘어졌다. 이러한 세분된 항목의 구성은 인물을 구체적인 실적을 통해 기술함으로써 인물 조항 추가에 따른 논란을 최소화하려는 의도에서 나온 것으로 보인다.

---

26 『성주지』, 「범례」. "一 編纂以京山誌爲本 補以壬辰誌爲草本 續以近世事蹟事" "一 篇目 依京山誌與壬辰誌 從時宜參互整頓事"

27 저작겸발행자는 충남 대덕군의 李源祖, 인쇄겸발행소는 대전의 以文社이다.

28 李舜欽의 호는 學山, 본관은 固城이다. 李佑의 후손이다. 성주의 향교장을 역임하였다. 금수면 적산마을에서 살았다(『성주대관』 3, 「인물」, 이순흠).

29 『성산지』, 「범례」. "一 人物篇 京山誌依舊悉錄 壬辰誌所錄參考編入事 一 新增人物篇 以有諡入享及位高望重者編入事 一 科宦 以有榜目實蹟及曾經實啣者 忠勳孝烈 以蒙旌表有信蹟者入錄事 一 右人物諸條 雖有該當之實蹟 現今生存 則不錄 以資後日事 一 舊日星州境界內生居者 今雖屬他郡 皆許入錄 以存同鄉之誼事"

한편『영지요선』,『교남지』등 근대시기에 편찬된 각종 전국지 속에 성주 부분이 수록되어 있다(순번 17, 21). 이병연은 전국의 군현별로『조선환여승람』제하에 읍지를 간행하면서 성주 부분도 간행하였다(순번 20). 그러나 근대시기에 편찬된 전국지와 읍지류는 대체로 이전의 읍지에 수록된 내용을 간략히 전하면서 당대 시기의 것을 보충하는 것에 머물러 있다.

1961년 전호봉(全壕峰)이 전통적인 읍지의 체재를 유지하면서도 국한문으로 당대의 내용을 보충하여『성주대관(星州大觀)』을 편집하였다. 이 책은 경북의 사적을 소개하는 사업의 일환으로 제작된 것으로, 교체통신사에서 간행하였다.[30] 지역 인물로는 이기원(李基元), 박경홍(朴璟洪) 등이 협조하였다.[31]

성주에 대한 읍지의 편찬에서 보이듯이 이원정의『경산지』는 이후 성주에서 편찬된 각종 읍지의 선구가 되었다. 특히『성주지』및『성산지』의 인물 항목 초기 부분의 내용은 거의 대부분『경산지』의 것을 그대로 수록하고 있어『경산지』가 후일 편찬된 읍지에 미친 영향을 볼 수 있다.

그런데 이원정은『경산지』의 권두에 서문을 두어 읍지 편찬에 관련된 문제의식을 보여주고 있다. 이원정은 서문에서 정구가 강릉, 안동, 함안, 창녕, 화순 등지의 수령을 역임하면서 각 지역의 읍지를 편찬하였으나 고향인 성주만 읍지를 편찬하지 못하였는데 이는 병화를 거치면서 일을 이루지 못한 것이라고 적고 있다.[32] 각 지역에서의 활발한 사찬 읍지 편찬

---

30 『성주대관』, 경북사적 4집, 교체통신사, 1961. 1996년 성주문화원에서 현대 활자본으로 재간행하였다.

31 성주문화원 재간본『성주대관』의 책 끝에 주기한 편집자의 내용에 따르면 초판 편찬에 참여한 사람으로 "李基元, 全壕峰, 朴璟洪, 河榮洙, 都在住, 裵且煥"을 적고 있다(『성주대관, 1996, 성주문화원, 251쪽).

32 『경산지』, 목판본,「서」. "逮乎近代 東岡金先生之篤好撰述 西川鄭相公之涉獵典故 而皆未始及此 至吾文穆公寒岡鄭先生 凡所歷州府郡縣如臨瀛福州咸州昌山同福 莫不撰志 而獨於首丘之鄉則闕焉 夫吾先生之於吾州事 何所不用其力哉 意者 中經兵燹

은 성주에서의 읍지 편찬에 동기를 부여하였다.

그런데 사찬읍지의 편찬은 지역에서의 인물 현양과 권징을 위한 목적이 무엇보다 컸다. 이원정은 이점에 대해서 "성주는 남쪽의 요충지로 강좌의 안동, 강우의 상주와 더불어 우열을 다투는 곳인데도 『동국여지승람』에 잘 나타나지 않는다. 선배의 훌륭한 말과 행실을 일컫는 사람이 없게 되면 어떻게 포폄과 권징을 할 수 있겠는가"[33]고 아쉬워하고 있다. 이원정은 『경산지』의 기술을 통해 풍속을 도탑게 하고 바르게 하려는 데 그 목표를 두었다.[34] 그런데 이 시기 사찬읍지의 편찬 사업은 대체로 마을 향인들의 청원과 수령의 도움으로 이루어졌다. 이 점은 『경산지』도 마찬가지였다. 성주 읍지의 편찬에 대한 지역의 여망을 이원정은 "우리 고을 모든 사람들이 공통으로 갖는 한스러움"이라고 적고 있다.[35]

그런데 여기서 이원정이 『경산지』를 편찬하던 시기의 개인적 상황을 살펴볼 필요가 있다.[36] 1650년 유직(柳稷) 등 경상도 유생들이 율곡 이이

古籍罕存 蓋有志而未就歟"

33 『경산지』, 목판본, 「서」. "邑於倻山之東 而據南服樞轄之會 羅麗以還 凡歷數千載 縣而爲郡 郡而爲府 府而爲牧 保有境土 而不失聽治之所者 星州是已 控引岡巒之體勢 縈廻伊洛之襟帶 人鐘亭毓之氣 邦賴榮懷之慶 光前烈而垂后昆者 指不暇屈 與江左之花山 江右之商顔 相季孟於一道 然其見於勝覽者 殆十之不能二三 證定乩捨 亦不可謂全無錯謬 而顧此一書之外 更無惇史之可以考信者 故纔過數十年 耳目所不及 則賢愚貴賤爛熳同歸 前言往行湮滅無稱 其何以寄褒貶而垂勸懲哉"

34 『歸巖集(李元禎)』 권12, 「부록」, 〈家狀(李世瑗)〉. "星世鄕也 舊無志 贊成公裒集未就 府君旁搜廣索 反復參證 作爲一書 名之曰京山志 蓋自升降沿革 戶口田結 以及人物姓氏 里巷古蹟 靡不瞭然 若指掌焉 居鄕尤以敦風善俗爲意"

35 『경산지』, 목판본, 「서」. "嗚呼 事莫難於立言 言莫重於論人 論竝生一世之人 猶不可輕焉 生數百載之下 論數百載之人 不亦尤難以重乎 吾州幅員之廣 非滕薛小國之比 縫掖之倫有關閩故家之盛 評隲往事 留與後觀 亦一史氏之責 是固昔賢先正 所不能容易也 吾家秉史氏之筆 今四世矣 鄕之長少 咸以爲記事垂後眞 乃家事 勖以廣其傳 顧鹵莽滅裂 懼無以稱塞 直欲藏之於家 以俟博雅者 而正之矣 旋念風燈 泡沫日化 苦忙薰消響絶 流聞漸遠 後之視今 猶今視昔 則又懼夫繼此以降愈久而愈失古事也 乃敢忘其固陋 謀所以剞劂之 不幾於僭乎"

와 우계 성혼의 문묘 종사를 반대하는 상소를 올렸다가[37] 유직이 유벌(儒罰)을 받게 되자 경상도 선비들이 감시(監試)에 응하지 않고 태학생들이 권당(捲堂)을 일으켰을 때,[38] 서인계는 이원정이 이 일을 주동한 것으로 간주하여 매우 미워하였다.[39] 1652년 문과 급제 후 성균관의 문묘 배알(拜謁) 행사 때 서인계 재임(齋任) 이홍직(李興稷)이 1650년의 유소와 관련되었던 이상진(李象震)의 배알을 거절하였던 일과 관련하여 상소를 올려,[40] 승지와 서인계 관학 유생에 대한 효종의 처벌을 이끌어 내었다.[41] 이원정은 이후 서인계로부터 지속적으로 탄핵에 직면하였으며,[42] 남인계의 과격한 대서인 상소가 있을 때마다 배후 인물로 지목되었다. 그리하여 이원정은 여러 중앙과 지방 관직을 역임하였으나 이러한 일련의 사건으로 인해 『경산지』를 편찬하였던 1668년 경까지는 상대적으로 한미한 부서나 지방관을 역임하였다.

1669년 우윤과 공조참판을 시작으로 이후 주요 관직을 역임하면서 이원정은 영남 출신 남인계의 중진이 되었으나 지속적으로 서인계 대간에 의해 탄핵 대상이 되었다. 특히 1659년의 기해예송과 1674년의 갑인예송을 거치면서 서남 대립이 극에 달하였을 때, 이원정은 예송의 영남 남인계

---

36 현종, 숙종 초 정국 동향과 이원정의 정치적 활동은 박인호, 『영남 남인의 정치 중심 돌밭, 칠곡 귀암 이원정 종가』, 예문서원, 2015, 66~93쪽 참조.

37 『효종실록』 권3, 효종 1년 2월 을사(22일).

38 『효종실록』 권4, 효종 1년 7월 임자(1일).

39 『귀암집』 권 12, 「附錄」, 〈家狀(李世瑗)〉. "庚寅時輩請以成李從祀聖廟 而筵臣皆和附以無異論 欺誣天聽 嶺南多士 封章卞破 府君參其疏 於是罰疏首柳斯文樱 疏下千餘人及道內諸儒 同意見相可否者 並不赴擧 時時論方峻 凡立異於從祀之論者 必以誣賢醜正目之 而府君是時知名當世 言論文翰 爲京外所推重 故時輩意府君主其事 甚忌嫉之"

40 『효종실록』 권9, 효종 3년 11월 기사(1일).
『귀암집』 권2, 「疏」, 〈新恩不得謁聖後待罪疏 壬辰〉.

41 『효종실록』 권9, 효종 3년 11월 신묘(23일).

42 『효종실록』 권9, 효종 3년 12월 계묘(5일).

배후 인물로 지목받았다.[43]

남인계의 중진으로 주목 대상이었던 이원정이 지방의 읍지를 편찬하였고, 게다가 읍지에는 상대편으로부터 공격받을 수 있는 구절이 포함되어 있어, 『경산지』는 정치적 논란과 처결(處決)의 대상이 되었다.

2) 『경산지』의 체재와 내용

이원정이 편찬한 1책의 『경산지』 초고본은 중간에 수정하면서 많은 부표(附表)를 달아 놓았다. 구성은 경계도리(境界道里)에서부터 건치연혁(建置沿革), 관원(官員), 군명(郡名), 성씨(姓氏), 풍속(風俗), 형승(形勝), 토산(土産), 수택(藪澤), 각리(各里), 성곽(城郭), 궁실(宮室), 누정(樓亭), 학교(學校), 사묘(祠廟), 역원(驛院), 창고(倉庫), 불우(佛宇), 고적(古跡), 명환(名宦), 인물(人物), 총담(叢談), 부행(婦行), 정려(旌閭), 효자(孝子), 제영(題詠), 전결(田結)의 순서로 기재되어 있다. 내용 중에는 칠곡(柒谷) 부분을 별도로 적고 있다. 이원정이 이 초고본을 작성하였던 시기는 현종 대로 보인다.[44] 현재 남아 있는 『경산지』 초고본은 목판본을 만들기 위해 정서본을 만들기 직전의 것이다. 책의 중간에 부지가 다량으로 붙어 있는데 이것은 후일 목판본에 반영되어 수정되었다. 인물 부분에서는 수록 순서에 대한 주기가 있는데 역시 목판본에서 이에 따라 수정되었다.

1677년 이원정의 서문이 수록된 목판본 『경산지』의 내용 구성은 2책으로 되어 있다.[45] 1책은 1권에 경계도리(境界道里), 건치연혁(建置沿革), 군명(郡名), 성씨(姓氏), 풍속(風俗), 형승(形勝), 산천(山川), 토산(土産), 수

43 『숙종실록』 권3권, 숙종 1년 4월 계축(25일). "威行一道 遠近疏章 多其指嗾"

44 초고본에서 今上(「藪澤」, 〈泉藪〉; 「宮室」, 〈郎廳房〉; 「學校」, 〈梅湖書院〉)은 현종을 지칭한다.

45 서문은 문집에도 수록되어 있다(『귀암집』 권6, 「序」, 〈京山志序 丁巳〉).

택(藪澤), 각방(各坊), 호구(戶口), 전결(田結), 공부(貢賦), 군액(軍額)을, 2권에 성곽(城郭), 궁실(宮室), 누정(樓亭), 학교(學校), 사묘(祠廟), 역원(驛院), 창고(倉庫), 불우(佛宇)를, 3권에 고적(古跡), 총담(叢談), 총묘(塚墓), 제영(題詠), 명환(名宦)을, 그리고 2책은 4권~5권에 인물(人物)을, 6권에 효자(孝子), 열녀(烈女), 부행(婦行), 우거(寓居) 등을 배치하였다. 필사본과 거의 동일한 순서와 내용으로 구성되어 있다.

초고본과 비교하면 호구, 공부, 군액 등 지역의 재정과 군사적 상황에 대한 수치 자료가 보충되어 있으며, 초고본의 각리조에서 각 동리와 관련된 인물에 대한 내용이 대폭 보충되어 목판본의 각방조로 재편되었다. 인물에 대한 내용에서는 항목과 수록 내용에서 보충이 있었다. 초고본에서 인물과 관련하여 인물(人物), 부행(婦行), 정려(旌閭), 효자(孝子) 등의 항목이 있었으나, 목판본에서는 인물(人物), 효자(孝子), 열녀(烈女), 부행(婦行), 우거(寓居) 등으로 항목을 조정하거나 추가하였다. 초고본 인물 기사에는 각 인물 위에 순서를 적은 주기가 있다. 이 주기에 따라 목판본에서는 인물의 수록 순서가 교정되기도 하고, 여타 다른 항목으로 옮겨 수록되기도 하였다.

그런데 『경산지』의 이러한 항목 구성은 관찬 지리서인 『동국여지승람』의 채재에서 출발하고 있다. 한편 책의 서문에서 언급하였듯이 정구가 편찬한 초기 사찬 읍지류의 체재를 따르고 있다.[46] 이 점은 『경산지』의 체재를 현재 정구의 지리지 가운데 유일하게 남아 있는 『함주지』와 비교

46 1587년 편찬된 『함주지』는 체재와 항목에서 16세기 이후 편찬된 사찬 읍지의 단서를 열었다(김경수, 「정구의 함주지 연구」, 『민족문화의 제문제』, 기념논총간행위원회, 1994, 589~601쪽). 그런데 17세기 초에 편찬된 경상도의 사찬읍지에서는 『상산지』, 『일선지』, 『옥산지』에서 보이듯이 대주제와 소주제를 구분하여 항목을 설정하거나 혹은 제영이나 부록에서 시문뿐만 아니라 기문, 비명 등의 다양한 작품이 수록되는 새로운 양상이 나타난다(박인호, 「인동읍지 옥산지의 편찬과 편찬정신」, 『장서각』 22, 한국학중앙연구원, 2009, 63~66쪽).

하면 그 유사성을 볼 수 있다.[47] 따라서 『경산지』는 관찬의 전국지리지에서 출발하여, 당시 활발하게 편찬된 사찬 읍지의 항목을 취하여 만들었다고 할 수 있다. 이러한 『경산지』의 체재는 후대에 편찬된 『성주지』와 『성산지』 항목 설정에서도 볼 수 있듯이 체재 면에서 이들 책의 선편을 이루고 있다.

〈표 2〉 성주 관련 관찬·사찬 지리서의 항목 변화

서명	소장처	편찬연대	항목
동국여지승람	규장각	1531(신증)	(星州牧) 境界道里, 建置沿革, 官員, 郡名, 姓氏, 風俗, 形勝, 山川, 土産, 城郭, 烽燧, 宮室, 樓亭, 學校, 驛院, 倉庫, 佛宇, 祠廟, 古蹟, 名宦, 人物, 寓居, 孝子, 烈女, 題詠
경산지초고	개인소장	1668년~1677년	境界道里, 建置沿革, 官員, 郡名, 姓氏, 風俗, 形勝, 土産, 藪澤, 各里, 城郭, 宮室, 樓亭, 學校, 祠廟, 驛院, 倉庫, 佛宇, 古跡, 名宦, 人物, 叢談, 婦行, 旌閭, 孝子, 題詠, 田結
경산지목판본	장서각	1677년	권1 : 境界道里, 建置沿革, 郡名, 姓氏, 風俗, 形勝, 山川, 土産, 藪澤, 各坊, 戶口, 田結, 貢賦, 軍額, 권2권 : 城郭, 宮室, 樓亭, 學校, 祠廟, 驛院, 倉庫, 佛宇, 권3 : 古跡, 叢談, 塚墓, 題詠, 名宦, 권4-권5 : 人物, 권6 : 孝子, 烈女, 婦行, 寓居
성주읍지	규장각	1832년	(地圖) 建置沿革, 郡名, 官職, 姓氏, 山川, 風俗, 坊里, 戶口, 田賦, 軍額, 城池, 林藪, 倉庫, 軍器, 關防, 鎭堡, 烽燧, 學校, 壇廟, 陵墓, 佛宇, 宮室, 公廨, 樓亭, 道路, 橋梁, 島嶼, 堤堰, 場市, 驛院, 牧場, 形勝, 古蹟, 土産, 進貢, 俸廩, 宦蹟, 科擧, 人物, 題詠, 碑版, 冊版
성주목읍지	국립중앙도서관	1832년	(地圖), 建置沿革, 郡名, 官職, 姓氏, 山川, 風俗, 坊里, 戶口, 田賦, 軍額, 城池, 倉庫, 關防, 烽燧, 學校, 壇廟, 陵墓, 寺刹, 公廨, 樓臺, 道路, 橋梁, 島嶼, 堤堰, 場市, 驛院, 形勝, 古蹟, 土産, 進貢, 俸廩, 宦蹟, 人物, 題詠

47 1587년 편찬된 『함주지』의 필사본과 목판본이 조금 차이가 있으나 여기서는 목판본의 순서에 따랐다. 함주지의 순서는 다음과 같다. 京師相距, 四隣疆界, 建置沿革, 郡名, 形勝, 風俗, 各里, 戶口田結, 山川土產, 館宇城郭, 壇廟, 學校, 書院, 驛院, 軍器, 烽燧, 堤堰, 灌漑, 亭榭, 橋梁, 佛宇, 古跡, 任官, 名宦, 姓氏, 人物, 流配, 善行, 閨行, 見行, 文科, 武科, 司馬, 塚墓, 旌表, 冊板, 題詠, 叢談, 跋.

서명	소장처	편찬연대	항목
읍지 잡기	연세대 도서관	19세기 후반	古蹟, 公廨, 倉庫, 秃用鎭, 軍兵, 還穀, 坊名, 山川, 橫渠村, 土産魚, 烽燧, 宦蹟, 物價, 戶口, 田結, 衣服, 交友, 農利
성주지	국립중앙 도서관	1931년	권1 : (地圖), 境界道里, 建置沿革(附 郡名, 官員), 姓氏, 風俗, 山川(附 林藪, 池澤, 橋梁, 防築), 土產, 面洞(附 市場), 戶口(附 軍額), 土地(附 山林, 課稅, 産額), 城郭, 公廨(附 倉庫), 樓亭, 驛院, 校院(附 書堂), 祠廟, 寺刹, 冢墓(附 古墳), 碑銘, 권2 : 古蹟, 叢談, 題詠, 官案, [권3 : 人物, 권4 : 人物, 권5 : 人物, 권6 : 人物(附 文學, 篤行), 권7 : 文科, 武科, 生進, 蔭仕(附 官職), 권8 : 忠, 孝, 烈(附 婦行), 寓居].
성산지	국립중앙 도서관	1937년	권1 : (地圖), 境界道里, 建置沿革(附 郡名, 官員), 姓氏, 風俗, 山川(附 林藪, 池澤, 橋梁, 防築), 土產, 面洞(附 市場), 戶口(附 軍額), 土地(附 山林, 課稅, 産額), 城郭, 公廨(附 倉庫), 樓亭, 驛院, 校院(附 書堂), 祠廟, 寺刹, 冢墓(附 古墳), 碑銘, 권2 : 古蹟, 叢談, 題詠, 官案, 권3 : 人物, 권4 : 人物(附 遺逸), 儒望, 권5 : 學行, 名望, 권6 : 文科, 武科, 生進, 蔭仕, 官職, 忠, 孝子, 烈女, 婦行, 寓居.

체재 면에서 『경산지』의 특징적인 면모를 살펴보면 첫째, 『경산지』에는 칠곡을 부기하고 있는데, 이는 1640년(인조 18) 가산에 산성을 쌓고서 칠곡이 독립 군현으로 떨어져 나갔으나 여전히 한 지역으로서의 동질성이 있다고 생각하였기 때문이다. 그리하여 칠곡을 별도로 제외하지 않고 여전히 성주의 읍지인 『경산지』에 항목별로 별도 기재하고 있다.[48]

둘째, 각방조에서는 각 방리의 형세와 촌락의 위치, 관문(官門)과의 거리, 해당 지역의 유적과 인물을 기술하고 있다. 특히 해당 지역의 인물과 관련하여 성씨와 가문의 이동, 선대 조상, 후대 자손, 이거 상황 등을 기술함으로써 동리와 관련된 인물 출입을 알 수 있도록 하였다.[49]

48 『경산지』, 목판본, 「서」. "八莒故縣 漆谷新府 今之士民 皆舊日同州之人也 玆不分而二之 庶使後人永固鄉井之義 斯非厚風歟"

49 16~17세기의 사찬 읍지는 각 방리별로 주요 인물의 가문적 배경과 이력을 기술하는 특징을 보이고 있다(박인호, 「김천 읍지 금릉지의 편찬과 편찬정신」, 『한국사학사학보』

셋째, 총담조에서는 지방의 전설·민속·민담 등을 수록함으로써 오늘날 성주 지역의 민속을 이해하는 기본 자료를 제공하고 있다.

넷째, 인물조에서는 본관이 아니라 실제 그 지역에서 살았던 인물을 중심으로 적고자 하였다. 『동국여지승람』에서는 인물을 본관별로 적었는데, 16세기 지역별로 사찬 읍지가 편찬되기 시작하면서 대부분의 사찬 읍지에서는 거주지별로 출신 인물을 적기 시작하였다. 17세기 중반에 편찬된 유형원의 『동국여지지』에서 사찬 전국지를 편찬하면서 거주지별로 인물을 기재하려고 한 것도 이러한 추세를 반영한 것이다.[50]

한편 내용 면에서 특징을 살펴본다면 『경산지』는 지역에 관련된 것을 빠짐없이 모두 기록한다는 원칙에서 기술하고 있다. 이 점은 이원정이 쓴 서문에 "읍의 승강 연혁, 호구, 전결에서부터 인물과 성씨 그리고 마을의 고적에 이르기까지 수록하지 않은 것이 없다. 시골의 노파와 비천한 자에 이르기까지 효열에 관계된 자가 있으면 작은 일이라도 빠뜨리지 않았다. 길거리나 마을에서 전하는 말 가운데 전하여 들을 만한 것이 있으면 잡설이라도 버리지 않았다. 비록 국가의 기록이라도 하더라도 진실로 잘못이 있다면 이를 밝혔으며, 보첩에 기록되어 있다 하더라도 근거가 없으면 수록하지 않았다. 기록하고 삭제함에 있어서 힘써 극히 정밀한데 이르렀다. 추구한 바가 비록 감히 옛 사람과 비슷하다고는 할 수 없겠지만 우리 마을의 역사를 파악하는 데 도움이 되지 않는다는 할 수 없을 것이다"[51]는 언사를 통해 충분히 그 의도를 볼 수 있다.

30, 2014, 157쪽).

50 『동국여지지』, 「범례」. "就見勝覽所載人物 專據姓貫 故雖平生足跡 不曾到此境者 苟系土姓 則錄之 雖生於斯長於斯者 不系姓貫 則不錄焉 若是則直考之人家姓譜 足矣 何事乎志哉 今夫志者 志其實也 遺其實而不之記 則不可以爲志 故生是邦者 雖非土姓 詳其行 居他鄉者 雖系姓貫 擧其槪或附於其祖先之傳 此與勝覽有異 觀者恕之"

51 『경산지』, 목판본, 「서」. "蓋自升降沿革戶口田結以及人物姓氏里巷古跡 靡不收錄 至於村婆賤隸行有關於孝烈者 不以微而有遺 街談里語事 可傳於聽聞者 不以俚而或捐

그리고 읍지는 대체로 지역 자료를 집산하는 것이지만 『경산지』에서는 안설로 자신의 의견을 표시하고 있다. 읍지에서 안설을 적는 것은 이전의 관찬 전국지와는 다른 특징으로, 16~17세기 사찬 읍지에서 특징적으로 나타난다. 『경산지』 목판본에서는 안설의 표제로 고증적 평론이 9편 수록되어 있다.[52]

안설에서는 『삼국유사』, 『여지승람』, 족보, 『고려사』, 『동국통감』, 『국조보감』 등의 자료에 보이는 의문점을 다른 책과 비교하여 검증하고 있다. 내용은 기존 자료나 전문의 오류를 지적하는 것이 대부분이다.

〈표 3〉 『경산지』 목판본 내의 이원정 안설

	출처	내용	요약
1	建置沿革	愚按三國遺事輿地勝覽 皆以星州爲六伽倻之一 而其國號 或稱碧珍伽倻 或稱星山伽倻 蓋一國二名也	벽진가야, 성산가야는 같은 곳의 이름임
2	人物(李長庚)	按輿地勝覽及族譜 皆以長庚爲五子登科 而李穡撰·李仁復墓誌 則云長庚有子四人 因歷擧李兆年四昆弟之名 兆年仁復祖孫之卒 不過三十一年之先後 而穡與仁復同時 則其爲四子無疑 蓋勝覽作於後世 故憑流聞而有此誤也 或云億年乃其孼子云 就以算數推之 億者萬之下兆之上 而李氏族譜 億年錄於兆年之下 孼子之說信矣	이장경의 오자 문과설에 오류가 있음.
3	人物(李千年)	按輿地勝覽 以千年爲政丞 蓋以死後之贈 錯認爲生時履歷也	이천년의 정승은 추증임
4	人物(李延慶)	麗史以延慶爲兆年之弟 而李仁復墓誌 兆年兄弟凡四人 兆年爲季 則其無弟 明矣 李承慶於兆年爲姪 而延慶又以慶爲名 疑亦兆年之姪 而誤稱弟耶 未可曉	이연경은 이조년의 조카일 가능성이 큼

雖國乘所記 苟有誤則辨之 若譜牒所錄 無考據則去之 一筆一削 務臻其精 其於述者之事 雖不敢妄謂有所彷彿焉者 未必不爲吾鄕稽古之一助也"

52 『경산지』에 按의 표식은 있으나 이전 자료를 단순 인용한 것으로 3편 더 있다.

	출처	내용	요약
5	人物 (宋天逢)	按李穡詠宋相國詩及贈其孫宋子郊序 俱說龍頭會之契分 蓋登魁科之人 而本州無文獻可徵 相國之名 泯泯無傳 就考麗史禮志 則忠肅王庚午壯元宋天逢 與穡同時 而先進繼見 李崇仁次李穡韻上宋簽書詩有曰 庚午科中獨步行 合而觀之 始知李穡所稱京山宋相國者 卽天逢 而勝覽專據姓貫錄於金海人物 麗史亦從姓貫稱金海人 故後人不知天逢之爲星人也	이색의 시에 보이는 경산 송상국은 송천봉임
6	人物 (李承慶)	按東國通鑑恭愍八年十一月 紅頭賊魁僞平章毛居敬衆號四萬 氷渡鴨綠江 連陷州郡 承慶爲大將禦之 賊平錄元勳 又按李穡鄭世雲畫像贊序 歷敍近代功烈有曰 近世金氏之侵疆也 趙沖金就礪之功大矣 己亥毛賊之犯西京也 摠兵李承慶之功大矣 以此參考 則承慶當日之功 可謂赫赫 而麗史沒之殊 未可知也	홍건적 침략에 공을 세움
7	人物 (李君常)	愚按君常死之十年 卽元至正二十二年也 君常之死也自元遣官誅之 元之於希吉 亦殺父之國也 何故棄丘墓而奔之乎 殆未可信也 麗朝官制代言則正三品 司僕副正則從四品 而李氏譜降從副正 豈以代言乃逆臣所授之職 故見削耶	이군상의 아들 희길이 원으로 도망갔다는 말은 믿기 어려움
8	人物 (李崇仁)	按陶隱與李牧隱·鄭圃隱·李遁村三賢竝生麗季 以道義文章鳴一世 其相得相與之厚 就諸賢文集而可知也逮聖祖龍興之後 堅不事二姓之志 身死權姦 爲世所悲而國乘類 皆得時者所撰 故麗史本傳 殆無一言之褒觀史者不可不知也	불사이군을 실천한 이는 역사서에 남아 있지 않음
9	人物 (李稷)	按國朝寶鑑 我太宗大王慶世子禔爲讓寧大君 時引入大臣以其事語之 黃喜及稷爲判書堅執不可 左徙俄謫于外凡六年	폐세자의 불가함을 주장

3. 『경산지』의 파판과 함의

1) 『경산지』의 파판

『경산지』는 목판본 간행 이후 이원정의 정치적 처지에 따라 파판의 아픔을 겪게 되었다. 1680년 경산환국으로 이원정이 장하(杖下)에 사망한

지 얼마 되지 않아 1682년(숙종 8) 경상도관찰사 이수언(李秀彦)은 『경산지』에서 이이(李珥)·조헌(趙憲)·정철(鄭澈) 등 선정을 모욕하였다는 이유로 판본을 없애고 관련된 내용을 치계(馳啓)하면서 책을 태워 없애 본보기를 보여줄 것을 청하였다. 이에 조정에서는 목판을 이미 없앴는데 굳이 태워버릴 필요가 없다는 이유로 환송시켰다.[53]

성주 지역의 읍지에 불과한 『경산지』는 경상감사의 파판과 치계로 인해 매우 정치적 이념을 지닌 불온한 책으로 간주되었으며, 이에 따라 그 처리는 정치적 의미를 지니게 되었다.

그런데 이 사건에 대해 실록에서 제시된 내용은 파판을 진행한 이수언의 입장에 대해 보여주고 있다. 이수언이 지적한 가장 큰 『경산지』의 내용상 문제는 이이(李珥)·조헌(趙憲)과 윤두수(尹斗壽)·정철(鄭澈)을 헐뜯지 않음이 없었으며, 김상헌(金尙憲), 송시열(宋時烈), 송준길(宋浚吉)이 다른 의견을 가진 자들을 해쳤다고 하는 말을 함부로 지어내었다는 것이다. 『경산지』의 서술 내용과 실록에서 지적한 문제의 부분을 대비하여 나열하

53 『숙종실록』 권13, 숙종 8년 8月 경진(5일). "慶尙觀察使李秀彦馳啓 付上京山誌一書有曰 (A-2)罪人元禎居星州邑 號京山 故托以地誌 作爲誣書 如先正臣李珥趙憲故相臣尹斗壽鄭澈 無不廣加詆毁 (B-2)其曰趙憲與金宇顒問答之語 尤是世無所傳而人所未聞者 誌曰宇顒與憲遇於磨天嶺 憲曰肅夫無愧心乎 宇顒正色曰公論當竢後世 何可一時成定乎 其言之誣罔 據此可知 (C-2)至於先正臣金尙憲之精忠大節華夷共聞 今領府事宋時烈贈領議政宋浚吉道德學問 宗匠一時 而元禎乃敢以尙憲負時望 一時人以天下大老稱之宋時烈宋浚吉 倚結形勢 自負其發迹山林 擠排異議者殆盡等語 肆然加之 鋟梓私藏 欲以疑惑後人 眩亂是非 (D-2)其中有李弘宇之子箬 仕至通政 今領議政許積 卽其壻也等文字 是書之成 雖在積未死前 積旣陷逆伏法 則是書之不可存於今日 益明矣 臣已將板本毁去 印取一本 付籤以上 一賜睿覽出付大臣禮官 仍付政院 燒毁於搢紳所共覩之處 使中外曉然知是非之眞 則一道陷溺之心 庶有開悟之望矣 上下其冊子於大臣 左議政閔鼎重以爲憲疏論鄭汝立不道狀獲罪竄吉州 及汝立誅 始蒙宥還 宇顒坐與汝立相親 竄會寧 憲與宇顒相値於永興地憲贈詩而不與相見 有遠客無羊不敢蒸之句 至今傳說 遇於磨天嶺云者 錯謬如此 無足傳信 旣毁板本 何必更燒冊子 右議政金錫胄亦是其言 上可之 命還送本道" 아래 인용한 실록의 해당 부분 번역은 민추본을 바탕으로 일부 수정하였다.

면서 구체적인 내용을 살펴보고자 한다.

먼저 이이, 조헌, 윤두수, 정철을 헐뜯었다는 부분이다. 『경산지』의 인물 항목 김우굉·김우옹 조 기록과 실록의 기사를 대비하였다.

> (A-1) 일찍이 상신 윤두수의 탐오함을 논한 적이 있고, 또 이이의 잘못된 일처리를 탄핵한 적이 있었다. 마침내 이 때문에 당시 미움을 받았다.[54]
>
> 대사간으로 옮겼을 때 허봉, 송응개, 박근원을 유배하는 것은 처벌이 과중하다고 논하여 구원하였다. 이 때문에 이이와 사이가 틀어졌다. 부제학을 역임하였으며, 전라도관찰사, 이조참판, 형조참판은 혹 나가기도 하고 나가지 않기도 하였다. 기축년 역적 정여립이 모반을 꾀하였다가 복주되었다. 당시 정승 정철이 옥사를 담당하였는데 옥사에 나온 말에 지나치게 많은 사류들을 연루시켰다. 정철과 다른 의견을 가진 사람들은 거의 연좌를 피하지 못하였는데, 이에 회령으로 유배를 갔다.[55]
>
> 일찍이 대사헌으로 있으면서 좌의정 윤두수를 논박하였으며, 우의정 유홍은 용열하고 비루하며 이익을 좋아한다고 논하였다. 또 기축옥사에서 원통하게 죽은 선비 최영경의 억울함을 신원할 것을 청하였다. 그리고 정철이 어진 선비들을 모함하여 죽인 죄를 논하고 그 관직을 삭탈할 것을 청하였다.[56]
>
> (A-2) 지지(地誌)를 핑계대면서 무함(誣陷)하는 책을 만들었는데, 선정신(先正臣)인 이이(李珥)·조헌(趙憲)과 고 상신 윤두수(尹斗壽)·정철(鄭澈)을 헐뜯지 않음이 없었습니다.

54 『경산지』 5, 목판본, 「인물」, 김우굉. "嘗論相臣尹斗壽貪汚 又劾李珥處事之失 終以此見忤於時"

55 『경산지』 5, 목판본, 「인물」, 김우옹. "移大司諫 論救許篈宋應漑朴謹元 竄謫之過重 由是貳於李珥 歷副提學 全羅道觀察使吏刑曹參判 或赴或不赴 戊子出爲安東府使 己丑逆賊鄭汝立 謀反伏誅 時相鄭澈治獄 獄辭連累多濫士類 與澈異議者殆無得免 坐謫會寧"

56 『경산지』 5, 목판본 「인물」, 김우옹. "嘗以大司憲駁左議政尹斗壽 又論右議政兪泓 庸鄙嗜利 請伸己丑冤死人處士崔永慶之冤 追論鄭澈構殺賢士之罪 削其官爵"

이수언은 『경산지』의 김우굉과 김우옹 조에 수록된 이이, 조헌, 윤두수, 정철 등에 대한 비판적 언급을 서인계 선현에 대한 공격으로 받아들였다.

(B-1) 김우옹이 유배를 가는 도중에 조헌과 마천령에서 만났는데 조헌이 "숙부(肅夫)께서는 이런 처지에 이르게 되었는데, 혹 후회하지는 않습니까?" 라고 하였다. 이에 답하기를 "공론(公論)은 마땅히 후세를 기다려보아야 할 것입니다. 어찌 한 때의 위세로 옳고 그름을 정할 수 있겠습니까"라고 답하였다. 이에 조헌이 손사래를 치면서 일어나 조정에 이 말을 전하니, 당로자들이 더욱 미워하였다.[57]

(B-2) 그가 수록해 놓은 소위 '조헌(趙憲)이 김우옹(金宇顒)과 문답(問答)하였다는 말'은 세상에 전하는 바가 없어 사람들이 듣지도 못하였던 것이므로, (지에 적어놓기를, "김우옹이 조헌과 마천령에서 만났는데, 조헌이 말하기를, '숙부는 후회하시는 것이 없습니까?' 하니, 김우옹이 정색을 하면서 말하기를, '공론은 마땅히 후세를 기다려보아야 알 수 있는 것입니다. 어찌 한때의 위세로 옳고 그름을 정할 수 있겠습니까'라고 답하였다."라고 하였습니다.) 그 말이 무망함은 이를 보아서도 알 수 있습니다.

이 건은 김우옹(金宇顒, 1540~1603)이 유배가면서 마천령에서 조헌과 만났을 때 조헌(趙憲, 1544~1592)이 김우옹에게 이런 처지에 빠지게 되었는데 후회하지 않는지를 묻자, 김우옹이 한 때의 위세로 옳고 그름을 정할 수 없다고 하였다는 말의 사실 여부에 대한 것이다. 실록에서도 민정중이 『중봉집』에서 나오는 조헌의 시를 구체적으로 제시하면서 실제로 조헌과 김우옹이 만난 일이 없으며, 기술 내용에 착오가 있음을 지적하고 있다. 이점에 대해 우의정 김석주(金錫胄)도 동의하고 있다.

---

57 『경산지』 5, 목판본, 「인물」, 김우옹. "與趙憲遇於磨天嶺 憲曰肅夫到此地 頭能無悔乎 正色而答曰 公論當竢後世 何可以一時之威 定是非乎 憲拂手而起 倡言于朝 當路者尤疾之"

임금이 책자를 대신에게 내렸다. 좌의정 민정중(閔鼎重)이 말하기를, "조헌(趙憲)은 정여립(鄭汝立)의 도리에 어긋난 실상을 상소하였다가 죄를 얻어 길주(吉州)에 유배되었는데, 정여립이 복주(伏誅)되자 비로소 사면되어 돌아오게 되었습니다. 김우옹(金宇顒)도 정여립과 서로 친하다고 연좌되어 회령(會寧)에 유배되었습니다. 그런데 조헌이 김우옹과 영흥(永興) 땅에 같이 있었으나, 조헌이 서로 만나지 못하여 시(詩)를 지어 주었으니, '멀리서 온 손님에게 양(羊)이 없어 삶아 내지 못하네'라는 구절이 있어 지금까지 그 말이 전해 옵니다. 그러므로 마천령(磨天嶺)에서 만났다고 하는 것은 이와 같이 잘못되었으므로 믿을 바가 못 됩니다. 이미 판목(板本)을 헐어버렸는데, 다시 책자를 불태울 것까지야 있겠습니까?"라고 하니, 우의정 김석주도 그 말이 옳다고 하였다. 이에 임금이 그것이 좋겠다고 여겨, 본도(本道)에 돌려 보내도록 명하였다.[58]

조헌의 『중봉집』을 살펴보면 이건에 대해 실록 기사에서 말한 바와 같이 서로 만나지 못하고 시를 전해주었다는 내용이 있다.[59] 그러나 김우옹의 『동강집』의 연보에는 실제로 만나서 조헌과 문답을 하였다는 내용이 수록되어 있다.[60] 실제로 만나서 문답을 나누었는지의 사실 여부는 알 수 없으나 이원정은 김우옹 연보의 기록을 취한 것이다.

한편 김상헌, 송시열, 송준길에 대한 평가를 함부로 진행하여 시비를

58 『숙종실록』 권13, 숙종 8年 8月 경진(5일).

59 『重峯集(趙憲)』, 「附錄」 1, 〈연보〉. "十七年己丑 先生四十六歲 初 先生之竄北也 金宇顒長玉堂有力焉 及先生之放還也 宇顒辭連逆獄 竄會寧 相値於永興 先生與書及詩而不相見 其詩有雙城邂逅崖州路 遠客無羊不得烝之語"

60 『東岡集(金宇顒)』, 「부록」 권4, 〈연보〉. "十七年己丑(先生五十歲) 十一月 謫會寧府(時鄭汝立以逆誅 株連之禍 濫及搢紳 先生爲白惟咸所構陷 亦不免 是行 仲氏開巖公自尙州馳到榮川 臨別贈詩 有唐公淮水舟何泊 韓子潮州馬不前之句 發行之日 無所乘將未免徒行 雲川金公涌以書生在餞席 脫驂以進 路逢趙重峯憲於磨天嶺上 憲問曰 肅夫到此 能無悔乎 先生正色折之曰 公論當俟後日 安可以一時之威 正其是非乎) 十二月 到謫所 門人羅德潤李璣玉金輳等從"

어지럽혔다는 부분이다.

(C-1) 당시 김상헌이 사람들의 중망을 받아 일시 천하의 대노라고 칭해지기까지 하였다. 그런데 송시열(宋時烈)과 송준길(宋浚吉) 등과 서로 결탁하여 형세(形勢)를 이루었으며, 산림에서 입신한 것을 자부하면서 다른 의견을 가진 자들을 배제하여 거의 다 해쳤다. 대부분 사람들은 화가 두려워서 속으로만 그르다고 생각할 뿐이지 감히 말로는 드러내지 못하였다. 장응일이 사간이 되자 상소문을 올려 극진히 말하였는데 다음과 같다. "산림의 높은 선비도 색목 가운데 앉아있으며, 천하의 대로도 붕당의 한편 의견을 주장하고 있습니다. 끼리끼리 모여 앉아서 의견이 다른 이는 치고 같은 사람은 당을 만들고 있습니다. 국가가 장차 망하는 것을 염려도 하지 않고 군부가 두렵다는 것을 알지도 못합니다. 전하께서 가까이 있는 신료들에 의해 가볍게 여기지는 것이 안타까울 따름입니다." 이에 시류를 쫓는 무리들의 분노와 원한이 뼈에 사무쳐 번갈아가면서 상소하여 쫓아내려고 하였다. 그리하여 다시는 현직에 서용되지 못하였다.[61]

(C-2) 심지어 선정신(先正臣) 김상헌(金尙憲)의 충성과 절의는 중국과 우리나라에 널리 알려졌으며, 지금 영부사(領府事) 송시열(宋時烈)과 증영의정(贈領議政) 송준길(宋浚吉)의 도덕과 학문은 한 시대에 가장 으뜸인데도, 이원정(李元禎)은 감히 '당시 김상헌이 사람들의 중망을 받아 일시 천하의 대노라고 칭해지기까지 하였다. 그런데 송시열(宋時烈)과 송준길(宋浚吉) 등과 서로 결탁하여 형세(形勢)를 이루었으며, 산림에서 입신한 것을 자부하면서 다른 의견을 가진 자들을 배제하여 거의 다 해쳤다'는 등의 말을 함부로 더하였습니다. 이를 책으로 출판하여 몰래 감추어 두고서 뒷사람들을

---

61 『경산지』 5, 목판본, 「인물」, 장응일. "時金尙憲負時望 一時人至以天下大老稱之 宋時烈宋浚吉等 倚結形勢 自負其發跡山林 擠排異議者殆盡 人皆怵禍相與腹 非不敢發口 應一爲司諫 陳疏極言 有曰 山林高士 尙坐色目之中 天下大老 亦主朋比之論 紛紛蹲踏 伐異黨同 不恤國家之將亡 不知君父之可畏 惜乎 殿下之見輕於臣隣也 時輩恚恨入骨 交章斥逐 不復敍顯秩"

현혹시켜 시비(是非)를 어지럽히려고 하였습니다.

이수언은 김상헌, 송시열, 송준길에 대한 장응일 항의 기술이 편파적이었다고 지적하고 있다. 장응일의 아들 장영은 이도장의 딸과 결혼하여 장응일과 이도장은 사돈 관계에 있었다. 장응일은 이원정에게는 누이 남편의 아버지였다. 장응일은 이 상소를 현종 말년인 1674년 5월에 올렸다. 이 때는 1659년 효종 사망 후 자의대비의 복상기간을 두고 다툰 기해예송에서 패배하였던 남인이 1674년 2월 효종비인 인선왕후 사망 후 복상기간을 두고 이루어진 갑인예송을 통해 본격적으로 세력을 확장해 나가던 시기였다. 장응일이 올린 응지 상소의 내용은 『청천당집』에도 전하고 있다.[62]

남인은 1674년 7월 6일 도신징(都愼徵)의 상소를 기점으로 본격적인 예송을 불러 일으켰는데, 서인들은 이 때 그 배후에 이원정이 있다고 생각하였다.[63] 장응일의 일련의 상소도 역시 이원정이 그 배후에 있었던 것으로 생각하였다.[64] 이원정이 『경산지』를 집필하기 시작한 것은 1668년이며 간행을 위해 서문을 쓴 것이 1677년이므로, 장응일에 대한 기술에는 이 시기 이원정이 가지고 있었던 서인계에 대한 당파의식이 충분히 혐의를 받을 만한 시기였다. 게다가 초고본에서는 인물 항목에 장응일 관련 기록이 아예 없었다가 목판본에 별도로 장응일 조가 추가되어 있으며, 특히 장응일 조의 후반에는 김상헌, 송시열, 송준길에 대한 비판적 기술이 수록되어

---

62 『聽天堂集(張應一)』 권2, 「疏」 〈求言應旨疏 庚寅五月司諫時〉. "山林高士 尙坐色目之中 天下大老 亦主朋比之論 其他何足言哉 紛紛噂沓 伐異黨同 不恤國家之將亡 不知君父之可畏 惜乎殿下之見輕於臣鄰也 倘殿下定厥志而明是非廓乾斷 則必不如是之甚也 臣目見艱危 言觸時諱 孤危之跡 機弩必發 而螻蟻血忱 不能自抑於天地父母之下 伏願聖明恕察而加意焉 臣不勝憂愛激切之至 謹昧死以聞 答曰論予之病 實是藥石 可不體念"

63 『숙종실록』 권3, 숙종 1년 3월 병술(28일).
『숙종실록』 권3, 숙종 1년 4월 무술(10일).

64 『숙종실록』 권4, 숙종 1년 7월 신묘(5일).

있다. 허적이 역모죄로 복주되었는데 여전히 『경산지』에 인물로 기록되어 있다는 비판이다.

(D-1) 소야는 고을에서 55리 떨어져 있다. 고탄촌에는 이홍기, 이홍량, 이홍우가 살았다. 여동생이 한강 정구에게 시집을 갔다. 이홍우의 아들 이서는 벼슬이 통정대부에 이르렀다. 지금 영의정 허적이 바로 그의 사위이다.[65]

(D-2) 또 그 가운데는 '이홍우(李弘宇)의 아들 이서(李簭)는 벼슬이 통정대부(通政大夫)에 이르렀으며, 지금 영의적(領議政) 허적(許積)이 바로 그의 사위'라는 등의 글이 있습니다. 이 책이 완성된 것이 비록 허적이 아직 죽기 전이었지만, 허적은 이미 역모(逆謀)에 빠져 복주(伏誅)되었으므로 이 책이 오늘날 남아 있어서는 안 됨이 더욱 분명합니다. 신이 이미 판목(板本)은 헐어버렸지만 한 부를 인쇄하여 올리오니, 한 번 살펴보시고서 대신(大臣)과 예관(禮官)에게 보여 주고 또 승정원(承政院)에도 보여 주어서, 조정의 관원들이 함께 보는 곳에서 불태워 없애주시기 바라옵니다. 이를 통해 中外로 하여금 환하게 옳고 그름의 진실을 알게 하신다면, 한 도(道)가 거짓에 빠진 마음을 거의 깨우치게 될 희망이 있을 것입니다.

허적은 이 책이 만들어져 간행된 이후인 1680년 3월 할아버지 허잠이 시호를 추증받은 것을 기념하는 잔치를 열면서 왕실의 유악(기름천막)을 무단으로 쓴 것이 알려져 권력에서 축출되고 이어 4월 서자 허견의 비리 사건에 연루되어 사형당하였다.[66] 경상감사 이수언은 당시 허적이 역모 혐의로 사형을 당하였는데 사형당한 자의 이름이 그대로 있는 것을 문제

---

65 『경산지』 1, 목판본, 「各坊」. "所也距州五十五里高呑村 李弘器弘量弘宇居之 有妹歸寒岡鄭逑 弘宇之子서 仕至通政 今領議政許積卽其壻也" 이 부분은 초고본에서는 병조판서라고 하였다가 다시 우의정으로 수정하고 있다. 목판본에는 영의정으로 수정되어 있다.

66 허적은 1795년(정조 20년) 정조의 특명으로 신원되었다.

삼은 것이다. 필사 초고본에서는 아직 병조판서 혹은 우의정으로 기록되어 있다. 이원정이 지명에서 관련된 인물에 관련된 사항을 적은 것은 서문에서 보이듯이 고을에 관련된 인물을 착실하게 적어 두고자 하였던 의도에 기인한 것이다. 물론 허적은 1675년(숙종 1년) 형조판서에 이원정을 천거할 정도로 가까운 사이였다.[67]

한편 1682년 파판 후 후대에 편찬된 읍지 가운데 가장 풍부한 내용을 담고 있는 1931년(1937년) 간행된 『성산지』와 비교하여 해당 내용을 살펴보면 『성산지』에서는 A-1와 B-1의 김우굉, 김우옹 관련 기사를 그대로 두되, C-1의 장응일 조 기록의 후반 일부와 D-1의 허적에 대한 내용을 삭제하고 있다.[68]

김우옹에 대한 기사와 장응일 조의 김우옹 관련 기사는 김우옹의 문집에 수록된 내용을 바탕으로 전재하면서 언급하였기 때문에 없앨 필요가 없다고 판단한 것을 보인다. 그러나 목판본 장응일 조 기사 가운데 문제가 되었던 후반 부분[69]은 이원정이 자신의 생각을 적어 놓은 부분이고 또 정치적 사안이 되었기 때문에 후대의 입장에서 이 부분을 그대로 둘 수 없는 형편

---

67 『숙종실록』 권3, 숙종 1년 2월 갑오(6일).
김학수는 이 조항에 대해 이원정이 광주 이씨, 정구, 허적을 연결하려는 의도에서 기술한 것이라고 적고 있다(김학수, 「한강 정구의 학문 연원」, 『한국학논집』 48, 계명대, 2012, 134쪽 주16).

68 『성산지』, 관련 조항 참조.

69 『경산지』 5, 목판본, 「인물」, 장응일. "孝廟初卽位 起廢置臺省 首請金自點元斗杓貪婪傾軋之罪 聞者縮頸 時金尙憲負時望 一時人至以天下大老稱之宋時烈宋浚吉等 倚結形勢 自負其發跡山林 擠排異議者殆盡 人皆怵禍 相與腹 非不敢發口 應一爲司諫 陳疏極言 有曰 山林高士 尙坐色目之中 天下大老 亦主朋比之論紛紛蹲踏 伐異黨同 不恤國家之將亡 不知君父之可畏 惜乎 殿下之見輕於臣隣也 時輩恚恨入骨 交章斥逐不復敍顯秩 寧陵屢有傾圮之變 因山敦事諸臣當被重譴 故前後奉審大臣 不以實聞 顯宗末 宗室靈林副令翼秀上疏言之 上大驚動遂有移窆之擧 應一在鄕 陳疏請治奉審諸臣遮護不忠之罪 時議又極怒 請竄于邊 上諒其無他意 止配中道黃澗縣 今上卽位 首被恩宥 起徒中數月 召旨連降 老病未赴"

이 되었다. 그러므로 뒤에 간행된 『성산지』에서 이 부분이 삭제되었다.[70]

허적에 관계된 기록의 경우 소야라는 지명에 소개한 것이며, 또한 허적이 정조 대 신원이 되었으나 당시 허적의 행적이 영남 남인에 의해서도 비판을 받았던 상황이었기 때문에 굳이 수록할 필요가 없어 『성산지』에서는 누락되었다.

2) 정치적 함의

『경산지』의 파판이 진행된 이 시기는 당쟁이 격화되던 시기이다. 이원정은 당쟁이 격화된 숙종 대 내내 남인의 배후 조종자로 주목을 받고 있었다. 특히 그는 현종 대 예송에서 유세철, 도신징 등의 영남 남인계 인물들이 주도한 상소의 배후 인물로 지목되었다. 서인계가 편찬한 『숙종실록』에는 아예 이원정이 도신징을 시켜 올리게 한 것으로 적고 있다.[71]

1674년 갑인예송으로 남인계는 현종의 지지 속에 정권을 장악하게 되었다. 남인계는 현종의 급서와 숙종의 즉위 이후 1680년 경신환국 이전까지 정권을 장악하였다. 그런데 당시 송시열과 송준길에 대한 처벌 상소가 올라가면 서인계는 이원정이 배후에 있었던 것으로 보았다. 뒷날 서인계가 편찬한 『숙종실록』에서는 1675년 장응일이 송시열을 비난하는 상소의 배후 인물로 이원정을 지목하고, 장응일을 이원정의 하수인으로 묘사하고 있다.[72] 1675년 곽세건(郭世楗)이나 도신징에 대한 관직 수여에 대해서도 이원정이 이들을 부추겨 상소를 올린 것에 대한 댓가로 묘사하기까지 하였다.[73] 이원정에 대한 서인계의 부정적 시각은 1680년 경신환국으

---

70 『청천당집』(권5, 「附錄」, 〈京山誌(李元禎)〉)에는 목판본 『경산지』의 장응일 조 내용을 빠짐없이 모두 수록하고 있다.

71 『숙종실록』 권3, 숙종 1년 3월 병술(28일).
『숙종실록』 권3, 숙종 1년 4월 무술(10일).

72 『숙종실록』 권4, 숙종 1년 7월 신묘(5일).

로 정국을 장악할 때까지 계속 이어지고 있다.

따라서 1680년 서인계가 집권한 다음 이원정은 주된 공격 대상이 될 수밖에 없었다. 1680년 윤8월 이원정은 역모에 가담하였다는 혐의로 杖下에 사망하였다. 그런데 『경산지』는 비록 이원정이 편찬하였다 하더라도 읍지의 형태를 지니고 있으므로 내용상 공격의 대상이 될 여지가 크지 않았으나, 인물에 대한 서술에서 서인계 선현에 대한 비판적인 내용이 가미되면서 서인계의 공격을 초래하였다. 이원정이 비록 의도하였든 하지 않았든 간에 서인들은 『경산지』의 일부 구절이 자신들이 존경했던 윤두수, 송시열, 송준길, 정철 등의 선현을 모욕하였다고 생각하였다. 이것이 파판과 국왕에게 보낸 훼철 상소로 나타났다.

파판의 장본인은 경상감사 이수언(李秀彦)이었다.[74] 그는 1681년(숙종 7) 경상도관찰사가 되었다.[75] 그의 관찰사 재직시는 1680년 경신환국 직후로 서인계가 중앙 권력을 장악하였던 시기였다. 김창협 등 서인계가 그를 칭송하였으며, 남인계의 본산이라고 할 수 있는 경상도관찰사로 임명되었다는 것은 그가 서인 강경파 가운데 한 사람이었음을 보여준다. 17~18세기는 중앙 정계의 분쟁과 마찬가지로 영남 지방에서도 향권을 두고서 남인과 서인이 크게 대립하였던 시기였다. 이 시기 영남 지역에서 서인계의 진출을 크게 원조하였던 인물이 이수언이었다.

이수언은 경상감사로 있을 때 대구와 인동 등지에서 서인 세력의 부식에 크게 노력하였다. 1672년(현종 12) 정월 송시열의 문인인 이숙(李翻, 1626~

73 『숙종실록』 권4, 숙종 1년 9월 무진(23일).

74 李秀彦(1636~1697)의 자는 美叔, 호는 聾溪, 醉夢軒이며, 본관은 韓山이다. 시호는 正簡이다. 14세에 宋時烈의 문하에 들어가 수학한 서인계 인물이다. 문집으로 『농계선생유고』가 있다. 1680년 경신환국으로 서인계가 집권하자 1681년(숙종 7) 경상도관찰사가 되었다가 이듬해 9월 이임하였다(『대구읍지』, 「환적」; 김택규·박대현 편역, 『대구읍지』, 대구광역시, 1997).

75 『숙종실록』 권11, 숙종 7년 6월 경술(29일).

1688)이 경상도관찰사로 부임하면서 대구 지역 서인계의 후견인을 자처하였다. 당시 이숙은 이전 해부터 대기근에 시달렸던 영남 지역에 목민관으로 내려와 구황(救荒)과 진휼(賑恤)에 힘썼다.[76] 이에 1682년(숙종 8) 대구 지역의 서인계가 중심이 되어 이숙을 제향하는 생사당인 상덕사를 세웠으며, 이는 1693년 제향시설을 갖춘 사우로 발전하였다.[77] 상덕사의 편액(扁額)은 서인의 영수였던 송시열(1607~1689)이 지었다.[78] 상덕사는 이후 대구지역 서인세력의 거점이 되었다.[79] 상덕사의 건립에는 당시 경상감사였던 이수언의 지원과 도움이 적지 않았을 것으로 추정된다.[80]

한편 인동에서는 인동 향교의 주도권을 두고 서인과 남인계 사이에서 향전이 일어났다.[81] 1681년(숙종 7) 인동 향교의 교임직을 두고서 향전이

---

76 『대구읍지』, 「제영」, 〈상덕사유애비(郭世翼)〉.
『운석유고』 12, 「비명」, 〈상덕사비음기(趙寅永)〉.

77 상덕사는 1682년 무천리에 이숙의 생사당으로 건립하였다가, 1693년 사우를 창립하고 제향하였다(禹錫圭, 『知足堂集』 권2, 「잡저」, 〈尙德祠事蹟〉). 뒤에 兪拓基가 1778년(정조 2)에 추향되었으며(李若采, 『行休齋文集』 권2, 「축문」, 〈尙德祠知守齋兪先生影幀奉安時告逸休李先生文〉; 禹載岳, 『仁村文集』 권2, 「祝文」, 〈告知守齋文〉). 뒤에 다시 金羲淳과 李在秀가 추향되었다(『大邱府事例』, 「미사액서원」, 규장각 및 徐錫台, 『대구읍지』, 「원사」, 〈상덕사〉, 1924). 처음 장소가 부의 동문 밖이라 번잡하여 부의 남쪽 連龜山 아래로 옮겼다(『仁村文集(禹載岳)』 권3, 「雜著」, 〈尙德祠移建事蹟〉). 일제 강점기에 다시 현재의 남산동으로 이건하였다.

78 『대구읍지』, 「학교」, 〈상덕사〉.
『조두록』, 「경상도, 대구」, 〈상덕사〉.

79 김학수, 「17세기 영남학파 연구」, 한국학중앙연구원 한국학대학원 박사학위논문, 2008, 336쪽.

80 생사당의 건립이 논의된 것은 1680년(『대구읍지』, 〈상덕사유애비(곽세익)〉) 이전이었으며, 완공된 것은 1682년이었다. 주 건립 시기는 대체로 이수언의 경상도관찰사 재임시기와 겹치며 또한 후일 이수언은 이숙의 만사와 제문을 작성하고 있다(『聾溪先生遺稿(李秀彦)』 권2, 〈李右相翻挽〉, 권3, 〈祭李右相翻文〉). 그러므로 생사당 건립에 이수언의 의지가 반영되어 있음은 충분히 상정할 수 있다.

81 인동 향전에 대해서는 이연숙, 「17~18세기 영남지역 노론의 동향」, 『실학사상연구』 23, 역사실학회, 2002; 이재철, 「조선후기 대구지역 서인세력의 동향」, 『대구사학』 76, 대구사학회, 2004(『조선후기 사림의 현실인식과 정국운영론』, 집문당, 2009); 김학수, 「영남

일어나 서남간 크게 대립되어 있었으며, 이러한 구도 속에 인동 장씨 황상파 서인계인 장경홍(張慶弘)과 장유(張瑠)는 1682년(숙종 8) 사계 김장생 청원소를 위한 도회를 인동 향교에서 개최하려고 하였다. 당시 향교는 장만기(張萬紀), 김순발(金順發), 장우한(張宇翰), 장우주(張宇柱) 등 남인계가 점거하고 있었다. 이에 장경홍과 그의 조카 장유는 영남의 대표적 서인 세력인 대구의 옥천 전씨 전극태(全克泰)·전극념(全克念) 형제, 선산의 덕수 이씨 이정화(李鼎華), 함창의 인천 채씨 채항길(蔡恒吉) 등과 함께 인동 향교에서 남인계를 몰아내었다. 그러나 인동에서 향교의 주도권을 두고 향전이 지속되자 인동부사 유진창(柳晉昌)의 보고에 의해 감사 이수언(李秀彦)이 남인계 인사들을 잡아오도록 명을 내려 결국 김순발(金順發), 장우추(張宇樞)가 감옥에서 죽기에 이르렀다.[82]

후일 1689년 기사환국으로 경상감사에 남인계인 이현석(李玄錫, 1647~1703)이 임명되자,[83] 이 사건이 편파적으로 처리되었다고 남인계의 후손들이 청원을 하기에 이르렀다. 이 때 장우추(張宇樞)의 아들 장차익(張次翼)은 경상감사 이현석(李玄錫)에게 격쟁을 하면서 1680년 이원정의 귀장(歸葬) 후에 치전(致奠)을 드린 자들을 감사와 서인계가 억울하게 죄를 만들었다고 말하고 있다.[84]

이수언의 『경산지』 파판은 이와 같이 상덕사 건립과 향전 처리의 정치적 소용돌이 속에서 이루어진 사건이었다. 따라서 파판은 단순히 내용의 오류 시정 이상의 1682년 영남 지역에서의 대남인 강경책의 소산이라는 정치적 의미를 지니고 있는 것이다.

학파의 정치적 분화」, 「17세기 영남학파 연구」, 한국학중앙연구원 박사학위논문, 2008 참조.

82 『단구유고』 하, 「부록」, 〈出己巳錄略(張慶弘)〉; [『연방집』 亨, 전극렴, 『단구유고』].

83 『숙종실록』 권20, 숙종 15년 3월 기사(2일).

84 『단구유고』, 「잡저」, 〈卞呈文〉.

4. 맺음말

『경산지』는 1668년 경 이원정(李元禎)이 정계에서 물러나 고향에 내려와 있을 때 아버지 이도장(李道長)의 뒤를 이어서 편찬을 시작하여 1677년 간행한 성주의 사찬 읍지이다. 항목의 구성은 한강 정구가 편찬한 초기 사찬 읍지류의 체재로부터 크게 영향을 받았다.

1682년(숙종 8) 경상도관찰사 이수언(李秀彦)은 이이(李珥)·조헌(趙憲)과 윤두수(尹斗壽)·정철(鄭澈) 등 선정을 헐뜯고 또한 김상헌(金尙憲), 송시열(宋時烈), 송준길(宋浚吉) 등에 대해 함부로 말을 지어내었다는 혐의로 『경산지』의 판목을 폐기하였다.

이 사건은 당쟁과 밀접한 연관을 가지고 있다. 『경산지』의 편찬자인 이원정은 현종 대 예송에서 영남 남인계 인물들이 주도한 상소의 배후 인물로 지목받고 있었다. 또한 격화된 숙종 대 당쟁의 시기에 1680년 서인계가 집권하기 이전까지 서인측으로부터 남인계의 주론자로 간주되었다. 따라서 1680년 경신환국으로 서인계가 집권한 다음 이원정은 주된 공격 대상이 될 수밖에 없었으며, 1680년 윤8월 역모에 가담하였다는 혐의로 맞아 죽었다.

그런데 『경산지』의 서술 내용에서 보이는 서인계 인물들에 대한 비판적 표현을 서인계는 의도적인 왜곡으로 간주하였으며, 이것이 파판과 국왕에게 보낸 분훼(焚毁) 상소로 나타났다. 파판한 이는 1681년(숙종 7) 경상도관찰사가 된 이수언이었다. 관찰사로 재직시 그는 영남 지역에서 서인계의 진출을 크게 원조하였다. 특히 그가 경상도관찰사로 재임하였던 1682년 대구에서 서인계 인물이 중심이 되어 서인계 이숙을 제향하는 상덕사(尙德祠)가 건립되었다. 그는 또한 1681년과 1682년 인동 향교 교임직을 두고서 남인계와 서인계의 향전이 일어났을 때 인동 지역 남인계 사인들을 죽음으로 몰고 갔던 인물이었다.

1682년 이수언의 『경산지』 파판은 1682년 대구의 서인 거점인 상덕사 건립과 1681~1682년 인동 향전에서 남인계 사인(士人)의 치사(致死) 처리라는 정치적 소용돌이 속에서 이루어진 것으로, 영남 지역 대남인 강경책의 소산이라는 의미를 지니고 있다.

『경산지』의 파판을 가져온 부분은 후일 성주에서 읍지를 편찬하면서 수정과 삭제 등을 거치게 되었지만, 이러한 파판과 분훼 논의가 정치적 배경에서 나왔다는 점은 숙종 대 당파를 둘러싼 사상적, 이념적 배타성을 보여주는 한 사례라고 할 수 있다. 이후 숙종대 일어난 송시열 편간의 『심경부주석의(心經附註釋疑)』, 박세당(朴世堂)의 『사변록(思辨錄)』, 최석정(崔錫鼎)의 『예기유편(禮記類篇)』, 유계(兪棨)의 『가례원류(家禮源流)』 훼판 사건도 이러한 학문과 사상의 이념화 양상의 한 모습이다.

☙ 제5절 ❧

김천 읍지 『금릉지』의 편찬과 편찬정신

1. 머리말

조선시대에는 현 김천지역이 김산, 개령, 지례의 3개 군현으로 이루어져 있었다. 그 가운데 김산군은 조선전기 김산현이었는데 관내에 조선 정종의 태가 있다고 하여 이웃한 어모현을 합하여 김산군으로 승격하였다. 『세종실록지리지』에서는 김산군의 별호를 금릉이라고 적고 있다. 『신증동국여지승람』에서는 김산군의 옛 명칭을 금릉이라고 적고 있다. 이후 조선시대에는 개령현, 지례현과 함께 김산군으로 남아 있었다. 1914년 개령군·김산군·지례군이 통폐합되어 김천군이 되었으며, 군소재지는 김천에 두었다. 1931년 김천면이 김천읍으로 승격되었으며, 1949년 김천읍이 다시 김천시로 승격되었다. 이에 김천시를 제외한 지역은 금릉군으로 통합되었다. 그러다 김천시와 금릉군이 합하여 현재 김천시를 이루고 있다.

이 논문은 옛 금산(金山) 지역에 대한 읍지인 『금릉지(金陵誌)』를 소개하면서 이 책의 편찬이 가지는 사학사적 의미를 살펴보고, 또한 실학의 확산과 지역적 전파를 살펴보려는 데 연구의 목적이 있다.[1]

---

1 최근 새로이 사찬읍지를 발굴하여 소개하는 논문이 발표되고 있다.

『금릉지』는 여이명이 편찬한 현 김천의 일부인 옛 김산의 읍지이다. 15세기 후반 『동국여지승람(東國輿地勝覽)』에 수록된 김산 부분에서 국가적인 차원에서의 지역 사정이 정리된 이래 김산에 대해 지속적으로 자료가 축적되었다. 다만 18세기 중엽의 『여지도서(輿地圖書)』가 국가 차원의 상송령에 의해 집성된 이후, 1832년에 제작된 『경상도읍지(慶尙道邑誌)』, 1871년과 1895년에 제작된 『영남읍지(嶺南邑誌)』, 그 외 19세기 말 고종 대의 연이은 상송령에 의해 편찬된 관찬의 김산 읍지들은 형태적인 측면에서 별다른 변화를 보이고 있지 않다.

그런데 18세기에 편찬된 김산의 읍지인 『금릉지』는 사찬읍지가 광범위하게 편찬되기 시작하였던 16~17세기보다 편찬시기는 늦으나 체재는 다른 사찬읍지와 구분되는 주목할 만한 특색이 있다. 여기서는 『금릉지』의 형태적 특징을 살펴 그 특성을 드러내고, 이어 내용에서 보이는 개혁적인 문제의식을 통해 『금릉지』의 편찬이 가지는 의미를 살펴보고자 한다.

2. 『금릉지』의 편찬

1) 『금릉지』의 편찬자

김천을 구성하였던 옛 군현으로 김산, 개령, 지례가 있었으므로 이에 따라 옛 읍지 자료로 3개 군현의 것이 남아 있다. 현재 남아 있는 김천

우인수, 「1749년(영조 25) 울산 읍지 학성지의 편찬과 그 의미」, 『한국사연구』 117, 한국사연구회, 2002.
박홍갑, 「청도 사찬읍지 오산지(1673)의 편목과 특징」, 『중앙사론』 21, 중앙사학연구소, 2005.
박인호, 「인동읍지 옥산지의 편찬과 편찬정신」, 『장서각』 22, 한국학중앙연구원, 2009.
김경옥, 「금릉읍지(강진)의 편찬시기와 성격에 대한 검토」, 『역사학연구』 52, 호남사학회, 2013.

관련 지리지의 편찬 상황을 표로 소개하면 다음과 같다.

〈표 1〉 김천 관련 지리서의 편찬

순번	편찬연대	편찬자	책명	유형별 구분	특기사항
1	1425년	금유, 김빈	(『경상도지리지』 소수)		아세아문화사 외 영인
2	1454년		(『세종실록지리지』 소수)		아세아문화사 외 영인
3	1469년	이맹현 외	(『경상도속찬지리지』 소수)		아세아문화사 외 영인
4	1531년	이행 외	(『신증동국여지승람』 소수)	관찬전국지	아세아문화사 외 영인
5	1626년	이전	구성지	사찬읍지	지례 사찬읍지
6	1656년 초고 완성	유형원	(『동국여지지』 소수)	사찬전국지	아세아문화사 영인
7	1697년		지례현지	사찬읍지	『품천사집』 상편에 수록
8	1718년	여이명	금릉지	사찬읍지	개인소장, 『금릉승람』 국역
9	1759년		(『여지도서』 소수)	관찬읍지, 관찬전국지	국사편찬위원회 영인
10	1759년		김산군읍지(11장)	관찬읍지	규장각(상백고 915.15-G336)
11	1798년	정수호	김산지	사찬읍지	개인소장
12	1832년		김산읍지(『경상도읍지』 소수)	관찬읍지	규장각 666 경상도 1, 아세아문화사 영인
13	1832년		김산군읍지 (표제 금릉읍지)	관찬읍지	일본대판부립도서관 (한10-42) 국립중앙도서관 (고2753-19) 국민대(설촌문고 004149) 1832년 경상도읍지 김산의 해당 내용을 적고 있음

순번	편찬연대	편찬자	책명	유형별 구분	특기사항
14	1864년	김정호	(『대동지지』 소수)	사찬전국지	아세아문화사 영인
15	1871년		김산군읍지(『영남읍지』 소수)	관찬읍지	규장각 12173 경상도 4, 아세아문화사 영인
16	1890년대		김산군읍지(20장)	관찬읍지	장서각(k2-4221)
17	1891년경		개령현읍지(18장)	관찬읍지	장서각(K2-4205)
18			지례현읍지	관찬읍지	경기대도서관
19	1893년	오횡묵	(『여재촬요』 소수, 장서각본)	사찬전국지	한국학중앙연구원
20	1895년		김산군읍지(『영남읍지』 소수)	관찬읍지	규장각 12174 경상도 2, 아세아문화사 영인
21	1898년경		김산군읍지(41장)	관찬읍지	서울대(규 10825)
22	1899년		지례군읍지(15장)	관찬읍지	서울대(규 10831)
23	1899년		지례군읍지(21장)	관찬읍지	서울대(상백고 915.15 - J564r)
24	1899년경		개령군읍지(14장)	관찬읍지	서울대(규 10827)
25		정염기	금릉군지	사찬읍지	『향토사』에 명기
26	1928년	백송계	김천군지	사찬근대읍지	한국인문과학원 영인
27	1930년	최규동	품천사집	사찬근대읍지	국집중앙도서관
28	1931년	최석봉 원저, 박영기 보유	(『영지요선』 소수)	사찬전국지	한국인문과학원 영인
29	1930년대 중반	이병연	(『조선환여승람』 소수)	사찬전국지	한국인문과학원 영인
30	1937년	정원호	(『교남지』 소수)	사찬전국지	오성사 외 영인
31	1934년	우준식	감문국개령지	사찬근대읍지	김천문화원 소장

순번	편찬연대	편찬자	책명	유형별 구분	특기사항
32	1935년	강태흠	금릉속지	사찬근대 읍지	개인소장

이 표에서 보이듯이 『금릉지』는 현 김천 지역 읍지로는 현전하는, 그리고 가장 이른 시기에 편찬된 사찬읍지이다. 『금릉지』는 1718년(숙종 44) 여이명(呂以鳴, 1650[효종 1]~1737[영조 13])이 편찬하였다.[2] 국역본은 2000년 전장억(全章億)이 번역하여 김천문화원에서 『금릉승람』이라는 제하에 간행하여 그 내용을 쉽게 알 수 있게 되었다.[3]

김산 관련 읍지의 편찬에 대한 발의는 이태하(李泰夏, 1658[효종 9]~1712 [숙종 38])에게서 시작하였다. 이태하의 자는 자형(子亨), 호는 허주자(虛舟子), 본관은 하빈(河濱)이다. 하빈 이씨 김산 현령공파에 속한다.[4] 해남현감 이선동(李善仝)의 후예이다. 품계는 통덕랑에 이르렀다. 경학과 문장에 밝았다. 스승인 배상유의 학문을 본받아 시사에 밝았으며, 붕당의 폐해에 대해 크게 비판하였다. 저술로는 『해상수작록(海上酬酌錄)』이 있었다. 묘소는 대방독산(大方獨山)에 있다.[5] 이태하는 친우였던 여이명에게 읍지를 편찬할 것을 권유하여 일을 같이 하기로 하였으나, 이태하가 갑자기 죽게 되자 일이 진척되지 못하였다. 그 후 여이명이 자신의 나이 고희가 되면서 다시 『금릉지』 편찬을 계속하여 결국 완성하게 되었다.[6]

---

2 『금릉지』는 필사본으로 남아 있으며, 크기는 가로 18㎝, 세로 27㎝이며 총 133쪽으로 이루어졌다. 현재는 개인(손희준) 소장이다. 필자는 김천문화원의 후의로 복사본을 열람하였다.

3 전장억 역, 『금릉승람』, 김천문화원, 2000.

4 하빈 이씨의 이거 경위와 후손에 대해서는 『금릉지』, 「郡南菓谷內面二坊考證」, 〈第一坊 耆洞里〉 참조.

5 김천시사편찬위원회, 『김천시사』, 김천시, 1999, 2182쪽.

6 『금릉지』, 「서」.

편찬자인 여이명(呂以鳴)의 자는 명세(鳴世), 호는 수봉(壽峰), 본관은 성산(星山)이다. 성산 여씨[7] 김산파(金山派)의 파조는 의성현령(義城縣令)을 역임한 자용(子庸)이다. 자용의 아들 집(緝)은 김해부사(金海府使)를 지냈고, 손자는 윤성(允成)으로 김산기동파조(金山耆洞派祖)이다. 윤성(允成)의 셋째 아들인 희망(希望)의 아들인 종호(從濩)가 성주에 살고 있었는데 인천이씨 이승원(李承元)의 사위가 되어 김천을 왕래하다가 1526년 전후로 김산의 기동(耆洞)에 입향(入鄕)하였다. 여종호의 아들이 김천찰방을 역임한 응구(應龜, 1523~1577)이고, 손자가 감호(鑑湖公) 대로(大老, 1552~1619)이다. 여대로(呂大老)의 자는 위수(渭叟)·성우(聖遇), 호는 감호(鑑湖)이다. 여대로는 남명(南冥) 조식(曺植)과 한강(寒岡) 정구(鄭逑)의 문인이다. 종유한 인물로는 동강(東岡) 김우옹(金宇顒), 여헌(旅軒) 장현광(張顯光), 우복(愚伏) 정경세(鄭經世) 등이 있다.[8] 감호 여대로 이후 여러 문사들이 이 집안에서 나오면서 성산 여씨는 김천을 대표하는 문벌 가운데 하나가 되었다.

감호 여대로의 아들 셋은 김산(金山) 백(伯), 중(仲), 계파(季派)를 이루었는데 첫째가 희좌(姬佐)로 김산백파(金山伯派)를 이루었다. 여이명까지는 여희좌(呂姬佐) - 여절(呂沏) - 여저징(呂著徵) - 여이명으로 이어진다. 여이명은 여저징의 셋째 아들로 만학당 배상유를 스승으로 모셨다. 여이명은 문장이 뛰어났으며, 양사당 설립을 주도하는 등 향교 교육에 공을 세웠다. 묘소는 김천시 부항면 안간리(顔干里)에 있다.

그런데 이들의 읍지 편찬 배경으로 두 사람의 스승이었던 배상유가 주목이 된다. 배상유(裵尙瑜, 1622[광해군 14]~1686[숙종 12])의 자는 공근(公

7 성산 여씨의 이거 경위와 후손에 대해서는 『금릉지』, 「郡南菓谷內面二坊考證」, 〈第一坊 耆洞里〉 참조.

8 『鑑湖集(呂大老)』 곤, 「부록」, 〈사헌부지평감호선생여공행장(鄭象履撰)〉.

瑾), 호는 만학당(晩學堂), 본관은 성산(星山)이다. 현감을 역임한 배명전(裵命全)의 아들이다. 이 집안은 조선초기 이래 대대로 벼슬을 하였으므로 서울에서 여러 가문과 인척관계를 맺었다. 배상유는 8살 때 유념(柳淰)과 강백년(姜栢年) 문하에서 처음 학문의 길에 들어섰으며, 미수(眉叟) 허목(許穆), 관설(觀雪) 허후(許厚), 반계(磻溪) 유형원(柳馨遠), 괄헌(括軒) 임상원(任相元), 징암(懲庵) 윤심(尹深), 백원(白原) 신석번(申碩蕃), 목재(木齋) 홍여하(洪汝河), 청음(淸陰) 김상헌(金尙憲), 송교(松郊) 이목(李楘) 등과 사귀었다. 1636년(인조 14) 병자호란이 일어나자 스스로 숭정처사(崇禎處士)라 부르며 존명의리(尊明義理)를 지키려 하였다. 1653년 유형원이 부안으로 이거하자 1654년 그도 조모를 모시고 김산으로 낙향하였다. 그는 만력동(萬曆洞)에 집을 짓고 만학당 편액을 단 뒤 학문에 전념하였다. 뒤에 삼강서원(三綱書院)에 배향되었다.[9]

그런데 유형원의 지우(知友)이자 사돈(査頓)인 배상유는 여러 사람들에게 『반계수록』에 근거하여 개혁할 것을 주장하였고,[10] 1678년 상소에서는 조정에 『반계수록』을 추천하여 제도 개혁을 시행할 것을 건의하기도 하였다.[11] 이것으로 유형원이 조정에 본격적으로 알려지게 된 계기가 되었다. 유형원의 생각에 공감하는 바가 컸던 배상유가 김천으로 낙향한 후 강학 활동을 전개하였을 때 일원의 젊은 학자들이 배움을 청하였으며, 이태하와 여이명도 그러하다.

여이명은 『금릉지』에 스승인 배상유에 대해 다음과 같이 적고 있다.

---

9 『晩學堂先生文集(裵尙瑜)』 권6, 「부록」, 〈행장(崔柱夏撰)〉.

10 이수건, 「만학당 배상유 연구」, 『교남사학』 5, 1990.
박준호, 「만학당 배상유의 문학세계」, 『한문학연구』 17, 2003.
박준호, 「만학당 배상유의 한시에 대한 연구」, 『대동한문학』 24, 2006.

11 『숙종실록』 권7, 숙종 4년 6월 20일(기축) 및 『만학당선생문집』 권6, 「부록」, 〈행장〉 참조.

> 선무랑(시망)은 두 아들이 있었는데 장남은 명전으로 비안현감이다. 차자는 명순으로 무과로 덕원부사를 역임하였다가 병자호란 때 절의를 지켜 순사하였다. 비안(명전)의 아들 상유는 자가 공근이고 호는 만학당이다. 풍채가 헌출하고 기색이 엄숙하였다. 박학다식하였으며, 도에 밝고 덕을 이루어 사림들이 높이 받들었다. 여러 차례 학행으로 추천되어 참봉 벼슬이 내려왔으나 끝내 응하지 않았다. 나는 참봉공에게 매우 총애를 받았다. 그러나 지금은 다시 받들 수 없게 되었다. 이에 시로 감상을 적는다.[12]

여이명이 배상유가 정전법 시행을 청원한 사실을 기록한 것으로 보아[13] 스승의 개혁적 구상에 대해 어느 정도 정보가 있었다. 『금릉지』의 각 항목에서 보이는 현실에 대한 비판적인 인식은 배상유로부터 영향을 받은 것이다.

2) 『금릉지』의 편찬체재

현재 남아 있는 『금릉지』의 체재는 매우 독특하다. 위에 보이는 김천에 대한 각 읍지 중에서도 후대에 나온 읍지에서는 『금릉지』의 체재를 따른 것이 보이지 않는다. 현재 남아 있는 김산에 대한 읍지의 세부적인 항목 설정을 살펴보면 대체로 15세기 후반 편찬된 『동국여지승람』과 1832년 편찬된 『경상도읍지』에서 편성한 체재를 따르고 있다.

---

12 『금릉지』, 「郡南助馬面六坊考證」, 〈第二坊 新下池內里〉. "宣務郎有二子 長曰命全比安縣監 次曰命純武科德源府使 丙子胡亂死於節 比安之子曰尙瑜 字公瑾 號晩學堂 風神軒旋 氣度凝嚴 博聞多識 道明德成士林歸仰焉 屢以學行薦授參奉 終不應(余於參奉公 蒙幸最深 今則警歡已迫 無復奉餘徽矣 感吟一聯)"

13 전장억 역, 『금릉승람』, 김천문화원, 2000, 221쪽. 번역본에서는 "博聞多識 道明德成士林歸仰焉" 대신 "嘗上章疏 請行井田法 自號晩學"이라고 적고 있다. 원본에 수정의 흔적이 있다.

〈표 2〉 김산 관련 읍지의 항목

서명	편찬연대	항목
金陵誌 (呂以鳴, 1650~1737)	1718년	序, 金陵建置沿革考證, 地界考證, 十六里考證, 山川考證, 古城考證, 烽燧考證, 土産考證, 姓氏考證, 賓院考證, 書院考證, 屬驛考證, 書堂考證, 池臺考證, 亭榭巖臺考證, 鄕射堂考證, 鄕校考證, 客館考證, 山刹考證, 壇壝考證, 祈雨壇考證, 亥市考證, 郡誌題咏考證, 橋梁考證, 軍兵考證, 軍器考證, 倉穀考證, 戶口考證, 田結考證, 孝烈考證, (蓮桂榜考證, 虎榜考證), 士大夫先塋考證, 先生案考證, 郡內六坊考證, 郡東延命面三坊考證, 郡南金泉面考證, 郡南古加大面四坊考證, 郡南助馬面六坊考證, 郡南乾川面考證, 郡南菓谷內面二坊考證, 郡南菓外面七坊考證, 郡西代項面十二坊考證, 郡西米谷面四坊考證, 郡西巴於面五坊考證, 郡北川上面七坊考證, 郡北川下面七坊考證, 郡北位良面十三坊考證, 郡北仇所要面十三坊考證, 郡北黃金素(面)二坊考證, 總論, 風俗, 弊端
金山郡邑誌 (규장각 상백)	1759년	(地圖), (疆界), 坊里, (戶口), 道路, 建置沿革, 郡名, 形勝, 城池, 官職, 山川, 姓氏, 風俗, 學校, 壇廟, 公廨, 堤堰, 倉庫, 物産, 橋梁, 驛院, 牧場, 烽燧, 樓亭, 寺刹, 古跡, 名宦, 人物, 異蹟, 題詠, 旱田, 水田, 進貢, 糶糴, 田稅, 大同, 均稅, 俸廩, 軍兵
金山邑誌 (『경상도 읍지』 내 규장각)	1832년	(地圖) 建置沿革, 郡名, 官職, 姓氏, 山川, 風俗, 坊里, 戶口, 田賦, 軍額, 城池, 林藪, 倉庫, 軍器, 關防, 鎭堡, 烽燧, 學校, 壇廟, 陵墓, 佛宇, 宮室, 公廨, 樓亭, 道路, 橋梁, 島嶼, 堤堰, 場市, 驛院, 牧場, 形勝, 古蹟, 土産, 進貢, 俸廩, 宦蹟, 科擧, 人物, 題詠, 碑版, 冊版
金山郡邑誌 (『영남읍지』 내 규장각)	1871년	(地圖) 建置沿革, 郡名, 官職, 姓氏, 山川, 風俗, 坊里, 戶口, 田賦, 軍額, 城池, 林藪, 倉庫, 軍器, 關防, 鎭堡, 烽燧, 學校, 壇廟, 陵墓, 佛宇, 宮室, 公廨, 樓亭, 道路, 橋梁, 島嶼, 堤堰, 場市, 驛院, 牧場, 形勝, 古蹟, 土産, 進貢, 俸廩, 宦蹟, 科擧, 人物, 題詠, 碑版, 冊版
金山郡邑誌 (장서각)	1890년대	(疆界) 建置沿革, 郡名, 官職, 姓氏, 山川, 風俗, 坊里, 戶口, 田賦, 水田, 田稅, 大同, 均稅, 徭役, 軍額, 城地, 倉庫, 關防, 烽燧, 學校, 壇廟, 佛宇, 宮室, 樓亭, 道路, 橋梁, 島嶼, 堤堰, 場市, 驛院, 牧場, 形勝, 古蹟, 土産, 進貢, 俸廩, 宦蹟, 科擧, 人物, 題詠

서명	편찬연대	항목
金山郡邑誌 (규장각)	1898년경	(地圖), 建置沿革, 郡名, 官職, 姓氏, 山川, 風俗, 坊里, 戶口, 田賦, 軍額, 城池, 林藪, 倉庫, 軍器, 關防, 鎭堡, 烽燧, 學校, 壇廟, 陵墓, 佛宇, 宮室, 公廨, 樓亭, 道路, 橋樑, 島嶼, 堤堰, 場市, 驛院, 牧場, 形勝, 古蹟, 土產, 進貢, 俸廩, 宦蹟, 科擧, 人物, 題詠, 碑板, 冊板
金泉郡誌	1928년	建置沿革, 郡名, 官職, 姓氏, 山川, 風俗, 坊里, 戶口, 田賦, 軍額, 城池, 林藪, 倉庫. 軍器, 關防, 鎭堡, 烽燧, 學校, 壇廟, 丘墓, 佛宇, 宮室, 公廨, 樓亭, 道路, 島嶼, 橋梁, 堤堰, 場市, 驛院, 牧場, 形勝, 古蹟, 土產, 進貢, 俸廩, 宦蹟, 文科, 小科, 武科, 人物, 始居考證, 題詠, 碑板, 冊版

『금릉지』의 가장 큰 특징 가운데 하나인 각 면별 가문의 내력을 적는 방식은 전통시대의 읍지에서는 보이지 않는다. 다만 근대의 사찬읍지인 『김천군지』의 '시거고증(始居考證)' 항목에서 지역별 문중의 내력을 적은 것이 보인다.[14] 『금릉지』 이후에는 국가가 요구하는 체재에 따라 편찬하여 올렸거나 혹은 사적으로 편찬하여도 국가에서 요청한 체재에서 크게 벗어나지 못하였기 때문에 대체로 유사한 체재를 유지하였으나, 오히려 『금릉지』는 가장 이른 시기에 사찬으로 편찬되면서 이와 같은 독특한 체재를 가지게 되었다.

한편 『금릉지』는 각 항목의 명칭에 '고증(考證)'이라는 표현을 사용하고 있다. 이러한 형태는 다른 읍지에서는 보이지 않던 것으로, 유일하게 이시분(李時馩)이 편찬한 『단성지(丹城誌)』에서 보이고 있다.[15] 『단성지』는 한강 정구의 제자인 이시분이 편찬한 단성의 읍지이다.[16] 그런데 16~17

14 『김천군지』; 한국근대읍지13(경상도7), 한국인문과학원, 1991, 362~369쪽.

15 이시분의 『단성지』에 대한 서지학적 소개는 다음과 같다.
井上和枝, 「雲窓誌(丹城誌) 解題」, 『調査研究報告』 27, 학습원대학교 동양문화연구소, 1991.

16 『단성지』는 이시분(李時馩)이 편찬하였다. 현재 『단성지』의 이본으로는 김인섭 가문에

세기에 편찬된 읍지들은 대부분 일정한 순서와 체재로 편찬되었다.[17] 그러나 『단성지』는 매우 특이하게도 '고증'이라는 표현으로 각 항목을 표현하고, 또한 군내 각 면 단위의 방리별로 주요 인물의 가문적 배경과 이력을 기술하는 독특한 형태를 취하였다.[18] 이 기술은 한 집안의 사람들이 뿌리내린 내력을 확인할 수 있는 방식이다.

『동국여지승람』이 군현의 인물을 적으면서 본관을 기준으로 기술하였는데, 16~17세기 읍지에서는 대부분 거주지 위주로 인물을 기술하기 시작하였다. 『단성지』는 거주지 위주로 기술하는데서 더 나아가 인물의 집안 내력을 기술하는 방식을 취한 것이라고 할 수 있다.

〈표 3〉 주요 사찬읍지의 항목

서명	편찬자	편찬연대	항목
(新增) 東國輿地勝覽		1480년 완성, 1530년 증보	建治沿革, 屬縣, 鎭管, 官員, 土官, 郡名, 姓氏, 風俗, 形勝, 山川, 土産, 倉庫, 城郭, 關防, 烽燧, 宮室, 院宇, 樓亭, 學校, 驛院, 橋梁, 關梁, 佛宇, 祠廟, 陵廟, 古蹟, 名宦, 寓居, 人物, 孝子, 烈女, 題詠
咸州志	鄭逑 (1543~1620)	1587년 편찬	京師相距, 疆界, 建置沿革, 郡名, 形勝, 風俗, 各里, 戶口·田結, 山川, 土産, 館宇, 城郭, 壇廟, 學校·書院, 驛院, 軍器, 烽燧, 堤堰, 灌漑, 亭射, 橋梁, 佛宇, 古蹟, 任官, 名宦, 姓氏, 人物, 寓居, 流配, 善行, 閨行, 見行, 文科, 武科, 司馬, 塚墓, 旌表, 冊板, 題詠, 叢談

서 나온 『단성지』와 『운창선생문집』 내의 『단성지』 2종이 있다. 내용은 대동소이하나 김인섭 가문에서 나온 것이 원 형태를 유지하는 것으로 보인다. 김인섭 가문에서 나온 『단성지』는 학습원대학교 동양문화연구소 조사연구보고 27집에 영인 수록되어 있으며, 현재 경상대학교가 수집하여 남명학고문헌시스템을 통해 영상으로 서비스하고 있다.

17 양보경, 「16~17세기 읍지의 편찬배경과 그 성격」, 『지리학』 27, 대한지리학회지, 1983; 양보경, 「조선시대 읍지의 성격과 지리적 인식에 관한 연구」, 서울대대학원 박사학위논문, 1987, 83~87쪽.

18 최윤진, 「16, 17세기에 편찬된 경상도의 사찬읍지」, 『전북사학』 17, 전북사학회, 1994, 40~51쪽.

서명	편찬자	편찬연대	항목
商山誌	李埈 (1560~1635)	1617년 편찬	輿地[沿革, 屬縣, 疆域, 山川, 城池, 驛院, 姓氏, 風俗, 烽燧, 津渡], 貢賦[田賦, 土貢, 土產, 戶口, 軍兵, 徭役], 學校[鄕校, 書院, 書堂, 學制, 學田], 秩祀[壇壝, 廟制], 官制[牧使, 判官, 文提督, 武提督], 公署[客館, 州衙, 附留鄕所, 醫局], 名宦, 人物[文官, 武擧, 蔭敍, 恩賜, 孝烈], 古蹟[古都, 古縣, 山城, 部曲, 亭觀, 寺刹], 文翰[題詠, 記, 序, 碑文, 上樑文, 雜著]
一善誌	崔晛 (1563~1640)	1618년 편찬	地理[沿革, 疆域, 形勝, 山川, 城柵, 藪澤, 池渠, 烽燧, 嶺峴, 津橋, 坊里, 驛院, 田野, 姓氏, 墳墓], 風俗, 貢賦[田結, 戶口, 土產, 土貢, 進上物件, 倉穀, 軍案, 雜役], 官師[守臣, 敎授], 學校[鄕校, 書院], 秩祀[壇壝, 廟制], 公署[客館, 公衙, 司倉, 官廳, 府司, 軍器庫, 大同廳, 武學堂, 鄕射堂, 鳳下樓, 司馬所], 古跡[亭觀, 佛宇], 人物[后妃, 先賢, 勳烈·文武·蔭仕·應薦, 淑行, 技藝, 孝子, 烈女, 新增], 補遺[行狀, 墓碣, 墓碑, 雜著], 題詠
丹城誌	李時馩 (1588~1663)	1650년경 편찬	沿革考證, 山川考證, 邑里考證, 縣內八坊考證, 元堂里八坊考證, 北洞八坊考證, 法勿禮里八坊考證, 新燈八坊考證, 都山八坊考證, 悟理八坊考證, 生比良八坊考證, (總論)
金陵誌	呂以鳴 (1650~1737)	1718년 편찬	序, 金陵建置沿革考證, 地界考證, 十六里考證, 山川考證, 古城考證, 烽燧考證, 土產考證, 姓氏考證, 賓院考證, 書院考證, 屬驛考證, 書堂考證, 池臺考證, 亭榭巖臺考證, 鄕射堂考證, 鄕校考證, 客館考證, 山刹考證, 壇壝考證, 祈雨壇考證, 亥市考證, 郡誌題咏考證, 橋樑考證, 軍兵考證, 軍器考證, 倉穀考證, 戶口考證, 田結考證, 孝烈考證, (蓮桂榜考證, 虎榜考證), 士大夫先塋考證, 先生案考證, 郡內六坊考證, 郡東延命面三坊考證, 郡南金泉面考證, 郡南古加大面四坊考證, 郡南助馬面六坊考證, 郡南乾川面考證, 郡南菓谷內面二坊考證, 郡南菓外面七坊考證, 郡西代項面十二坊考證, 郡西米谷面四坊考證, 郡西巴旀面五坊考證, 郡北川上面七坊考證, 郡北川下面七坊考證, 郡北位良面十三坊考證, 郡北仇所要面十三坊考證, 郡北黃金素(面)二坊考證, 總論, 風俗, 弊端

그런데 『단성지』에서는 군내 각 방리에서의 사족 가문을 기술한 읍리고증이 책의 대부분을 차지하고 그 외 항목으로는 연혁과 산천뿐이어서 전체

구성에 있어서 부실함을 면치 못하고 있다. 그러나 『금릉지』는 『단성지』의 서술 방식을 수용하면서도 책의 전체 내용은 기존 읍지의 항목을 모두 포함하는 형태로 구성되어 있다. '고증'이라는 표현을 제외하고 보면 멀리는 『동국여지승람』에서부터 가까이로는 『함주지』를 비롯하여 16~17세기 활발하게 편찬된 사찬읍지류와 크게 구분되는 것은 아니다.[19] 이와 같이 『금릉지』는 『단성지』가 읍리고증 항목에 국한하여 기술하였던 문제점을 개선하여 기존 사찬읍지에서 다루었던 항목을 모두 갖추고 있으며, 또한 전 항목에 '고증'이라는 명칭을 확대하여 붙이고 있다.

그리고 『금릉지』는 각 주제별로 관련된 일화와 시문 등을 포괄하여 적는 방식을 취하고 있는데 이는 인근 군현의 읍지인 『상산지』, 『일선지』, 『옥산지』에서 대주제를 분류한 다음 소주제를 제시하고 각 소주제의 서술에서는 일화, 시문, 제영 등의 관련 인문 정보를 종합적으로 제공하는 방식과 유사하다.[20] 『금릉지』에서는 『상산지』를 직접 인용하고 있으므로 『상산지』의 내용을 알고 있었을 것이다.[21] 이에서는 『상산지』의 서술 방식으로부터 영향을 볼 수 있다.

『금릉지』의 체재를 구체적으로 살펴보면 서를 제외한 전체 52개 항목 가운데 건치연혁에서 선생안까지 33개 항목은 기존 사찬읍지의 일반적인 항목과 크게 다르지는 않다. 다만 각 항목을 기술하면서 관련 일화와 시문을 넣고 있다. 이러한 서술은 『동국여지승람』 이래의 방식이지만 『금릉지』의 경우 관련 시문의 양이 크게 증대하고 있으며, 여이명이 자신과

19 김경수, 「정구의 함주지 연구」, 『우강권태원교수정년기념논총』, 1994, 589~601쪽. 『함주지』를 비롯하여 『영가지』, 『진양지』에서 보이는 항목별 유사성을 지적하고 있다.

20 이러한 읍지의 체재는 『상산지』, 『일선지』, 『옥산지』 등에서 계승하면서 나타나고 있다(박인호, 「인동읍지 옥산지의 편찬과 편찬정신」, 『장서각』 22, 한국학중앙연구원, 2009, 63~66쪽).

21 『금릉지』, 「郡南助馬面六坊考證」.

관련된 인물의 시문을 적은 경우가 많다. 이는 여이명이 관부에서 편찬한 지리서를 근간으로 하면서도 다른 지역의 사찬읍지를 참고하여 편찬하였기 때문이다.

군내육방(郡內六坊)에서부터 군북황금소면이방(郡北黃金素[面]二坊)까지 김산의 각 면을 기준으로 16개 항목으로 나누고 다시 각 항목 아래에서는 방리별로 구분하고 있다. 각 면의 방리에서는 해당 방리에서의 인물과 건물, 유적 등을 다루고 있다. 기술의 순서를 보면 각 면의 방리명을 적고 각 방리에 있는 인물과 유적 등을 기술하고 있다. 해당 인물의 경우에는 인물의 이거처, 선대 조상, 후대 자손, 관련 시문과 일화 등을 기술하고 있다.

끝으로 총론, 풍속, 폐단 항목에서는 당시 풍속을 비판적으로 언급하면서 읍의 폐단을 개혁할 방안을 언급하고 있다. 사찬읍지의 서문에서 당대 현실을 비판적으로 언급하는 경우는 있어도[22] 읍지의 본문에서 이와 같이 당대의 현실을 비판하고 개혁 방안을 제시한 경우는 드물다.

요컨대 『금릉지』가 면리 단위로 인물 관련 사항을 정리한 것은 다른 읍지에서는 보이지 않는 것으로, 이시분의 『단성지』로부터 영향을 받았다.[23] 항목의 구성과 내용의 서술에서는 '고증'이라는 용어를 통해 지역에 관련된 사실들을 찾아 적는다는 의지를 표명하고 있다. 『단성지』가 '고증' 이라는 용어와 저술 형태를 방리에 한정하였다면, 『금릉지』는 이를 확대하여 다른 읍지에서 보이는 일반적인 형태에까지 확대 적용하고 있다.

---

22 양보경, 「조선 중기 사찬읍지에 관한 연구」, 『국사관논총』 81, 국사편찬위원회, 1998, 58~61쪽.

23 여이명이 『단성지』의 형태를 이용하게 된 연유는 현재 문집이 전하지 않아 잘 알 수 없다. 형태와 수록된 내용에서 보이는 유사성 외에 학맥으로 본다면 이시분은 한강 정구의 제자이며, 여이명의 고조부인 여대로도 한강과 조식의 제자이므로 이러한 경로를 통해 『단성지』를 알게 되었을 가능성이 있다.

또한 시문을 첨부하여 인문적 정보를 종합적으로 적었던 인근 상주, 선산, 인동지역의 사찬읍지에서 보이는 장점을 수렴하고 있어, 『금릉지』는 18세기 초반까지의 김산에 대한 정보를 총체적으로 집성하였다고 할 수 있다.

3. 『금릉지』에 나타난 편찬정신

1) 편찬 동기

『금릉지』에는 여이명이 1718년에 쓴 서문이 남아 있다. 서문을 통해 『금릉지』 편찬의 동기를 살펴보면 먼저 지역의 총체적 정보를 기록하여야 한다는 기록정신과 향토 문화에 대한 자부심을 볼 수 있다.

여이명은 서문의 첫 머리에 다음과 같이 적고 있다.

> 큰 땅이 처음 열리고 구역이 나누어지자 세대가 번갈아들면서 변화가 무상하게 되었다. 산천과 도읍 및 성씨와 역참, 사찰과 여사로부터 마을의 성하고 쇠함, 풍속의 좋고 나쁨, 호구의 증가와 감소, 군병의 많고 적음, 그 밖에 특이한 행사나 이상한 이야기에 이르기까지 모든 땅에 관련된 것이 서로 사물마다 얽히어 일정하지 않으니 그림으로 그리거나 책으로 기록하지 않는다면 무엇으로써 그 실적을 상고하여 적확하게 실상을 얻을 수 있겠는가. 이것이 산수의 경위, 구역의 모습, 풍토의 상황을 기록하는 이유이다.[24]

여이명은 기록하지 않는다면 실적과 실상을 파악할 수 없게 된다는 자각을 보이고 있다. 『동국여지승람』은 큰 것만 들고 작은 것은 빠뜨려서

---

24 『금릉지』, 「서」. "大地肇闢 區域斯分 而世代迭禪 變易無常 自山川都邑 及城市館驛梵宇村店 以至人村之盛衰 俗風之美惡 戶口之增減 軍兵之多寡 其他特異之行 詭奇之譚 凡附於地者 事事物物 糾錯相仍有萬不齊 苟非圖以視之 籍以記之 則其何以攷其蹟 而得其的乎 此山水之經 區宇之志 風土之記 所以作也"

결과적으로 실린 것이 열의 하나 정도에 불과하며, 편찬한 지도 이미 수백 년이나 되었으나 계속하여 기록하지 못함으로써 뒷 사람들이 비록 지리서를 수찬하고자 하여도 증거하여 취할 것이 없다고 생각하였다. 이에 여이명은 지역에 관련된 사실들을 빠짐없이 찾아 적으려고 하였다.

다음으로 여이명은 금릉이 작은 고을이지만 문헌의 성대함에는 이웃의 상주나 성주에 뒤지지 않는다고 생각하였다.

> 아! 우리 금릉은 비록 조그만하고 작은 고을이지만 그 문헌의 성대함은 이웃 고을인 상주나 성주에 뒤지지 않는다. 세가 거족에게는 가장하고 있는 군지가 있었겠으나 지금은 없다. 원래는 있었는데 이적의 병화 중에 잃어버린 것이 아니겠는가?[25]

김산 정도의 군현이라면 가장의 읍지가 남아 있어야 할 텐데 현재는 남아 있지 않다는 것이다. 이에 친우였던 이태하의 권유로 읍지를 편찬하기 시작하였는데 이태하가 죽고 자신도 고희가 임박해지자 작업에 박차를 가하여 완성하게 되었다는 것이다.[26]

2) 『금릉지』의 내용

『금릉지』의 내용을 크게 정치행정, 군사경제, 사회문화, 인물, 면리의 5개 영역으로 나누어 소개하고자 한다.

---

25 『금릉지』, 「서」. "噫 吾金雖稱十室之殘 其文獻之盛 無讓尙星 世家巨族 必有家藏郡誌 而今無之 豈有之而見失於夷燹中耶"

26 『금릉지』, 「서」. "亡友李子亨 嘗慨然於斯 囑余以共起斯役 而人輕學劣 牢辭不頷者 盖淵爔矣 今則子亨遊岱 余亦年迫稀矣 若一朝塡溝壑 則恐負亡友之託 且念記事之體貴準其實 不在乎文之工拙"

〈표 4〉『금릉지』의 내용별 항목

영역	항목
정치행정	金陵建置沿革考證, 地界考證, 十六里考證, 山川考證, 古城考證, 賓院考證, 屬驛考證
군사경제	烽燧考證, 土産考證, 亥市考證, 橋梁考證, 軍兵考證, 軍器考證, 倉穀考證, 戶口考證, 田結考證
사회문화	書院考證, 書堂考證, 鄕射堂考證, 鄕校考證, 客館考證, 山刹考證, 壇壝考證, 祈雨壇考證, 池臺考證, 亭榭巖臺考證, 郡誌題咏考證, 總論, 風俗, 弊端
인물	姓氏考證, 孝烈考證, (蓮桂榜考證, 虎榜考證), 士大夫先塋考證, 先生案考證
면리	郡內六坊考證, 郡東延命面三坊考證, 郡南金泉面考證, 郡南古加大面四坊考證, 郡南助馬面六坊考證, 郡南乾川面考證, 郡南菓谷內面二坊考證, 郡南菓外面七坊考證, 郡西代項面十二坊考證, 郡西米谷面四坊考證, 郡西巴旀面五坊考證, 郡北川上面七坊考證, 郡北川下面七坊考證, 郡北位良面十三坊考證, 郡北仇所要面十三坊考證, 郡北黃金素(面)二坊考證

정치행정 영역에서는 금릉건치연혁고증(金陵建置沿革考證), 지계고증(地界考證), 십육면고증(十六面考證), 산천고증(山川考證), 고성고증(古城考證), 빈원고증(賓院考證), 속역고증(屬驛考證)의 항목을 설정하여 수록하고 있다. 건치연혁고증에 따르면 금릉은 본래 신라 김산현(金山縣) 지역으로 개령(開寧)의 영현(領縣)이었다. 고려시기 1018년(현종 9)에 경산부(京山府)로 이속되었으며, 1390년(공양왕 2)에 감무(監務)를 두었다. 조선에 들어와 정종의 태(胎)를 안치하면서 군(郡)으로 승격되었다. 지계고증에 따르면 동쪽으로 개령현(開寧縣)까지 20리, 남쪽으로 지례현(知禮縣)까지 41리, 서쪽으로 충청도 황간현(黃澗縣)까지 41리, 북쪽으로 상주(尙州)까지 34리 떨어진 있으며, 서울까지의 거리는 553리였다. 십육리고증[27]에서는『금릉지』가 편찬된 18세기를 기준으로 군내면(郡內面), 파며면(巴旀面), 대항면(代項面), 김천면(金泉面), 고가대면(古加大面), 조마남면(助馬

27 내용으로 보아서는 十六里가 아니라 十六面으로 표기하여야 한다.

南面), 과곡내면(菓谷內面), 과곡외면(菓谷外面), 건천면(乾川面), 연명면(延命面), 미곡면(米谷面), 위량면(位良面), 황금소면(黃金素面), 구소요면(仇所要面), 천상면(川上面), 천하면(川下面)의 16개 면을 기술하고 있다. 산천고증에서는 산에서부터 고개, 하천에 대해 적어 놓았다. 고성고증에서는 속문산성(俗門山城)과 고성(高城)을 소개하고 있다. 빈원고증에서는 교통을 위한 원 시설을 기록하였다. 속역고증에서는 김천도에 속한 문산, 추풍역을 소개하고 있다. 대체로 다른 읍지류에서는 역원의 표제로 역과 원을 모두 다루고 있는데 여기서는 빈원과 속역으로 구분하고 있다.

군사경제 영역에서는 봉수고증(烽燧考證), 토산고증(土産考證), 해시고증(亥市考證), 교량고증(橋樑考證), 군병고증(軍兵考證), 군기고증(軍器考證), 창곡고증(倉穀考證), 호구고증(戶口考證), 전결고증(田結考證) 등의 항목을 설정하여 수록하고 있다. 봉수고증에서는 고성산의 봉수[28]를 적고 있다. 토산고증에서는 김산군의 토산물로 은구어(銀口魚), 백화사(白花蛇), 지황(地黃), 봉밀(蜂蜜)이 소개되어 있다. 끝에는 『감호집』을 인용하고 있는데 원래 웅담이 있어 진상하였으나 여대로와 향인들이 정문(呈文)하여 부세를 감면받게 되었다고 소개하고 있다.[29] 장시에 대해서는 해시라고 적고 있으며, 해시고증에서는 장시 6곳의 위치와 개시일이 기록되어 있다. 교량고증에서는 남천관교, 김천관교, 기동상하교를 기록하고 있다. 군병고증에서는 김산군에 배정되어 있는 군인과 보인의 수를 적고 있다. 군기고증에서는 김산군이 보유하고 있는 군사 무기의 종류와 각각의 수량을 기록하고 있다. 창곡고증에서는 창고의 저치된 곡종별 물량을 정리하였다. 호구고증에서는 김산군의 호구수로 5,200여 호, 인구수로 23,000여

---

28 고성산은 김천의 양천동과 부곡동 중간의 산으로 남쪽으로 지례의 龜山 봉화를 받아 서쪽으로 황간의 訥伊嶺과 북쪽으로 상주의 回龍山을 연결한다.

29 『금릉지』, 「토산고증」. "按鑑湖集則有熊膽進上之規 公與郡人呈文 遂蠲之"

구를 적고 있다.[30] 전결고증에서는 원전답 3,962결 82무 8속 내에 전(田) 2,152결 25무 6속, 답(畓) 1,810결 57무를 기록하고 있으며, 그 외 복호내(復戶內) 2결, 내의녀(內醫女) 1결, 인리(人吏) 80결, 역리(驛吏) 170결 85무를 기록하고 있다. 영조 대 한전과 수전으로 개편되기 이전의 전결 상황을 보여주고 있다.

사회 문화 영역에서는 서원고증(書院考證), 서당고증(書堂考證), 향사당고증(鄕射堂考證), 향교고증(鄕校考證), 객관고증(客館考證), 산찰고증(山刹考證), 단유고증(壇壝考證), 기우단고증(祈雨壇考證), 지단고증(池臺考證), 정사암대고증(亭榭巖臺考證), 군지제영고증(郡誌題咏考證) 총론(總論), 풍속(風俗), 폐단(弊端) 등의 항목을 설정하여 수록하고 있다. 그 가운데 교육시설에 대한 것으로 서원, 서당, 향사당, 향교 항목이 있다. 서원고증에서

30 다른 시기의 호구 자료를 통해 김산의 호구와 인구의 증감을 표시하면 다음과 같다. 18세기부터는 김산 사회가 안정되었음을 볼 수 있다.

읍지(편찬연대)	인구조사 연도	소장처	호수	인구수	남	여
경상도지리지 (1425년)		규장각	533	5,111	3,064	2,047
금릉지 (1718년)		개인소장	5,200여	23,000여	-	-
양역실총 (1749년)	1749년	규장각	6,828	11,608	-	-
여지도서, 김산군읍지 (1759년)	1759년	교회사연구소, 규장각	5,885	26,221	10,129	16,092
호구총수 (1789년)	1789년	규장각	5,657	25,922	15,288	19,479
김산읍지 경상도읍지 (경상도1) 내 (1832년) 김산군읍지 영남읍지 (경상도4) 내 (1871년) 김산군읍지 영남읍지 (경상도2) 내 (1895년) 김산군읍지 (1898년경)	1831년	규장각	5,704	27,660	13,496	14,164
해동지도	주기는 19세기 초중반 상황	규장각	6,970	28,853	11,566	17,287
김산군읍지 (1890년대)	1891년	장서각	5,633	25,101	11,072	14,029

* 『경상도읍지』의 1831년 인구 자료를 『영남읍지』와 『김산군읍지』에서 수정없이 사용하면서 동일한 수치를 기록한 것으로 보인다.

는 경렴서원과 경양서원을 적고 있다. 경렴서원에 대해서는 고가대 금곡 이아촌, 김천 자산으로 이건한 상황을 전해준다. 경렴서원은 1648년(인조 26)에 김산군수 조송년(趙松年)에 의해 창건되어 김종직(점필재), 조위(매계), 이약동(노촌), 최선문(동대), 김시창(남정)의 위패를 봉안하였다. 경양서원은 기동촌에 세운 것으로 여응구(송오)와 여대로(감호당)의 위패를 봉안하였다. 서당고증에서는 송계서당, 오봉서당, 노암서당, 도장서당을 소개하고 있다. 향사당은 향당(鄕黨) 원로들이 향중(鄕中) 일을 의논하거나 향사(鄕射)를 하던 향약의 실천 장소였다. 향사당고증에서는 김천의 경우 임진왜란 후 향부노들의 노력에 의해 향사당 건물이 세워진 후 향안이 여러 차례 작성된 사정을 전하고 있다. 특히 1613년, 1653년, 1672년의 향안 수정과정에서 분쟁이 일어났음을 전하고 있다. 향교고증에서는 임진왜란 후 강씨 일문의 노력에 의해 복설된 사정을 전하고 당시 향교의 문란한 현황을 비판적으로 전하고 있다.

지역 문화 유적과 이에 대한 시문을 수록한 것으로 지대, 정사암대, 객관, 산찰, 단유, 기우단, 군지제영 항목이 있다. 그리고 마지막 부분에 수록한 총론, 풍속, 폐단 항목은 일종의 결론격으로 현실 비판과 개혁론을 집성하여 기술한 것이다. 지대고증에서는 김천의 저수지에 대해 정리하였다. 정사암대고증은 다른 읍지의 누정 항목과 같은 것으로, 수령의 흥학 노력을 찬양하고 있다. 배홍립의 손자인 배명신이 중서배에게 욕을 당한 다음 이를 일망타진하려는 일념에서 좌수가 된 사정을 전하고 있다.[31] 배명신이 평생 불운하게 보내게 된 것을 애석하게 여기고 있는 것으로 보아 좌수가 차츰 향리적 지위로 강등되는 경과 시점의 일을 기록한

---

31 『금릉지』, 「정사암대고증」, "同樂堂落成時 座首裵公命新 進賀呂侯曰 (中略) 裵公乃參判興立之孫也 骨相不凡 投筆業弧 屢捷鄕試 嘗與鄕人會射 爲中庶輩所辱 乃嘆曰大丈夫不能穩步雲衢 反爲中庶輩所辱 不亦羞哉 寧執一邑鄕綱奴 使如許輩可也 因以爲座首 終身坎軻 惜哉"

것이다. 객관고증에서는 조위의 기문, 최현의 중수기문, 유경심의 시를 소개하고 있다. 산찰고증에서는 불교 사찰을 정리하였다. 직지사에 대한 소개가 자세하다. 단유고증에서는 사직단, 성황단, 여제단의 위치를 소개하고 있다. 기우단고증에서는 구봉산, 능여사, 화곡용추의 기우단을 소개하고 있다. 군지제영고증에서는 군지관련 제영을 소개하고 있다.

인물 영역에서는 성씨고증(姓氏考證), 효열고증(孝烈考證), 연계방고증(蓮桂榜考證), 호방고증(虎榜考證), 사부가선영고증(士夫家先塋考證), 선생안고증(先生案考證) 등의 항목을 설정하여 기술하고 있다.

지역 인물과 관련하여 성씨고증에서는 『승람』의 기재 내용과 현재의 성씨 분포를 비교하고 있다. 『승람』에서 해당 지역에 거주하고 있는 성씨를 모두 기록하지는 못하고 있는데 이는 사대부만을 기술하였기 때문인 것으로 추정하였다.[32] 효열고증에서 기술한 효자와 열녀의 대부분은 임진왜란 시기의 인물들로 왜란 시 절의를 추숭한 것이다. 연계방고증은 다른 읍지의 '과거' 항목으로, 김산 출신 문과와 사마시에 합격한 인물을 열거한 것이다. 호방고증은 무과에 합격한 인물을 모은 것이다.[33] 사부가선영고증에서는 면별로 분묘를 소개하고 있다. 선생안고증에서는 김산의 역대 군수를 역임하였던 이들의 명단을 적고 있다. 본조 김증에서부터 윤택까지 11명을 기술하고 있다.[34] 여이명은 고려 때 감무를 둔 이래 10여 명, 그 뒤에도 10여 명이 더 있었으나 전해지지 않음을 지적하고 있다.[35]

---

32 『금릉지』, 「성씨고증」. "勝覽或合上中下而通記之耶 新增則只擧士夫姓氏耳"

33 「연계방고증」와 「호방고증」 및 방리의 일부 부분은 다른 필체로 적혀 있어 후일 다른 사람에 의해 첨가된 것으로 보인다.

34 「선생안고증」에서 다른 필체로 張應旋 이래 朴致遠까지 적은 부분이 있다. 이 부분은 역시 다른 이에 의해 추보된 것으로 보인다.

35 『금릉지』, 「선생안고증」. "按先生案 則自置監務以來 莅此土者 無慮八九十餘員 而勝覽所載錄者 只此五人 厥後龜趺之負石者 亦以十許計 然其間權石洲所謂 忠州石者或有之矣 惟良不其難乎"

면의 방리 영역에서는 군내육방고증(郡內六坊考證), 군동연명면삼방고증(郡東延命面三坊考證), 군남김천면고증(郡南金泉面考證), 군남고가대면사방고증(郡南古加大面四坊考證), 군남조마면육방고증(郡南助馬面六坊考證), 군남건천면고증(郡南乾川面考證), 군남과곡내면이방고증(郡南菓谷內面二坊考證), 군남과외면칠방고증(郡南菓外面七坊考證), 군서대항면십이방고증(郡西代項面十二坊考證), 군서미곡면사방고증(郡西米谷面四坊考證), 군서파며면오방고증(郡西巴旀面五坊考證), 군북천상면칠방고증(郡北川上面七坊考證), 군북천하면칠방고증(郡北川下面七坊考證), 군북위량면십삼방고증(郡北位良面十三坊考證), 군북구소요면십삼방고증(郡北仇所要面十三坊考證), 군북황금소면이방고증(郡北黃金素[面]二坊考證) 등의 항목을 설정하여 기술하고 있다.[36]

여기서는 각 방리를 중심으로 해당 지역에서 생활하였던 인물을 기술함으로써 지역에 거주하는 가문의 동향을 알 수 있게 한다. 『금릉지』에서는 다른 사찬읍지에서 간헐적, 단편적으로 언급되기 시작하였던 입향 경위에 대한 기술을 전 지역별로 확장시키고 있다. 각 인물의 가문이 해당 지역으로 이거해온 내력을 기술함으로써 그 출처를 알게 하였다. 또한 해당 인물을 기술하면서 관력, 학문, 일화, 시문 등을 총체적으로 기술하고 있다. 이는 한 지역에 거주하는 인물의 총체적 배경을 알 수 있도록 한다.

『동국여지승람』 이래의 지리서들이 동일한 체재 아래에서 같은 항목을 설정하여 서술하였던 것과 비교하면 이러한 기술 방식은 인물을 통해 해당 지역의 역사와 문화를 총체적으로 정리할 수 있도록 한다. 이는 중앙집권적인 행정체제 하에 있으면서도 각 방리 속에서의 자신의 모습을 발견하려고 하였던 점에서 이 시기 지방 양반의 가문의식, 지역의식을 대변한다.

---

36 전체 『금릉지』가 132면 가운데 각 면의 방리를 설명한 부분이 65면에 달하여 전체 읍지 분량의 반을 넘고 있다. 따라서 내용의 중점은 방리 부분에 있었다.

3) 편찬의 의미

16세기 이후 문란한 사회 현실 속에서 각 읍 단위로 편찬된 사찬읍지에서는 당시 사회의 문란상을 지적하고 개혁해야 하는 당위성을 서문의 곳곳에서 피력하고 있다. 그러나 대부분의 읍지들은 『동국여지승람』 이래의 이미 설정된 항목을 그대로 답습하였기 때문에 이러한 개혁의식이 읍지 내에 반영되어 나타나기에는 한계가 있었다.[37]

그런데 『금릉지』는 특이한 항목의 구성과 함께 내용을 서술하면서는 곳곳에 자신의 개혁적 문제의식을 제기하면서 적고 있다.

먼저 향교의 교육 실태와 향안 입록을 둘러싼 지역사회에의 갈등에 대해 비판적인 언급을 하고 있다. 1710년 건립된 양사당이 군수 윤택(尹澤)의 권유와 여이명, 이태하 등 8인의 감독으로 이루어졌음을 전하면서 당대 학문의 현실을 비판하고 있다.

> 아! 지금 수령이 된 자 가운데 대부분 자신을 북돋우기 위해 계책으로 흥학에 마음을 쓰는 자가 몇 사람이나 되겠는가. 비록 흥학하는 이가 있다고 하여도 공적인 일임을 빙자하여 사적 이익을 도모하였으니 노역을 일으켜 원한을 쌓아 백성을 괴롭히는데 이르지 않는 자가 또한 몇 사람이나 되겠는가. (중략) 이 양사당에 있는 읍의 유학자들은 (중략) 이름만 올려 거접하면서 술과 고기만 찾고 양사당의 양곡이나 허비하여 전혀 실공이 없다. 부박한 의론으로 다투기만 하고 이익만을 취하려고 하니 내가 말하는 선비를 배양하려는 뜻이 아니다. (중략) 요즈음 들으니 향당의 인원들이 서로 헐뜯고 심하게 노는 일이 많다고 하므로 소회를 적어서 교학상장의 바탕으로 삼고자 한다.[38]

---

37 이 점은 전국지리지도 마찬가지이다. 유형원은 자신의 실학사상을 전국 지리지인 『동국여지지』에 반영하여 편찬하고 있다. 그러나 개혁적 문제의식에도 불구하고 항목별로 분류해 자료를 집성하는 지리서에 자신의 개혁사상을 반영하기에는 한계가 있었다(박인호, 「유형원의 동국여지지에 대한 일고찰」, 『청계사학』 6, 한국학중앙연구원, 1989).

38 『금릉지』, 「정사암대고증」. "噫今之爲守宰者 擧爲封己之計 而掛心於興學者 有幾人

즉 지금 수령된 자 가운데 홍학(興學)에 힘쓰는 자가 드물고 읍유(邑儒) 들도 실공(實功)이 없이 다투기만 함을 비판하고 있다. 또한 향안 수정과정에서 신천자의 입록을 둘러싼 분란[39]과 문란한 향교의 현실과 교임의 자질이 떨어지는 점을 전하면서 향안을 정비하고 폐단이 일어나지 않도록 함으로써 옛 도를 회복하여야 함을 강조하고 있다.[40]

또한 관리와 이서배들의 모리 행위에 대해 비판하고 있다. 교량고증에서 관리들의 빙공영사(憑公營私)를 비판하고 시문을 통해 역사자(役使者) 들의 월권과 모리를 비판하고 있다.

> 다리에는 크기가 있고, 호에는 인원 수가 있다. 다리의 크기를 헤아려서 부민을 부리면 균등하게 하는 것이 어렵지 않다. 그런데 간교한 관리가 공적인 일을 빙자하여 사적인 일을 도모하고 뇌물을 받고 역의 일을 감면해 버리니 실제 역을 하는 사람은 반도 되지 않는다. 내가 일찍이 김천교를 지나다가 노역하는 사람들의 원성이 길에 가득함을 보았다. 이에 오언장편을 지어서

哉 雖或有興學者 而憑公營私 築怨興役 不至於病民者 亦成人哉 (中略) 邑儒之居是堂者 (中略) 而托名居接 求索酒肉 徒費堂穀 全沒實工 所爭者浮薄之議 所希者利祿之念 則非吾所謂養士也 (中略) 近聞堂員頗有毁隨荒嬉之事 故累記所懷 以爲相長之資爾"

39 『금릉지』, 「향사당고증」. "自此鄕案逐年修正 崇禎癸巳修案之際 多有不公 故禁其新錄之後 鄕議角立 因以廢閣矣 壬子年間 鄕綱與其所親 私自修錄 父兄一時俱忿齊進鄕堂 斥逐其鄕綱 欲受新薦書諸舊案 其時郡侯尹公理 黨於執綱 拘囚父老 鄕案之規至于今不行 可勝歎哉"

40 『금릉지』, 「향교고증」. "余在童丱 出入黌堂 及事諸父老 見其揖讓進退之節 始知此堂之果 所以明人倫也 自是以來 戰戰焉 有警於心 雖以余之顓蒙 每到校門 必整勅其容儀 謹愼其樞機 不敢有惰慢之色 不幸中間院議角立 各護其黨 冒錄雜類 不但東齋爲然 雖西齋亦然 向時則東西齋 不過五六十人 今則幾至百餘員 每於享祀之日 文會之際 高聲大噪 亂坐諧謔 少而越長 賤而凌貴 可怪可駭之事不一 其端識者之寒心 盖已久矣 其間不無一二人 挺然獨立 欲革其弊 而旣倒狂瀾 難可以隻手以障 豈不痛哉 且校任當擇其有文筆者 而近年以來 或擬不學之輩 凡校中文字之酬應 不自出於機杼 而借宿人之籬下 其爲可恥 孰甚焉 自今爲始精錄其案 抄選其任 各自惕念 互相警勅 勿起技爭之端 痛怯浮薄之習 則庶幾一變 至魯復古之道矣 後來君子 其勉之哉"

일을 집행하는 역사자에게 들려 주었다.[41]

이어 오언시를 적고 있는데 원망의 소리가 구름처럼 피어오름을 노래하면서 잔약한 백성들은 무엇으로 살아갈 것인가라고 노래하고 있다. 여이명은 이 시에서 당시 역역(力役)의 어려움을 극명하게 묘사하고 있다. 이것은 시문의 형태로 당대 역역의 현실을 비판한 희귀한 사례이다.

> 김천교를 슬피 바라보면서, 감천의 물을 미워하노라. 길에 부딪치게 되면, 도리어 백성의 골수를 깎게 되네. 해마다 다리를 고칠 때, 읍의 서리들이 관의 명을 받게 되면, 밤마다 문 앞에 와서 독촉하는데, 촉급하기가 별똥별보다 더하네. 집집마다 부역하는 일손들이, 곳곳에서 땅땅거리는 소리를 듣는다. 혹 시간에 늦을까, 서로 조심하면서 새벽에 나가네. 소에 싣고 말에 실어서, 모래가 산처럼 쌓였네. 감리가 와서 점고하는데 모진 얼굴 빛 수염에 가득 담고, 마을의 좋고 나쁨을 묻지 않고, 먼저 돈이 있나 없나를 살피네. (중략) 그래서 다리의 칸 수를 물었더니, 80여 간에 불과하네. 한 칸에 두 사람이 담당하면 긴 다리도 이룰 수 있으리라. 공연히 4백 명의 일꾼들이, 서리의 손아귀에 잡혀 있네. 태수는 앉아서 휘파람이나 부르고, 향좌수는 귀가 먹었나 보다. 잔맹한 백성은 무엇으로 살아갈 것인가, 우러러 하늘에게 하소연하네. 원하건대 까마귀와 까치의 힘을 빌려서도, 이 긴 다리를 이루어주소서. 하늘은 아무런 대답이 없으니, 무릉도원은 어디에 있을까.[42]

---

41 『금릉지』, 「교량고증」. “夫橋有間數 戶有人額 計間役民 不難均平 而奸吏因緣憑公營私 受賂減除 役夫未半 余嘗過金泉橋 獨賢之怨載路 遂作五言長篇 以爲執事者 聞焉”

42 『금릉지』, 「교량고증」. “愴望金泉橋 生憎甘川水 云胡當路衝 刓却民骨髓 年年修橋時 里胥受官旨 夜到門呼督 促急於星(火) 戶戶役斧手 處處聞丁丁 恐惑後其期 相戒以晨征 牛輦且馬運 山積烟沙汀 監吏來考點 獰色浮鬚髯 不問村美惡 先探錢有無 (中略) 因問橋間數 八十餘間云 一間役二夫 足以成長虹 公然四百夫 付吏把握中 黃堂但坐嘯 鄕座耳若聾 殘氓何從祿 仰首籲天公 願借烏鵲力 役成此長橋 天公寂無言 何處武陵桃”

군내육방고증에서도 이서배들의 월권 행위를 통렬하게 다스려야 함을 지적하고 있다.

> 본군의 하리는 평소 공손하다고 칭송을 받아 왔는데 근년에 와서는 풍습이 크게 변하였다. 중인이나 서인과 혼인을 하면서 사대부들을 멸시하게 되어 노상에서 만나면 배알조차 하지 않는 자가 있으며, 일이 있어서 부르면 욕지거리를 하면서 오지 않는 자도 있다. 관의 명을 받들어 채무를 독촉하는 일을 할 때에는 관의 세력에 의지하여 위세를 부려 더욱 방자하고 완악하다. 혹 사대부의 내정에 들어가 부녀를 능욕하고 사대부의 당상에 올라가 자제들을 결박하니, 말세의 인심이 비록 맑지 못하다고는 하나, 명과 분을 범하는 것이 이것보다 심한 것이 어디에 있겠는가? 사적으로 치죄를 하려고 하면 쥐 잡으려다가 그릇을 깨뜨리는 혐의가 없지 않고, 관에 고발하려고 하면 편향되게 처리할 근심이 있으니, 고을에 사는 사대부가 또한 괴롭지 않겠는가? 아! 강물이 흘러도 돌이 구르지 않는다는 것은 참으로 헛된 이야기이다. 일을 맡은 서리가 현명해야 함은 부엌 일을 보는 아내와 다르지 않다. 그러나 서리를 단속할 수 있는 수령을 역시 쉽게 얻을 수 없으니, 이 습성이 언제 바뀔지는 알 수가 없다. 생각해 보건대 안동의 예와 같이 이서배 가운데 수리가 될 만한 자는 먼저 향청 및 향교의 기관을 거친 후에 이방에 차정한다면 이서배들은 그 임무를 고맙게 여겨 이들을 다스릴 수 있을 것이다. 이렇게 한다면 혹 옛 습속을 새롭게 고치는 방도가 될 수 있을지 모르겠다.[43]

43 『금릉지』, 「군내육방고증」. "本郡下吏 素稱恭遜 而近年以來 風習大變 連婚中庶 蔑視士夫 遇於路上 則不肯拜謁者有之 有事而召 則詬辱不來者有之 如奉官旨而督債課役 則依勢作威 益肆頑惡 或入士夫內庭 凌辱婦女 或升士夫堂上 而結縛子弟 叔世人心 雖云不淑 干名犯分 孰甚於此 私治則不無忌器之嫌 呈官則必有偏聽之患 居鄉士夫 亦不苦乎 吁江流石不轉 儘虛譚也 獻謟之任以吏爲賢 媚竈之員不以爲異 束吏之宰 亦不易得 則未知此風 何時而可移乎 鄙料則一依安東例 吏輩中可爲首吏者 先經鄕廳及鄕校記官後 差定吏房 則吏輩必利其任 而痛繩其群吏矣 是或維新舊染之道歟"

여이명은 이서배를 잘 다스리는 것이 구습을 새롭게 고치는 유신의 방도가 될 것으로 주장하였다. 당시 이서배들이 지역 사회에서 발언권을 확대해 가는 양상과 이서배를 통제하려는 양반으로서의 여이명의 입장을 보여주고 있다.

그리고 『금릉지』에 마지막으로 정리한 총론, 풍속, 폐단 항목은 일종의 현실 비판과 개혁론을 기술한 것이다.

총론에서는 풍수적 측면에서 김산의 지형을 논하고 있다. 특히 남촌과 북촌, 남면과 동면과 북면을 비교하면서 지형상 장단을 기술하였다.

> 인재는 남면에서 많이 나는데 하로가 최상이고, 기동이 다음이며, 봉계가 또 그다음이다. 동면은 원래 사대부가 없고, 북면은 때로 혹 거주하기는 하여도 다음의 세대로 연장하지는 못하였으니 풍수에 관계되었기 때문이 아니겠는가. 시험 삼아 풍수설로 논하자면 하로는 판국의 형세가 기동보다 배나 좋지만 지극히 성공하거나 지극히 패하는 땅이다. 기동은 좌우와 전후가 두루 막히고 잠겨 있어 조금도 비어 있거나 빠진 곳이 없으므로 백대를 보전할 만한 형세이다. 그러나 안산이 높이 압도하고 있어 지관들이 안타깝게 여기는데 그리하여 큰 관리는 나오지 않는다.[44]

스승인 배상유가 김천의 만력동으로 내려온 것도 은거할 만한 곳을 찾아 온 것인데, 이 계열이 가지고 있었던 풍수에 대해 관심의 일단을 보여주고 있다.

풍속 항목에서는 근래 고을과 나라의 풍속이 부박해진 현실을 비판하면서도 김산이 다른 지역에 비해 가지고 있던 남다른 특징으로 첫째 논의가

---

44 『금릉지』, 「총론」. "人才則多出於南面 而賀老爲最 耆洞次之 鳳溪又次之 東面元無士夫 北面時或卜居而不能延世 豈風水所關係耶 試以山家論之 賀老局勢倍勝於耆洞 而乃極盛極敗之地 耆洞左右前後周遮關鎖 少無空缺處 是百代可保之局 而案山高壓 相地者病之 以大官不出"

피차 구별됨이 없지 않으나 갈라져 싸우는 폐단이 없으며, 둘째 궁가의 재물을 몰래 취하였을 때 사람이 그 때마다 가리어 주는 순박함이 있으며, 셋째 수령이 사나워도 사사로이 원망하지 않고 함부로 남을 향해 말하지 않음이 있다고 적고 있다. 이와 같은 미풍선속(美風善俗)이 있으므로 고을의 원이 되는 자가 잘만 지도한다면 복고의 도를 바랄 수 있다고 적고 있다.[45]

그러나 폐단 항목에서는 이와 같은 풍속을 가지고 있으면서도 고질이 된 폐단을 적어 개혁을 촉구하고 있다. 그 내용은 시·탄·빙정(柴·炭·氷丁)의 폐단, 전관(傳關)의 조세(租稅)에 대한 폐단, 전창곡(田倉穀)의 폐단, 작부(作夫)의 폐단, 학궁(學宮)의 폐단, 향당(鄕黨)의 폐단, 무학(武學)의 폐단, 관군(官軍)의 폐단, 원류입비(願留立碑)의 폐단을 지적하고 있다.[46]

---

45 『금릉지』, 「풍속」. "吾鄕風俗 素稱醇朴 而近年以來 浮薄太甚 然世道已變 擧國同然爲習 所以無足怪矣 但近厚之風 異於他邑者 有三焉 (中略) 流風善俗 猶有存焉 宰是邑者 善爲指導 則庶幾復古之道歟"

46 『금릉지』, 「폐단」. "吾邑弊瘼千百 其端而略擧梗槪 附錄于左"
① 柴·炭·氷丁의 폐단: 收捧을 크게 올리고 임의로 출납하여 백성이 고통을 받게 되었는데 民夫와 煙戶의 수를 헤아려 봉납을 균등하게 해야 함.
② 傳關의 租稅에 대한 폐단: 傳關 조세를 수합하기로 정한 사람이 납입하지 않고 사적으로 사용해 버려 미수가 발생하는데 매년의 전관조를 정확히 파악해야 함.
③ 田倉穀의 폐단: 殘戶와 土豪는 전창곡을 봉납하는 시기와 질이 달라 춘분 때 진휼하는 곡식의 精粗가 다르게 됨.
④ 作夫의 폐단: 전결의 多卜者가 戶首가 되어야 하나 오히려 소복자가 호수가 되는 폐단이 있으므로 호수에게는 立役하는 보상이 주어지도록 해야 함.
⑤ 學宮의 폐단: 청금안이 문란한데 養士廳 곡물로 公私債를 酬應한 후 향교에 드나드는 향교 인원 외에는 酒食을 불허해야 함.
⑥ 鄕黨의 폐단: 鄕案 폐지 후 鄕任의 위상이 떨어졌는데 安東의 예에 따라 향안을 개수해야 함.
⑦ 武學의 폐단: 千夫와 百夫의 장은 중요한 일인데도 중인 서리배들이 首任에게 뇌물을 바쳐 이일을 담당하여 分數와 義理가 어지럽게 됨.
⑧ 官軍의 폐단: 軍官은 다른 軍役에 비해 쉬워 富民들이 다투어 들어가려고 하는데 약간만 남기고 도태해야 함.
⑨ 願留立碑의 폐단: 공적비를 세우는 비용은 민간에서 나오고 남은 돈은 任事者가 사사

폐단의 내용을 보면 대체로 전결, 전관, 군역 등 세금과 관련한 중간 이서배의 농간, 향교나 향당을 둘러싼 문란, 진휼이나 입비 과정에서의 중간 모리배들의 착복 등 향촌 사회에서 실제 일어난 일들을 대상으로 문제점을 지적하고 해결책을 제시한 것이다. 여이명이 왕조 사회의 구조적 문제를 제기하고 그 개선방안을 모색하는 데에까지 나아간 것은 아니지만, 읍지의 찬술을 통해 18세기 지방 사회에서의 실제적인 문제를 지적하고 개혁적인 담론을 이끌어내고 있다.

따라서 17세기 유형원이 사회개혁안을 작성하기 위해 현실을 파악하는 수단으로 전국지리지인 『동국여지지』를 편찬한 이래, 『금릉지』는 개혁적 문제의식이 사찬읍지에 수용되어 구체적인 방안으로 제시되었다는 점에서 그 편찬의 의의를 찾을 수 있다.

4. 맺음말

사찬읍지는 16~17세기 영남 지역을 시작으로 전국적으로 널리 편찬되면서 체재면에서 일정한 정형을 갖추었다. 그러나 1718년 여이명이 편찬한 김산에 대한 읍지인 『금릉지』는 멀리는 『동국여지승람』부터 가까이로는 『함주지』 이래 지리서의 정형화된 체재와는 달리 특이한 항목 설정과 '고증'이라는 명칭을 사용하고 있으며, 특히 각 면리에 대한 설명에서는 인물의 집안 내력을 종합적으로 기술하는 방식을 취하고 있다.

그런데 『금릉지』의 이러한 기술방식은 17세기 중엽 이시분이 편찬한 『단성지』로부터 영향을 받았다. 다만 『단성지』가 읍리에 대한 고증 외에는 연혁과 산천 항목만 설정되어 있는 반면에 『금릉지』는 다른 읍지에서

로이 사용하는데 이는 아첨에서 나온 것임.

보이는 전 항목에 걸쳐 '고증'이라는 이름으로 항목을 설정하고 있다. 또한 상주의 『상산지』와 마찬가지로 다양한 항목을 설정하여 기술하고 각 항목의 서술에서는 시문을 첨부하여 해당 사항에 대한 인문적 정보를 종합적으로 적고 있다.

『금릉지』는 유형원의 사돈인 배상유의 제자인 이태하와 여이명이 편찬을 시도하여 여이명에 의해 1718년 완성되었다. 『금릉지』는 다른 사찬읍지와 다음과 같은 구별되는 특징이 있다.

첫째, 김산을 중심으로 생활하였던 각 가문의 동향을 알 수 있다. 이후에도 김산에 대한 읍지가 편찬되었으나 인물을 열거하여 기술하는 방식을 취하였기 때문에 인물의 가문적 내력을 알 수는 없다. 그러나 『금릉지』는 방리별로 각 가문 인물의 입향(入鄕) 경위와 해당 가문의 인물을 가계에 따라 정리함으로써 인물의 내력과 이거(移居)해 오거나 나간 인물의 출처를 알 수 있게 한다.

둘째, 중요한 유적이나 사건과 관련된 시문들이 부재되어 있다. 김산 관련 읍지 가운데 후대에 나온 것은 제영(題詠) 항목을 두어 시문을 별도로 기록하고 있으나 『금릉지』에서는 유적이나 사건이 나올 때 바로 관련된 시문을 제시하고 있다. 이는 방리조에서 인물을 기록하고 있는 것과 마찬가지로 해당 지역의 문화와 유적을 이해하는 수단으로 시문을 활용한 것이다. 여이명은 이를 통해 유적의 문화적 내용을 풍부하게 하였으며, 지역에 대한 자부심을 드러내었다.

셋째, 사찬읍지 내에서 개혁적인 사회인식을 보여주고 있다. 다른 관·사찬읍지들이 현상적인 사항의 전달에 주력하였던 것과는 달리 여이명은 읍지에 당대 김산의 현실에 대한 비판적인 보고와 개혁적인 구상을 밝히고 있다. 특히 양사당(養士堂), 향교(鄕校), 교량(橋梁), 군내(郡內) 등의 항목에서는 지역 현실을 적고, 이에 대한 비판적 분석과 개혁안을 보이고 있다. 마지막 부분의 총론(總論), 풍속(風俗), 폐단(弊端)은 당대의 현실을 총체적으로 정리하고, 이에 대한 비판적 견해를 밝히고 있다.

요컨대 『금릉지』는 기존의 읍지와는 다른 체재로 읍지를 편찬함으로써 18세기 김산의 사정을 종합적으로 파악할 수 있도록 한다. 인물의 이거와 계승의 기록은 18세기 향촌 사회에서의 인물 이동에 대한 매우 특이한 자료이다. 또한 이 책은 17세기 유형원에 시도되었던 개혁의식이 사돈인 배상유와 그의 제자들을 통해 읍지에 수렴된 사례이다. 또한 다른 읍지에서는 거의 보이지 않은 당대의 문제에 대한 지적과 개혁의식이 읍지에 반영된 것은 실학의 확산과 지방 수렴의 한 예로 볼 수 있다.

제2장

조선중기 구미의 사족 동향

ஐ 제1절 ଓ

임진왜란기 구미 지역의 사족 동향과 의병 활동

1. 머리말

전통시대에 용사의 난, 혹은 임진왜란이라고 불리었던 1592년 일본군의 조선 침략은 조선에 미증유의 고난을 안겨주었다. 그 결과 조선은 정신적, 물질적 측면에서 이전과는 전혀 다른 사회 변화를 가져왔다. 특히 영남 지역사회에 던진 임진왜란의 공포와 충격은 북방 지역을 휩쓴 병자호란과 함께 우리 사회에서 이전까지는 겪어보지 못한 것이었다.

임진왜란이 일어나자 일본군의 북상 경로에 있던 영남 지역의 지방관들은 제대로 대응조차 못하고 도망 다니기에 급급하였다. 그러나 일본군이 경기이북 지역 공략에 나서자 경상도 지역에서도 7월 이후 차츰 지방관들이 군인을 모집하여 지역에서의 항전을 모색하기 시작하였다.[1] 이 때 관군이 재정비되어 본격적으로 전투에 투입되기도 하였지만 일본군이 주둔하고 있었던 주요 거점 지역 인근에서는 유력 사족이 중심이 되어 의병 혹은 향병이 결성되어 조직적으로 일본군에 저항하기 시작하였다.

1 정해은, 「임진왜란 초기 경상도 수령의 동향과 의병 지원 활동」, 『조선시대사학보』 70, 조선시대사학회, 2014. 정해은은 전란 발생 초기 수령들의 실책이 있었으나 대체로 7월 이후에는 복귀와 전열 재정비에 나섰다고 주장한다.

이 논문은 현재의 구미를 구성하고 있는 옛 군현인 선산과 인동 지역에서 일어났던 임진왜란기 의병 활동을 살펴보는 데 연구 목적이 있다. 이 지역의 의병 활동에 대해서는 구미에서 나온 향토지에서 조차 거의 언급되지 않을 정도로 연구가 미진하다. 여기서는 우선 지역 사족들이 임진왜란 직전 당시 정세를 어떻게 보았는지를 살펴보았다. 이어 선산과 인동 지방관들의 초기 대응을 간략히 살펴본 다음 지역 사족들에 의해 이루어진 의병 활동을 살펴보고자 한다. 자료의 한계로 시기별 추이를 확인하기 어려워 여기서는 의병장의 활동을 중심으로 살펴보고자 한다. 비록 의병장은 아니었으나 선산과 인동의 읍지 기록을 통해 7년 동안의 전쟁기간 동안 활동한 이력이 있는 이들은 모두 소개하고자 한다.

2. 지역 동향과 전황

1591년 통신사로 파견되었던 황윤길(黃允吉) 일행이 일본에서 돌아오면서 일본군의 침략설이 유포되어 전국이 소란하였다. 조정에서는 군영을 정비하고 성지를 수축하는 등의 방비를 마련하기 시작하였다. 임진왜란을 전후한 시기 선산 출신으로 가장 선배 학자이자 관료라고 할 수 있는 고응척(高應陟, 1531~1605)도 일본의 침략에 대해 문제의식을 보여주고 있다.[2] 그는 왜란 직전인 1590년(선조 23) 당시 경상감사 김수(金睟, 1537~1615)에게 여러 학생들로 하여금 육예(六藝)와 활 쏘고 말 타는 일을 익히게 하고, 또 각 고을에 강무당(講武堂)을 건립하여 무예를 익히도록 건의하였으나 채택되지 못하였다.[3]

2 황동권, 「두곡 고응척의 생애와 국방정책」, 『대동한문학』 40, 대동한문학회, 2014.

3 『杜谷集(高應陟)』 권3, 「서」, 〈上監司金睟〉.

그런데 선산과 인동의 관리나 일반 사족들은 일본이 직접 침략해 올 것을 예견할 수 있는 정도의 정보력을 갖지는 못하였다. 인동의 학자인 장현광(張顯光, 1554~1637)도 피난 기록인 『용사일기』에서 일본 사신의 왕래가 두세 번 거듭하여도 이를 심상히 보았을 뿐 계책을 세운 사람이 없었다고 적고 있다.[4] 경상도 지역은 1591년부터 경상감사 김수(金睟)의 주도로 축성을 시도하였으나 향촌 사회에서의 원성과 반발로 제대로 이루어지지 못하였다.[5] 이러한 점에서 볼 때 지역 사회에서 일본군의 침략에 대한 구체적인 대응책을 마련하기는 어려웠다.

1592년(선조 25) 일본군 1번대는 4월 13일 오전 대마도의 대포(大浦, 오우라)를 떠나 오후에 부산 앞 바다에 당도하였다. 1번대는 14일 부산포에 상륙하여 이어 동래로 나아갔다. 2번대는 1번대의 침략이 성공하자 18일 부산포에 상륙하였다. 3번대는 4월 19일 김해로 들어왔다. 1번대는 영남대로 가운데 중로에 해당하는 양산, 밀양을 거쳐 청도, 대구, 인동, 선산을 지나 상주를 공략하였다. 2번대는 언양, 경주를 지나 영천, 신령, 군위, 비안, 용궁을 지나 문경을 공략하였다. 3번대는 김해, 창녕을 지나 창녕에서 좌우 나뉘어 우편은 무계, 성주를 지나고, 좌편은 초계, 거창, 지례를 지나 김산에서 합진하여 다시 영동, 회덕, 청주를 공략하였다.[6] 중

---

4 『旅軒先生全書(張顯光)』 下, 「龍蛇日記」 권1, "至於虜使往來 至再至三 而視之尋常 無能爲計策者"
박인호, 「임진왜란기 지방 지식인의 피난살이-장현광의 용사일기를 중심으로」, 『선주논총』 11, 금오공과대학교, 2008; 『여헌학의 전개와 수용』, 보고사, 2010.

5 『宣祖修正實錄』 권25, 선조 24년 7월 갑자(1일). 김수에 대한 비판적인 인식은 장현광의 『용사일기』에서 "성을 높이 쌓고 못을 깊게 팠으나 지금에 와서 적이 나라 안 깊숙이 쳐들어오는데 무슨 보람이 있으며, 김수가 순찰의 소임을 맡고 있으면서도 적을 막아낼 계책은 세우지 못하고 성을 쌓아 나라를 지키자는 명령도 땅을 파고서 가재 도구를 묻으라고 바꾸어 말하였을 뿐이니 공문이 이르는 곳마다 모두 이를 통분하게 여겼다"라는 언급에서도 엿볼 수 있다.

6 『선조수정실록』 권26, 선조 25년 5월 경신(1일).

로의 일본군은 14일 부산포, 16일 기장, 18일 밀양, 21일 대구를 함락시켰으며, 22일 인동과 24일 선산을 점령하면서 오늘날의 구미 지역은 일본군의 점령 하에 들어가게 되었다. 이어 2번대가 울산을 거쳐 21일 경주, 23일 영천을 함락시켰으며 신령, 인동, 의성을 거쳐 중로의 왜군과 합류하여 조령을 지났다.

평안도와 함경도까진 침입하였던 일본군은 1593년 4월 18일 한성에서 철수하기 시작하여 죽산, 충주, 조령 선으로 후퇴하였으며, 4월 말경에 당교, 상주, 선산, 인동, 대구 등지에 분산하여 주둔하고 있었다. 일본군은 명나라와 조선의 연합군이 남하하자 문경 당교(唐橋)는 4월 28일, 상주는 5월 10일과 11일, 선산은 12일, 인동은 13일에 각각 물러갔다. 이어 5월 15일부터는 대구 지역에서 철수하기 시작하여 20일과 21일에는 밀양 이남으로 남하하였다.[7]

그러나 1593년 6월 2차 진주성 공격을 통해 서쪽으로 진출할 수 있는 거점을 마련한 일본군은 울산에서 남해에 이르기까지 개전 초기 축조하였던 왜성에 근거하면서 머물러 있었다. 이후 매년 단계적으로 주둔 일본군은 본국으로 철군하고 소수의 병력만 해안의 왜성에 남아 있었다.

당시 경상도 지역은 일본군이 침입하였던 공격로상에 있었기 때문에 피해가 극심하였다. 당시 점거당하고 침범당한 상황에 대해 실록에서는 명의 자문(咨文)에 회자(回咨)하고 있는데 경상도 일원이 크게 분탕을 당하였음을 적고 있다.[8] 그 가운데 선산과 인동은 일본군의 주요 거점 지역이

---

7 『宣祖實錄』 권39, 선조 26년 6월 무술(15일).

8 『선조실록』 권39, 선조 26년 6월 무자(5일). "경상도 慶州·星州·安東·昌原·金海·密陽·善山·大丘·東萊 등의 부진과 草溪·蔚山·梁山·淸道·醴泉·永川·興海·金山·咸安·陜川 등의 군과 慶山·固城·巨濟·義城·泗川·鎭海·開寧·三嘉·高寧·宜寧·河陽·龍宮·彦陽·漆原·仁同·聞慶·咸昌·知禮·玄風·軍威·比安·義興·新寧·靈山·昌寧·機張·熊川 등 현은 모두 분탕과 점거를 겪었습니다."

었을 뿐만 아니라 북상과 남하 통로에 위치해 있어 피해가 상대적으로 더 심하였다. 선산과 인동의 관군과 의병은 일본군 주둔지를 회복하기 위한 전투를 지속적으로 모색하였다.

한편 1597년 7월 재침한 일본군은 본대가 기존의 잔류 병력과 합세하여 경상우도를 거쳐 남원, 전주 등 전라도 지역을 유린하고 이어 충청도 지역까지 일부 공략하였다. 9월 7일 직산에서 패배한 일본군은 경기도로의 진입을 포기하고 추풍령과 조령을 거쳐 경상도로 남하였다. 추풍령으로 넘어온 일본군 우군의 주력은 김천, 성주, 창녕, 밀양으로 이동하였다. 우군의 일부인 가토 군은 조령을 넘어 상주, 인동을 거쳐 10월 3일 대구로 철수하였다. 대구에서 다시 영천, 경주를 경유하여 서생포로 철군하였다. 충청도에 진입하였던 좌군은 전라도로 남하하여 정읍과 남원을 거쳐 10월에는 남해안 일원에 분산 주둔하게 되었다. 정유재란기 경우 지역에서는 입성 전략을 취하였기 때문에 1597년 8월과 9월에 백성들이 피난가거나 금오산성과 천생산성으로 입성하였다.

1597년 겨울부터 일본군은 극심한 군량난 속에도 경상도와 전라도의 남해안 연안에서 노략질을 하면서 지구전을 벌여나갔다. 그러나 1598년 8월 18일 도요토미가 철군을 명하면서 병사하자 조선에 주둔한 일본군 사령관에게 철수 지시가 은밀히 내려졌다. 명나라 군대의 지속적인 작전 실패로 철군이 늦어져 11월 23일부터 26일에 걸쳐 조선에서 완전 철수하여 대마도로 돌아갔다.[9]

---

9 임진왜란기의 전황은 이형석의 『임진왜란사』(임진전란사간행위원회, 1974)를 활용하여 정리하였다. 일본군의 동향은 川口長孺의 『征韓偉略』(1831; 『壬辰之役史料匯輯』 下, 全國圖書館文獻縮微復制中心出版, 1990)을 참조하였다.

3. 선산 지역의 의병 활동

임진왜란 발발시 선산부사는 정경달(丁景達)이었다.[10] 정경달[11]은 1591년(선조 24)에 도임하여 1593년 8월 교체되어 9월 3일 선산을 떠났다. 이기빈(李箕賓)[12]은 1593년 10월 와서 1595년 3월 계파(啓罷)되었다. 김윤국(金潤國)[13]은 1595년 3월 와서 9월 계파되고, 박기백(朴己百)[14]이 10월 와서 12월 밀양부사와 환배(換拜)되었다. 배설(裵楔)[15]이 1596년 정월 와서 그해 12월 계파되었다. 유철(柳澈)[16]이 1597년 2월 와서 1599년 3월 교체되었다.

선산부사 정경달은 1592년 4월 15일 일본군이 부산으로 향한다는 전통을 처음으로 접수하였다. 정경달은 16일 군사를 이끌고 성주로 나아갔다. 이곳에서 부산으로 나가라는 병사의 전령을 받아 17일 군사를 이끌고 출동하여 18일 창원에 도착하였다. 그러나 19일 김해가 함락되자 회군하여 4월 22일 선산으로 되돌아 왔다.[17] 1번대가 4월 24일 선산부를 관통하자 정경달은 산으로 피신하였다. 그러나 정경달은 다른 지방관과는 달리 선산 경내에서 있으면서 군사를 규합하려고 하였다. 5월 16일부터 본격적으로 군사를 규합하기 시작하였다.[18] 관군을 수습하여 금오산 아래에 진을 쳤으

---

10 임진왜란기 선산부사의 임면은 『일선부선생안』(『일선속지』 「부록」, 선산문화원, 1985, 453쪽)에 의하였다. 이 자료는 『인동읍지』(국립중앙도서관본 한고조62-154)와 마찬가지로 由吏가 수록되어 있어 지역의 향리 동향을 살필 수 있는 중요한 자료이다.

11 丁景達(1542~1602)의 자는 而晦, 호는 盤谷, 본관은 靈光이다. 부는 丁夢鷹이다.

12 李箕賓(1563~1625)의 자는 應說, 호는 松沙, 본관은 全州이다. 부는 李櫓이다.

13 金潤國의 자는 光輔, 본관은 光山이다. 예조판서 김약채의 후손으로, 부는 金袖이다.

14 朴己百의 본관은 함양이다.

15 裵楔(1551~1599)의 자는 建夫·仲閑, 호는 西岡이며, 본관은 성산이다.

16 柳澈의 본관은 문화이다.

17 『반곡난중일기』, 1592년 4월 15~22일. 이하 『반곡난중일기』 관련 기사와 번역문은 신해진 역주, 『반곡난중일기(상)』(보고사. 2016)를 이용하였다.

나 성과가 부진하고 인명의 손실이 커지자, 5월 25일 수다사(水多寺)[19]에 들어가 사면에 군채를 설치하고 유격전으로 전환하였다. 서채는 송진성(宋軫星), 동채는 박사심(朴思深), 남채는 허열(許說), 해평채는 최홍검(崔弘儉)을 배치하였다.[20] 처자들을 무주로 보낸 다음 6월 20일부터는 4채의 체계를 재정비하여 본격적으로 유격활동을 개시하였으며, 이듬해 5월 12일[21] 선산에서 일본군이 완전히 물러날 때까지 전투를 계속하였다.[22] 그러나 관군 소속의 이러한 군사 활동은 의병과 별도로 운영되었다. 정경달 휘하 관군의 많은 성과에도 불구하고 지방민의 시선에서는 불만이 적지 않았던 것으로 보인다.[23]

전쟁이 소강상태로 빠지면서 선산의 경우 금오산성 수축 건이 지역의 가장 큰 현안이었다. 1595년 3월 부임한 김윤국은 관찰사의 계청과 이에 대한 서생 출신으로 일을 일으켜 경영하기를 담당하지 못할 것이라는 비변사의 회계에 의해 계파되었다.[24] 1595년 10월 부임한 박기백은 패잔을 소생시키는 책임을 맡기기에 어렵다는 비변사의 청에 의해 그해 12월 밀양부사 배설과 환배되었다. 원래 선산부사는 비변사에서 천계(薦啓)가 있어야 하는데도 불구하고 이조에서 단망(單望)으로 주의(注擬)하여 선산부사로 차출한 점도 같이 지적되었다.[25] 1596년 정월 배설이 선산에 도임하

---

18 『반곡난중일기』, 1592년 5월 16일.

19 구미시 무을면 상송리 연악산에 위치하고 있다.

20 『반곡난중일기』, 1592년 5월 25일. 6월 2일에는 이를 다시 4개의 도청 체제로 개편하였다.

21 『반곡난중일기』, 1593년 5월 11일자 기록에 전날 밤 왜적이 모두 도망가고 11일 명군이 진입한 것으로 적고 있다. 실록과의 날짜 차이는 공식적인 보고 때문인 것으로 생각된다.

22 김경숙, 「임진왜란 초기 지방관의 수토활동-선산부사 정경달 형제의 활동을 중심으로」, 『조선시대사학보』 65, 조선시대사학회, 2013, 138~151쪽.

23 최현은 『일선지』에서 정경달의 활동에 대해 "부임한 다음 해에 임진왜변을 만나 힘들게 산골짜기를 다니면서 여러 차례 적의 칼날을 만나 겨우 몸만 모면하였다"고 적고 있다(『一善志』 元, 「官師」, 〈정경달〉; 선산문화원 영인, 1998).

24 『선조실록』 권66, 선조 28년 8월 을사(5일).

였다. 그는 임진왜란 초기 경상감사 김수에 의해 성주가장(星州假將)으로 임명되었는데[26] 성주를 중심으로 선산, 지례, 개령 등지에서 활동하면서 왜적의 통로를 차단하고 적의 목을 벤 수효가 많았다. 선산부사에 도임하면서 산성 수축의 명을 받자 1596년 금오산성을 쌓아 인근 9개 군현의 병사와 양식을 모아 전투를 할 수 있도록 하였다.[27] 1597년 2월 부임한 유철은 선산에서 정유재란을 당해 이를 감당하였다.

교통로상에 있던 선산은 일본군의 주둔지가 되었다. 일본군은 선산 읍성의 성채를 높여 쌓아 주둔지로 활용하면서[28] 인근의 개령, 김산, 성주 등지로 노략질을 지속하였다. 일본군은 선산의 경우 신부사로 장희(張熙)를 임명하여 주둔군 체제를 마련하려고 하였다.[29] 일본군은 선산에 주둔하면서 각종 객관·공아·부사·향사당·사마소 등 관아시설, 서원·향교 등 교육시설, 사당·사찰·정자 등 구조물 등 각종 시설들을 훼손하고 많은 인명을 손상시켰다.[30]

한편 명나라의 총병 유정(劉綎)은 남쪽을 총괄하면서 1593년 선산의 대황당산[31] 동쪽에 진을 쳤다가 칠곡의 팔거현으로 군진을 옮겼다. 1597년 9월 재침 이후 호남과 호서를 공략하였던 일본군이 명나라의 공격에 군사

---

25 『선조실록』 권59, 선조 28년 1월 기해(26일). 『일선부선생안』의 박기백에 대한 임면 기록과 이 실록 기사는 날짜가 상치된다. 그런데 『밀양군읍지』의 기록에 밀양부사로 배설 다음 박기백이 수록되어 있어 실록 기사의 오류가 확인되므로 여기서는 선생안의 날짜를 취하였다.

26 『征蠻錄(李擢英)』 坤, 「장계」, 〈啓爲馳報事(1592년 7월 15일)〉.

27 『일선지』, 「성책」, 〈金烏山城〉. "壬辰亂後 山城之議大興 丙申改修城子 體察使李元翼 巡視形勢 督府使裵楔 刻期築城 合聞慶咸昌尙州金山知禮開寧星州高靈及本府九邑 兵糧 淸野入守"

28 『일선지』, 「城柵」, 〈邑城〉. "昇平累百載 城池夷漫 萬曆壬辰 爲倭賊屯據 增築高壘"

29 『반곡난중일기』, 1592년 8월 5일.

30 『일선지』에서는 임진난의 병화로 인한 각종 손실을 상세히 기록하고 있다.

31 구미시 고아읍 대망리에 위치한 접성산을 말하며, 고아읍의 진산이다.

를 돌리어 남쪽으로 내려오면서 선산은 다시 분탕질을 당하였다.[32] 1597년 12월에 명나라 고책(高策)이 선산에 주둔하였다. 1598년 봄에는 섭(葉) 유격이 보병을 이끌고 선산에 주둔하였으며, 도(塗) 참장이 성황단[33]에 진을 쳤다. 9월 제독 동일원(董一元)이 남정할 때 섭(葉), 도(塗) 두 장군이 따랐으나 사천에서 패배하고서 선산으로 돌아왔다가 1599년 정월에 철수하였다.[34]

〈표 1〉 선산 지역 의병장

의병장	본관	자	호	출신지	의병 활동지
盧景任	安康	弘仲	敬菴	善山 文洞里	海平
崔晛	全州	季昇	訒齋	海平 松山里	海平
吉云得	海平				海平
高輸雲	安東	子龍		海平 文良洞	金烏山
姜復粹	信川	淸之		善山 者開羅	金烏山
黃士忠 金允夫				善山 北熊谷	長川

1) 노경임(盧景任)

선산 지역은 8월 15일 상산으로 피난 가 있던 노경임[35]이 셋째 형인

32 『일선지』, 「성책」, 〈金烏山城〉. "丁酉七月 倭賊再由釜山 席捲右道 連陷黃石山城及南原城 直擣兩湖 至稷山爲天兵所扼 捲兵南下 疾如風雨 將官軍民 棄城而走 軍粮器械 盡被焚蕩"

33 현 선산읍 이문리의 구미농업기술센타 뒤 편인 옛 성황당 자리로 추정된다.

34 『일선지』, 「성책」, 〈邑城〉. "癸巳夏 天兵驅馳南下 劉總兵侹嶺南方 砲手五千結陣于大皇堂東麓 未幾移陣八莒縣 往來絡繹 (中略) 丁酉九月 賊再入焚蕩 十二月天將高策領兵馬住宿 南下行軍有律 秋毫不犯 戊戌春 葉遊擊領步兵 結柵本城 塗參將領馬兵結柵城隍壇 是年九月提督董一元南征 葉塗兩將隨之 至泗川兵敗 折衂太半 收餘兵還陣 己亥正月撤回"

35 盧景任(1569~1620)의 자는 弘仲, 호는 敬菴, 본관은 安康이다. 부는 松菴 盧守誠이다.

노경필(盧景佖)[36]과 박수일(朴遂一)[37], 길운득(吉云得), 최현(崔晛) 등 여러 사람과 같이 의병을 일으켰다. 선산 의병은 노경임을 대장으로 추대하였으며, 박수일이 부대장, 최현이 장서를 담당하였다.[38] 노경임은 〈향병약속문〉에서 성패를 생각하지 않고 직분을 다할 것을 다짐하고 있다.

> 선산향병장 노경임 등은 고을 어르신, 사림, 관리, 백성을 모아 여러 사람에게 맹세하여 알린다. 나라의 도적을 토벌하고 임금의 원수를 갚는 것은 대의로 환한 것인데 누군들 이와 같은 마음이 없겠는가. 경임 등이 스스로의 역량을 생각하지 않고 감히 동지들을 규합하여 큰 어려움을 평정하고 깊은 수모를 설욕하고자 한다. 오호! 성패는 거꾸로 예측하기 어려워도 직분은 다함이 마땅하다. 아 우리 동지들이여! 한 마음과 몸으로 죽음을 각오하고 두 마음을 가지지 않아야 한다. 만약 그렇지 않은 자가 있다면 군율로 다스리겠노라.[39]

해평에 기반을 둔 노경임 의병은 10월 토적을 체포하여 당시 해평으로 건너와 머물고 있던 선산부사 정경달에게 고하였으며,[40] 11월에는 선산부사에게 군사와 식량을 요청하기도 하였다.[41] 선산부사는 의병장 박수일과

---

36 盧景佖(1554~1595)의 자는 懼仲 호는 櫟亭, 본관은 安康이다.

37 朴遂一(1553~1597)의 자는 純伯, 호는 健齋·明鏡, 본관은 밀양이다. 조부는 龍巖 朴雲, 부는 朴灝이다.

38 『敬菴集(盧景任)』 권9, 「잡저」, 〈鄉兵約束文」[崔訒齋所撰 出本集]〉.
『櫟亭先生逸稿(盧景佖)』 권1, 「연보」, 〈1592년 8월〉.
『健齋逸稿(朴遂一)』 권하, 「부록」, 〈先府君遺事(朴晋慶)〉.

39 『訒齋集(崔晛)』 권9, 「잡저」, 〈善山鄉兵約束〉. "善山鄉兵將盧景任等 招集鄉父老暨士林吏民 誓告于衆 討國賊復君讐 大義皎然 孰無是心 景任等不自量 乃敢糾合同志期於夷大艱雪深讐 嗚呼 成敗難可逆覩 職分固所當盡 嗟我同志 尙一心膂 效死無貳如有否者 處以軍律"

40 『반곡난중일기』, 1592년 10월 19일.

41 『반곡난중일기』, 1592년 11월 4일. "盧正字景任來訪 府兵甚多捕賊已滿二百 我義兵兵少食盡 願得賠助 遂給軍二百名米四十石"

노경임을 만나 정보를 교환하기도 하였다.[42]

1592년 보은 마래(馬來)에서 충청좌도 및 경상우도 각 관원과 의병장이 회동하여 군사 대책을 마련할 때 선산부사 정경달과 함께 숭의장(崇義將) 노경임도 이에 참여하였다.[43]

1593년 선산부를 공략하기 위한 작전이 개시되어 1월 15일 순찰사가 관문을 내어 정경달을 대장으로 임명하였다. 선산·상주·함창·문경 관군과 선산·상주·함창·산양의 의병 등 8진의 장령으로 하여금 정경달의 지휘를 받도록 하였다. 그리고 상주판관 정기룡을 부장으로 삼고, 상주목사 이하 모두 대장의 지휘를 받도록 하였다.[44] 그러나 이 작전은 여러 장수들이 병을 칭탁하면서 군관들을 보내 장수 노릇하도록 하면서 실패하여 24일 본고장으로 돌아가도록 하였다.[45] 이때 참여한 선산 의병을 숭의군(崇義軍)이라고 하였음은 정경달이 별도 기록해 둔 죽현육진장 명단에 노경임 군대를 '숭의(崇義)'로 기록하고 있음에서 볼 수 있다.[46]

---

42 『반곡난중일기』, 1592년 11월 9일.

43 『반곡난중일기』, 1592년 12월 19일.
『임진창의록』에는 명단이 수록되어 있다(상주박물관 엮음, 『석천집』, 민속원, 2014, 부록 영인). 『壬辰倡義錄)』. "報恩馬來陣 十二月十九日 左衛大將 尙義將 金覺, 尙州牧使 金澥, 忠報義將 金弘敏(代以召募官 趙翊), 善山府使 丁景達, 助戰將 宣義問, 尙州判官 鄭起龍, 報恩縣監 具惟謹, 昌義將 李逢(代以佐幕趙靖), 忠義將 李命百, 崇義將 盧景任 등 좌위와 右衛大將 永義將(永同縣監) 韓明允(*胤의 오기임), 黃義將 朴以龍, 懷義將 姜節, 靑義將 南忠元, 鎭岑縣監 邊好謙, 懷德縣監 南景誠, 黃澗縣監 朴夢說의 우위, 泗川陣 晉州判官 金時敏, 前兵使 曺大坤, 泗川縣監 鄭得悅, 義兵大將 金覺"

44 『반곡난중일기』, 1593년 1월 15일. "十五日巡使關文以我爲大將 使善山尙州咸昌聞慶之官軍及善山尙州咸昌山陽之義兵 共八陣將領咸聽節制 尙州判官鄭起龍爲副將 尙牧以下皆聽大將節制"

45 『반곡난중일기』, 1593년 1월 24일.

46 죽현육진장의 명단은 다음과 같다(『盤山世稿』 부록 〈竹峴六陣將 癸巳〉, 1987, 433쪽). "尙牧 金澥, 光牧 張義賢, 永同 韓明胤, 善山 丁景達, 錦山 李天文, 助戰 宣義問, 尙判 鄭起龍, 尙義 金覺, 靑山 南忠元, 咸平 李원, 咸昌 姜德龍, 聞慶 卞渾, 懷德 南景誠, 報恩 具惟謹, 鎭岑 邊好謙, 忠報 金弘敏, 黃義 朴以龍, 崇義 盧景任, 懷義 姜節, 忠義

노경임이 선산에게 의병을 일으킴으로써 왜적들이 상주로 나아가는데 어려움을 겪도록 하였다.[47] 이재(李裁)도 행장에서 상주로의 길을 막아 왜적들이 마음대로 다니고 노략질을 하지 못하게 된 것은 실로 공이 창의한 데 힘입은 것이라고 적고 있다.[48] 그러나 1593년 봄 승문정자(承文正字)의 명을 받아 서울로 떠나가면서 의병 참여는 그치게 되었다.

2) 최현(崔晛)

노경임이 1593년 봄 서울로 떠나면서 뒤를 이어 의병을 이끈 것은 최현[49]이었다. 최현의 의병 활동은 주로 의병 관련 문건을 작성하는 것에 장점을 보였다. 1592년 향병이 결성된 후 〈향병약속문〉과 〈통개령의병문〉의 격문을 작성하여 선산과 개령민에게 활발하게 의병을 일으킬 것을 권유하였다.[50] 또한 임진왜란에 참여하여 순절한 곽준(郭越)을 위해서는 〈곽의사록〉을 지어 그 충절을 추모하거나,[51] 전란에 따른 곤고한 민생에 대한 애긍과 우국의 충정을 보인 〈용사음(龍蛇吟)〉과 민심을 노래한 〈명월음(明月吟)〉을 지었다.[52]

李命白, 昌義 李逢, 開義 李汝霖, 山陽 高尙顔, 敵愾 李潛, 奉事 兪鐳"
『고대일록』에서는 노경임의 군대를 다른 의병진과 마찬가지로 崇報軍으로 적고 있다(『孤臺日錄』 권1, 1592년 8월 24일).

47 『역정선생일고』 권1, 「연보」, 〈1592년 8월〉. "先生聞大駕播遷義州 西望痛哭 遂與諸公合謨倡義 遮遏商山一路 倉卒之間施設 有方臨機應變 敵不敢恣行"

48 『경암집』 권5, 「부록」, 〈행장(李裁)〉 "萬曆辛卯 釋褐 始隷芸閣 旋入槐院未幾 島夷發難 南土震擾 公倡義募鄕兵 遮截商山路 於是遠近士友聞風 相率而起 以遏賊奔突之勢 賊不得肆行搶掠 實惟公先倡是賴云"

49 崔晛(1563~1640)의 자는 季昇, 호는 訒齋, 시호는 定簡, 본관은 全州이다. 부는 좌찬성 崔深이다.

50 『인재집』 권9, 「잡저」, 〈通開寧義兵文〉, 〈鄕兵約束文〉.

51 『인재집』 권9, 「잡저」, 〈郭義士錄〉.

52 『인재속집』 인(홍재휴, 『역주 북애가사』, 전주최씨해평파북애고택, 2006, 영인).

임진왜란기의 활동을 보면 최현은 병사 박진(朴晉), 순찰사 김성일(金誠一), 좌순찰사 한효순(韓孝純) 등에게 서간을 보내 적을 치거나 군사 사무를 논하는 서간을 보내었다. 이 외에도 도체찰사 이원익(李元翼), 체부종사관(體府從事官) 김용(金涌) 등에게 우국 방책의 실행을 건의하였다. 특히 순찰사 한효순에게는 1594년 1월 선산에 둔전(屯田)을 시행할 것을 요청하는 서간을 보내어 전란으로 황폐화된 선산의 재생을 위해 백방으로 노력하였다.[53] 정유재란 때는 1597년 의병장 곽재우가 지도하였던 화왕산성의 수성전에도 참가하였다.[54]

최현은 이와 같이 직접 의진에 참여하였을 뿐만 아니라 임진왜란 후 1603년에는 조정의 명에 의해 영남 지역 인사들의 공적에 대한 조사를 직접 담당하기도 하였다.[55] 당시 이원익의 건의에 의해 감사가 좌우 도청 및 열읍 유사를 차출하였는데 최현은 우도도청(右道都廳), 송원기(宋遠器)는 좌도도청(左道都廳)이 되었다.[56] 최현은 도내에 통문을 보내어 각자가 보고 들은 바를 빠짐이 없도록 기록하여 줄 것을 부탁하고 있다. 또한 자신은 공과를 공정하게 처리할 것을 약속하고 있다.[57]

한편 후대에 편찬되면서 새로이 많은 인물이 첨입된 것으로 알려졌지

---

53 『인재집』, 「인재선생연보」, 1592년~1598년.
박영호, 「인재 최현의 현실인식과 문학관」, 『동방한문학』 18, 동방한문학회, 2000.

54 『花巖實紀(尹弘鳴)』 권2, 〈火旺城同苦錄 丁酉七月〉.

55 이 일에는 최현의 이종사촌인 成隱 申仡도 같이 참여하였다(『成隱先生逸稿(申仡)』 권1, 「서」, 〈上方伯李完平元翼〉 및 권2 「부록」, 〈행장(李晩燾)〉). 신흘의 후손가에 보존된 『亂蹟彙撰』은 이 때 편찬된 난후사적의 초고본으로 여겨진다(하태규, 「성은 신흘의 생애와 난적휘찬」, 『역주 난적휘찬』, 역락, 2010, 215~225쪽). 이하 『난적휘찬』 관련 기사와 번역문은 신흘 원저, 신해진 역주, 『역주 난적휘찬』을 이용하였다.

56 『인재집』, 「인재선생연보」, 1603년. "三十一年癸卯 先生四十一歲 四月 以朝命撰輯亂中雜錄 時完平李公以亂後事蹟撰輯事 陳于榻前 道伯因朝令差出左右道都廳及列邑有司 先生爲右道都廳 宋進士遠器爲左道都廳"

57 『인재집』 권9, 「잡저」, 〈亂後事蹟撰集時通道內文〉.

만 곽원갑의 『창의록』에는 화왕산성의 수성전에 최현 외에도 해평 출신으로 최산립, 길영, 이우도 참가하였음을 적고 있다.[58]

최산립(崔山立)[59]은 종숙(從叔)인 최현을 도와 창의하였다. 1596년 3월 3일 팔공산에서 있었던 영남 지역 의병들의 1차 회맹에 참여하였다.[60] 1597년 7월 21일 화왕산성 전투에도 참전하여 산성을 지켜내었다.

3) 길운득(吉云得)

노경임의 의병이 '안동열읍향병'과 합진하거나 소속 하에 있었는지는 잘 알 수 없다. 그러나 해평에 근거를 둔 길운득 의병의 경우에는 김해(金垓)의 안동 의병과 일정하게 연락을 유지하고 있었다. 김해의 안동 의병에 선산 출신으로 모의사 노경필(盧景佖)과 선산 향병정제장 길운득이 참여하고 있다. 이들은 김해의 의병 본진을 직접 방문하고 있어, 길운득 의병부대는 안동열읍향병과 일정하게 연락을 유지하였던 것으로 보인다.[61] 12월

58 『倡義錄(郭元甲 編)』, 〈龍蛇應募錄〉, 1734. 화왕산성 회맹에 참가한 선산 거주 의병의 명단은 다음과 같다.

이름	본관	자	생년	거주	비고
吉詠	海平	士復	癸卯	善山 海平	
李瑀	德水	季獻	壬寅	善山 海平 怠情 時龍宮	玉山
崔晛	全州	季昇	癸亥	善山	
崔山立	全州	立之	庚戌	善山 海平	愚庵
崔喆	全州	重吉	庚辰	善山	石門 流浪人
盧景任	安康	弘仲	己巳	善山 古南或河廻	
鄭邦俊	草溪	君弼	丁巳	善山 草谷	三松

59 崔山立(1550~1615)은 字는 立之, 호는 愚庵, 본관은 全州이다. 善州 海平 入鄕祖인 崔水智의 후손으로, 부는 崔魯이다.

60 『화암실기』 권2, 〈八公山會盟錄〉; 『東溪實記(李彦春)』, 〈八公山列邑義將題名錄〉. 두 기록 모두 당시 선산 참여자로 崔晛, 鄭邦俊, 崔山立, 崔喆을 기록하고 있다. 팔공산 회맹에 대해서는 다음의 논문을 참조할 것.
구본욱, 「대구유림의 임진란 창의와 팔공산 회맹」, 『조선사연구』 24, 조선사연구회, 2015, 43~88쪽.

26일에는 선산의 박수일이 김해의 안동 의진을 방문하고 있는데 이 역시는 해평에 근거를 둔 의병과 안동 의진과의 연락 차원으로 보인다.[62]

4) 고한운(高翰雲)

선산부사 정경달이 출전하자 임시로 수성장을 맡았던 전부안현감(前扶安縣監) 고한운[63]은 1592년 6월 들어 사인 허국신(許國臣) 등과 함께 사람들을 모아 의병을 일으켜 금오산에 진을 쳤다. 처음 복병전을 통해 적을 치고 식량을 빼앗아 왔다. 7월 선산에 있던 일본군이 개령, 인동의 적과 함께 포위 공격을 가해오자 대장 강순세(康舜世)와 유사 허국신(許國臣)은 힘써 싸우다가 적에게 잡혀 죽었다. 적들은 산성을 도륙하여 풀 한포기, 나무 한그루도 남지 않을 지경이었다. 당시 일본군은 금오산성에서 잡은 장졸 60여인을 나무 가지에 매달아 선산의 남문 밖에 매달아 놓았다. 이는 우민을 위협하기 위해서였다. 고한운은 다시 남은 장졸을 모으려 하였으나 성과를 보지 못하고 8월 14일 죽었다. 이 때 이후로 인심이 흩어져 창의가 더욱 어려워졌다.[64]

임진왜란 당시 안동제독으로 있었던 고응척은 첫째 아들 고충운(高冲雲), 의흥정제장 강충립(康忠立) 등과 함께 안동열읍향병 의진을 직접 방

---

61 『鄕兵日記』, 1592년 12월 23일. 이하 『향병일기』 관련 기사와 번역문은 신해진 역주, 『향병일기』(역락, 2014)를 이용하였다.

62 『향병일기』, 1592년 12월 26일.

63 高翰雲(1562~1592)은 자는 子龍이며, 본관은 安東이다.
『일선지』 형, 「인물」, 〈高翰雲〉. "字子龍 杜谷之子 少時工文詞 屢居魁選中 癸酉進士登 乙酉文科壯元 爲扶安縣監 有治績 以猛制王子宮奴見罷 壬辰爲義兵將 卒于山中"
『두곡집』 권6, 「부록」, 〈연보〉. "二十年壬辰年六十二歲 遭倭亂 上疏行在所 路梗不達是年 次子翰雲爲本府守城將 賊犯境 始成軍 入金烏山 糾合義兵未幾 遘病輿還古人洞卒 先生在花山時 八月十四日卒"

64 『인재집』 권9, 「잡저」, 〈善山鄕兵呈左巡察乞軍器書 壬辰〉. "前扶安縣監高翰雲 士人許國臣等 招集散卒 共擧義旅 聚陣于府南面金烏山中 (下略)"

문하였다.[65] 고응척은 이후에도 여러 차례 안동의 의진을 방문하였으며, 의진에 선천도를 보내기도 하였다.[66] 고응척은 죽은 고한운의 제사를 지내면서 오장이 무너져 내리는 아픔을 표시하였다.[67]

5) 기타

강복수(姜復粹)[68]가 자개라(者開羅)[69]에서 시묘하고 있었는데 임진난을 당하자 마을의 산척(山尺) 정팽원(鄭彭元) 등에게 의병을 일으켜 토적할 것을 권하였다. 정팽원은 힘쓰는 장수들과 마을 사람들을 모아 금오산에 거짓 병사를 배치하고 마을 어귀에 복병을 두었다. 적이 오면 복병들이 소리 지르고 산위의 병사들도 합세하여 일본군을 참획하였다. 사람들이 강복수에게 직접 장군이 되기를 권하였으나 상을 당한 사람이라고 끝내 일어나지 않고 오직 권하기를 할 뿐이었다. 이해 가을 정팽원이 적을 만나 적에게 살해당하였다. 당시 정팽원은 공훈이 보고되지 않아 관직으로 보상받지 못하였다.[70]

또한 북웅곡[71]에 사는 백성 황사충(黃士忠)과 김윤부(金允夫) 등이 마을 사람과 함께 매복을 설치하고 뒤처진 적을 추격하여 베었다.[72]

---

65 『향병일기』, 1592년 12월 16일.

66 『향병일기』, 1592년 12월 18일, 25일, 26일, 1593년 1월 27일, 4월 5일.

67 『두곡집』 권4, 「제문」, 〈祭亡子扶安文〉.

68 康復粹의 자는 淸之이고, 본관은 信川이다. 조부는 府使 姜顗, 부는 克齋 姜景善이다.

69 금오산의 서쪽인 김천시 개령면과 접하는 곳으로 추정된다.

70 『일선지』 원, 「방리」, 〈者開羅〉. "南四十里 與開寧山官村相接 壬辰倭變 士人康復粹居廬于此 勸起里中山尺鄭彭元等討賊 彭元與其徒五六力士結里民五十餘人 據金烏山上爲疑兵 設伏洞口 若遇焚掠之賊 彭元等叫呼突入 山上兵應聲合勢 斬獲頗多 而避亂之民 賴此全活者甚衆 里人請復粹爲將 復粹以喪人 恥其希功 竟不起 勸勉而已 是年秋 彭元飮酒至醉 猝遇大賊 追擊未遠 所佩箭匣落地 賊急擊殺彭元 時斬一級者皆錄功 而彭元力戰不報 故無一資之賞"

71 북웅곡은 선산의 옛 방리 명칭인데, 현 구미시 장천면 일대이다.

그 외 임난 직후에 나온 읍지인 『일선지』에서는 지역 출신의 임진난 때 공을 세운 이 가운데 신립 휘하로 충주 탄금대 전투에서 순절한 김여물과 이일 휘하로 상주 북천전투에서 순절한 김종무를 소개하고 있다.[73] 뒤에 나온 『교남지』에서도 같은 내용을 소개하고 있다.[74] 이우의 경우에는 괴산군수로 있으면서 백성들을 이끌고 군의 북쪽 골짜기로 들어가 길을 막아 지켰으며,[75] 상주의 당교전투에 참전하였다.[76]

4. 인동 지역의 의병 활동

임진왜란 당시 인동현감은 조첨(趙詹)[77]이었다. 1590년(선조 23년) 도임하여 1593년(선조 26) 연로하여 계체(啓遞)되었다. 신해(申海)[78]가 1593년 4월 가수로 도임하여 이듬해인 1594년(선조 27) 봄에 체직되었다. 이어 이보(李輔)[79]가 1594년 9월 둔전관(屯田官)으로 도임하였으며, 가수(假守)

---

72 『일선지』 원, 「방리」, 〈北熊谷〉. “一云藍谷 縣東南四十里 有北熊谷南熊谷 壬辰倭亂 百姓黃士忠金允夫等 與里人設伏 追擊零賊 斬十餘級”

73 『일선지』 형, 「인물」, 〈金汝岉〉. “察訪塡之子 康顗之外孫 生于本府延鳳里 居京 宣廟 丁丑擢庭試壯元 文武才具 屢典州郡 陞通政爲義州牧使 壬辰以閱武江上 爲遼東都司 移咨致詰 拿推原放 命白衣從軍 是年四月 倭寇猖獗 公從申砬 禦賊于忠州 戰敗赴水 而死 以子瑬貴追贈議政府領議政”
〈金宗武〉. “大諫就文子 仕爲沙斤察訪 壬辰倭變 死於尙州之戰”
『일선지』는 지역에 연고가 있는 사람을 모두 적었으므로 선산부에서 살았던 河就深의 사위인 의병장 金垓도 소개하고 있다.

74 『교남지』 권10, 「선산군」, 〈忠義〉.

75 『玉山詩稿(李瑀)』, 「부록」, 〈玉山傳(李端夏)〉.

76 『悔巖實紀(朴震男)』, 1593년 2월 21~22일.

77 趙詹은 본관이 풍양이다.

78 申海는 임진왜란 때 하양에서 의병을 일으킨 의병장 출신이다.

79 李輔(1545~1608)의 자는 景任, 호는 南溪, 본관은 延安이다.

와 모속관(募粟官)도 겸하였다.[80] 1595년 12월 인동현감을 제수받아 근무하게 되었다. 1594년 봄에서 이듬해 겨울까지 현감을 임명하지 않은 것은 인동이 당시 너무 황폐하여져 1595년경 겨우 200여 호에 불과하였기 때문으로 보여진다.[81] 당시 인동의 유력 인사인 장제원을 도진관(都賑官)으로 임명한 것도 이러한 사정으로 보인다. 이보는 근무 기한이 만료되었음에도 불구하고 인동 현민들의 요청에 의해 8년간이나 인동을 다스린 후 1601년 체직되었다. 1601년에는 당시 천생산성의 수축으로 인해 조방장겸부사(助防將兼府使)로 승호하였으며,[82] 정감(鄭鑑)[83]이 1601년 11월 도임하여 1604년 윤9월 체직되었다.[84]

이 가운데 일본군이 인동에 주둔하였던 1592년과 1593년 당시 인동현감은 조첨이다. 그는 부산이 함락되었다는 소식이 전해지자 4월 16일 군사를 징발하여 남쪽으로 출발하였다. 당시 인동에서는 동래와 양산이 함락되었다는 소식이 전해져 고을의 인심이 흉흉해졌다. 조첨은 21일 회군하여 인동 관아에 들어왔다가 일본군이 온다는 소식이 전해지자 관아를 버리고 피신하였다. 5월 초 현감은 금오산으로 들어가 7월까지 경내에 있다가[85] 의흥으로 옮겨갔다.[86] 일본군이 22일 관아를 접수한 이후 이듬해인 1953년

---

80 당시 선산과 인동의 피해가 극심하여 백성들이 돌아오기를 꺼려할 지경이 되자 조정에서는 선산에는 李軫, 인동에는 李輔를 둔전관으로 배치하였다(『인재집』 권10, 「서」, 〈送李君任軫景任輔宰眞城唐津序〉. "(上略) 噫兵戈糜爛之禍環四境 莫甚於一善玉山焉 百里無煙 蒿荻際天 沃野無播植之計 遺民絶還集之路 朝廷隱其若是也 特以二公 差屯田官于兩邑 採公論也 屯田之官 於一邑無所不當問 況彼玉山之兼帶假任專委字牧者乎 二公之未來也 民之加額久矣 其旣來也 民莫不恨其晩而樂其生也").

81 『深谷集(張悌元)』 권2, 「서」, 〈上方伯〉.

82 읍지 기록에는 1601년 승호한 것으로 적고 있으나 『대동지지』 등에서는 1604년, 실록에서는 1605년 도호부로 승격한 것으로 적고 있다.

83 鄭鑑(1563~?)의 자는 太虛, 본관은 海州이다. 부는 鄭元禧이다.

84 인동현감의 임면은 「읍선생안」(『인동읍지』, 국립중앙도서관 소장본, 한고조62-154)에 의하였다.

85 『반곡난중일기』, 1592년 7월 5일.

5월 13일 일본군이 철수할 때까지는 관아를 회복하지 못하였다.

1597년 정유재란 때의 인동현감은 이보(李輔)이다. 이보는 1594년 둔전관으로 도임이래 1595년 현감에 임명되어 계속 근무하고 있었다. 1596년에는 이원익의 요청으로 천생산성을 보수하여 완공하였다. 1597년 정유재란이 발발하자 8월 산성으로 들어가 일본군을 막아내었다.[87] 1601년 체임한 후 고응척(高應陟)은 1604년 송덕비명을 지어 8년 동안 백성을 위해 힘을 다하여 고을을 무탈하게 보전하게 된 것을 칭송하고 있다.[88]

임진왜란 초기 인동 지역에는 일본군이 읍내에서 나무를 베어 임시 가옥을 지어 주둔하고 있었기 때문에 군민들이 모두 흩어지게 되었다.[89] 인동에 주둔하였던 일본군은 군위와 의흥 등지로 나아가 노략질을 하기도 하였다.[90]

한편 임진왜란 때는 인동에 일시적으로 명나라 군대가 주둔하였다. 명

---

86 조첨의 행동에 대해 신분적 배경에 따라 조금씩 다르게 기술하고 있다. 인동 사족의 『龍蛇日記(張顯光)』, 인동 향리의 『九世祖戶長公日記(劉席珍)』, 관찰사 영리의 『征蠻錄(李擢英)』이 그러하다. 각 일기에 대한 연구는 다음을 참조할 것.
박인호, 「임진왜란기 지방 지식인의 피난살이 - 장현광의 용사일기를 중심으로」, 『선주논총』 11, 금오공과대학교, 2008; 『여헌학의 전개와 수용』, 보고사, 2010, 119~154쪽.
이훈상, 「어느 지방 이서의 임진왜란 증언과 전승 - 경상도 인동의 향리 유석진과 그의 임진왜란 일기」, 『영남학』 21, 경북대학교 영남문화연구원, 2012, 125~174쪽.

87 『南溪先生實紀(李輔)』 乾, 「연보」. 이보의 의병장과 목민관으로의 행적에 대해서는 다음 논문을 참조할 것.
문경현, 「인동거사비 주인공 이보」, 『조선사연구』 18, 조선사연구회, 2009, 65~96쪽.

88 『남계선생실기』 건, 「연보」 및 곤, 「부록」, 〈仁同去思頌德碑銘〉. "慈詳廉正 公直明剛 八載勤民 保此封疆 入人者深 懷允不忘 剔石留銘 烏山蒼蒼"

89 『정만록』 곤, 「장계」, 〈啓爲馳報事(1592년 7월 15일)〉. "仁同縣監趙詹馳報內 當初賊徒焚蕩本縣時 軍民四散 縣監亦單身以艱難退避 倭賊本縣及若木縣 逐日往來 處處設伏 零賊叚這這捕捉 斬首數十餘級爲有乎矣 同倭寇或數千餘名 或數百餘名 還運結陣善山仁同開寧星州等官 遍滿山野 殺掠無數 今則本縣邑內 斫伐材木 假家排設 恣行無忌 將爲久住之計 極爲悶慮事 馳報是白齊"

90 『향병일기』, 1593년 4월 11일.

나라 총병 유정(劉綎)이 천생산성에 주둔하였다가 다시 팔거로 옮겨갔다.[91] 한편 천생산성과 관련하여 곽재우의 축성 기사가 전한다. 1601년 곽재우가 찰리사로 재임시 외성 축조를 건의하였을 가능성이 있다. 1604년 외성 축조를 완성하고 있으며, 당시 찰리사인 곽재우를 대신하여 고응척이 천생산성의 제문을 대작하고 있다.[92]

〈표 2〉 인동 지역 의병장

의병장	본관	자	호	출신지	의병 활동지
張悌元	仁同	仲順	深谷	仁同 眞坪	仁同
張乃範	仁同	正甫	克明堂	仁同	寧海(?)
張鳳翰	仁同	文擧	夰翁	仁同 仁義坊	知禮
張士珍	仁同			仁同	軍威
李義貞 全夢雲 白受和					金烏山
柳建國	文化				若木(?)
柳俊國					

1) 장제원(張悌元)과 장내범(張乃範)

1592년 8월 예안에서 김해가 의병을 일으켰으며, 8월 20일 안동·예안 등지 사람들이 의성·의흥·군위 사람들과 일직에서 모여 김해를 대장으로 추대하고 군대의 명칭을 안동열읍향병으로 정하였다.[93] 김해 의병은 안동을 본진으로 경상좌도의 의병을 조직화 하였으며, 이듬해에는 철수하는 일본군을 따라 진주와 밀양, 그리고 경주까지 행동 반경을 넓혔다.[94]

---

91 『玉山志』 1, 「城柵」, 〈天生山城〉. 『옥산지』에 전하는 명나라 유정의 일시 주둔 기사와 동일한 내용이 『경상도읍지』나 『인동읍지』 등에는 곽재우의 주둔 기사로 나온다. 아마도 뒷 시기가 되면서 유정을 곽재우로 혼동한 것으로 보인다.

92 『두곡집』 권4, 「제문」, 〈祭天生城文 甲辰仲夏代郭察理再祐作〉.

93 『향병일기』, 1592년 8월 20일.

안동향병은 이후 지속적으로 대오를 정비하면서 담당 직위와 각 지역별 대장을 추가로 임명하였다. 1592년 9월 3일에는 각 지역별 정제장과 별장을 임명하였는데 군위의 경우 이영남(李榮男)을 정제장으로, 장사진(張士珍)을 별장으로 임명하였다. 장사진은 어릴 때 인동에서 군위로 이거하여 살았기 때문에 군위별장으로 임명되었다. 이어서 9월 4일에는 군위의 참봉 이보(李輔), 선산의 생원 노경필(盧景佖)을 추가로 모의사로 임명하였다.[95]

---

94 최효식, 「안동의 의병활동」, 『임진왜란기 영남의병연구』, 국학자료원, 2003, 231~259쪽.

95 안동열읍향병의 조직은 처음 성립 이후 지속으로 추가 인사 조처가 있었다. 『향병일기』를 종합하여 정리하면 다음과 같다.

大將	: 김해(金垓)
副將	: (右)李庭栢, (左)裵龍吉
本陣整齊將	: 金允思(→中衛將), 柳復起, 金瀹
禮安整齊將	: 金澤龍
義城整齊將	: 金士元, 申弘道
軍威整齊將	: 李榮男
軍威別將	: 張士珍
義興整齊將	: 康忠立, 朴文潤, 李好仁, 洪慶承
奈城領兵將	: 南庭筍
比安整齊將	: 趙端
善山整齊將	: 吉云得
助戰將	: 朴好仁
斥候將	: 權克仁
伏兵將	: 李選忠, 金嗣權, 趙誠中
左衛將	: 金翌
右衛將	: 申佖
領兵將	: 沈智
揀兵將	: 禹仁慶, 權復元
軍糧都摠	: 李詠道
軍糧有司	: 金伯元
典餉有司	: 洪瑋, 權行可(→掌書)
謀議士	: (安東)金允明, (禮安)琴應壎, (軍威)李輔, (善山)盧景佖
掌書	: 金堈, 琴夢馹, 金允安, 琴憬, 權杠(→裵得仁), 鄭澡, 辛敬立, 權得可

김해의 안동열읍향병의 조직은 자료에 따라 조금씩 달리 기록되어 있다. 『향병일기』에서는 없으나 인동 지역 의병장들의 기록에는 인동정제장으로 장제원과 장내범을 기록하고 있다.[96] 장제원[97]의 경우 구체적인 참전 기록이 남아 있지 않아 자세히 알 수 없으나 남아 있는 시에서 강한 우국의식을 보이고 있다.[98] 향병 참여와 관련하여서는 학봉 김성일에게 보낸 맹세시가 있어 참조가 된다.[99] 안동향병의 일원으로 참전하였음은 유복기(柳復起)에게 보내거나 김해를 추억하는 시가 있어 이들과의 친분도 확인할 수 있다.[100]

한편 일본군이 인동에서 물러간 뒤에는 장제원은 일본군의 주공격로에 있어 황폐해진 고향을 위해 1595년 도진관(都賑官)으로 백성들을 진휼하였다. 그는 분진어사(分賑御史)에게 구휼과 곡식의 종자를 청하였으며,[101] 관찰사에게 영덕·청하·흥해·영일의 가을보리를 20석 거두어 인동의 농지에 나누어 파종하게 해 줄 것을 청하여[102] 굶주린 백성들을 온전히 살 수 있도록 하였다.

극명당 장내범[103]의 경우 임난의 발발 초기에는 스승인 장현광을 모시고

道軍官 : 柳復起, 金允思

軍官 : 金坪, 李適, 金兌, 鄭恕, 李適, 金坪, 吳淦, 李景善, 崔두(山斗), 文天佑, 崔巘, 朴好禮, 禹天弼

96 『남계선생실기』, 「연보」, 〈계사(1593)〉 및 『심곡집』 권2, 「잡저」, 〈倡義條約〉.

97 張悌元(1556~1621)의 자는 仲順, 호는 深谷이다. 본관은 인동이며, 眞坪派에 속한다. 증조부는 張信孫, 조부는 張沆, 부는 張峋이다. 임진왜란 후 구미 장천 상장리 시민골에 들어가 살았다.

98 황만기, 「심곡 장제원의 생애와 우국시 고찰」, 『퇴계학』 22, 안동대 퇴계학연구소, 2014.

99 『심곡집』 권1, 「시」, 〈敬呈鶴峰金先生 時金先生爲招諭使差先生爲本縣整齊將集縣兵〉. “上壇拜北辰 天地義聲伸 羽檄飛騰日 風塵慷慨臣 小心惟有國 大誓豈循身 願奉移兵約 干戈一時新”

100 『심곡집』 권1, 「시」, 〈寄贈柳義將復起〉, 〈到宣城憶金達遠垓〉.

101 『심곡집』 권2, 「서」, 〈上分賑御史〉.

102 『심곡집』 권2, 「서」, 〈上方伯〉.

피난을 갔다. 스승이 7월 초 팔거(八莒) 대곡촌(大谷村)의 동서 조벽(趙璧)의 집으로 옮긴 후[104] 장내범은 인동에 머물러 있다가 1593년 영해로 옮겨갔다. 1594년 안동 임하로 옮겼다가 1599년 봄 인동으로 돌아왔다.[105] 김해가 병사하면서 안동의 의진 활동이 마무리 된 것은 1593년 6월이다. 따라서 극명당 장내범의 경우 김해의 의진에 참전하였다면 영해에 있었을 때로 보인다. 그에게는 전식(全湜)이 창의와 관련하여 계책에 대해 자문해 온 일도 있다.[106]

그런데 김해 안동열읍향병의 창의조약이 인동 지역 의병장들에게서 전한다.[107] 이 조약에 의하면 향병은 엄격한 규율과 약속을 정하였다. 몸을 아끼고 피난을 모의하는 자는 반역으로 논하며, 향병들은 진을 모아 집합하는 기일을 어기지 말아야 함을 강조하고 있다. 각 읍은 진을 결성하고 병법을 익할 것을 약속하며, 이러한 약조를 어기는 자는 그 사안의 경중에 따라 군율로 처리함을 강조하고 있다.[108]

여기에는 의진의 구성도 전하고 있다. 강하고 약한 자를 구별하여 궁수 5명, 칼과 창을 쓰는 자 5명, 기마병 5명, 보군 5명으로 구성하고 5명으로

---

103 張乃範(1563~1640)의 자는 正甫, 호는 克明堂, 본관은 仁同이며, 宗派에 속한다. 부는 張士瑛이다. 만년에는 석적 반계에 은거하면서 磻溪居士라 자호하였다.

104 『旅軒先生全書(張顯光)』 하, 「龍蛇日記」.

105 『克明堂集(張乃範)』 권2, 「부록」, 〈묘갈문〉.
『晩悔堂集(張慶遇)』 권2, 「부록」, 〈연보〉.

106 『극명당집』 권2, 「부록」, 〈습유〉. "全沙西湜 以倡義來問籌策焉"

107 『남계선생실기』 건, 「鄕兵約束完議」 및 『심곡집』 권2, 「잡저」, 〈倡義條約〉은 동일한 내용을 전하고 있다. 다만 이보의 『남계선생실기』에는 "癸巳夏 先生赴近始齋金公垓義兵陣中 共約束鄕兵 有此完議 時先生爲軍威整齊將"이라고 적어 이 완의문의 작성을 1593년 여름의 일로 적고 있다.

108 『남계선생실기』 건, 「향병약속완의」; 『심곡집』 권2, 「잡저」, 〈창의조약〉. "一 士類協謀奮義討賊 愛身謀避者 全家實邊 其尤甚者 論以叛國之律, 一 列邑整齊鄕兵 以聽主將之號令 而合陳日期 當俟更通 常人隱匿者 一切挨括 無使遺漏, 一 各邑結陣 肄習不懈, 一 違約者失期者失伍者喧譁戲慢者 隨其輕重 處而軍律"

구성된 각 오에서는 오장 1명을 정하며, 각 오에는 별도로 밥 짓는 사람 2명을 정해 둔다. 25명이 한 대를 구성하고 각 대에는 대장을 두고, 4개 대가 한 여를 구성하고 각 여에는 여장을 두었다. 여는 대를 대는 오를 통제하는 지휘체계를 마련하고 있다. 군기는 유형에 따라 분류하여 정비하되 적에게 나아가는 자에게 우선 대어주고, 적에게 나아가는 자가 많으면 없는 자와 더불어 나누었다.[109]

한편 식량 공급과 관련하여서는 군량을 내거나 전쟁을 나가지 못하는 자가 노비로 대신하는 것을 허용하되, 납속은 1석을 기준으로 하였다. 납입을 명령받았을 경우 빈부에 따라 증감을 허용하였다. 군량을 모으는 유사는 각 읍에 2명을 두고 한 명은 읍에 있으면서 곡식을 거두고 다른 한 명은 의진에 있으면서 군량을 관리하도록 하였다.[110]

2) 장봉한(張鳳翰)

장봉한[111]은 1592년 임진왜란이 일어나자 어른을 모시고 의성으로 피난을 갔다가 6월 부인이 있던 성주로 나와 본격적으로 의진에 참여하기 시작하여 지례 진중으로 김면을 찾아 가기도 하였다.[112] 장봉한은 말제인 장홍한(張鴻翰)[113]을 송암 김면의 의진으로, 재종제인 장사진(張士珍)을 군위

---

109 『남계선생실기』 건, 「향병약속완의」; 『심곡집』 권2, 「잡저」, 〈창의조약〉. "一 各辨强弱射者一伍 刀劒槍杖一伍 騎者一伍 步者一伍 伍中各定伍長一人 各伍別定火長二人, 一 各定隊長 二十五人爲隊 旅長 四隊爲旅 隊統伍 旅統隊, 一 有計慮謀畫者 不限老少 齊會陣所 各陳長策, 一 軍器隨分精備 不赴敵者有軍器 則給赴敵人 赴敵多則分與無者"

110 『남계선생실기』 건, 「향병약속완의」; 『심곡집』 권2, 「잡저」, 〈창의조약〉. "一 鄕中父老願納軍糧者 收置一處 隨更輪送 孱弱不堪赴戰者 代納壯勇奴 自願納粟 定數一石 收置一處, 一 戰時令納者 自輸 富者加數 貧者量減 貧富一從公論 不敢自理 常人有願納者亦聽, 一 軍糧收合有司 各邑定二人 而一人在邑收合 一人在軍糧用"

111 張鳳翰(1566~1644)의 자는 文擧, 호는 夰翁이다. 본관은 인동이며, 凰顙派에 속한다. 조부는 竹亭 張潛, 부는 張崑이다.

112 『夰翁集(張鳳翰)』, 「연보」, 〈선조 25년 임진〉. "見金松庵沔于知禮陣中"

의진으로 보내었다. 장홍한은 처음 선산, 개령, 김산, 지례 4읍의 소모장으로 참가하여 황간(黃澗) 의병장 박이룡(朴以龍)과 같이 적과 싸워 공을 세웠다. 이에 정광적(鄭光績)의 추천으로 상주판관에 제수되었다. 장사진은 김해의 안동향병에서 군위별장이 되었다. 장봉한은 이들에게 편지를 보내 충의로 면려할 것을 격려하였다.[114] 장홍한은 상주목사 정기룡(鄭起龍)의 휘하에서 적을 토벌하다가 1594년 3월 순사하였으며, 장사진은 김해 휘하 향병이지만 독자적인 의병 운영하는 권한을 가졌던 것으로 보이며, 군위의병장으로 전투에 참가하였다가 1592년 사망하였다.

장봉한은 진주에 있던 초유사 학봉 김성일을 뵙고 의진에 참여하려고 하였으나 당시 모친의 병이 급하여 돌아오게 되었다.[115] 이해 겨울 11월에는 전라도 의병장인 임계영(任啓英)과 최경회(崔慶會) 등이 성주와 개령 일대에서 왜군과 접전을 벌이다가 정병과 용사의 피해가 심해지자 본도로 돌아가려고 하였는데[116] 장봉한은 임계영에게 글을 보내 귀환을 만류하였다.[117] 남게된 임계영은 12월 14일 성주를 공략하여 대첩을 이루었다.[118]

---

113 張鴻翰(1571~1594)의 자는 順擧이다. 장봉한의 동생이다.

114 『개옹집』, 「연보」, 〈선조 25년 임진〉. "貽書尙州判官及軍威義兵將 勉以忠義"

115 『개옹집』, 「연보」, 〈선조 25년 임진〉. "赴晉陽謁鶴峯金先生"

116 『개옹집』, 「연보」, 〈선조 25년 임진〉. "冬十一月 聞全羅義兵將任啓英等 將還軍 作檄留之"
『日休堂實紀(崔慶會)』, 「倡義敍錄 野史考證」, "仁同幼學張鳳翰上書略云"
『난중잡록』 권2, 1592년 11월. "全羅左右義兵 久在嶺南 累戰星開之賊 一無全勝之時 雖有箇箇斬馘之功 精兵勇士 被害過當 兩將悔不能成功 多有撤兵勤王之計 嶺右士民苦請留活 仁同士人張鳳翰上書于任啓英曰"

117 『개옹집』 권3, 「잡저」, 〈倡義檄文〉.

118 『宣廟中興誌(辛錫謙)』 권3, 1592년 11월. "任啓英 大破倭人於星州(初任啓英崔慶會與星州開寧賊 累戰不克 精銳多折傷 兩將悔不能成功 謀移兵勤王 仁同人張鳳翰 移書止之 啓英進至星州城下桃戰 賊出精騎 邀擊 義兵射倒先導數騎 餘兵驚走入城 倭將墮壕重傷 賊衆恐動 義兵聞之 氣倍 啓英遂與鄭仁弘及官軍諸將 刻期約戰 十四日庚午 啓英如期出兵 而仁弘等皆負約不至 賊背城出陣 啓英獨以其兵戰 副將張潤先登突馳 戰久馬疲 遂捨馬步鬪 勇氣愈勵 日暮賊兵大敗 積尸如丘 流血遍野 逐至城底而

또한 장봉한은 왜군의 향도(嚮導)로 왜대장이 되었던 성주의 승려 찬숙(贊夙)을 계교로 사로잡아 김면 의병장에게 넘기기도 하였다.

당시 장봉한과 친분이 있었던 평북의 의병장 김덕령(金德齡)은 장봉한에게 편지를 보내 전라도 의병의 이진 만류 건에 대해 일척의 서신이 능히 백만 군사와 맞먹으며 한 역도를 없앤 것은 세 번 전투에서 승리한 공에 못지않다고 칭송하였다. 그리고 김덕령은 장봉한에게 의병을 이끌고 영(嶺)을 넘어 경기(京畿)의 적을 토벌(討伐)해 줄 것을 청하고 있다.[119]

인동 장씨 문중에서는 임진왜란 때 의병으로 활약한 일문의 장봉한, 장홍한, 장사진 세 사람을 '일문삼의사(一門三義士)'라고 칭하고 있다. 장봉한의 아들 지분헌(知分軒) 장이유(張以兪)[120]는 병자호란 시 부친의 권유로 1637년 의성에서 이도창(李道昌)과 만나 의병에 참여하였다.[121]

3) 장사진(張士珍)

인동 출신의 장사진[122]은 재종형 장봉한의 권유로 김해의 안동열읍향병에 참가하여 군위별장이 되었다.[123] 당시 군위 의진의 지도부는 정제장 이

還 是役賊兵死者什六七 遂閉門不出)" 『난중잡록』의 1593년 5월 전라좌의병장 보고서에 따르면 성주성 전투는 1592년 12월 14일에 있었다. 유진 이후 1593년 4월까지 전라좌의병의 성주·개령 지역 활동 양상은 다음 논문을 참조할 것.
조원래, 「임란 초기 전라좌의병과 임계영의 의병활동」, 『조선시대사학보』 57, 조선시대사학회, 2011, 96~106쪽.

119 『개옹집』 권5, 「附書札詩文」, 〈金將軍德齡書〉.

120 『星山誌』 권4, 「인물」, 〈장이유조〉.
張以兪(1598~1660)의 자는 子裕, 호는 知分軒이며, 본관은 인동이다.

121 『知分軒集(張以兪)』 권2, 「서」, 〈與義兵將李道昌 丁丑正月十三日朝 ○時先生以老親在未往陣中留在義兵本廳管餉〉.

122 張士珍(?~1592)의 본관은 인동이며, 虎鳴派에 속한다. 증조부 張嫡孫, 조부 張濤, 부 洛崖 張崙이다.

123 『향병일기』, 1592년 9월 3일.

영남(李榮男), 전향유사 홍위(洪瑋)·권행가(權行可), 모의사 이보(李輔)로 구성되어 있었다.[124] 군위 의진이 안동에 본진을 두고 있던 김해의 의병부대와 연합하여 작전을 실행한 흔적은 보이지 않으므로 상대적으로 독자적인 전투를 전개하였던 것으로 보인다.[125]

장사진이 창의하여 적을 토벌한 것이 많아 일본군들이 큰 호랑이를 만난 것같이 두려워하였다. 이 사실이 알려져 수사에 제수되었으나 관직에 나아가기 전에 사망하였다.[126] 『향병일기』에 전하는 전적을 보면 장사진은 11월 3일 본진에 승리 소식을 전하였으며, 김해는 이를 순찰사에게 보고하였다.[127] 그러나 12일 장사진의 전사 소식이 전해지자 장사진의 훈적을 소개하면서 이를 순찰사에게 보고하였다.[128]

> 장사진은 군위현의 선비였는데, 날래고 건장한데다가 대담하고 지략이 있어서, 왜구가 주제넘게도 남쪽의 고을을 엿보는 것을 요해처에 웅거하여 잘 막아서 남쪽 지방이 보호되었다. 어느 날 왜구 천여 명이 갑자기 군위현의 경계를 침범하였는데, 장사진이 정예병 수십 명을 이끌고 앞장서서 세찬 기세로 나아가 먼저 비단 옷에 은 투구 쓴 놈을 쏘고 머리를 베어 창 끝에 걸자, 온 왜군들이 크게 놀라 울부짖으며 도망치니, 승세를 타 뒤쫓고 활쏘며 베어 죽인 자가 백 명을 헤아렸다. 10여 일 지난 뒤에 왜적이 모조리 쓸어 없애고자 다시 쳐들어왔는데, 장사진이 힘써 싸우다가 죽었고 왜적도 물러갔다. 이 사실을 순찰사에게 상신하였다.[129]

---

124 『향병일기』, 1592년 9월 3일 및 4일.

125 『향병일기』에 의하면 김해는 1593년 1월 초 의성 이하 4개 고을의 군사를 점검하고 특히 인동의 왜적을 토벌하기 위해 직접 의성으로 나아갔다. 그러나 인동에서의 형세가 불리하여 15일 안동으로 돌아왔다.

126 『옥산지』 2, 「인물」, 〈충신〉. "張士珍竹亭潛之孫也 壬辰亂 倡義討賊 殺獲甚多 倭目之以張虎 事聞拜水使 未及就職 遇賊力戰而死之"

127 『향병일기』, 1592년 11월 3일.

128 『향병일기』, 1592년 11월 12일.

당시 중앙 정부에서도 이 사실을 보고 받아 『선조수정실록』에 장사진의 순절 소식을 기재하고 있다.[130] 한편 경상도 지역 임난 사적을 조사한 『난적휘찬』에도 장사진의 일이 수록되어 있다.

> 처음부터 장사진(張士珍)은 그의 형 사규(士珪)를 위해 복수할 뜻을 품고 힘을 모아 봉기하여 요충지를 지켰다. 그 후 가장(假將)이 되어서 본 현의 군사를 이끌고 인동을 왕래하는 적들을 대부분 죽였다. 그러자 적이 하루는 마차현(麻差峴)에 복병을 많이 두고, 두세 명의 비열한 왜놈으로 하여금 소를 끌어가는 것처럼 꾸며서 군위로 행해 가도록 했다. 고을 사람 중에 주손(朱孫)이란 자가 장사진에게 활을 쏘도록 부추기니, 사진은 '저 왜적이 소부대로 길을 갈지라도 결코 무심한 것은 아닐 터이니 가볍게 행동해서는 아니 된다.' 고 생각했다. 이에 주손이 말하기를 "장군은 가장이 되었거늘 몇 안 되는 왜적을 보고도 겁을 먹으니 이것이 어찌 가장으로 할 짓이란 말이오?" 하자, 사진이 즉시 큰 소리로 활을 쏘라고 하였다. 그때 사방에 매복해 있던 적들이 다 함께 일어났다. 사진이 있는 힘을 다하여 활을 쏘니 죽은 적이 심히 많았으나, 적은 어지러이 철환을 쏘아댔어도 맞는 사람이 없었다. 하지만 날이 저물고 화살이 다 떨어졌는데, 적이 배후에서 갑자기 들이닥쳐 베고 활을 쏘아대니 사진은 힘이 다하여 해를 입었으며, 적도 난도질을 당한 채로 물러났다. 이로부터 인동의 적들은 오가며 살해하고 약탈하면서 조금도 두려워하거나 꺼려하지 않았다. 조정은 사진에게 통정대부를 추증하였다.[131]

『향병일기』와는 달리 일본군의 복병과 부하들이 잘못된 부추김 등에 의해 죽게 되는 일련의 사망 과정을 자세히 적고 있다.

장사진이 사망한 후에도 군위를 중심으로 활동하였던 의병이 인동에

---

129 『향병일기』, 1592년 11월 12일.

130 『선조수정실록』 권26, 선조 25년 9월 정사(1일).

131 『난적휘찬』 상, 1592년 10월 16일.

들어와 일본군을 공격하기도 하였다.[132]

4) 기타

인동에서는 이들 외에도 여러 의병들이 있었던 것이 기록에 전한다. 인동의 대표적인 충의 인물은 4의사였다. 인동의 사찬읍지인 『옥산지』를 비롯하여 인동 관련 지리지에는 4의사에 대한 기록이 수록되어 있다. 특히 장선흥(張善興)[133]은 이들을 위해 전을 지어주기까지 하였다. 장선흥은 군위의병장 장사진과 『옥산지』에 전하는 이의정(李義貞), 전몽운(全夢雲), 백수화(白受和) 3명을 합하여 4의사로 칭송하면서 전을 지었다.[134] 전몽운은 임진난 때 분연히 일어나 적을 토벌하였으며, 이 사실이 알려져 수사에 제수되었다. 이의정은 임진난 때 마을 사람들과 함께 적을 토벌하면서 힘써 싸웠으나 죽었다. 백수화는 임진난 때 전몽운과 같이 한 마음으로 적을 토벌하였으며, 이 사실이 알려져 첨정에 임명되었다.

『옥산지』에는 그 외에도 유건국(柳建國)을 소개하고 있다.[135] 유건국은 용맹하고 굳세 임진왜란 때 일본군을 많이 죽였다. 이 사실이 알려져 참봉에 임명되었다.[136] 그리고 『교남지』에서는 유준국(柳俊國)을 소개하고 있다. 유준국은 유인수(柳仁修)의 조카로 관이 찰방에 이르렀으며, 임진왜란 때 창의하여 순절하였다.[137]

---

132 『향병일기』, 1592년 12월 27일.

133 張善興(1662~1736)의 자는 字는 仁老, 號는 洛洲, 본관은 인동이다. 竹亭 張潛의 후손으로 張光翰의 曾孫이다.

134 『洛洲逸稿(張善興)』, 「傳」, 〈四義士傳〉. “南坡張公槩撰玉山志忠勇條下 只書張士珍李義貞金夢雲白受和四公 (중략) 坡翁所撰 足爲信筆 故己卯年間 朝家有輿覽新增之令 則一邑宿儒 應命撰修 而忠勇條 一以坡翁文字書之 己酉年間 道伯又令新增 而亦以坡翁文字書之 壬子七月日玉山張善興書”

135 柳建國은 문화유씨 곤산군파 柳蕃의 후손이다.

136 『옥산지』 2, 「인물」, 〈훈열〉.

5. 맺음말

1592년 임진왜란 당시 의병은 초기에 관군이 창졸간에 무너지면서 관군을 대신하여 이듬해인 1593년까지 주로 활약하였다. 정유재란기에는 상대적으로 관군이 일정한 역할을 수행하였기 때문에 별도의 의병 활동이 크게 일어나지는 못하였다.

선산과 인동은 일본군이 직접 주둔하였던 곳이었기 때문에 읍내에서 벗어나 금오산, 해평, 장천과 천생산, 약목 등과 같은 외곽 지역에서 의병이 일어났다. 선산 지역의 경우 해평에 근거를 둔 노경임·최현, 금오산에 근거를 고한운 등이 의병을 주도하였으며, 상주의 김각 의진과 연계되어 있었다. 반면에 인동 지역의 경우 인동에 근거를 둔 장제원·장내범, 군위에 근거를 둔 이보와 장사진 등이 의병을 주도하였으며, 안동의 김해 의진과 관련을 맺고 있었다. 해평의 경우 길운득, 박수일 등이 의병을 주도하였는데, 낙동강의 범람으로 인해 교통에 어려움이 있어 선산부의 서쪽 무을 연악산에 기반을 둔 정경달의 관군이나 금오산에 기반을 둔 선산 의병보다 안동의 김해 의진과 소통하고 있었다.

당시 선산 의병이 직면하고 있던 상황은 쉽지 않았다. 군기가 상시적 부족하였으며, 훈련되지 않은 병사들로 의병을 일으켰기 때문에 전투 능력이 그다지 강하지 못하였다. 정경달의 일기 기록에서는 선산 지역의 전투가 대부분 관군에 의해 진행되고 있음을 보여주고 있다. 게다가 노경임이 선산부사에게 전공으로 보낸 것도 '토적(土賊)'이라고 표시함으로써 선산에서의 의병에 의한 전공은 배제되어 있다. 실제 의병의 군사력이 미비하였음을 의미하는지 의도적인 배제인지는 알 수 없으나 선산 지역

137 『교남지』 권20, 「인동군」, 〈인물(충의)〉. "(忠義) (李朝) (중략) 柳俊國 仁修姪 官察訪 壬辰倡義戰殉"

의 경우 관군에 비해 의병의 전공이 현격하게 떨어지고 있다.

무엇보다 의병과 지방관과의 갈등은 큰 문제였다. 다른 지역에서 보이듯이 관군과 의병 사이의 지위와 주도권 다툼은 주요 전투에서 패전을 가져오기도 하였다. 인근의 성주 지역에서도 배설은 성주가장으로 관군을 이끌었으나 당시 의병대장 김면과의 갈등으로 군사 작전에서도 불협화음이 노출되었으며, 성주목사인 이덕열과 김면의 갈등도 마찬가지여서 이덕열은 의병 유사가 고을 주인을 능멸한다고 생각하였다.[138] 게다가 지방관들의 의병에 대한 부정적 보고는 선조가 의병에 대해 부정적인 인식을 가지게 되는 데 일정하게 작동하였다. 선산의 경우 정경달이 자신의 임진왜란 기간 동안의 역정을 담은 『반곡일기』에서 백성들의 자신에 대한 시선을 긍정적으로 묘사하였으나 적어도 임진왜란 초기 선산에서의 도주로 인해 이를 보는 지방 사족이나 백성들의 시선이 차가왔다.

관군과의 갈등이나 관의 보고를 중시한 선조의 태도로 인해 당대에는 그 역할에 대해 적극적인 평가를 받지 못하였고, 전투 능력에서도 관군에 비해 떨어지다고 하더라도 선산과 인동은 경북의 남북부를 오르내리는 교통로의 중심지에 있었으므로 이 지역에서의 의병 전투는 일본군의 전력을 분산시킨 효과는 분명히 있었다. 또한 선산의 안강 노씨, 밀양 박씨, 전주 최씨, 해평 길씨, 안동 고씨, 신천 강씨, 덕수 이씨와 인동의 인동 장씨 등 당시 선산과 인동 지역을 대표하는 사족들의 임진왜란 의병 참여는 후일 지역 사회에서 사족으로서의 지배체제를 유지하고, 지배집단으로서의 영향력을 행사할 수 있는 원동력이 되었다.

138 『養浩堂日記(李德悅)』 권1, 1592년 7월 30일.

∞ 제2절 ∞

15세기 초반~17세기 중반 선산 지역 지식인들의 향현 추숭 활동

1. 머리말

조선시기 선산에서는 길재(吉再)를 비롯하여 많은 선현들이 출현하였다. 선현의 사후에 이들을 추숭하려는 선산 지역에서의 노력이 이어졌다. 이 글은 조선중기 선산 지역에서의 향현의 범주와 이에 대한 추숭 추이를 살펴본 것이다. 시간적으로는 17세기 중반 서원의 건립으로 향현에 대한 지역에서의 추숭 작업이 일단락되던 시기까지를 다루었다.

최현은 『일선지』 선현조에서 선산의 선현으로 12현을 들고 있다. 최현의 「금생이문록」에서는 10현을 거론하고 있다. 선산에서 대체로 사림의 긍식이 될 만한 인물의 범주에 이들 인물이 해당될 것이다. 그런데 이들에 대한 지역에서의 추숭은 시기별로 다른 양상으로 나타났다.

선산 지역에서는 야은 길재를 필두로 한 향현을 금오서원에서 배향하였다. 그런데 여기에 배제된 선현의 배향 문제가 지역에서 갈등 양상으로 나타났다. 이들을 금오서원에 추향하려는 시도가 있었으나 실패로 끝나 버렸다. 금오서원에서는 4현 배향을 고수하였다. 이들 향현을 금오서원에 제향하기 위한 지역 인사들의 끈질긴 노력에도 불구하고 일이 이루어지지 못하였다.

이는 지역사회에 또 다른 분열 요인이 되었다. 이에 배향되지 못한 선현을 중심으로 지역 별로 별도의 원사 창립으로 나아갔다. 특정 서원에서의 입향 저지가 결과적으로는 별도의 원사 독립으로 나타나고 있음을 보여준다. 이는 지역에서 다양한 향현사의 독립 현상을 설명하는 한 사례가 될 수 있을 것이다.

여기서는 선산이라는 특정의 지역에서의 향현 추숭 추이를 통해 지역에서 서원의 건립이 확대되어 나가는 양상을 설명하려고 한다.

2. 선산의 향현 추숭 추이

지역에서의 향현 추숭의 시작은 야은 길재에 대한 추숭에서 시작했다고 하여도 과언이 아니다. 길재가 조선 건국에 반대하였으므로 조선 초기의 상황 속에서 절의라는 이름으로 긍정적 평가가 이루어질 수 없었다. 그러나 조선 건국이 되돌릴 수 없는 역사적 사건이 되면서는 평가가 달라지기 시작하였다. 한미한 유자에서 정종 대부터 차츰 절의를 지킨 신하로 평가되기 시작하였다. 실록에 전하는 사신의 사론에 따르면 당시 길재에 대한 부정적 여론이 없지 않았으나 과감하게 충렬한 선비라는 평가를 하였으며 그러한 인물평이 실록에 실린 것은 절의에 대한 새로운 평가와 인식이 대두되었기 때문일 것이다.

> 사신 홍여강이 논하다. “어떤 사람은 말하기를, ‘신씨(辛氏)가 이미 정통(正統)이 아니요, 주서(注書)가 또한 현달한 관직이 아니니, 길재(吉再)가 마땅히 성조(盛朝)에 벼슬할 것이요, 작은 절개에 구애할 것이 아니라’고 한다. 나는 생각하건대, 충신은 두 임금을 섬기지 아니하고, 열녀(烈女)는 두

남편을 섬기지 아니한다 하니, 신씨(辛氏)가 비록 위조(僞朝)이나 이미 폐백을 바쳐 신하가 되었고, 주서(注書)가 비록 미관(微官)이나 또한 종사(從仕)하여 녹을 먹었으므로, 어떻게 위조(僞朝)와 미관(微官)이라 하여 나의 신자(臣子)된 분수를 무너뜨릴 수 있겠는가! 또 절의(節義)는 천지(天地)의 상경(常經)이어서, 삶이 있는 처음에 받지 않은 것이 없다. 그러나 공리(功利)에 이끌리고 작록(爵祿)에 어두워서 모두 온전히 지키지 못한다. 신씨가 망한 지가 이미 오래이고, 자손 가운데 의탁할 만한 자도 없는데, 길재가 능히 옛 임금을 위하여 절의를 지켜, 공명을 뜬구름 같이 여기고, 작록을 헌신짝 같이 보아, 초야(草野)에서 몸을 마치려 하였으니, 또한 충렬한 선비라 하겠다."[1]

불사이군(不事二君)의 충신으로서의 추숭은 태종 대에 본격화하였다.[2] 태종이 즉위하자 권근은 고려 왕조에 절의를 지킨 시중(侍中) 정몽주(鄭夢周), 광산군(光山君) 김약항(金若恒), 주서(注書) 길재 등을 포상하기를 청하였다.[3] 이에 태종은 특별히 정몽주와 김약항에게 증직을 허락하였다.[4] 당시 길재는 생존 인물이었기 때문에 제외되었다. 이러한 포상 시행은 조선의 입장에서 이제 고려 왕조에 충성을 바친 이들을 절의라는 관념으로 포상해야 할 시점이 된 것이다.

태종 대의 추세는 세종 대로 이어진다. 조선 세종 즉위년 11월에는 경상도 관찰사에게 명하여 길재의 후손 가운데 재행이 있는 자가 있으면 찾아서 보고하도록 하였다.[5] 길재의 아들 길사순(吉師舜)을 선산으로부터 천거

---

1 『정종실록』 권5, 정종 2년 7월 2일(을축). 번역은 한국고전번역원의 것을 이용하였다. 이하 동.

2 중앙 정부 차원에서의 길재에 대한 추숭 논의는 다음의 논문을 참조할 것.
김훈식, 「15세기 조가의 길재 추숭과 인식」, 『민족문화논총』 50, 영남대학교 민족문화연구소, 2012.
안장리, 「야은 길재에 대한 추숭과 비판에 대한 연구」, 『포은학연구』 18, 포은학회, 2016.

3 『태종실록』 권1, 태종 1년 1월 14일(갑술).

4 『태종실록』 권2, 태종 1년 11월 7일(신묘).

를 받아 서울 안에 살아갈 수 있도록 하였다.[6] 이듬해인 1419년(세종 1) 길재가 죽자 길재의 업적을 실록의 졸기로 기록해 넣기도 하였으며, 1426년(세종 8)에는 통정대부사간원좌사간대부지제교겸춘추관편수관(通政大夫司諫院左司諫大夫知製敎兼春秋館編修官)에 증직(贈職)하였다. 실록에 따르면 장문의 고려 문하 주서 길재의 졸기가 수록되어 있는데 졸기의 후반부는 길재의 절의를 칭송하는 내용으로 꾸며져 있다.

『삼강행실도』, 「충신도」, 〈길재항절〉

길재는 전문(箋文)을 올려 진정하기를, "충신은 두 임금을 섬기지 아니한다 하였는데, 신은 초래(草萊)의 태생으로 위조(僞朝)에 신하되어 벼슬까지 받았습니다. 그러니 다시 또 거룩한 조정에 출사하여, 풍교에 누(累)를 끼칠 수 없습니다"하므로, 상왕이 그 절의를 가상히 여겨 후한 예로 대접해 보내고 그 집안에 대해 복호(復戶)해 주었다. (중략) 권근은 일찍이 길재의 시에 서문을 짓기를, "고려 5백 년에 교화를 배양하여 선비의 기풍을 격려한 효과가 선생의 한 몸에서 수확되었고, 조선 억만년에 강상(綱常)을 부식하여 신하된 절개를 밝히는 근본이 선생의 한 몸에서 터를 닦았으니, 명교(名敎)에 유공(有功)함이 이보다 클 수 없다"고 하였다.[7]

5 『세종실록』 권2, 세종 즉위년 11월 24일(경오).

6 『세종실록』 권2, 세종 즉위년 12월 29일(갑진).

7 『세종실록』 권3, 세종 1년 4월 12일(병술).

1400년(정종 2) 세자인 이방원의 부름으로 서울에 갔지만 자신에게는 두 주인이 없다면서 사퇴를 청하자 이를 허락하였다는 내용은 정종의 관대함을 말하는 것이기는 하나[8] 오히려 길재의 기개와 절의 정신을 보여주는 내용이었다. 이러한 내용이 1434년 『삼강행실도』가 간행될 때 「충신도」에 〈길재항절(吉再抗節)〉의 항목 속에 절의를 보이는 그림과 함께 수록되면서 이 이후 길재는 국가적 차원에서 절의 인물로 추숭되었으며, 조선 왕조 내내 길재는 절의의 상징 인물이 되었다.[9]

절의 측면 외에 도학 계보에서 길재가 정몽주를 이어 동방 이학의 계승자 체계에 오르게 된 것은 중종 대에서 선조 대까지 진행되었던 초기 문묘종사운동과 관련이 깊다. 1610년(광해군 2) 김굉필(金宏弼), 정여창(鄭汝昌), 조광조(趙光祖), 이언적(李彦迪), 이황(李滉)의 동방오현(東方五賢) 문묘 종사가 실현되었다. 1517년(중종 12) 배향되었던 정몽주로부터 이 때 새로 배향된 이황에 이르는 도학의 계승 체계에서 길재가 정몽주의 이학을 전수한 인물로 크게 부각되었다.[10]

한편 선산 지역의 길재 추숭은 집안 제례처에서 시작하였을 것으로 보인다. 가묘 형식으로 존립하였던 것이 후일 야은사의 영당으로 변모하였다. 이와 관련해서 1403년(태종 3) 군사(郡事) 이양(李揚)이 길재를 율곡(栗谷)으로 옮겨 살도록 주선하였으며, 감사(監司)[11] 남재(南在)는 선생이 살던

8 『야은집(길재)』, 「야은선생언행습유」 중, 〈삼강행실도〉. 번역은 『국역 야은집』 한국정신문화연구원, 1980을 이용하였다. 이하 동.

9 이태진, 「길재 충절 추숭의 시대적 변천」, 『한국사상사학』 4·5합, 한국사상사학회, 1993; 박성봉 편, 『길야은연구논총』, 서문문화사, 1996, 116쪽.

10 이태진, 「길재 충절 추숭의 시대적 변천」, 『한국사상사학』 4·5합, 한국사상사학회, 1993; 박성봉 편, 『길야은연구논총』, 서문문화사, 1996, 117~123쪽.
김용헌, 「야은 길재의 두 가지 표상 - 절의의 실천과 도통의 전승」, 『한국학논집』 65, 계명대 한국학연구원, 2016, 215~218쪽.

11 남재가 경상도 관찰사에 임명된 것은 태종 3년(1403)이다(『태종실록』 권5, 태종 3년 6월 을해).

곳에 가서 가묘(家廟)를 지어 주었다.[12] 1419년(세종 1) 선생이 사망한 뒤에는 자손들이 야은의 유상을 봉안하고 향사하였는데 관에서 전 5결을 지급받아 향사 비용에 사용하였다는 기록이 전한다.[13] 이 기록으로 보아 지역에서는 처음 가묘에서 제례를 지내다가 차츰 사우로 변모한 것으로 보인다. 『동국여지승람』에 의하면 길재사(吉再祠)가 금오산 아래 구며리(仇旀里)에 있는데 선산부 부치에서 20리에 위치하며 남재가 건립했다고 전한다.[14] 두 기록을 보면 경상도 관찰사 남재가 1403년 가묘를 지어주었고 길재 사후 야은을 위한 사당이 되었음을 알 수 있다. 길재의 사당은 이후 여러 차례 중수되었다. 1583년(선조 16) 당시 선산부사였던 유덕수(柳德粹)가 길재의 야은사 사당을 중수하였다.[15] 그러나 임진왜란으로 회진되자 1602년(선조 35) 선산부사 김용(金涌)이 다시 중건하였다.[16] 그 후 중수를 거쳐 현재 도량동에 위치하게 되었다.

한편 문묘종사 운동을 통해 동방 이학의 계승자로서 길재가 부각되자 향촌에서는 선현으로서 야은을 추숭하기 위한 사업을 본격화하였다. 대표적인 사업이 문집의 간행과 서원의 건립이었다.

최응룡은 1573년 초간본 간행과 관련하여 발문을 통해 그간의 사정을

『歸亭先生遺稿(南在)』.

12 『일선지』, 「방리」, 〈율곡〉. 선산문화원 영인, 1983.
『야은집』, 「야은선생언행습유」 상, 〈야은연보〉.

13 『일선지』, 「질사」, 〈야은사당〉.

14 『여지승람』, 선산부.

15 『야은집』 「야은선생언행습유」 중, 〈사당중수환안문(유덕수)〉.

16 『일선지』, 「질사」, 〈야은사당〉.
『야은집』, 「야은선생언행습유」 하, 〈찬영제시〉.
『야은집』, 「야은선생언행습유」 중, 〈사당중수봉안문(김용)〉.
부사 김용이 이곳을 방문한 뒤에 작성한 시가 문집에 남아 있다. "栗谷遺祠 - 말을 몰아 금오산 동쪽에 와서 송죽이 푸르른 율리를 찾았네 천년의 그 모습 여기에 있도다 잠시간의 이야기도 맑은 풍도네 부사 김용(促鞭來訪金烏東 寒竹蒼松栗里中 千載儀刑此可想 暫時談話亦淸風)"

다음과 같이 전한다.

> 마침내 선생의 5대손 생원 회(誨)로 하여금 판각하여 영원히 전하도록 하고, 또 고을 사람 상사 이위(李瑋)로 하여금 초상을 본떠서 책머리에 드러내 누구나 이 책을 펼 때 엄숙히 높은 기상을 상상하게 하였다. 뒷날 남은 풍모를 사모하여 흥기하는 자는 금오산을 바라보면서 선생의 높은 절개를 생각하고, 행장을 열람하면서 선생의 진실한 행실을 우러러 본다면, 정녕 윤 부사의 뜻을 저버리지 않는 것이리라.[17]

1570년 선산부사로 도임하였던 윤지형(尹之亨)은 후손인 길회에게 흩어진 선생의 자료와 박서생이 찬한 행장 등을 모아 문집을 판각토록 하였다. 이위[18]에게는 선생의 모습을 모사한 유상을 그리도록 하여 책 머리에 싣도록 하였다. 마침내 1573년 『야은선생행록(冶隱先生行錄)』의 제명으로 3권 1책의 목판본이 간행되었다.[19]

그러나 초간본 『야은선생행록』은 임진왜란으로 인해 유실되어 제대로 전하지 못하였다. 이에 선생의 6대손 길흥선(吉興先), 길종선(吉宗先)은 기존의 초간본에 여러 임금의 사제문과 금오서원, 오산서원 두 서원의 창건에 대한 글을 모아 중, 하 양편에 모두 편재시키면서 1615년(광해군 7) 중간본인 3권 1책의 『야은선생언행습유』를 간행하였다.[20]

---

17 『야은집』, 「야은선생언행습유」 하, 〈行錄初刊跋(鄕人崔應龍)〉. "遂命先生五代孫生員誨 繕寫上板 傳之不朽 又令鄕上舍李瑋 摹寫遺像 表於卷首 使人人開卷 肅然想象高標 後之慕餘風而興起者 挹金烏而思先生之峻節 閱行狀而景先生之實行 則庶不負尹侯之意"

18 李偉는 율곡 이이의 동생인 玉山 李瑀이다. 이우는 고산 황기로의 사위가 되어 선산에 정착해 있었으며 그림에 능한 것으로 알려져 있었기 때문에 유상을 그린 것으로 보인다.

19 김석배, 「야은선생행록 연구」, 『영남학』 27, 영남문화연구원, 2015; 『한국고전의 세계와 지역문화』, 보고사, 2021.

20 『야은선생언행습유』, 「하」, 〈발(張顯光)〉. 국립중앙도서관 고조57-가34.

그 뒤 1858년(철종 9) 미처 수집하지 못하여 누락된 여러 자료를 모아 속집을 간행하게 되었는데 간행을 주도한 이가 달라 두 종류가 간행되었다. 하나는 후손 길면주(吉冕周)의 요청에 의해 송내희(宋來熙)가 교정을 보고 발문을 적은 것으로 상·중·하 2책본이다.[21] 또 하나는 후손 길민헌(吉民獻)과 길민성(吉民聖), 길민익(吉民益)의 요청에 의해 이휘녕(李彙寧)이 교정을 보고 권대긍(權大肯), 이명적(李明迪), 김사철(金思轍), 유주목(柳疇睦)이 발문을 쓴 4권 2책본[22]이다. 이렇게 두 종류가 간행된 것은 충청도 금산과 경상도 선산으로 나누어져 있는 후손의 분기와 정치적 입장의 차이에서 기인하고 있다.

가묘에서 출발한 사당이 아니라 향촌에서의 공식적인 추숭 사업은 길재의 위패를 모시는 금오서원의 건립이었다. 당시 야은의 학맥을 계승한 것으로 자부했던 송당 박영 문하의 제자들은 자신들의 학맥을 정몽주 - 길재 - 김숙자 - 김종직 - 정붕 - 박영으로 계열화하면서 선산을 중심으로 한 학맥의 선상에 있는 길재를 서원에 모시기 위한 작업에 본격적으로 나서게 되었다.[23] 초기 서원 설립에 주도적 역할을 담당한 이는 김취성(金就成, 1492~1550), 김취문(金就文, 1509~1570), 최응룡(崔應龍, 1514~ 1580) 등의 선산 사족이었다.[24] 임진왜란으로 서원이 소실된 이후 재건하는 과정에서는 김석윤(金錫胤, 1548~1627), 최현(崔晛, 1563~1640), 노경임(盧景任, 1569~1620), 윤홍선(尹弘宣, 1573~1629)[25] 등과 인동의 장현광(張顯光,

---

21 습유 상·중·하 1책에 속집 상·중·하 2책으로 구성되어 있다. 장서각 K2-778.

22 습유 상·중·하 1책에 속집 4권 2책으로 구성되어 있다. 국립중앙도서관 고3648-09-2.

23 김성우, 「15세기 중·후반~16세기 도학운동의 전개와 송당학파의 활동」, 『역사학보』 202, 2009; 금오공대 선주문화연구소 편, 『구암 김취문과 선산김씨의 종족활동』, 형설출판사, 2010.

24 『寒岡先生文集(鄭逑)』 권6, 「答問」, 〈答金烏院生〉.

25 尹弘宣(1573~1629) 자 伯任, 호 塤齋, 본관 평산(『立齋集(鄭宗魯)』 권40, 「碣銘」, 〈塤齋尹公墓碣銘〉).

1554~1637), 산동의 김녕(金寧, 1567~1650)[26] 등이 주도적인 역할을 담당하였다.

초기 서원 건립운동을 살펴보면 최응룡, 김취문 등은 길재를 위한 서원의 건립을 선산부사에게 요청하였는데 길재는 포은으로부터 이학을 전수받아 전달한 공이 있다고 주장하였다.[27] 당시 수령이었던 송기충(宋期忠)은 다음과 같은 정첩을 감사에게 보냈다.[28]

> 야은 길선생은 충효를 겸전한 데다가 성리의 학문을 더하여 유학의 세계에 큰 공이 있습니다. 지금 선생이 노년을 보낸 곳인 금오산 기슭은 선생을 제향하고 여러 학생들이 학문을 닦을 만한 곳으로 묘을 세워 서원을 건립할만한 곳입니다. 이렇게 한다면 인륜을 교화하고 풍속을 이루려는 방법에 도움이 될 수 있을 것입니다.[29]

그러나 서원의 건립은 쉽지 않았다. 윤지형이 1570년 선산부사에 도임한 후[30] 서원의 건립에 박차를 다해 마침내 1572년 서원을 완공하였다.[31] 저간의 사정을 최응룡은 다음과 같이 적고 있다.

---

26 『遯峯集(金寧)』, 「부록」, 〈돈봉선생연보〉.

27 『일선지』 5, 「학교」, 〈서원〉.

28 송기충은 「일선부선생안」(『일선속지』 부록, 선산문화원, 1985, 449쪽)에 따르면 "융경원년 정묘(1567) 금오서원을 건립했다"고 전하나 당시 건립 시도에 그친 것으로 보인다.

29 『야은집』, 「야은선생언행습유」 중, 〈청건서원첩〉.
『일선지』 5, 「학교」, 〈서원〉.

30 윤지형은 1573년 파직되어 선산을 떠났다(『선조실록』 권7, 선조 6년 10월 2일 기유).

31 금오서원의 건립에 대해 『전고대방』에서는 선조 경오년(1570)이라고 적고 있으나 이는 전임 선산부사 송기충 이래 건립 작업이 지속된 것을 의미한다(강학석, 『전고대방』, 명문당, 1982, 363쪽). 『俎豆錄』(조선시대교원지총서2, 민창문화사, 1992, 258쪽)에서는 선조 임신년(1572) 건립했다고 적고 있다.

> 경오년(1570) 윤지형이 선산부사로 부임해 와서 더욱 적극적으로 향풍의 진작과 풍속의 선도를 급무로 삼았다. 백성을 다스리고 선비를 선도하는 가운데 말이 야은의 풍절에 미치면 언제나 공경하고 사모하지 않음이 없었다. 요컨대 선생의 행실이 사림의 표준이 되었기 때문이었다. 서원을 금오산에 세울 적에 힘을 다해 완성하였다. 선행 중에서 혹 드러나지 않는 것은 행장에서 고증하여 한 가지 일 한 가지 행실이라도 널리 퍼지지 못할 까 염려하였다.[32]

금오서원이 완공이 되자 1572년(선조 5) 위패를 서원에 봉안하였다. 지역의 선비였던 최응룡은 금오서원에 봉안하는 글에서 덕행은 우리 고을을 빛냈다고 길재를 칭송하였다.

> 학문의 조예는 독실하시고 의리는 털 끝을 분석하듯 섬세하였도다. 위태하고 혼란한 세상이라 깨끗한 몸으로 돌아가니, 부귀도 매혹할 수 없었고 빈천도 또한 즐거워하도다. 빈 골짜기에 고사리 캐며 한결같은 절개로 일생을 마쳤으니, 강상은 우리나라를 붙들었고 덕행은 우리 고을을 빛냈도다. 사당 세워 제사 드리오니 영혼이며! 밝게 이르소서.[33]

그런데 선산 지역에서 향현의 추숭과 관련하여 길재를 모시는 서원이 건립되자 곧바로 서원의 제향 인물을 어디까지 확장할 것인지, 향사의 형식은 어떻게 할 것인지, 별도의 향현사를 둘 것인지 등으로 논란이 있었다. 당시 야은 길재 이후 누구를 추배할 것인가로 김종직, 이맹전 등이 먼저 논의되었다. 김종직이 결과적으로는 배향되었으나 지역에 기반한

---

32 『야은집』, 「야은선생언행습유」 하, 〈行錄初刊跋(鄕人崔應龍)〉. "歲庚午 尹侯之亨 受左符于善 慨然以興化善俗爲急 治民導士之餘 語及冶隱風節 未嘗不起敬悅慕 要以先生之行 爲士林指南 書院之建於金烏 則盡力修完 善行之或未表著 則徵諸行狀 猶恐一事一行之未及廣布"

33 『야은집』, 「야은선생언행습유」 중, 〈금오서원봉안문 융경임신춘(향인 최응룡)〉.

이맹전의 미배향은 여전히 많은 갈등 요인을 낳고 있었다. 물론 김종직이나 이맹전이 모두 뛰어난 선현이기는 하였으나 도학적 측면의 김종직이 절의적 측면의 이맹전보다 제향이 더 시급한 것으로 생각하였기 때문일 것이다. 게다가 3현 추배로 4현 추숭이 이루어지고 난 후에도 4현 외의 향현에 대한 제향은 지역 사회에서 첨예한 문제로 대두되었다.

한편 야은 길재에서 송당 박영으로 계열을 표방한 금오서원의 건립은 안동 지역 퇴계 계열의 불만을 불러일으켰다. 선산 지역에서의 야은에서 송당으로 이어지는 학맥을 표방한 금오서원의 건립은 인근 군현에서의 서원 건립에 크게 영향을 미친다. 퇴계 계열의 유운룡(柳雲龍)은 인근 인동의 수령으로 재직하면서 오산서원 건립을 통해 퇴계학파가 이해하는 도학의 체계를 보이려고 하였다.[34] 유운룡은 금오서원이 표방하였던 도통계보에 불만이 적지 않았던 것으로 보인다. 금오서원의 도통에 따르면 야은에서 송당으로 이어지면서 결과적으로는 이황이 박영을 잇는 것이 되는 셈이었다. 유운룡은 이를 인정하지 않으려 하였다. 오히려 정몽주 - 길재 - 김숙자 - 김종직 - 김굉필 - 조광조 - 이언적 - 이황으로 이어지는 도통관을 표방하였다. 유운룡이 지니고 있는 퇴계학파 내에서의 위상으로 볼 때 선산에 금오서원이 있음에도 불구하고 별도로 인동에 오산서원을 설립한 것은 도학 계보에서 조광조에서 이황으로 이어지기를 원한 것이다.[35] 그 결과 금오서원과는 도통관을 달리하는 오산서원의 건립으

---

34 오산서원의 건립에 대해 『전고대방』에서는 선조 7년 갑술년(1574) 창건한 것으로 적고 있으나 유운룡의 〈오산서원사적〉에 의하면 1569년(선조 2) 현감 趙天啓의 화동산 아래 건립 시도, 1574년(선조 7) 현감 윤근수의 영역(塋域) 보호 조처, 1585년(선조 18) 현감 유운룡의 오태산 원우 이건 사업을 거쳐 1588년(선조 21) 3월 준공하고 4월 14일 야은선생을 사당에 봉사하였다(『야은집』, 「야은선생언행습유」 중, 〈오산서원사적략(유운룡)〉).

35 유운룡은 야은의 절의를 현창하기 위해 1587년(선조 20) 오태동 나월봉 아래에 별도로 지주중류비를 세웠다. 유운룡은 한강 정구에게서 이제묘에 있는 지주중류비 묵본을 얻어 감사 李山甫에게 알렸다. 이에 선산부사 柳德粹가 일을 주관하고, 후손 吉云得이 유사

로 이어지게 되었다. 금오서원과 오산서원의 설립 배경에 대한 임근실의 최근 연구는 이러한 차이를 잘 보여주고 있다.[36]

임진왜란 전 선산에서 금오서원의 건립과 배향 인물로 김종직, 정붕, 박영의 배향을 확정하게 되었지만 임진왜란 이후 금오서원의 재건과정에서 다시 다른 향현에 대한 추숭 문제가 일어났다. 이 과정에서 적극적으로 이 문제에 개입한 인물이 해평을 중심으로 활동하고 있었던 박운(朴雲), 최현이었다. 선산 출신들은 상대적으로 향현의 금오서원 추향을 주저하였다.

최현은 『일선지』를 편찬하면서 인물조는 후비(后妃), 선현(先賢), 훈열(勳烈)·문무(文武)·음사(蔭仕)·응천(應薦), 숙행(淑行), 기예(技藝), 효지(孝子), 열녀(烈女) 항목으로 구성하였다. 선현 항목을 별도로 추출한 것에 대해서는 "이미 사림의 긍식이 된 인물들로 범인과 섞여 기록할 수 없기 때문에 세대에 얽매이지 않고 왕후 다음에 기록한다"고 적고 있다.[37] 일반 인물과는 구별되는 모범이 되는 선현으로 최현은 이 책에서 12선현을 제시하고 있다. 그런데 같은 『일선지』이지만 후일 고종대 내용을 추보한 장서각본 『일선지』에는 기존의 12선현 외에도 7선현이 추가되어 모두 19선현을 기록하고 있다. 그리고 1900년 경 김지원(金志遠)이 『일선지』의 속편으로 편찬한 『일선속지(一善續誌)』의 선현 항목에는 장현광이 추가되어 있다.[38] 이들은 모두 지역 기반을 선산에 두고 있어 선산 지역을

가 되어 해평에서 治石하였다. 앞에 지주중류 4자를 새기고 뒤에 박도생의 글씨로 서애의 음기를 새겼다(『야은집』, 「야은선생언행습유」 중, 〈오산서원사적략(유운룡)〉).

36 임근실, 「유운룡의 『오산지』 편찬 의도」, 『한국서원학보』 2, 한국서원학회, 2013.
임근실, 「16세기 선산지역 서원 건립에 나타나는 도통의식 - 금오서원과 오산서원을 중심으로」, 『퇴계학보』 137, 퇴계학연구원, 2015.

37 『일선지』 형, 「인물」, 〈先賢〉. "凡在志中者 莫非後人之所尊敬 而近世稱以先賢 已爲士林之矜式者 則不可混書於凡人 故不拘世代 着于王后之次"

38 『一善續誌(金志遠)』; 선산문화원, 1985.

대표하는 향현이라고 할 수 있다.

〈표 1〉 선현조 수록 인물의 증가

	선산문화원본	장서각본	일선속지
선현조	吉再 金澍 河緯地 李孟專 金淑滋 金宗直 金宏弼 鄭鵬 朴英 朴雲 金就成 成運	金應箕 金振宗 金就文 崔應龍 李瑀 盧景任 高應陟	張顯光
	12	12+7=19	19+1=20

한편 최현은 『일선지』 부록에 수록된 「금생이문록」을 통해 선산의 향현으로 10현을 제시하였다. 이에는 야은 길재, 점필재 김종직, 신당 정붕, 송당 박영, 농암 김주, 경전 이맹전, 참판 하위지, 강호 김숙자, 진락당 김취성, 용암 박운이 포함되어 있다. 이들은 모두 선산 지역에 일정한 연고를 가지고 활동했던 인물들이었다.

이 가운데 길재는 이미 국가적인 공인으로 절의와 도학의 인물로 현창되고 있었으며 그 외 생육신, 사육신, 도학자들도 이미 국가적으로 인증된 인물이나 김주의 경우에는 조선전기까지만 하더라도 국가적으로는 그 위상이 크게 드러나지 않고 있고 집안에서 전승의 형태로 전해질 뿐이었다. 그러나 해당 지역 박운, 최현 등의 인사들에 의해 김주의 사적이 발굴되면서 널리 알려지게 되었다. 최현은 김주(金澍)의 사적에 대해 세대가 멀고 문헌으로 징험하기는 어려우나 그 자취는 민멸할 수 없음을 강조하였다.

이 점은 동향의 학자인 박운이 『동국문헌록』을 지어 김주와 이맹전의 일을 명현록에 넣으려고 했던 것의 연장선상에 있다. 박운은 김주가 명나라 사신으로 갔다가 돌아오지 않은 사적에 대해 자제들에게 얘기를 나누었고 아들 박연과 손자 박수일은 그들이 들은 내용을 기록으로 남기고 벗들과 항상 그에 관한 얘기를 나누었다. 이러한 내용을 전해들은 최현은 『일선지』 선현조에 김주를 등재하면서 자세하게 그 사정을 정리하였다.[39]

최현의 생각은 비록 국가적인 전적에 의한 입증은 이루지 못하였으나 부노들의 전언으로 그 자취를 알 수 있다는 것이다.[40]

박운과 최현 등 해평 지역 인사들의 김주, 이맹전 추숭에도 불구하고 금오서원 배향 4현 외에 다른 향현의 금오서원 추배는 실패로 끝났다. 「금생몽유록」에 기록된 선산10현 가운데 금오서원에는 4현이 배향되고 있으므로 나머지 6현의 제향이 절실하였다. 금오서원 추배가 불가능해지자 6현의 추숭은 결국 도개의 월암서원과 해평의 낙봉서원 창립으로 나아갔다. 또 다른 향현들은 각 문중에서 발의한 서원을 통해 배향해 나가기 시작하면서 선산 지역에서는 다양한 문중서원이 출현하게 되었다. 그것이 바로 무동서원, 서산재, 송산사, 문산서원의 창립으로 이어졌다.

한편 1900년경에 만든 『일선속지』 「오유거사전」에서는 서원 훼철로 인해 향사를 재현하려고 할 때 그 대상이 될 수 있는 인물로 국현 13위를 거명하였다. 그 가운데 야은 길재, 점필재 김종직, 신당 정붕, 송당 박영, 여헌 장현광 5선생은 사액서원인 금오서원에서 제향하고 있었다. 그외 농암 김주, 강호 김숙자, 단계 하위지, 경은 이맹전, 진락당 김취성, 용암 박운, 구암 김취문, 두곡 고응척 8선생은 역시 사액서원인 월암서원과 낙봉서원에서 제향되고 있으므로 이들은 국현으로서 자격을 갖춘 셈이다.

그러나 국현을 제외하더라도 향현으로서의 위상을 지닌 인물들에 대한 각 문중의 추숭 노력이 지속되었다. 이러한 각 문중의 노력이 지역 향현을 배향하는 서원의 건립으로 나타났다. 제향 대상 인물과 봉향 서원은 아래

---

39 『일선지』 권2, 「인물 선현」, 〈김주〉.

40 엄기영은 전언의 신뢰성에 대해 의문을 표시하고 일련의 추숭과정을 거쳐 김주의 행적이 신비화되었다는 논지를 전개하였다(엄기영, 「충신은 어떻게 만들어지는가? - 고려말 김주 관련 작품과 기록을 대상으로」, 『동양학』 51, 단국대학교 동양학연구원, 2012). 그러나 그러한 추숭과정이 있다고 하더라도 지역에서 전승되었던 측면을 무시할 수는 없다고 생각한다.

와 같다. 이러한 현상에 대해 「오유거사전」에서는 3사액서원과 9향사에서 추숭되고 있다고 적기하였다.

〈표 2〉 향현과 배향서원

	향현 명단	배향서원	배향인
5국현	길재, 김종직, 정붕, 박영, 장현광	금오서원	길재, 김종직, 정붕, 박영, 장현광
		오산서원	길재
		동락서원	장현광, (장경우)
8국현	김주, 김숙자, 하위지, 이맹전, 김취성, 박운, 김취문, 고응척	월암서원	김주, 하위지, 이맹전
		낙봉서원	김숙자, 김취성, 박운, 김취문, 고응척
24향현	김응기, 전좌명, 전윤무, 정석견, 김진종, 황기로, 황필, 강거민, 오식, 강유선, 김번, 노수함, 이우, 김종무, 최현, 노경필, 노경륜, 노경임, 김진호, 김양, 김공, 박진경, 김녕, 김경, 윤홍선, 김선초, (최응룡)	무동서원	전좌명, 이우, 전윤무
		송산서원	최응룡, 최현, 김응기, 김진종, 강유선, 노경임
		문산서원	노수함, 노경필, 노경윤
		남강서원	김종무, 김공, 김양, 김경, 박진경
		승암서원	김녕
		화강서원	정석견, 김번, 김진호, 김선초
		경락서원	오식, 황필, 강거민, 황기로, 윤홍선
		매강서원	(이이), 이우
		남계서원	윤홍선
비고	* 24향현이라고 하였으나 실제로는 26향현을 기록함 * 또한 최응용을 별도로 추가 기재함. * 따라서 실제로는 총 27향현을 기술하고 있음.		금오서원과 오산서원 길재 중복 금오서원과 동락서원 장현광 중복 동락서원 장경우 추향, 매강서원 이이 배향 무동서원과 남계서원 이우 중복

3. 금오서원을 통한 4현 추숭

금오서원의 건립 작업은 윤지형이 1570년(선조 3) 선산부사로 부임하면서 본격화되었다. 금오산 북쪽 산기슭에 건립 작업을 시작했으며,[41] 1572년(선조 5) 묘우가 완성되어 독향으로 길재를 모시게 되었다. 이때 작업을 주도하였던 최응룡은 봉안문을 만들고 길회(吉誨)는 향사문을 작성하여 길재의 절개와 덕행을 기렸다.[42] 『일선지』에서는 최응룡의 봉안문을 수록한 다음 "융경 임신년 봄에 사당이 이루어지자 야은 선생 한 분을 제향했는데 후에 김종직, 정붕, 박영을 병향하였다"고 적고 있어 초기 상황을 전하고 있다.[43]

그런데 금오서원에 언제부터 김종직, 정붕, 박영을 배향했는가에 대해 의문이 있다. 금오서원에서 만든 『금오서원지』에서는 1605년(선조 38)에 추향했다고 적고 있다. 그러나 한강 정구가 금오서원 원생과의 물음에 답한 글에서는 4현을 임진왜란 이전에 배향했음을 전하고 있다.

> 금오서원 원생이 문의했다. 지난날 금오서원을 창립할 당시에 고을 사류들

---

41 『雲川先生文集(金涌)』 권6, 「附錄」, 〈雲川先生年譜〉. "三十年壬寅 先生四十六歲 移建金烏書院于藍山 院舊在烏山北麓 地偏土瘠 人不成村 負笈者罕往 人皆病之" 『淵齋先生文集(宋秉璿)』 권19, 「雜著」, 〈遊金烏山記〉에 "丙辰 蓐食 渡鑑湖 踰大嶺 從山谷而行十餘里 抵善山界南通村 是金烏東麓吉冶隱遺墟也 走登採薇亭" 『一善志』 亨, 「人物」, 〈吉再〉. "父老士子 建廟院于先生所居 金烏山下 號金烏書院" 『冶隱先生續集』 中, 「附錄」, 〈敬慕閣記(徐秉淳)〉. "吾東有冶隱吉先生 亦力行不惑者 夫善州之南 烏山之下 卽先生杖屨之所也 是墟也有亭曰採薇 有齋曰求仁 亭之北 有遺墟碑 碑之傍 有新建之閣 乃肅廟朝翰墨奉安之所 而力不逮功未就 藏之私室 悚憪久矣" 등으로 보아 금오서원은 채미정 바로 아래 남통동에 건립된 것으로 보인다. 길재는 서원에 속해 있던 大穴寺의 누각인 涵碧樓에 자주 출입한 것으로 전하는데(『일선지』 원, 「古跡第八」, 〈불우〉) 대혈사는 선생이 거처하던 곳에서 몇 리 떨어져 있었다.

42 『야은집』, 「야은선생언행습유」 중, 〈금오서원봉안문〉, 〈금오서원향사문〉.

43 『일선지』, 「서원」.

이 본부(本府)에 정문(呈文)을 올렸으며, 부사는 이를 감사에게 보고하고, 감사는 또 조정에 아뢰어 금오산 밑에 사당을 세웠습니다. 당시 향선생(鄕先生) 진락당(眞樂堂) 김취성(金就成), 감사(監司) 김취문, 감사 최응룡 등이 야은(冶隱) 길재 선생 외에 신당(新堂) 정붕(鄭鵬) 선생, 송당(松堂) 박영(朴英) 선생 등 3현을 봉향하자고 논의했습니다. 아울러 정언(正言) 이맹전(李孟專)도 함께 넣자는 논의가 있었습니다. 그 뒤 이 정언을 넣자는 논의는 도로 잠잠해지고 점필재(佔畢齋) 김종직(金宗直) 선생을 넣지 않을 수 없다는 주장이 나왔습니다. 논의가 결정되기도 전에 진락당과 김 감사는 모두 세상을 떠나게 되었습니다. 고을에서 의논이 분분했는데 결국 야은, 점필재, 신당, 송당 4현을 함께 봉향하게 되었으며, 그리고 금오서원으로 사액이 내려왔습니다. 임진왜란 뒤에는 남산(藍山)의 남쪽 낙동강 가로 옮겼으므로 마땅히 그 편액의 이름을 고쳐야 할 것 같은데 조정에서는 또 옛 이름대로 사액을 했습니다. 지금 과연 고쳐달라고 청하는 것이 좋을지 모르겠습니다.[44]

이 문답에 의하면 임진왜란 이전에 4현을 봉행하기로 결정이 되었으며 그 뒤에 금오서원의 사액이 내려왔다는 것이다. 사액은 1575년(선조 8)에 내려왔으므로[45] 그 이전에 4현 봉향이 이루어졌을 것으로 보인다.

한편 1594년 완성된 「금생이문록」 말미에는 사당에 4분의 위패가 차례로 모셔져 있다는 표현이 있다.

뒤척이는 사이에 하늘에서 닭 울음소리가 들리고 먼동이 밝아오면서 갑자기 깨어나 보니 여전히 배 가운데 누워있었다. 강물이 도도하게 흘러가는 것이 보였고 서산은 푸르고 푸르렀다. 저 들에 있는 노인에게 물어보니 산은 금오산이요 물은 낙동강이었으며, 산 아래에는 충현의 사당이 있다고 했다. 금생이 탄식하며 말했다. "황홀하고 망연하니 진실로 형용하기 어렵구나. 즐

---

44 『한강선생문집』 6, 「답문」, 〈답금오원생문〉.

45 『야은집』, 「야은선생언행습유」 중, 〈청건서원첩〉.

> 겁고 아름다우니 도가 바로 여기에 있었구나. 어찌 반드시 바다를 건너고 산에 올라가 천하를 몸소 살핀 뒤에야 그것을 가지고 크게 본다고 할 수 있겠는가!" 금생이 드디어 배를 풍교에 정박하고 산 아래로 가보니 사묘가 있어서 공경을 드리게 되었는데 과연 네 분 선생의 위패가 차례로 모셔져 있어 마치 꿈에서 본 것과 같았다. 다만 네 분 노인과 두 선비는 간 곳이 없었다. 이로 인해 내가 들은 것을 기록해 뒷날 군자들을 기다리노라.[46]

여기서 말하는 사당은 금오서원이며 서원에 4현이 배향된 것을 말한다. 또한 『일선지』 「금생이문록」의 끝에는 창석 이준이 붙인 〈제최계승소찬금생전후〉가 있다. 여기에서도 길재, 김종직, 정붕, 박영을 언급하면서 사당을 지어 제사를 지낸다는 구절이 있다.

아름답도다! 네 군자 이시여,	懿歟四賢
어울려 빼어나고 함께 꽃답도다.	幷秀聯芳
이에 사당을 지어 제사를 지내니,	迺廟而祀
사모하는 마음이 깃들어 있네.	寓慕羹墻

위의 내용을 보면 늦어도 「금생이문록」이 수정되어 완성된 1594년 이전에 금오서원에서 4현을 배향했음을 보여주고 있다. 즉 금오서원의 창립 초부터 길재 외에 정붕, 박영도 같이 봉향하려는 논의가 전개되었으며 이맹전도 같이 병향해야 한다는 주장이 제기되었다. 그러다 이맹전 대신 김종직을 배향해야 한다는 주장이 일어나 마침내 길재 외에 김종직, 정붕, 박영을 추가로 배향했다는 것이다.

그 후 금오서원이 임진왜란 때 불타버리자 선산에서는 서원의 복설이 시급한 과제였다. 옛 장소에 성묘를 만들었으나 구역이 너무 궁벽하여

46 『일선지』 정, 부록, 「금생이문록」.

넓지 못하여 장소를 옮길 것을 시도하였다.[47] 이건 논의는 김용이 선산부사로 부임한 후부터 본격화 하였다. 김용은 1602년(선조 35) 봄 장현광 등 여러 선비들과 함께 금오서원의 이건과 농암 김주 이하 6현의 추향 건을 논의하였다.[48] 당시 사정을 전하는 기록을 보면 전쟁 후 지역 인사들 사이에서 선산 향교를 복설한 다음 금오서원의 복설을 위한 논의가 진행되었으나[49] 원장이 다른 사람의 비방을 받아 중지하기도 하였다.[50] 아마 6현 추숭 논의가 문제가 되었을 것으로 보인다.

그러나 선산부사 김용은 1602년 지역 사림과 힘을 합쳐 낙동강과 감천이 합류하는 선산읍 원1리의 현 위치에 옮겨 서원을 새로 지었다. 명칭도 옮긴 곳의 산 이름을 따라 남산서원(藍山書院)으로 바꾸었다.[51] 서원과 함께 사당도 중수하여 신주를 봉안하였다.[52]

한편 금오서원의 재사액을 위한 노력을 기울였으나 전쟁 후라는 형편으로 인해 쉽게 이루어지지는 못하였다. 1606년 12월에는 경상 감사 유영순(柳永詢)가 경상도 일부 서원이 잿더미 속에서 서원을 중건하였으나 편액이 없음을 계청하고 조정에서 편액을 내려 표장하여 널리 내걸도록 해 줄 것을 주청하였다.[53] 마침내 1609년 금오서원으로 재사액 되었다.[54]

---

47 『일선지』 6, 「질사」, 〈묘제〉. 남산서원 봉안 제문(여헌 장현광).

48 『錦帶詩文抄(李家煥)』 下, 「行狀」, 〈塤齋尹公行狀〉. "壬寅春 府使金公涌 與旅軒張先生及同時諸賢 議移建金烏書院 院舊祀吉冶隱再 金佔畢宗直鄭新堂鵬朴松堂英 至是諸議欲並享金籠巖以下六賢 將就質於寒岡鄭先生 以任重 難其人 咸曰 非公莫可 其爲士林推重 如此"

49 『경암선생문집』 권2, 「서」, 〈與金錫胤崔晛金天英諸人〉.

50 『경암선생문집』 권2, 「서」, 〈與鄕所鄕校僉丈〉 壬寅.

51 『운천선생문집』 권6, 「부록」, 〈운천선생연보〉. "三十年壬寅 先生四十六歲 移建金烏書院于藍山 (中略) 先生率郡中名士盧公景任崔公晛院長金錫胤等 相地于府東之藍山 士皆樂赴 院旣成 改號曰藍山 崔公記其事 先生有詩 諸人和之"
『운천선생문집』 권1, 「시」, 〈남산서원이건후음시제생〉.
『조두록』, 조선시대교원지총록2, 민창문화사, 1992.

52 『일선지』 6, 「질사 묘제」, 〈사당중수봉안문(김용)〉.

서원을 재건하면서 다시 추향에 대한 논의가 지속되었다. 급하게 사당을 만들었기 때문에 모든 것이 미비한 점이 많았다. 선산의 선비들은 금오서원에서 배향하지 못한 선산의 향현을 서원에 모시기 위해서 외부로부터 여론을 조성할 필요가 있었다. 최현은 동지사의 서장관으로 북경에 다녀왔다가 참람한 글이 있는 국서를 함부로 받아 온 일로 잠시 낙향해 있을 때인 1609년(광해군 원) 12월 김녕과 함께 부지암에서 사수로 한강 정구를 찾아가서 선산의 향십현을 추향하는 일, 서원의 명칭을 개정하는 일, 상례의 여러 조목 등에 대해 의견을 구하였다.[55] 최현의 연보에는 당시 서원의 제향과 관련해 최현이 정구에게 자문을 구했던 내용을 자세히 수록하였다.

> 12월 부지암(不知巖)에서 사수(泗水)로 가서 한강 선생을 찾아뵈었다. 서원의 입향과 상례의 몇 조목에 대해 의논드렸다. 일기에 전하기를 모시고 말씀을 나누다 보니 밤이 되었는데 조보의 몇 소식을 보고서 문의하기를 "신궁으로 옮겨가는 건으로 대간이 계청하기에 이르렀는데 어떻게 생각하시는가요"라고 하자 선생께서는 가볍게 미소를 지으면서 말씀하기를 "대간이 이렇게 하는데, 초야에 있는 내가 어찌 감히 조정의 일을 논할 수 있겠는가"라고 했다. 나는 이어 우리 고향의 서원 일로 문의하기를 "처음 야은 선생을 위해 금오산 아래에 서원을 세웠는데 지금 지세가 불편해 낙동강 가에 옮기고 청액하려고 하는데 계달해 금오로 서원 이름을 받았습니다. 야은을 위해 창건했으나 점필재, 신당, 송당을 아울러 제향하고 또 야은도 금오산인이라고 자칭했으니 서원의 이름을 금오라고 해도 무방할 듯합니다. 이 의론에 대해 어떻게 생각하십니까"라고 했다. 선생이 말하기를 "지금 낙동강 가로 옮겨 짓는데

53 『선조실록』 권206, 선조 39년 12월 경신(26일).

54 금오서원 현판 간기에는 1607년이라고 적혀 있으나 『전고대방』, 『조두록』 등에는 광해 기유(1609년)로 기록되어 있다.

55 『돈봉집(김녕)』, 「부록」, 〈돈봉선생연보〉.

금오라고 하는 것은 온당하지 못한 부분이 있고, 또 3현을 아울러 제향하고 있는데 야은의 이름을 홀로 칭하는 것도 편하지 않는 부분이 있다. 선산에 10현이 있다고 하는데 들어볼 수 있겠는가"라고 했다. 대답하기를 "앞의 4선생 외에 충절로 일컬어지는 이로는 판서 김주(金澍), 정언 이맹전(李孟專), 참판 하위지(河緯地)가 있고, 학문으로 일컬어지는 이로는 사예 김숙자(金淑滋), 진낙당 김취성(金就成), 용암 박운(朴雲)이 있습니다"라고 했다. 이에 선생이 말하기를 "선산에는 충현이 많구나"라고 했다. 내가 다시 여쭙기를 "어떤 사람은 향현도 아울러 서원에서 제향해야 한다고 하고, 혹은 4선생이 이미 서원에 들어가셨으니 그 나머지 향현은 별도로 묘를 세워 제향해야 한다고 하는데 어느 설이 옳습니까"라고 했다. 선생께서 말씀하기를 "상세하게 듣고 본 것이 없고 깊이 생각해 보지도 않았는데, 내가 어찌 함부로 논할 수 있겠는가. 반드시 행장과 묘갈 등 기록한 것이 있을 것이니 그 글들을 보기를 원하다"라고 했다. 내가 말하기를 "말씀에 따라 적어서 올리겠습니다"라고 했다. 밤이 깊어 물러나 잠을 자고 다음날 아침 문안을 드리고 상례의 여러 조목에 대해 여쭙다가 날이 늦어져 인사를 하고 나왔다.[56]

이 글에서 선산에서는 1609년 이전에 이미 3현을 제향하고 있음을 보여주고 있다. 서원지 기록에 의하면 1605년 3현을 봉향하였다고 적고 있으므로 이즈음에 배향에 대한 건은 결정되었던 것으로 보인다.[57]

그런데 최현은 금오서원이 4현 배향에서 김주, 하위지, 이맹전, 김숙자, 김취성, 박운을 포함하는 10현 배향으로 확대하기를 원했다. 최현은 이 문제에 대해 정구에게 지속적으로 문의하고 있다. 이에 대해 정구는 즉답을 피하면서 오히려 선산 향현들의 업적을 파악하기 위해 관련 인물들의 행장과 비갈 등을 모아 줄 것을 요청하였다. 정구의 문집에 수록된 「금오

---

56 『訒齋先生文集(崔晛)』, 「인재선생연보」, 〈37년 광해 원년 기유(1609) 선생 47세〉.

57 『야은집』, 「야은선생속집』 중, 〈금오서원봉안문(김응조)〉. "우리나라 치우친 곳 이 낙동강 가에 옛 사당 새로 옮겨 네 분을 함께 배향했네"

원생문(金烏院生問)」에도 이 때의 문답에 대한 자세한 기록이 있는데 여기서도 향현의 서원 추향은 조정의 허가가 있어야 하며 만약 추향한다면 나이순으로 위차를 정하면 될 것이라고 하였다. 그런데 정구는 이 문제에 대해 널리 의견을 구하여서 처리해야 한다고 답하였다.[58] 이 점으로 보건대 정구는 금오서원의 추가 배향이나 혹은 향현사 창건에 대해 적극적인 동의를 표시하지 않고 있다.

인근 인동 출신인 장현광도 금오서원에 여러 향현을 모두 추향하는 것에는 반대하는 입장을 가졌다. 장현광의 문집인 『여헌집』「서원설(書院說)」에서 공덕이 있는 사람을 서원에서 제향하는 것은 사기(士氣)의 진작에 도움이 있기 때문에 좋은 일일 것이나 사림의 공론에서 나오지 않고 후손에서 나온다면 후회스러운 일이 될 것이라고 했다. 서원은 과외의 형태이니 번거로움을 버리고 간략함을 힘쓰며, 문(文)을 버리고 질(質)을 숭상하며, 풍부함을 버리고 담박함을 취해야 한다고 했다. 장현광은 일찍이 이러한 의리를 동지들과 경계하고자 했는데 이제 마침 향원(鄕院)에 와 있으므로 이 설을 짓게 되었다고 하였다.[59]

정구와 장현광의 모호하거나 부정적 의견에 대해 최현은 지역 향현들의 사적이 제대로 드러나지 않고, 또 외부에서도 이들에 대해 제대로 평가를 해 주지 않는 현실에 대해 안타까움이 있었다.

1618년과 1619년 최현, 노경임, 김녕, 윤홍선 등은 서원의 제 규정을 의정하고 4현 봉안에 따른 여러 절차들을 논의하여 금오서원의 운영체계를 정교하게 하였다.[60] 1619년 5월에는 재력이 충분하지 못한 가운데 20여 년을 경영하여 강당과 서재를 갖춘 모습으로 중수하게 되었다.[61] 여헌

58 『한강선생문집』 권6, 「답문」, 〈답금오원생〉.

59 『旅軒先生文集(張顯光)』 권7, 「雜著」, 〈書院說〉.

60 『인재집』, 「인재선생연보」.
『돈봉집』, 「돈봉선생연보」.

장현광이 금오서원의 사당, 강당, 재, 문 등에 제호를 달았다. 김녕은 원장으로 취임하였다. 백록동규를 게시하였다.[62]

금오서원을 중수하고 4현 봉사가 이루어지도록 한 공으로 1642년(인조 20) 김녕, 이원정 등을 중심으로 사림의 공의로 장현광의 추향을 결정했다.[63] 이에 따라 금오서원은 5현 봉향이 확정되었다.

4. 월암서원, 낙봉서원의 건립 양상

여기서는 최현의 기록을 통해 월암서원(月巖書院)과 낙봉서원의 건립에 이르는 양상을 살펴보고자 한다. 향현의 금오서원 추가 배향이 어려워지면서 봉안 4현 외의 6현에 대해서는 17세기 차츰 별개 원사의 창립으로 나아갔다. 특히 1613년 영창대군에 대한 논죄를 반대한 일로 탄핵을 당해 파직된 후 고향으로 돌아온 최현은 지역 선현들에 대한 개별 원사 설립으로서의 추숭 사업에 몰두하였다.[64]

---

61 『야은집』, 「야은선생속집」 중, 〈금오서원중수봉안문(장현광)〉.
『여헌선생문집』 권11, 「축문」, 〈금오서원중수봉안문〉
『일선지』, 〈남산서원봉안제문〉.

62 『돈봉집』, 「돈봉선생연보」.

63 『조두록』.
『돈봉집』, 「부록」, 〈가장초〉.
『歸巖先生文集(李元禎)』 권9, 「行狀」, 〈旅軒張先生行狀〉.

64 1613년에는 金溪에 있으면서 『학봉선생언행록』을 편찬했으며, 1614년에는 금계에 있으면서 『학봉선생유집』을 교열했다. 또한 金濮과 같이 사수에 가서 한강 선생을 찾아 뵙고 학봉선생의 행장을 만들어 줄 것을 부탁했다. 이해 10월에는 여헌 장현광 선생과 도리사에서 만나 『사기』에 대해 토론했다. 11월에는 『야은선생행록』과 『두곡선생유집』을 교열했다. 1616년에는 敬堂 張興孝와 東籬 金允安과 함께 理氣를 논의했다. 1617년 한강 선생을 뵙고 石潭 李潤雨 등과 함께 『五先生禮說』을 교열했다. 1618년에도 한강을 찾아 공부를 청하였을 뿐만 아니라 경암 노경임 등 여러 사람들과 같이 금오서원에 모여서 봉안하는 여러 규칙을 정했다. 이 때 『일선지』를 일차 완성하기도 했다. 1619년 2월에는

최현의 「금생이문록」은 금생(琴生)이 꿈속에서 선현을 만나 대화를 나누는 형식의 몽유록인데 그들의 덕(德)을 찬양하는 내용으로 구성되어 있다. 여기에서 선산이 낳은 저명한 유현으로 10현을 언급하였다. 그런데 이 소설에서 또 다른 중점은 이들 10현 가운데 네 분의 선생에 비해 네 분의 장자와 두 분의 처사가 제대로 추숭받지 못하고 있다는 것이다. 최현은 금오서원에서 4현만 배향하고 있는데 위차의 변경까지 거론하면서 나머지 6현을 널리 알리고 서원에 추향해야 한다는 생각을 투영하여 「금생이문록」을 만들었다.

향현의 사적을 현양하려는 최현의 문제의식은 『일선지』 내의 여러 선현에 대한 기술에서 잘 나타나고 있다. 최현은 『일선지』에서 부의 동북쪽 25리에 고을 사람들이 김주를 모시기 위해 강가에 내격묘(來格廟) 사당을 세웠음을 전하고 있다. 이는 1630년(인조 8) 선산부사 조찬한(趙纘韓)과 농암 후손들이 김주의 학문과 덕행을 추모하기 위해 월암사(月巖祠) 사우를 창건한 것을 밝힌 것이다.[65] 이 때 내격묘의 묘호는 여헌 장현광이 편액하였다. 1636년(인조 14) 월암사에 하위지과 이맹전을 추가로 배향하고 묘호도 삼인묘(三仁廟)로 고쳤다.[66] 1694년(숙종 20) 왕으로부터 월암(月巖)이라는 사액을 받고 내격묘도 상의사(尙義祠)라 하였다.[67] 도개의 월암서원은 후일 해평의 낙봉서원과 함께 선산의 낙동강 이동 지역을 대표하는 서원이 되었다.

금오서원 원장이 된 노경임과 서원에 있으면서 원규를 의논했다. 또 3월에는 선산부사 김용, 여헌 장현광과 함께 서원에 4현의 위패도 다시 봉안했다. 4월에는 한강 선생을 뵙고 鶴峯先生行狀을 考訂했다. 여헌 선생을 뵙고 참찬공의 묘갈을 청하기도 했다. 1620년 한강 선생이 돌아가시자 곡을 하고 제문을 지었다.

65 『조두록』에서는 인조 무진년(1628) 건립하였다고 적었다. 건립을 시작한 시기로 이해하면 될 것으로 보인다.

66 『일선지』 5, 「학교」, 〈서원〉.

67 『조두록』.

그런데 최현의 김주에 대한 추숭 노력은 1604년 월암에서 거행되었던 사우 창건을 위한 기공식을 위해 선산의 존위에게 보낸 통문인 〈통일향문(通一鄕文)〉)에서 잘 보이고 있다.

신곡(新谷)의 김주(金澍) 선생께서는 이미 우뚝한 절의가 있음에도 불구하고 어진 이를 본받으려는 사당에 나란히 제향되지 못했습니다. 이는 우리 고을이 현자를 존숭하는 정성이 지극하지 않음에 있는 것이 아니라 어찌할 수 없는 일의 형편에서 말미암은 것입니다. 응교(應教) 신재(新齋) 김진종(金振宗)이 평소 자리를 봐두었던 월암(月巖)의 남쪽은 산수의 경치가 뛰어날 뿐만 아니라 선생이 거주하시던 고향과 그리고 소나무와 가래나무가 있는 묘소가 모두 바라다 보이는 장소 입니다. 신재도 선생의 자손이며, 또한 당대 명신(名臣)입니다. 이곳에 터전을 마련해 조그만 사우(祠宇)와 작은 서당(書堂)을 세워서 신재가 마무리하지 못했던 뜻을 마무리해 선생께 제향을 드리려고 합니다. 진실로 일의 형편에 방해되는 것이 없이 일을 추진한 지는 여러 해가 되었으나 힘이 부쳐서 허둥거릴 뿐입니다. 그러던 어느 날 선산부사께서 선생의 묘소에 친히 제사를 드리고 탄식하면서 김주 선생을 추념하려는 뜻을 밝히고 사당을 건립하라는 언급이 있었습니다. 그리고 이런 일에 있어서는 즐거운 마음으로 듣고 한 가지 일이라도 도움을 주어야겠다고 더욱 애를 쓰고 심지어 감탄하기가 한두 번이 아니었습니다. 저희들이 비록 용렬하지만 어찌 태만한 마음에서 떨쳐 일어나지 않을 수 있겠습니까. 이에 이번 달 15일에 앞서 했던 약속을 함께 행하기 위해 월암(月巖)에서 기공식을 가집니다. 다만 일의 시작은 비록 선생 자손의 구상에서 나왔지만 성대한 거사는 실제로 공론으로 처리된 것입니다. 따라서 이것은 선생의 몇몇 자손들이 사사로이 할 수 있는 것이 아닙니다. 이에 감히 선산 고을의 여러 존위들께 삼가 알려드리려고 합니다. 삼가 바라건대 앞의 날짜에 여러 분께서 월암에 왕림하시어 함께 의논하고 지도해주시면 더욱 다행이겠습니다.[68]

---

68 『인재선생문집』 9, 「잡저」, 〈通一鄕文〉.

또한 1619년 최현은 사우들과 같이 월암서당(月巖書堂)을 돌아보고 삼인묘(三仁廟) 창건에 대해 논의하였다. 묘우 창건을 위해 노력했던 신곡(新谷)의 유생을 대신해 최현이 직접 작성한 〈대신곡유생정지주서(代新谷儒生呈地主書)〉에 의하면 1619년 두어 칸의 재사를 세우고 경영한 지 여러 해가 되었으나 완공할 기한이 없어 한탄이 끊이지 않았는데 금월 보름경에 월암의 옛 터에 개기하고 감사 최현도 병환을 무릅쓰고 참석할 것을 약속했다고 적고 있다. 1630년 선산부사 조찬한과 농암 후손들에 의해 마침내 김주의 월암사 사우 창건이 이루어졌는데 최현은 유생을 대신해 작성한 〈대유생정순상서(代儒生呈巡相書)〉에서 순상에게 현물과 역군(役軍)을 배정해 도와줄 것을 요청하였다. 이와 같이 최현은 월암에 별도의 김주 사우를 세우는 추숭 사업에 깊이 관여하였다.

또한 외고조부이기도 했던 이맹전에 대한 최현의 추숭 의지는 문집의 〈경은선생사적발(耕隱先生事蹟跋)〉과 『일선지』 선현조 이맹전의 기술 그리고 『경은선생실기』에 전하는 〈경은선생행장(耕隱先生行狀)〉에서도 잘 보이고 있다. 사육신 복권이 1691년(숙종 17)에 있었으며 노산군의 단종 복위도 1698년(숙종 24)에 이루어진 것을 감안한다면 최현의 하위지와 이맹전에 대한 추숭 의지는 지역의 향론을 이끌어 내고 있었다.

최현의 문집 별집에는 별도로 농암 김주(1365~1392), 단계 하위지(1412~1456), 경은 이맹전(1392~1480)의 삶과 행적을 정리한 〈삼인사적(三仁事蹟)〉이 수록되어 있다. 이 글은 월암사에 새로이 두 분을 추향할 때 근거 자료로 작성한 것으로 보인다. 최현이 정리한 〈삼인사적〉은 후일 이상일(李尙逸)이 편집한 『삼인록(三仁錄)』의 기초가 되었다. 이상일의 『삼인록』은 삼인에 대한 자료를 모아 집성해 놓은 것인데 최현의 〈삼인사적〉의 내용이 자료의 앞자리를 차지하였다.

최현은 향현들의 사적이 잘 드러나지 않아 제대로 평가받지 못했다고 보았다. 이들의 사적을 정리하는 작업을 통해 추숭 여론을 조성하려고 하였다. 그러나 금오서원에의 추가 배향이 어려워지고 또한 17세기 향론의 분열과 함께 차츰 별도의 원사를 창립하려는 움직임이 나타났다. 최현은 도개의 월암에 김주의 사우를 세우고 확장하는 데 크게 힘을 보태었다. 이러한 노력의 결과 1636년(인조 14) 김주, 하위지, 이맹전을 모시는 삼인묘(三仁廟)의 창건(후일 월암서원)이, 그리고 1646년(인조 24) 김숙자, 김취성, 박운, 김취문, 고응척을 모시는 낙봉서원(洛峰書院)의 창건이 있게 되었다.

5. 향현 추숭을 위한 서원의 건립

선산의 경우 사액서원에 제향되는 선현을 제외하고도 여러 선현이 있었다. 처음에는 국가에서 인정하는 걸출한 인물, 지역이 낳은 순절인(殉節人), 지역에서 태어난 대학자 등을 제향하기 위해 서원이 설립되었으나 17세기 중반 이후 지연과 혈연이 작동하기 시작하면서 서원의 분립이 이루어지기 시작하였으며 18세기 이후에는 가문의 선조를 제향하기 위한 문중서원(門中書院)이 본격적으로 세워지고 있다. 문중서원의 제향 대상자를 보면 정치적으로는 대체로 남인 계열이 대부분을 차지하고 있다. 일부 서인계 서원도 지역에서 건립되었다.

서원으로는 경락서원, 매강서원, 송산서원 등이 있었다. 시기별 선산지역 서원 존폐현황을 살펴보면 영조~고종 훼철 직전까지 24개의 서원 사우가 보인다. 이 서원들은 대부분 1871년(고종 8)과 1885년(고종 22)의 서원 철폐령에 따라 금오서원만 남기고 모두 없어졌으나 1930년대 대규모로 복설되었다. 현재 구미시 지역에 있는 사우들을 정리하면 훼철되기 전의 수치보다 훨씬 많은 수의 사우가 건립되어 있다.

지역 문중이 주체가 되어 서원을 건립하였지만 설립 주체의 정치 성향에 따라 중앙 정치와 연계된 지역 사족 사이의 갈등 양상도 확대되어 나타났다. 지역 내 사족들의 정치적 동향을 살펴보면 선산의 덕수 이씨, 선산 김씨의 일부 계파, 인동의 인동 장씨의 일부 계파는 서인세력을 지지하는 모습을 보이고 있으며, 선산에서 이이(李珥)와 이우(李瑀)를 제향하는 매강서원(梅江書院)과 전좌명·이우를 제향하는 무동서원과 황필·황기로를 제향하는 경락서원이, 인동에는 장잠(張潛)을 제향하는 현암서원(賢巖書院)과 장용한(張龍翰)·장유(張瑠)를 제향하는 봉양서원(鳳陽書院)이 세워진 것도 이러한 세력이 존재하였기 때문이었다.[69]

〈표 3〉 구미 지역 소재 서원·사우 현황

번호	서원 사우명	건립 연대	사액 년대	제향자	위치 (면·리)	비고
1	금오서원 (金烏書院)	선조 5 (1572)	선조 8 (1575)	길재, 김종직(1605), 정붕(1605), 박영(1605), 장현광(1624)	선산 원리	사액, 금오산 밑에서 이건
2	야은사 (冶隱祠)	선조 16 (1583)		길재	구미 도량동	가묘에서 시작
3	내격묘 (來格廟)	인조 8 (1630)		김주		
4	월암서원 (月巖書院)	인조 14 (1636)	숙종 20 (1694)	김주, 하위지, 이맹전	도개 월림리	사액
5	유엄사 (有儼祠)	인조 21 (1643)		장현광	원당마을	강학처 원회당 옆에 건립
6	낙봉서원 (洛峰書院)	인조 24 (1646)	정조 11 (1787)	김숙자, 김취성, 박운, 김취문(1702), 고응척(1702)	해평 낙성리	사액
7	무동서원 (茂洞書院)	숙종 30 (1704)		전좌명, 이우, 전윤무	무을 무이리	

69 이병훈, 「조선후기 선산지역 재지사족의 동향과 원사 건립 추이」, 『민족문화논총』 73, 영남대학교 민족문화연구소, 2020. 각 문중과 결합된 서원의 건립 양상이 자세하다.

번호	서원 사우명	건립 연대	사액 년대	제향자	위치 (면·리)	비고
8	송산서원 (松山書院)	숙종 33 (1707)		최응용, 최현, 김응기, 김진종, 강유선, 노경임	해평	해평에서 창림으로 이건
9	서산사 (西山祠)	정조 15 (1791)		김광좌, 김취성, 김취문, 김취기, 김취빈, 김취연	고아 원호리	
10	문산서원 (文山書院)	정조 16 (1792)		노수함, 노경필, 노경륜	선산 독동리	
11	남강서원 (南崗書院)	정조 16 (1792)		김종무, 김경, 김양, 김수, 박진경	고아 문성리	
12	승암서원 (勝岩書院)	정조 20 (1796)		김녕	산동 임천리	
13	화강서원 (華江書院)	정조 22 (1798)		김진호, 김선초, 김번, 정석견	고아 봉황리	
14	경락서원 (景洛書院)	순조 7 (1807)		황필, 황기로, 오식, 강거민, 윤홍선	고아 대망리	
15	매강서원 (梅江書院)	헌종 9 (1843)		이이, 이우	고아 예강리	

6. 맺음말

구미 지역의 사상적 특색을 지역 출신의 인물 중심으로 살펴보면, 이 지역은 일찍부터 야은 길재 - 강호 김숙자 - 점필재 김종직으로 이어지는 도학파의 문화적 전통을 가지고 있었다. 이 지역에는 조선 인재의 반은 영남에 있고, 영남 인재의 반은 일선[선산]에 있다고 할 정도로 문학하는 선비가 많았다. 야은(冶隱) 길재(吉再)의 경우 고려 말 낙향한 후 고향인 선산에서 교육에 전념하였다. 그 문하에는 동향 출신인 강호(江湖) 김숙자(金叔滋)가 나와 선산과 성주의 교수와 개령현감 등을 지내면서 길재의 학풍을 전파시켜 나갔다. 김숙자의 아들인 점필재 김종직은 아버지로부터 학문을 배우면서 문명을 떨치게 되었다. 성종 초에는 문명이 크게 드러나면서 학문적 깊이와 함양군수, 선산부사 등 지역 수령으로서의 업적으로 당시 조정을 대표하는 문사로 성장하였다. 그는 성리학의 정착과 유교 윤리의 실천적인 준행을 강조하면서 영남 사림파의 영수적 위치에 이르게 되었다. 선산의 지식인들은 길재를 이학의 계승자이자 절의의 대표적인 인물로 현창하고자 하였으며, 길재를 이어 김종직, 정붕, 박영으로 이어지는 선현을 지역 학문의 주맥으로 인식하였다.

그런데 절의와 학맥으로 보자면 이들 외에도 지역에서 신봉할 인물들이 많았다. 금오서원이 만들어져 4현 배향이 이루어지자 그 외 인물에 대한 배향 논의가 지속되었다. 처음 금오서원으로의 추가 배향이나 별도의 향현사 설립으로 배향을 시도하였으나 실패로 끝났다.

금오서원에서의 배향 실패는 향현에 대한 별도 서원 설립으로 나아갔다. 그것이 월암서원과 낙봉서원의 건립으로 이어졌다. 이 서원들은 사액까지 이루어내면서 이들 서원에 배향된 이들은 국현으로서의 위상도 획득하였다. 그러나 별도로 이루어진 이러한 서원의 설립 운동은 결국 지역 내 다른 문중서원의 설립을 가속화 시키는 결과를 가져왔다.

그런데 17세기 중반 이후 선산의 성리학계는 대부분 퇴계학 내에 편입되어 가면서 그 독자성을 잃어갔다. 이에 따라 향현들도 역시 특정 가문의 선배로서의 모습을 지닐 뿐 차츰 국현 혹은 향현으로서의 위상이 약화되기 시작하였다. 이에 따라 선산에서의 서원도 대부분 쇠락하거나 문중서원으로 명맥을 이어갈 뿐이었다.

ↀ 제3절 ↀ

인재 최현의 서북 지역 인식과 관리책

1. 머리말

최현은 임진왜란이 일어나자 선산에서 의병을 일으켜 직접 전투를 경험하였던 인물이다. 또한 경상좌도 둔전차사로 임명되어 피해 복구에 진력을 다하였다. 군사적 지식과 실용적 능력을 겸비한 최현은 북쪽의 여진과 남쪽의 왜에 대한 방비 태세 점검에서 문제점을 파악하고 이에 대한 대응책을 제시하는데 탁월한 능력을 발휘하였다.

최현은 초로에 들어선 44세의 늦은 나이에 과거에 급제하였다. 최현은 한원(翰苑)에 발탁되어 어전에서 경전을 강의하면서 사관(史官)으로서 봉직하였다. 당시 최현은 사관으로서 시정의 과실에 대해 거리낌이 없이 매서운 언설을 가하였다.

선조가 사망한 후 광해군 대에 들어 대교, 설서, 정언 등을 역임하였다가 1608년 동지사행의 서장관으로 북경을 다녀왔다. 최현은 북방의 정세가 심상치 않음을 직접 눈으로 보고서 이에 대비할 것을 주장하였다. 1610년에는 암행어사로 서북 일대에 대한 방비 태세와 민심을 살폈다. 최현은 북경을 다녀오면서 요동지역에서 명군의 동향에 대한 정보를 얻었으며, 암행어사로 서북의 강변지역을 돌아보면서 방어 태세를 직접 눈으로 파악하였다. 최현은 여진족의 동향에 우려를 표하면서 실제 전쟁이 일어났을 경우 예상 침입 경로를 중심으로 대비 태세를 점검하고 이에 대한 대비책을 제시하였다. 탁월했던 최현의 실무 능력을 본 광해군은 최현을 비변사 낭청, 영남 순무어사의 이름으로 남부지역에 파견하여 방비 태세를 점검하였다.

여기서는 최현이 파악하였던 만주지역의 동향에 대한 현실인식이 어떠한 환경에서 나왔는지 그리고 어떠한 위기감을 가지고 있었는지를 살펴보고자 한다. 그리고 암행어사로서 강변지역의 방비 태세를 살피면서 어떻게 보고하였는지 그리고 여진에 대한 대비책을 어떻게 제시하였는지를 살펴보고자 한다. 조선은 후일 정묘호란과 병자호란으로 이어지는 여진족의 침입이 이어졌으므로 당시 최현의 대비책이 가지는 의미를 평가해 볼 수 있을 것이다.

이에 더하여 조선이 호란에 대한 대응에서 임란과 함께 무대책의 끝을 보여준 것으로 알려지고 있으나 최현을 통해서나마 조선 측 대응책의 일단을 살펴볼 수 있다면 가외의 소득이 될 수 있을 것으로 생각한다.[1]

---

1 최현에 대한 연구 목록은 뒤에 참고자료로 첨부하였다. 최현에 대한 연구는 이동영에 의해 가사가 발굴되면서 시작하였다. 이후 주로 국문학계에서 체험적인 가사에 주목하여 논문을 발표하였다. 1990년에는 민족문화추진위원회에서 18권 9책의 문집 영인본을 간행하면서 최현의 학문이 널리 알려지게 되었다. 그러나 이때 「조천일록」이 포함된 별집이 누락되면서 최현의 학문적 면모를 드러내는 데 한계가 있었다. 1994년 경인문화사에서 한국역대문집총서를 간행하면서 별집이 포함된 24권 12책의 문집을 영인하면서 조천일록이 널리 알려지게 되었다. 이후 현재까지 조천일록에 대한 소개와 분석이 국문학계와 역사학계를 중심으로 이루어지고 있다. 가사와 조천일록 외에 사상적인 측면은 1981년 최동헌이 『訒齋文集解題 - 저작과 생애』의 〈선비 서전〉에 최현의 일대기를 수록하면서 널리 알려지게 되었다. 평안도 방비책을 서술한 「관서록」은 주로 역사학계의 軍事史를 연구하는 학자들이 주목하였으나 단독 논문으로는 나오지 못하였다. 2019년 최세훈이 『나라와 선산을 사랑한 우국 애민의 삶』에 「관서록」을 번역하여 수록하였다. 필자는 이 자료로부터 크게 도움을 받았다. 최근 경북대학교 영남문화연구원에서 『인재집』을 번역하는 사업을 진행하고 있다. 이 책이 나오면 최현의 사상과 학문을 연구하는데 크게 기여할 것으로 기대된다. 최현의 문학 방면에 대한 연구사는 김성훈, 「최현 문학 연구의

2. 선조~광해군 대 여진의 흥기와 서북 지역 상황

1) 여진의 흥기

1467년 조명 연합군이 건주위 정벌을 단행하면서 조선과 건주여진과의 공식적인 관계는 단절되었다. 만주에 있던 여진족은 1580년경부터 누르하치가 본격적으로 건주여진 제 부족을 통합해나가면서 새로운 부흥의 기틀을 마련하였다. 누르하치는 1583년 명나라로부터 건주좌위지휘사라는 직첩을 받고 있다. 1585년까지는 대체로 건주위 내부의 여러 부족을 정복하였는데 1586년부터는 외부로 눈을 돌려 철동부(哲陳部), 소완부(蘇完部), 동악부(董顎部) 등 제 부족을 정복해 나갔다. 1589년 건주 3위와 그 주변을 통합하면서 이 지역의 강자로 떠올랐다. 외부적으로는 1589년 명으로부터 도독첨사라는 칭호를 받았으며, 내부적으로 이미 왕이라는 칭호를 사용하였다.[2] 이 때 누르하치는 건주여진을 통일하고 독자적인 세력체를 구성하였다.[3]

누르하치는 1590년대 이후 다른 지역에 대해 본격적인 정벌에 나섰던 1599년 사이에 내부적인 결속과 국제적 입지를 확보하면서 크게 성장하였다.[4] 누르하치는 명으로부터 자신의 지위를 인정받기 위해 1590년 북경으로 입조하였으며, 매 절기마다 북경으로 조공을 보냈다. 1592년 조선에

현황과 전망」, 『한국문학과 예술』 32, 숭실대학교 한국문학과예술연구소, 2019 참조.

2 『선조실록』 권23, 선조 22년(1589) 7월 정사(12일). 여기에는 노을가적(=누르하치)이 스스로 王이라 칭하고 그 아우는 船將이라 칭하였다는 기록이 전한다.

3 당시 만주지역의 여진 동향에 대해서는 蕭一山, 「後金汗國之成立與發展」, 『清朝通史』, 臺灣商務印書館, 民國51 修訂1版 참조.

4 임진왜란 동안의 누르하치의 동향에 대해 주로 건주여진의 군사적 성장기로 설명하여 왔는데 최근 계승범은 외교를 통한 국제적 위상 강화의 시기라고 규정하기도 하였다(계승범, 「임진왜란과 누르하치」, 『임진왜란 동아시아 삼국전쟁』, 휴머니스트, 2007, 365쪽). 어느 것이든 누르하치는 조선과 명이 임진왜란으로 눈길을 돌리지 못하던 시기에 요동을 중심으로 크게 성장하였음을 알 수 있다.

서 임진왜란이 일어나자 1593년 여름 북경에 있던 건주위 조공사절단이 병부에 파병의사를 천명하였으며 이 사실이 조정에 알려지기도 하였다.[5] 또한 누르하치는 왜란에 참전할 의사를 요동에도 타진하였다.

1595년 4월에는 부하를 만포에 보내 사로잡은 조선인과 물자를 보내면서 조선과의 관계 강화를 요청하였다. 조선에서는 만포첨사를 통해 우리나라는 상국과 국경이 인접하여 의리상 사사로이 교제할 수 없어 사적으로 왕래하지 못하지만 너의 후의는 잊지 않겠다고 답변하였다.[6] 결국은 완곡한 거절의 뜻을 전한 셈이었다. 그러나 조선에서는 누르하치의 행동에 대한 방어책이 지속적으로 논의되고 있었다.[7] 누르하치는 당시까지만 하더라도 조선과의 관계를 확대하려고 끊임없이 시도하였다.

누르하치는 1597년 북경에 입조하였으며 정유재란이 일어나자 1598년 참전하려는 의사를 요동도사에게 다시 타진하기도 하였다.[8] 누르하치는 1599년부터 합달(哈達), 휘발(揮發), 오랍(烏拉) 등 주위의 제 여진 부족에 대한 정복사업에 나섰다. 1600년대에 들어와 이제 나라의 모습을 갖추었다고 생각한 누르하치는 조선에 대해 점점 고압적인 분위기를 보이기 시작하였다. 1607년에는 조선에 대해 서간을 보내면서 스스로 왕이라고 칭하였다. 1616년 대금(大金)을 건국하고 명나라를 남조(南朝)라고 칭하였다.

2) 서북 지역에 대한 정보 보고

요동에서의 이러한 여진족의 흥기 속에서 남쪽에서 임진왜란이 일어나 어려운 전투가 계속되던 조선으로서는 병력 파병까지 제안하였던 누르하

5 『선조실록』 권30, 선조 25년(1592) 9월 신미(14일).

6 『선조실록』 권62, 선조 28년(1595) 4월 병진(14일).

7 『선조실록』 권67, 선조 28년(1595) 9월 을해(6일).

8 『선조실록』 권98, 선조 31년(1598) 3월 갑오(9일).

치의 동향에 주의할 필요가 있었다. 선조는 가능한 한 직접 교섭을 하지 않고 누르하치에게 향연을 베푸는 방식으로 넘어가려고 하였다. 그러나 변방의 장수가 실책하여 위원에서 무단 월경하여 인삼을 캐는 호인을 많이 죽이는 사건이 발생하였다.[9]

누르하치는 정병을 모아 조선에 가서 원수를 갚으려 하였으며 중국에까지 이 건이 알려져 양국의 관심사가 되었다.[10] 조선에서는 이 일을 평양 주둔의 명 유격 호대수(胡大受)의 중재를 통해 해결하려고 하였다.[11] 그리고 선조는 비변사 당상들을 모아서 이 건에 대해 대비책을 강구하기 위해 회의를 진행하였다. 이 회의에서 평안도 지역의 형세와 각 전략 요충지에 대한 검토와 대비책이 논의되었다.[12] 이 회의의 문답을 보면 비변사의 당상관들이 서북 지역의 형세에 대한 고급 정보를 서로 교환하고 있음으로 보아 조선에서는 이 지역의 정보에 대해 지속적으로 관리해 왔음을 볼 수 있다.

조선에서는 누르하치에게 연향과 물건을 하사함으로써 이 문제를 무마하려고 하였다.[13] 당시 누르하치는 조선의 여진 통사였던 하세국(河世國)을 통해 조선에 서간을 보내왔는데 그 일에 대한 강경한 목소리가 없어

9 『선조실록』 권67, 선조 28년(1595) 9월 정유(28일).

10 『선조실록』 권68, 선조 28년(1595) 10월 병오(7일). "備邊司啓曰 今見馬都督移咨 老乙可赤部下㺚子赴市 密說於唐人曰 我家㺚子 前往朝鮮地方窃蔘 朝鮮官兵 將㺚子殺死數多 今我家都督 湊了許多精兵 要去朝鮮地方 報讎搶掠云云 當初此賊 刷還我國被擄人民 累送書契 似若輸其誠款 而邊將處置失宜 捕斬採蔘胡人 彼賊執此爲說 歸曲於我 其猖然肆毒 不待智者而知之 咨內報復之言 必非虛傳 若於合氷之後 擧衆來犯 則以我國兵力 決無抵當之勢 極爲可慮 在我備禦之策 固無所不用其極"

11 『선조실록』 권68, 선조 28년(1595) 10월 병오(7일).
『선조실록』 권68, 선조 28년(1595) 10월 임자(13일).
『선조실록』 권68, 선조 28년(1595) 10월 정사(18일).
『선조실록』 권68, 선조 28년(1595) 10월 임술(23일).

12 『선조실록』 권68, 선조 28년(1595) 10월 병진(17일).

13 『선조실록』 권69, 선조 28년(1595) 11월 을해(7일).

전쟁으로 나가지 않게 된 것을 다행으로 여겼다.[14] 그러나 하세국의 보고를 별도로 전한 만포첨사(滿浦僉使) 유렴(柳濂)의 첩보는 누르하치의 동향이 심상치 않음을 보여주고 있다.[15] 조선에서는 누르하치에게 너희와 국경을 잇대어 있었으나 각기 영토를 지켜 서로 침범하지 않았으니 원수진 일도 없다. 또 본국 사람을 쇄환해 주었는데 잘한 일이다. 그래서 후의을 갚으려고 하니 공이 있는 사람을 보내어 잔치를 받도록 하라는 요지의 답을 작성하여 개유하기로 하였다.[16] 조선에서는 호대수 휘하의 선유관인 여희원(余希元)의 교섭과는 별도로 직접 무신 신충일(申忠一)과 역관 하세국(河世國)을 보내어 만포첨사 유렴의 답서 형식으로 서간을 전하면서 누르하치의 동향을 정탐하도록 하였다.[17]

신충일은 1595년 11월 서울을 떠나 12월 15일 강계에 이르렀다. 변방 오랑캐의 정세를 탐문하고서 21일 만포진에 도착하였다. 12월 22일 향도 호인의 인도를 받으면서 신충일은 통사 나세홍, 하세국과 만포진 노 강수, 신충일 노 춘기와 함께 누르하치가 있는 퍼알라[佛阿拉]로 출발하였다. 22일부터 28일까지의 노정과 중요 지형 등을 정리하였다. 28일 누르하치의 집에 도착하여 객청에 머물다가 누르하치를 만나게 되었다. 1월 5일 누르하치의 회첩을 받아 귀국에 올랐다.[18] 신충일은 산천, 도리, 성책, 살림집 등에 대한 상세한 정보를 수집하였으며, 군사와 말, 농경, 문답, 일

---

14 『선조실록』 권69, 선조 28년(1595) 11월 갑신(16일).

15 『선조실록』 권69, 선조 28년(1595) 11월 무자(20일).

16 『선조실록』 권69, 선조 28년(1595) 11월 병술(18일).

17 『선조실록』 권69, 선조 28년(1595) 11월 신묘(23일).

18 신충일의 도기가 1936년 공개된 이후 퍼알라 경로에 대해서는 1939년 稻葉岩吉의 현지답사 이후 지속적으로 학계에서 관심을 가지고 있다.
稻葉岩吉, 『興京二道河子舊老城』, 建國大學校出版部, 1939.
박정민, 「임진왜란기 조선과 건주여진의 교통로 복원」, 『사학연구』 129, 한국사학회, 2018.

처리 등에 대해서도 정리하여 보고하였다. 이 견문기는 누르하치가 흥기하였던 초기 모습을 보여준 세계사적인 견문 자료이다.[19]

신충일의 보고를 받은 선조는 오랑캐에 대한 대비도 강조하였다.

> 상이 정원(政院)에 전교하였다. "신충일(申忠一)의 【오랑캐의 실정을 살피는 일로 오랑캐 땅에 다녀온 사람】 서계를 보니 노을가적(老乙加赤)의 형세가 매우 심상치 않아 끝내는 필시 큰 걱정이 있을 것 같다. 금년에는 병판(兵判)의 주밀한 계책에 힘입어 아직 무사할 수 있었으나 오는 겨울에 내침하지 않을 줄을 어찌 알겠는가. 지금 남북에 이처럼 큰 적이 있게 되었으니 이는 천지간의 기화(氣化)가 일대 변하는 것이다. 우리나라가 그 사이에 끼어 앞뒤로 적을 받게 되니, 이른바 옴[疥]에다가 치질[痔]까지 겸했다는 격이다. 이 어찌 한심한 일이 아니겠는가. 오늘날 모든 방비는 힘을 다해 조치해야 하겠다. 반드시 산성을 수축하여 양식을 저축하고 군사를 훈련시켜야 한다. 진보(鎭堡) 중에 지키지 못할 만한 곳을 개정하되 고식에 얽매어 꺼리지 말고, 지세의 점거할 만한 요새에 축성하되 신설(新設)이라 하여 어렵게 여기지 말라. 수령(守令)과 변장(邊將)을 택차(擇差)하지 않을 수 없고, 장사(將士)와 군민(軍民)을 위무하지 않을 수 없다. 밤낮없이 규획하며 힘을 축적해 대비하고 있어야 통채로 삼키려 하고 함부로 날뛰는 적의 환란을 면할 수 있을 것이다. 모르겠다마는 이것은 도체찰사의 소관 지방이니, 범연히 회의해서는 아니될 것이다. 이것을 비변사에 말하라."[20]

그러나 누르하치는 차츰 조선과의 동맹에 연연해하지 않게 되었다. 오히려 중원 대륙의 장악으로 나아가면서 조선은 그다지 중요한 협의 대상이 아니었다. 이러한 여진의 흥기 분위기 속에 비록 전쟁으로 나아가지 않은 상태지만 여진족에 대한 방비의 필요성은 더욱 고조되었다. 신흥

19 『建州見聞錄(申忠一)』, 1596; 신충일, 『건주기정도기』, 신해진 옮김, 보고사, 2017.

20 『선조실록』 권71, 선조 29년(1596) 1월 정유(30일). 국사편찬위원회 번역문.

강국이었던 누르하치의 동향은 조선에서 초미의 관심사였으며 선조는 계속 역관을 파견하여 누르하치의 동향을 파악하려고 하였다.[21] 선조는 이에 대한 대비책을 마련하도록 지시하고 있으며 이는 선조가 붕어하기 전까지 이어진다.[22] 이러한 여진족의 성장과 대비책 강구는 광해군 대에 그대로 이어지면서 광해군은 즉위한 이후 서북 지역에 대한 우려를 지속적으로 표명하고 있다.[23] 광해군 대에 조선에서는 후금에 대한 대처가 가장 시급한 현실적인 과제로 떠올랐다.[24]

3. 서북 지역 관리책

1) 서북 지역에 대한 최현의 인식과 현황 파악

최현은 1608년 동지사의 서장관으로 북경에 갔다. 최현의 사행 기록인 「조천일록(朝天日錄)」[25]에서 명의 문란한 현실과 요동에서의 명의 대비 태세를 보고하고 있다. 「조천일록」에는 명의 요동을 사행으로 통과하면서 지형이나 군사 요충지에 대한 서술이 자세하다.[26] 벽돌로 성을 쌓는 방법

---

21 『선조실록』 권73, 선조 29년(1596) 3월 갑신(17일).

22 『선조실록』 권74, 선조 29년(1596) 4월 병오(10일).
『선조실록』 권208, 선조 40년(1607) 2월 임자(19일).

23 『광해군일기[중초본]』 권13, 광해 1년(1609) 2월 갑술(22일).

24 권내현, 「17세기 전반 대청 긴장 고조와 평안도 방비」, 『한국사학보』 13, 2002, 271~277쪽.

25 『인재선생속집』 1~5, 「조천일록」 1~5; 『역주 조천일록』, 조규익 외, 학고방, 2020. 최현의 사행기록인 「조천일록」은 매우 특이한 형태를 지니고 있다. 서장관은 조천 이후에 사행에 대한 공적인 문견록을 올리도록 되어 있어 개인 일기 외에 별도로 문견록을 작성하였다. 그런데 최현의 「조천일록」은 공적인 문견록과 사적 일기가 혼합되어 있다. 편집 당시에 그러하였는지 혹은 후대에 두 기록을 합하여 편집하여서 그러한지는 모르지만 남아 있는 「조천일록」은 독특한 형태를 지니게 되었다. 자료는 한적본과 역주본을 모두 사용하였다.

에 대해서도 조사하였다고 밝히고 있다.[27] 이는 새로이 등장하는 여진족 세력의 동향과 밀접하게 연관되어 있다. 최현이 성장하는 여진족의 동향에 대하여 위기감을 가지고 있었기 때문일 것이다.

최현이 이러한 정보 보고를 할 수 있었던 것은 그가 임진왜란 당시 노경임을 이어 선산에서 의병을 이끌어 군사와 방비의 방면에 정통하였기 때문이었다. 게다가 최현은 1603년 조정의 명에 의해 영남 지역 인사들이 공적을 조사하는 일을 담당하기도 하였다. 최현이 정보의 파악과 보고에 정확성을 보인 것도 이러한 경험에서 나온 것이다.[28]

당시 조선에서는 선조 사망에 따른 진무(鎭撫) 양장(兩將)인 순무(巡撫) 조집(趙楫)과 진수총병(鎭守摠兵) 이성량(李成樑)이 보낸 참장(參將) 공염수(龔念水)와 유격(遊擊) 최길(崔吉)의 조제(弔祭)[29]에 대한 회사로 회사관(回謝官) 심집(沈諿)을 파견하였는데 진무양장이 파직되어 회사하지 못하고 돌아오던 심집을 최현은 서장관으로 나갈 때 평산에서 만났는데 이때 소회를 적고 있다.[30]

---

26 윤세형, 「17세기 초 최현의 사행기록으로 본 요동 정세」, 『한국문학과 예술』 32, 숭실대학교 한국문학과예술연구소, 2019, 227~239쪽.

27 『인재선생별집』 권1, 「관서록」, 〈연강열보〉, [창주진]. "大槪臣入中原時 問磚城之制 則城面廣數丈之間 專用磚甓 不雜以土 而以灰縫之 故濕氣不侵 堅燥永久 然而審視歲久之城 則間多頹落 不似石築之城也 中原則運石極難 而物力有裕 故用此爲城 我國則所多者石 而難措者灰 燔造磚甓 又不得其妙法 旣以不熟之甓 雜以泥土 只築外面 而塗以白灰 其內則皆塡以土 一拳之甓 累至數丈 是無異於累卵爲山 其何能堅固乎 若遇霖潦 則土甓之間 濃潰崩塌 勢所然也 若效中原之制 其廣專用磚甓 縫以石灰 則其功 又不如運石之爲便"

28 박인호, 「임진왜란기 구미 지역의 사족 동향과 의병 활동」, 『국학연구』 30, 한국국학진흥원, 2016, 383~385쪽.

29 『광해군일기[중초본]』 권3, 광해 즉위년(1608) 4월 무진(12일).

30 『인재선생속집』 권1, 「조천일록」1. "(八月)初九日癸亥 雨 冒雨發行 過五祖川 乃興義站古基 有溪山巖壑之勝 渡豕灘川 宿平山府 路上逢回謝官 沈諿自遼陽還 大雨中駐馬相語 沈云鎭撫兩將(巡撫趙楫 鎭守摠兵李成樑)罷去 故不爲回謝而還矣 (時趙楫李成樑密奏天朝 因朝鮮之亂 請夷滅郡縣之 天朝不許 且秘其奏本 適因高淮之罪 撫

당시 조집(趙楫)과 이성량(李成樑)이 비밀리에 조정에 주문을 올리기를 조선이 어지러우므로 이적을 없애고 군현으로 삼기를 청하였는데 조정에서 허락하지 않고 그 주본도 깊이 감추어 두었다. 그 때 마침 고회(高淮)가 요동 일대를 약탈하는 죄를 범하였는데 진무 양장이 그 일에 연루되어 탄핵당하고서야 그 화가 그치게 되었다. 우리나라는 공염수(龔念水)와 최길(崔吉)의 조제(弔祭)에 대한 회사를 칭탁하여 광녕(廣寧)의 사정을 정탐하려고 하였는데 이미 파면되었다는 말을 듣고서 광녕(廣寧)에 가기도 전에 돌아온 것이다. 당시 진무 양장이 공염수(龔念水)과 최길(崔吉)을 보낸 것은 조문을 칭탁하였으나 실제로는 우리나라의 허실, 산천과 마을 도로의 평탄과 험준함을 살펴서 건추와 모의하여 습격하려는 것이었다. 당시 전군수 허징(許澂)만이 공염수(龔念水)와 최길(崔吉)이 조제온 것이 의심스럽다고 상소하였다.

당시 이성량은 요동 일원에 농사를 짓는 호를 설치하여 개발할 것을 명 조정에 요청하여 거주민을 대대적으로 옮겼다. 그러나 이성량은 여진이 성장하여 방어에 어려움을 겪자 이들을 내지에 옮기도록 하였다. 이 건에 대해 명 조정에서는 땅을 임의로 버렸다는 협의를 제기하였으며, 1608년 이성량은 해임되었다.[31]

그런데 이 사건에 대해 최현은 여진의 성장으로 명이 제대로 대응하지 못하는 상황 속에서 조집(趙楫)과 이성량이 조선에 조문단을 파견한 것은 건추(누르하치)와 손을 잡고 우리나라를 차지하려는 의도가 있었음을 지적하고 있다. 즉 조선을 병합하여 이를 통해 여진을 제어하려는 발상을 실현하기 위해 조선을 정탐토록 한 것이라고 보았다. 이러한 정세 판단은 그가

鎭兩將辭 連被參其禍 遂止我國 托以龔崔弔祭回謝 因偵探廣寧事情 而聞其已罷未到廣寧 而回撫鎭之差送龔崔也 托以弔祭 而其實來察我國之虛實 山川道里夷險與建首合謀來襲也 其時唯前郡守許澂上疏 龔崔吊祭可疑云) 是日狀啓以開城府 後參三十斤內 一斤九兩未得受去 請以平安道貢紬 或義州收稅 銀貿參給送事也”

31 황지영, 「李成梁事件을 통해서 본 17세기 遼東情勢의 變化」, 『조선시대사학보』 21, 조선시대사학회, 2002.

요동지역의 동향에 대해 끊임없이 관심을 가지고 있음을 보여주고 있다.

1608년 동지사의 서장관을 마치고 돌아온 최현을 눈여겨보았던 광해군은 1610년 5월 18일 최현을 어사로 임명하여 서북 지역을 순시하도록 하였다. 누르하치는 초기 성장의 거점이었던 퍼알라[佛阿拉, 二道河子村 동남쪽]를 떠나 1603년 허투알라[赫圖阿拉, 후일 興京, 랴오닝성 푸순시의 신빈 만주족 자치현 서부] 지역에 새로운 근거지를 마련했다.[32] 그리고 조선에 서간을 보내면서 1607년에는 대외적으로 이미 왕호를 사용하고 있었다.[33] 이러한 누르하치의 흥기에 대해 조선에서는 방비 태세의 점검이 시급하였다.

최현을 파견한 것은 위기감이 고조되던 국경 지역 특히 서북 지역의 방비 실태에 대한 본격적인 점검의 필요성 때문이었다. 따라서 최현의 암행어사 염찰은 기존의 평안도 암행어사의 일반적인 일정과는 다른 특이한 경로를 밟게 되었다.

최현의 문집인 『인재선생문집』의 별집에 수록된 「관서록(關西錄)」은 암행어사가 순시 후 일반적으로 만드는 자료를 모두 합하여 편집한 것이다. 현재 수록된 순서에 따라 살펴보면 위원(渭源)에 도착하여 만든 장계와 영유현감 홍봉선(洪奉先)에 대한 장계가 앞에 수록되어 있다. 다음 복명시 올린 서계, 첨부 자료인 〈연강열보(沿江列堡)〉, 그리고 복명시의 별책서계, 〈피로주회인(被虜走回人)〉 자료가 있다.

복명시 서계는 암행어사로서 공식적으로 지정받은 임무에 대한 종합 보고서이다. 따라서 이 부분에서는 주로 현지 수령 및 진장들에 대한 염찰

---

32 『滿洲實錄』 권三, 癸卯歲. “後太祖從呼蘭哈達南崗移於赫圖阿拉處 赫圖阿拉在蘇克素護加哈二河之間 乃祖居也 築城居住 宰牛羊三次犒賞夫役”

33 『선조실록』 권208, 선조 40년 2월 임자(19일). “壬子 上御別殿 講周易解卦 方今南北有大敵 域中興大役 可哀非民乎 老乙可赤自稱王號 其漸頗兇 平安道則予嘗見之 坦然大道 小無天險 且緣貢參 而居民一空 雖有警急 孰與守之 老乙可赤距江邊不遠 彼必覘我强弱虛實 若以萬餘兵 長驅入境 其鋒不可當 此非可虞之甚者乎 史臣曰 人君發此善言 下無開導之臣 惜哉”

기록이 대부분을 차지한다. 그런데 이어서 〈연강열보〉가 있는 것은 어색하다. 이 자료는 복명시 올린 별책서계의 부록 자료로 생각된다. 후일 문집을 편집하면서 앞으로 나온 것으로 보인다. 복명시 올린 별책서계는 그 내용이 강변의 주요 요충지에 대한 방비 태세 점검과 대응 방략에 대한 정책 보고서라고 할 수 있다. 별단이 주로 왕의 특별한 관심사를 조사하여 올린다는 점을 고려할 때 광해군의 특별한 지시가 있었던 것으로 보인다. 그리고 이에 대한 부록으로 〈연강열보〉를 첨부하여 각 진보 상황을 참고자료로 첨부한 것이다. 별도의 또 다른 부록으로 피로주회인에 대한 정보 보고가 같이 들어 있다.

〈표 1〉『인재선생별집』 권1, 「관서록」의 구성

종류	날짜	내용	비고
到渭源狀啓	6월 25일	위원에 도착하여 올린 장계(楸仇非 권관 鄭時雄에 대한 처리 보고).	인사처리 보고
論洪奉先狀啓	6월 25일	같은 날 永柔 현령 洪奉先의 죄상을 먼저 보고하여 신속 처치를 상주함.	인사 처치 상주
復命時書啓	8월 22일	수령과 진장에 대한 염찰 보고서.	인사 평가
沿江列堡	8월 22일	압록강 강변 보, 대, 진에 대한 종합 정보 보고서 및 민생의 폐막에 대한 보고.	종합 정보 보고서
復命時別冊書啓	8월 22일	왕에게 별도로 올린 여진에 대한 방비 대책안.	여진족 방비 대책안
附足被虜走回人聞見		포로로 잡혀 갔다가 돌아온 사람에 대한 정보 보고 자료.	정보 보고서

광해군 2년(1610) 5월 18일 최현은 채경선과 함께 어사로 임명되었다.[34] 그런데 일반적인 평안도 암행어사가 대체로 평안도를 중심으로 인근 군읍의 수령에 대한 염찰을 주로 다녔던 것에 반해 최현은 수령에 대한

34 『광해군일기[중초본]』 권29, 광해 2년(1610) 5월 임술(18일).

염찰에 더하여 특이하게 압록강 연안의 진보 상황들을 점검하였다. 강을 따라 다니면서 형세를 살펴보았을 뿐만 아니라 작은 배를 타고 강을 답사하기도 하였다.[35]

최현은 6월 25일 위원에 도착하자마자 추구비(楸仇非) 권관(權管) 정시웅(鄭時雄)의 죄상을 밝혀내고서 어사가 다른 지역으로 가면 보복이 있을 것이 예상되므로 정시웅의 임기 만료 전에 병사에게 이문을 보내서 가장을 선발하여 보내도록 하여 진을 안정시켰다는 보고를 하고 있다.[36] 또한 영유 현령 홍봉선(洪奉先)은 중국 사신을 접대하는 물품을 민간 백성에게서 징수하여 어사의 역졸에게 뇌물로 주려고 하였다면서 홍봉선을 처치해주기를 청하는 장계를 올리고 있다.[37] 이 보고에 대해 승정원에서는 본도에 이 사안을 재조사하도록 할 것이 아니라 아예 조정에서 직접 처리할 것을 주장하였다.[38]

암행어사를 다녀와 복명하는 서계에서는 각 읍 관리들을 평가하는 염찰 보고서를 제출하였다. 이는 각 지역의 수령과 진장들을 평정한 것이다.[39] 복명 서계 외에 별단으로 별책서계를 올리고 있는데 왕에게 강변 성지의 형세와 건추에 대한 대비책을 종합하여 보고하고 있다.[40] 부록으로 첨부한 〈연강열보(沿江列堡)〉는 각 진이나 보별 지형이나 형세, 그리고 권관, 만호, 첨사 등의 혁거, 군사의 증원과 재배치 등 각 보의 구체적인 상황을 정리한 보고서이다.

다음은 〈연강열보〉의 내용을 표로 정리한 것이다.[41]

---

35 『인재선생별집』 권1, 「관서록」, 〈沿江列堡〉, [山羊會堡].

36 『인재선생별집』 권1, 「관서록」, 〈到渭源狀啓〉.

37 『인재선생별집』 권1, 「관서록」, 〈論洪奉先狀啓〉.

38 『광해군일기[중초본]』 권32, 광해 2년(1610) 8월 무인(6일).

39 『인재선생별집』 권1, 「관서록」, 〈復命時書啓〉.

40 『인재선생별집』 권1, 「관서록」, 〈別冊書啓〉.

〈표 2〉〈연강열보(沿江列堡)〉

염찰 순서	염찰 내용	제안
麟山鎭	토병은 본주인 의주에 적을 두고 있으면서 첨사가 감독하여 보내도록 함으로써 군졸이 도망하게 되니 첨사를 혁거해야 함.	(宜革去僉使)
義州府	공부를 경감하여 방수에 힘쓰게 하고 호패법을 실시하여 피역하지 못하게 하며 민정을 훈련시켜 통제함.	(民丁 訓練)
乾川堡	남쪽 산봉우리가 성을 내려다 보는 형세로 긴요한 곳이 아니므로 권관을 혁거해야 함.	宜革權管
水口鎭	동남으로 산이 있는 성을 누르는 형세이므로 지킬 수 있는 곳이 아님.	宜革萬戶
玉江鎭	주위 둘레가 너무 좁아 많은 사람을 수용할 수가 없음.	宜革萬戶
方山鎭	사면이 낮고 함몰되었으며 구릉이 서로 이어져 성을 지키기 어려움이 있음.	宜革僉使
淸城鎭	만호에서 첨사로 승격하였으며, 주위 5개진이 소속되어 있음. 안은 평탄하고 밖은 험준하여 중진을 설치하면 좋은 계책이 될 것이므로 추가 증원 필요함.	宜添軍五百名
淸水鎭	산기슭의 평지에 성을 쌓아 지킬 수 있는 곳이 아님.	宜革萬戶
仇寧鎭	언덕이 강을 내려 보고 강안이 성의 형태를 이루고 있으며 삭주의 문호이기 때문에 진을 두어 둘을 연결해두면 서쪽으로 향하는 적을 막을 수 있으므로 군을 증강하여 병사로 하여금 지휘케 해야 함.	宜添軍五百名 勿爲疊入
朔州府	주위의 산세가 우뚝하여 성을 쌓아 범하기 어려운 형세를 이루고 있음. 부사 이경립(李景立), 감관 최용수(崔龍水)는 사무를 잘 처리하고 있음. 충량한 신하를 파견하여 여러 진을 사열하고 기예가 뛰어난 이는 포상하여야 함을 건의함.	宜添軍五百名
甲岩堡	토병으로서는 지켜낼 수 없음.	宜革權管
昌城府	성은 커서 형세가 삭주보다도 더 좋으나 군졸이 적음. 군사를 확보하기 위해 공부를 경감하여 방비에 전념케 하고 호패법을 시행할 것을 건의함.	宜添軍五百名
雲頭里堡	대로와는 거리가 멀어 지킬 수 있는 곳이 못 됨.	宜革權管
廟洞堡	산기슭 평지에 있고 과반이 퇴락하여 무너져 토병으로 지킬 수 있는 곳이 못 됨.	宜革權管

41 『인재선생별집』 권1, 「관서록」, 〈沿江列堡〉.

염찰 순서	염찰 내용	제안
牛仇里堡	창주에서 운산으로 향하는 길목이므로 군사를 추가 투입하여 길을 관리하여야 함.	宜添軍數十名以通雲山之路而勿爲疊入
於丁堡	산기슭의 평탄한 밭이며 강이 성 아래로 흘러서 지키기 어려움.	宜革權管
田子洞堡	성이 계곡 주변의 평지에 있음.	宜革權管
昌洲鎭	창성과 삭주를 드나드는 첫머리의 요해처이지만 성이 황폐하여 있으므로 대신 형세가 험준하고 거진을 통제할 수 있는 운산의 청산창으로 진을 옮겨야 함.	宜添軍五百名而擇險移鎭
大吉號里堡	토병 5, 6명으로 지킬 수 있는 곳이 못 됨.	宜革權管
小吉號里堡	잔루가 있고 산허리에 개미진이 있지만 지킬 곳이 못 됨.	宜革權管
碧團鎭	북로의 요충지이지만 사방에 험준한 곳이 없으며 오히려 본 성 뒤쪽에 산성의 형세가 있으므로 수축해 옮기는 것이 본 성을 잡고 있는 것보다는 나을 듯함.	宜添軍三百名
楸仇非堡	지킬 곳이 못 됨.	宜革權管
麻田堡	성은 협곡에 있으나 지킬 곳이 못 됨.	宜革權管
碧潼郡	강변 성지의 형세 가운데 가장 좋음. 벽동의 아동 가운데 기예가 출중한 자는 삭주의 예에 따라 논상하여 장려해야 함.	宜添軍二百名
大坡兒堡	큰 고개가 가운데 막혀 있고 성은 산 밑에 있어 지킬 곳이 못 됨.	宜革權管
小坡兒堡	두 큰 령이 가운데 있고 성은 산 밑에 있어 무너져 형체가 없음.	宜革權管
廣坪堡	파저강 하류에 있어 호인들이 드나드는 요충지인데 광평 가운데 작은 언덕에 성을 쌓아 보를 이설하되 소파아보와 합하여 만호로 승격하고 농민들을 모집하여 경작토록 해야 함.	宜添軍三百名
阿耳鎭	강변의 진 가운데 두 번째로 험한 곳으로 잘 개수해야 함. 백성들은 이산에 소속시켜 농사를 짓도록 해야 함.	宜添軍二百名
金士洞堡	형세가 험준하지 않음.	宜革權管
理山郡	군의 성이 무너지고 또 지켜낼 수 있는 곳이 아니므로 성 남쪽 옛 성이 진을 설치하기에 적합하니 본진을 이설하는 것이 합당함. 군수 박윤(朴崙)이 부지런하고 재간이 있다는 평을 듣고 있음.	宜移鎭古德里添軍五百名
山羊會堡	산천 도로가 험준하여 지나기 어려우므로 형제암으로 진을 옮기는 것이 합당함. 다른 곳은 늦추더라도 이 곳은 가장 시급함.	宜移鎭兄弟岩添軍五百名
加乙軒洞	리산의 덕리에 대진을 설치한다면 이 길은 통제할 수 있음.	宜革權管
直洞堡	가을헌동 북쪽에 위치하며 대령을 넘어 강가에 있음.	宜革權管

염찰 순서	염찰 내용	제안
南坡堡	직동보 동북에 위치하며 대령을 넘어 강가에 있음.	宜革權管
渭原郡	산기슭에 성을 쌓았으며 강물은 성을 돌아서 아래로 흘러가는데 만약 후봉을 개축한다면 정예병으로 지켜낼 것으로 생각함.	宜添軍三百名
吾老梁堡	사면이 험준하지 않고 남쪽 봉우리가 성을 압박하는 형세로 지켜낼 수 없는 곳임.	宜革萬戶
高山里鎭	구량포동 적로가 25리 거리에 있어 내지군을 본진에 추가로 입방하여 대비해야 함.	宜添軍三百名
伐澄浦堡	강과 거리가 멀고 성은 협곡 안에 있어 반드시 지켜야 할 곳이 아님.	宜革權管
滿浦鎭	강변에 쌓는 열진의 성은 여기에 멈추고 그 위로는 내지에 진을 설치하였음. 가까운 봉우리 두 세 곳을 택하여 별도로 돈대를 설치하고 사면으로 석차를 배치하여 운영한다면 적군을 퇴치할 수 있을 것임. 만포진을 군으로 성격할 필요가 있음. 고산리 이동 상토 이서 7진은 만포에, 이현 이남 적유령 칠보까지는 강계에 속하게 함.	宜添軍五百名 陞設郡府
乾者浦堡	지킬 곳이 못 됨.	宜革權管
外叱怪堡	지킬 곳이 못 됨. 다만 권관 오직(吳稷)은 일을 맡길 만한 인재임.	宜革權管
登公仇非堡	지키기 어려운 곳임.	宜革權管
上土鎭	성은 평지에 있고 일면은 험준한 곳에 있으나 일면은 평이하여 견고하게 성을 쌓아야 함. 성을 쌓고 군량을 비축하며 방어병을 투입한다면 일면을 지켜낼 수 있을 것임. 첨사 한유길(韓惟吉)이 청렴하고 신중하는 평이 있음.	宜添軍五百名 勿令疊入
梨洞堡	성곽의 옛 터에 개축해야 보를 지킬 수 있으며 상토진과 추파진이 있으므로 반드시 진을 설치할 필요가 없음.	宜革權管
楸坡鎭	적로에 위치한 요충지이고 강계의 문호이므로 성을 수축하여 백성들을 모아야 함.	添軍二百名
從浦堡	산이 성을 내려다 보고 있는 형세이므로 추파진과 통합해야 함.	宜革權管
黃靑堡	긴요한 곳이 아니므로 강계에 통합해야 할 것임.	宜革權管
馬馬海堡	강계와 너무 가까이 있으므로 보를 철폐해야 함.	宜革權管
古冶堡	강계 남쪽 산 가운데 있으며 인적이 드뭄. 아래쪽 70여 리에 별하가 있는데 적유령 대로로 강계서 희천으로 가는 길의 요충지이므로 만호진을 설치하고 보를 옮겨야 할 것임. 권관 안신도(安信道)가 신중하고 재간이 있다는 평판이 있음.	宜移鎭別河 添軍二百名

염찰 순서	염찰 내용	제안
江界府	수상 요충지에 해당하며 동쪽으로는 설한령으로 이어져 삼수, 별해의 땅에 이르고 남쪽으로 적유령을 넘어 희천, 영변에 도달하므로 반드시 먼저 적을 막아내야 할 곳임.	宜添軍三百名
총 50개소		증 20, 감 30

최현의 여진 방비에 대한 기본적인 생각은 쇠락한 작은 보나 진의 권관이나 만호를 혁파하여 대진 중심으로 재편하며, 주요 방어 요충지에는 인원을 증원하는 방식으로 대처하려는 것이다. 인력이 보강되고 축성이 강화된 큰 진은 후방의 대진이나 대영과 연결하여 침입 경로를 중심으로 방어선을 구축하려는 것이다.[42]

위의 표에서 정리하였듯이 최현은 총 50개소 가운데 20곳은 인원을 증강하고 30곳은 혁파할 것을 주장하였다. 의주(義州), 청성(淸城), 구녕(仇寧), 창성(昌城), 창주(昌洲), 벽단(碧團), 벽동(碧潼), 광평(廣坪), 아이(阿耳), 이산(理山), 산양회(山羊會), 위원(渭源), 고산리(高山里), 만포(滿浦), 상토(上土), 추파(楸坡), 강계(江界) 등 강변의 대진은 성을 개축, 수축하고 또한 이진하거나 병사를 증원하여 경비를 강화하여야 한다는 주장을 펴고 있다. 강화된 이들 성은 그 아래로 삭주(朔州), 우구리(牛仇里), 별하(別河) 등의 교통 요충지와 연계시킴으로써 방비력을 강화시키려고 하였다. 아래의 그림은 강변의 열진에 대한 정비 후 자신이 제안한 새로운 방비체계의 방식에 따라 재편된 체계를 그림으로 정리해 둔 것이다.[43]

42 당시 조선의 강변에 대한 관리는 강변 7읍의 독진체제로 관리하였으나 병사 관리 하의 진관과 이를 지휘하는 만호, 권관과 첨사 관리 하의 첨사진, 조방장 등이 있었으나 유기적인 결합이 되지 못하고 있었다. 이 점은 최현도 지적하고 있다. 강변 진보의 방어체계에 대해서는 이철성, 「17세기 평안도 강변 7읍의 방어체제」, 『한국사학보』 13, 고려사학회, 2002 참조.

43 『인재선생별집』 권1, 「관서록」, [內地控守之處].

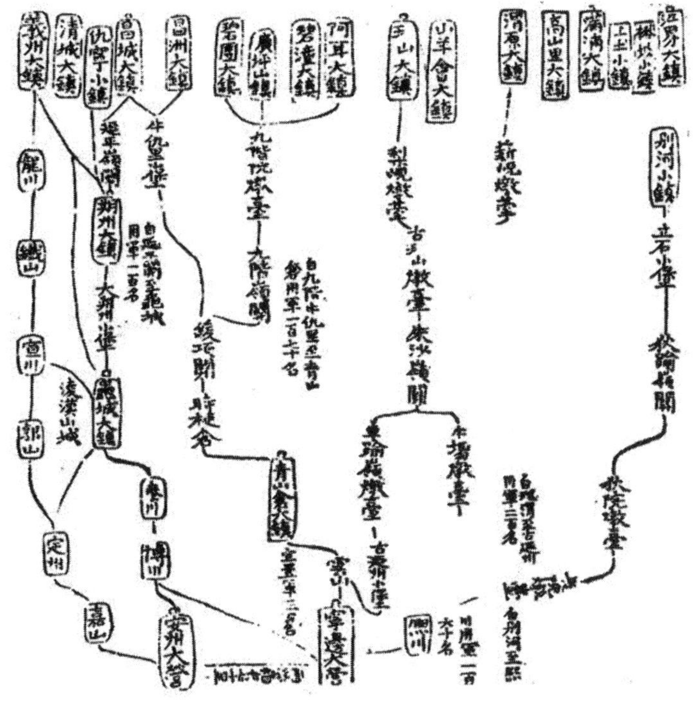

부록으로 있는 피로주회인문견(被虜走回人聞見)은 종성영(鍾城營) 진무(鎭撫) 김옥정(金玉精)의 아들 정립(廷立)과 그의 아내 사리거(舍里去), 그리고 같은 보에 살던 보인 김억수(金億壽)의 아들 김금이(金金伊), 그리고 그의 처 이거아(里5巨兒)가 여진족에 붙잡혀 가 있다가 위원(渭源)으로 돌아온 이후까지의 일을 기록해 둔 것이다. 여기에는 노호(老胡)의 성에서의 일들, 군사 통솔 방식, 군대의 편재 등에 대한 정보를 수집하여 보고하고 있다.[44]

광해군은 이러한 보고에 주목하여 고향인 선산(善山)에 있던 최현에게 남방을 순회하면서 양남(兩南)의 바다에 인접한 각 처에 백성을 모집하여

44 『인재선생별집』 권1, 「관서록」, 〈附足被虜走回人聞見〉.

바닷가를 순찰하고 둔전을 설치하는 일을 주관하도록 하였다.[45] 최현은 비변사 낭청으로 주사(舟師)의 이로움과 해로움을 아뢰면서 급하지 않은 일은 정지하여 낭비를 줄이고 국방에 전력할 것을 청하였다.[46] 이듬해에는 지난해의 일 처리가 자못 체계가 있었기 때문에 이번에 다시 파견하여 그 일을 완성하게 하도록 하되 낭청 직위로는 호령을 내릴 때 불편한 염려가 있으므로 순무어사(巡撫御史)라는 칭호를 내려 줄 것을 비변사에서 청하였다.[47] 또한 이해 말 문경(聞慶) 등 몇 개 주를 합하여 큰 부로 만들고 적을 막는 성을 수선하여 위급할 때 요새지로 삼고자 하는데 최현이 계략이 있고 또 형세를 잘 알고 있으니 그를 보내어 본사 회계를 살펴보게 하자는 비변사의 계가 있었다.[48] 최현이 문사 출신이지만 일 처리와 군사적인 대비책을 마련하는 데 탁월한 능력을 보였으므로 계속 그를 파견하여 방어책을 강구하도록 한 것이다.

2) 서북지역 방비 개선책

최현은 1608년 명에 서장관으로 다녀오면서 제출한 조경시별단을 보면 사절단에 대한 금은(禁銀)의 명령에도 불구하고 은(銀)을 지니고 가야 물건을 교환할 수 있는 현실을 지적하면서 화폐의 유통을 주장하였다. 또한 사신에 대한 지공(支供)으로 황폐화된 평안도의 현실을 보고하면서 사행시의 인원을 감축하여 개선할 것을 주장하였다.[49] 이 때 그는 이미

45 『광해군일기[중초본]』 권37, 광해 3년(1611) 1월 임술(21일).

46 『광해군일기[중초본]』 권38, 광해 3년(1611) 2월 임신(2일).

47 『광해군일기[중초본]』 권50, 광해 4년(1612) 2월 계사(28일).

48 『광해군일기[중초본]』 권60, 광해 4년(1612) 윤11월 경오(11일).

49 『인재선생문집』 권5, 「書啓」, 〈朝京時別單書啓〉.
윤세형, 「최현의 조경시별단서계에 나타난 현실인식 연구」, 『온지논총』 42, 온지학회, 2015.

평안도 지역의 황폐화된 현실에 대한 우려를 표시하고 있다.

1610년 평안도 어사를 다녀와서 올린 복명시 별책서계(別冊書啓)에 의하면 각종 정보 보고와 함께 군사적, 재정적 측면에서 야기된 각종의 폐단과 이에 대한 대응 방안을 제시하고 있다.

최현은 먼저 내지를 지켜내는 방안에 대해서 정리하였다.[50] 최현은 서북방면에서 야인들이 들어올 길에 대해 3대로, 3소로로 정리하였다. 최현이 거명한 3대로는 의주로부터 용천과 선천을 거쳐 안주에 도찰하는 길, 창성으로부터 삭주와 귀성을 거쳐 영변에 이르는 길, 강계로부터 희천을 거쳐 영변에 이르는 길이었다. 3소로는 창성과 창주로부터 완항을 경유하여 청산성 아래를 지나 운산에 이르는 길, 벽동과 벽단으로부터 구계를 경유하여 청산성을 지나 운산에 이르는 길, 이산 위원으로부터 주사령을 경유하여 고연주를 지나 운산에 이르는 길이었다.

이 가운데 청산성, 희천, 영변 3개 지역은 내지에서 오랑캐를 통제할 수 있는 요해처라고 보았다. 청산성은 성 아래에 양전이 있고 살고 있는 백성도 많으므로 분할하여 운산에 예속시키고 군을 청산성 안에 옮겨 겨울에는 병사가 이곳을 행영으로 삼는다면 한 곳의 공수처가 세 길을 막는 형세가 될 것이라고 보았다.

희천은 궁벽한 곳에 끼여 있지만 내지로 들어오는 요충지인데 현재는 쇠락해있다고 지적하고 본군에서 운산에 이르기까지 공부를 감하고 양리를 선발하여 보내되 가족을 동반하지 않도록 하며 그 사이에는 보와 대를 설치하여야 한다고 주장하였다. 군사 충원은 둔전을 설치하여 모집하면 가능할 것이라고 보았다.

영변은 주위가 너무 넓어 도내 군사 전체를 동원해도 지키기 어렵다면서 병사는 영변을 본영으로 삼고 청산성을 행영으로 삼으며 감사는 평양

---

50 『인재선생별집』 권1, 「관서록」, [內地控守之處].

을 본영으로 하고 안주를 행영으로 삼으면 두 성을 지켜낼 수 있을 것으로 보았다. 그러나 강변에 먼저 긴급하게 수선하고 차후 내지를 관리할 것을 주장하였다.

안주는 영변과 함께 관서지역에서 강변 다음의 방어선이므로 군량을 실제에 맞게 확보하고 좋은 장수로 하여금 성을 지키게 하면 잘 지킬 수 있을 것이라고 하였다. 그러나 현재는 중국 사신 접대로 인해 곤경에 처해 있으므로 활과 화살을 보내고 장인(匠人)을 파견하여 급하게 조치해 주어야 한다고 주장하였다.

이와 함께 여진 방비를 어렵게 하는 각종 폐단을 언급하면서 그 개선책을 제시하였다.

첫째 내지 축성의 폐단을 지적하였다. 강변이 외지이고 선천과 정주 이북이 내지인데 강변의 열진을 견고하게 한 연후에 내지에서 성을 쌓아야 한다고 주장하였다. 지리의 이점을 보면 강변만 한 곳이 없는데 오히려 내지에 성을 쌓는 논의가 시끄럽게 일어나고 있다고 지적하고 있다. 적은 상토, 만포, 강계 등지에서 적유령을 넘어 희천으로, 벽단, 창성, 창주를 경유하여 삭주, 구성으로 넘어올 가능성이 있다고 하였다.

그러므로 좋은 변방 장수를 선발하여 그 공역을 헤아려 보아야 하며 또 축성사업은 여유있게 일을 추진해야 함을 주장하였다.[51]

둘째 군안 감축의 폐단을 지적하였다. 방수하는 군사가 입역하는 비용을 과도히 요구받고 있으며 유망이라도 하면 일족에게 징수하여 백성들이 빠져나갈 수 없게 되었다고 하였다. 방수군(防戍軍)이 입역(立役)을 하지 않아 10년 절호(絶戶)가 되면 군안을 제거해 주지만 군인 확보의 실제적인

---

51 『인재선생별집』 권1, 「관서록」, [內地築城之弊]. “臣今行 訪得民情 城雖不可不築 而當事之人 要得勤幹之名 董役太急 軍心可離叛 若聞築城之言 則無不疾首蹙頞 今宜申諭邊將 量其功役 限以歲月 使民有餘力而漸至完了 不可徒以速成爲務也”

효과는 거두지 못하고 있으며 변장들도 제대로 급료를 받지 못하고 있으며 책임 부과가 과도하여 토병(土兵)만을 침탈하게 되는 현실을 지적하였다.

그러므로 호패법을 시행하여 군안을 정리한 다음 군안에 든 입작자(立作者)는 침탈을 당하지 않도록 한다면 군졸이 늘어날 것이며 변방 장수들은 직급을 올리고 녹료를 지급하여 군졸을 침탈하지 않도록 해야 함을 주장하였다.[52]

셋째 삼수군 양역의 폐단을 지적하였다. 원군(元軍)의 봉족(奉足)으로 삼수병(三手兵)에 충원된 자는 원호의 포를 이미 징수당했는데도 원수(元首)의 역을 대신하거나 또는 포사(砲射)의 역(役)으로 징발되어 부방(赴防)당하니 한 몸으로 두 역을 부담하는 폐단이 있음을 지적하였다.

그러므로 원군(元軍)의 봉족(奉足)으로 이미 삼수에 예속되어 있으면 봉족의 안을 제거하여 정군으로 논하고 보솔(保率) 2명을 지원하며 방수에 소용되는 양식을 지급하여 오직 무예만을 익히도록 해야 함을 주장하였다.[53]

넷째 군졸 윤방의 폐단을 지적하였다. 내지군으로 진이나 보에 첨입되는 정방(定防)에 대해 평안도는 번갈아 분방(分防)하도록 되어 있으나 뇌물에 따라 원근지에 배치되는 폐단이 일어남을 지적하였다.

그러므로 방수군이 하번 때는 군장과 행리를 맡겨두게 하여 군졸이 무거운 짐을 지고 수자리 가는 고통을 덜게 하고, 수자리가 균일하지 않은

---

52 『인재선생별집』 권1, 「관서록」, [軍案減縮之弊]. 今宜先行號牌之法 不使逃移 然後令各官守令 刷整軍案 流亡者削其本籍以入作 充其保率 如或不充 則官給其糧 使之赴防而旣屬軍案 則蠲免身役 使無幷侵之患 則軍卒庶有生殖之道矣 在邊之將 又令戶曹 各以品秩給祿于所在之官 然後若捧軍卒差備到防之木者 論以重律 而邊將可禁侵漁矣

53 『인재선생별집』 권1, 「관서록」, [三手軍兩役之弊]. "今禦敵守城之策 專仗砲手 而新編軍伍 旣無奉足 養之如是其薄 則緩急亦將何賴焉 宜勑各官 其以元軍奉足 屬于三手者 則去其奉足之案而論以正軍之例 或給保率二名 或給往來留防之糧 凡有公私身役之人 而屬于三手者 一切除其本役 使之專意習藝"

것은 중간을 한계로 정해 번을 세울 때 먼 근무처는 일수를 줄이고 가까운 근무처는 일수를 불려 번을 세워 근무 조건에 따라 증감하여 시행할 것을 주장하였다.[54]

다섯째 삭선 진상의 폐단을 지적하였다. 원래 평안도는 삭선 진상이 없었는데 임시로 시행하였던 삭선을 폐지하지 않고 그대로 실시하고 있으며 압록강에서 진상처인 평양까지의 거리가 너무 멀어 영문에 진상물을 바치러 올 때의 고통은 타도에 비할 바가 아니라고 지적하였다.

그러므로 임시로 설정한 삭선으로 조종조에 시행한 제도와 규모를 무너뜨리면 변방의 백성들의 극심한 원성을 사게 될 것이며 이는 백성을 가르치고 인도하여 잘 살게 하겠다는 성상의 뜻과도 맞지 않다고 하면서 도내에 배정된 생 건치의 수가 너무 많으므로 그 양을 감해야 함을 강조하였다.[55]

여섯째 인삼의 폐단을 지적하였다. 토산물의 공납으로 인삼의 값이 높지 않고 물품도 충분히 있었는데 역관들이 판매 무역하고, 상인이 매매하면서 귀한 물건이 되었다고 적고 있다. 이에 대해 인삼 상인들을 엄격히 단속하지 못한 탓이라고 하나 방납의 폐해로 인해 경중을 정할 권한이 각 관청 하리에 있기 때문에 이와 같이 문란해졌다고 보았다.

그러므로 조정에 헌상하는 인삼의 크기를 정하여 내려 보내면 백성들도 공납할 수 있는 길이 열리게 될 것이며, 인삼 상인들의 매매와 관련된

---

54 『인재선생별집』 권1, 「관서록」, [軍卒輪防之弊]. "本道入防之軍 若如七道之例 元定鎭堡 則防戍之軍 下番之日 其軍裝行李 寄置所主之家 則城中軍裝恒留 而他日臨戰之用 亦有賴焉 又無軍卒重負遠戍之苦矣 如以遠近不均爲難 則以中道爲限 二朔立番 而遠官則減日立番 近官則增日立番 計日增減 定爲恒式 則亦無不均之弊也"

55 『인재선생별집』 권1, 「관서록」, [權設朔膳之弊]. "今若因一時權設之擧 壞祖宗之規模 而斂怨於邊民 則似非聖上約己裕民之旨矣 且道內絶無山雉 已過五六年 連數郡而得見一雉 則人指以爲瑞 進上之雉 經營旬朔 尙未得辦 今雖不可以無雉之故 不盡心於上供之物 而一道無雉 可怪之甚也 且道內所定生乾雉 其數甚多 若不量減 則恐難支持也"

법을 엄격히 세우고 죄를 범한 자를 처단한다면 백성들은 그 고통에서 벗어나게 되고 인삼 값도 서서히 안정될 것이라고 주장하였다.[56]

일곱째 변방에서 군사를 모으는 폐단을 지적하였다. 토병(土兵)은 변방에서 자라서 병기 사용에 익숙하지만 생업이 없어 살아가기 고통스러운데 종군 방수의 임무까지 떠맡게 되어 유랑민이 되었다고 지적하였다. 조정에서 기율을 세우지 않고 성안으로 몰아넣으려만 한다면 가솔을 데리고 모두 달아날 것이라고 주장하였다. 백성들이 자기의 성을 지킬 것이라고 하나 성의 방어는 조정에서 합당한 조치를 취할 수 있느냐의 여부에 달려있다고 지적하였다.

그러므로 변방 수령들에게 별도로 신칙하여 이미 군사가 된 자에게는 전결에 따른 공부 외는 모든 호역(戶役)을 배정하지 말 것이며 군사의 자손들은 군사만 시키고 다른 역을 지지 않도록 해야 한다고 주장하였다.[57]

여덟째 군마영송의 폐단을 지적하였다. 평안도는 사신 왕래가 끊이지 않는 곳으로 접대로 인해 나라를 지키는 일에 쓸 수 있는 손과 발이 없는 지경에 이르렀다고 하였다. 또 요동군마는 사신을 호행하기 위한 것이지 역관이 무역하는 물자를 싣고 가는 수레가 아님을 지적하였다.

그러므로 서장관 및 데리고 가는 인원을 줄이고 행차의 비용은 은으로 지급한다면 요동군마의 폐단이 줄어들 것이라고 주장하였다.[58]

---

56 『인재선생별집』 권1, 「관서록」, [人蔘之弊]. "臣入中朝時 竊聞其言 人蔘不取其大 而取其色淨而堅剛者 然則進獻蔘見樣 亦可稍降 不至生事而已 蔘樣旣降 而令民採納以爲可繼之道 然後嚴立通事及蔘商買賣之法 論以死律 如祖宗朝故事 則民不受苦 而蔘價漸輕也"

57 『인재선생별집』 권1, 「관서록」, [邊城募軍之策]. "今宜另加申飭于邊郡守令 旣爲軍士則田結常賦之外 凡諸戶役 一切勿侵 軍士子孫 永爲軍士 勿定他役 其已屬他役者 亦令主鎭之官刷而還之 不奉令者 罪其守令 則邊地之軍 專意防守 無他侵擾之患 生子生孫 可以漸至繁殖 而軍額不減矣"

58 『인재선생별집』 권1, 「관서록」, [軍馬迎送之弊]. "請依臣前啓 減去書狀官及帶行員役而盤纏之費 給以銀兩 則遼東軍馬之弊 不待減而自省矣"

최현은 이와 같이 각종의 폐단을 지적하면서 끝 부분에는 각 사안에 대한 해결책을 제시하고 있다. 최현은 이들 문제를 시급히 개선하지 못하면 내지를 지켜낼 수 없음을 거듭 강조하였다.

한편 별책서계는 광해군에게 올리는 형식이지만 내용은 중앙 정부 차원에서 이루어져야 하는 제도 개선책을 주로 언급하고 있다. 최현은 군과 민에 끼치는 폐해와 성지의 상태, 군사의 조련에 이르기까지 재난을 미연에 방지할 수 있는 대책을 종합적으로 정리하여 제시하고 있다. 그 내용은 대체로 〈연강열보〉에 수록된 내용과 각종 폐단에 대한 지적을 종합하여 정리하고 있다.[59]

최현은 현재 조선의 상황을 승냥이, 호랑이 같은 오랑캐와 베개를 나란히 하면서 누워있는 형국이라고 말하였다. 그러므로 으르렁거리다가 무는 환란이 반드시 일어날 것이라고 말하였다. 이는 당시 여진족을 중심으로 한 만주에서의 변동이 심상치 않았던 현실을 말한 것이었다.

최현은 대진과 소보를 모두 돌아보고 강안의 길과 산속의 길을 조사하여 그 대략을 파악하였는데 강변의 성 중에 대책이 급한 것은 15개 성인데 조금 나은 곳이 청성(淸城), 삭주(朔州), 창성(昌城), 벽동(碧潼), 강계(江界), 고산리(高山里) 6개 성에 불과하다고 하였다. 착실하게 손을 보아 수리하면 금년 안에 일을 마칠 수 있으며, 방어 군사는 30,000명의 정예병을 동원해야 한다고 하였다. 제작 방법이 부실하고 규모가 미치지 못한 것으로 의주(義州), 창주(昌洲), 아이(阿耳), 위원(渭原), 만포(滿浦)의 5개 진이 있는데 1,500명을 동원하면 일년 내에 수리를 마칠 수 있으며, 지킬 군사로는 35,000명의 정병이 필요하다고 하였다. 벽단(碧團), 이산(理山), 산양회(山羊會), 별하(別河)는 진을 옮겨 성을 쌓아야 하는데 3,000명의 군사를 동원해야 하며 지킬 군사로는 20,000명이 있어야 한다고 하였다.

---

59 『인재선생별집』 권1, 「관서록」, 〈復命時別冊書啓〉.

15개 성 외에도 수리를 해야 할 곳으로 구녕(仇寧), 광평(廣坪), 상토(上土), 추파(楸坡) 4개 진이 있다고 하였다. 그리고 육진이 위급하지만 서로(西路)의 위중함에는 비할 바가 못 된다고 하였다. 그리고 오랑캐가 눈독을 들이는 곳은 서쪽 변방이며 북쪽 변방이 아니라고 하였다. 병자호란 때 서로(西路)를 통해 여진족이 남하하였음을 생각한다면 최현의 생각이 적확하였음을 알 수 있다.

오랑캐는 대체로 서북 방면 3개의 길로 침입해 올 것이지만 내지에 오면 막기 힘들기 때문에 강변에서 막아야 한다고 주장하였다. 강변을 진과 보를 견고하게 수축하고 병력을 동원하여 내지로 들어오지 못하도록 결전의 태세를 갖추어야 한다고 주문하였다. 내지의 요해처인 영변(寧邊), 안주(安州), 구성(龜城), 청산성(青山城), 능한성(凌漢城)도 중요하므로 지용을 갖춘 장수에게 군사를 맡겨서 힘을 기르게 하여야 하며 다섯 성을 견고하게 지키기 위해서 서로 지원하고 구원할 수 있는 체계를 갖추어야 한다고 주장하였다. 만약 이렇게 해 나간다면 관서(關西) 일대는 그나마 재난을 미연에 방지해 나갈 수 있게 된다고 하였다.

노호(老胡)들은 군사를 조련하고 무력을 쌓아 군세가 강해지고 기세가 불같이 일어나 5, 6년 혹은 8, 9년 뒤에는 그 세력이 반드시 올 것이라고 진단하였다. 그러나 현재 일읍일진(一邑一鎭) 어디라도 믿을 수 있는 형세가 없다고 진단하였다. 속히 신하를 파견하여 서쪽 변방을 감사, 병사와 함께 상의케 하고 황해도로 하여금 돕도록 해야 한다고 말하였다.[60]

---

60 『인재선생별집』 권1, 「관서록」, 〈復命時別冊書啓〉. "嗟乎 老胡鍊武積甲數十年矣 上規大邦 旁睨隣國 其斂兵而不動者 要非仁也 乃是蓄謀而伺釁也 今則兵力已强 氣勢已成 近則五六年 遲則八九年 其勢必動 動則必受數十年干戈之禍矣 此正君臣上下寢不安席 食不甘味 汲汲修攘之秋也 猶以豺狼之不噬爲親於己 徒飾文具 如偶人之形 一邑一鎭 頓無可恃之勢 此臣之所以慷慨流涕 不避傍人之笑罵 而煩瀆之至此也 夫事未發而先言 則人必以爲妄 今臣誠不免妄言之罪 然孰與事已發而無及者乎 殿下若不以妖言罪臣 則宜速遣諳事之臣 經理西邊 使與監司兵使協心相議 先量本道之力 而助

그런데 당시 조선은 내지의 산성을 위주로 한 방어 전략을 구상하고 있었다. 따라서 강변에는 소규모의 보나 진을 널리 설치해 두고 있었으며 적의 침입로 인근의 산성에 방어 거점을 축조해 두었다. 그러나 기존의 방비 체제로는 소규모의 침입은 방어가 가능하였을 것이나 기병을 위주로 하는 여진족이 남하할 경우 수 십명 혹은 5, 6명의 토병(土兵)이 배치된 소보나 소진에 소속된 병사로는 대항할 수 있는 전력이 되지 못한다. 후일 정묘호란 때 의주(義州), 창성(昌城) 등의 진을 공략하고 남하한 것이나 병자호란 때 의주(義州), 벽동(碧潼), 창성(昌城), 삭주(朔州) 등의 진을 공략하고 남하하였던 청군의 침입 경로를 생각하면 내지 산성 위주의 방어 전략에 주력하였던 조선군의 전략상의 허점이 없지 않았다. 오히려 강변에 어느 정도의 큰 진을 중심으로 방비 체제를 확보하고 주요 교통로 중심으로 요충지에 방어 진지를 구축하려고 하였던 최현의 구상은 적절하였던 것으로 생각된다.[61] 조선후기에는 대체로 강변의 진보를 재정비하고 후방 내지의 교통로 방어 대책이 주로 강구된 것도 호란의 대비 실패에서 기인한 것이었다.[62]

한편 별도로 체찰사에게도 아뢰어 현안에 대한 대책을 수립하도록 촉구하고 있다. 체찰사는 방수처에 군량이 떨어질 것을 염려하여 종사관을 파견하여 징발을 맡기고 둔전을 설치하여 서로 팔고 사는 무판을 일으켰는데 백성들이 민폐로 가장 먼저 말하는 것이 둔전무곡(屯田貿穀)이라고

以黃海之軍 先其所急 後其所緩 完城聚民 峙糧練兵 毋令太速而傷民 毋令太遲而失機 毋聽浮夸之言 以撓成筭 毋遷任事之人 以敗前功 朝夕以自謀 歲月以自修 三年而望其稍完 六年而責其有成 九年而定其勝筭 則虛可使實 弱可使强也”

61 물론 정묘호란과 병자호란 때 조선군이 청군의 남하를 막아내지 못한 것은 애초 전력 차이가 너무 크게 벌어졌기 때문일 것이다. 특히 1624년 이괄의 난을 제압한 후 북방 지역의 군정에 대한 지속적인 감찰이 조선군의 전력을 크게 약화시켜 놓았다.

62 고승희, 「조선후기 평안도지역 도로 방어체계의 정비」, 『한국문화』 34, 규장각한국학연구소, 2004.

지적하였다. 보(堡)에서 가까운 곳에 둔전을 설치하는 것이 아니라 멀고 황폐한 곳에 설치하여 백성들에게 폐해만 야기하고 있다고 지적하였다. 무곡(貿穀)도 고기와 조개 등을 억지로 배정하고 복호첩(復戶帖)을 발급하여 백성들이 견딜 수 없게 하고 있다고 지적하였다. 그나마 근년에 진헌해야 하는 삼(蔘)을 포백(布帛)으로 교환하여 납부하게 함으로써 백성들이 고통에서 조금 살아나게 되었다고 하였다. 그러나 썩은 곡식을 강제로 생선과 소금으로 바꾸게 하거나 종이를 바로 정조(正租) 일석(一石)과 교환하도록 강제하고 있어 여전히 원망을 사고 있다고 하였다.

그러므로 종사관을 파견하여 같은 과오를 저지르지 말도록 하고 실정을 제대로 파악하여 일을 추진하여 민심을 위로해야 한다고 하였다 그리고 일체의 무판(貿販)의 일을 없애버려야 하며 둔전(屯田)과 자염(煮鹽)의 일은 공론을 거쳐 깊이 살펴보면서 처리해야 한다고 하였다. 그리하여 항상 변함없는 방식을 정하여 백성들이 병들지 않게 하며 부족한 군량에 밑천이 되게 한다면 좋을 것이라고 하였다.[63]

최현의 이러한 현실 파악은 광해군으로부터 조정 대신에 이르기까지 많은 공감을 획득하였으며, 이로 인해 이덕형(李德馨), 이항복(李恒福)의 추천으로 영남 지역의 해방 업무까지 담당하게 되었다.[64] 광해군 대 지속적으로 이루어진 서북 변경지역에 대한 방비 강화 노력과 안주(安州), 능한산성(凌漢山城) 등의 성곽 수축은 최현의 정세보고와 무관하지 않다.[65]

---

63 『인재선생문집』 권10, 「잡저」, 〈關西御史還朝後呈稟體察使〉.

64 『인재선생문집』 부록, 〈행장[李象靖]〉.

65 『광해군일기[중초본]』 권39권, 광해 3년(1611) 3월 기사(29일).
『광해군일기[중초본]』 권169, 광해 13년(1621) 9월 병오(8일).

4. 맺음말

지역 출신의 조선중기 유학자이자 관료인 최현은 실무적인 능력과 애국정신으로 저명하다. 최현의 가사에서 보이는 애민의식은 그가 현실에서 유리된 고답적인 세계관에 사로잡힌 유학자가 아니었음을 잘 보여주고 있다. 문관 출신이면서도 군정업무에도 정통하였음을 보여주는 대표적인 자료가 문집에 수록되어 있는 「관서록」이다. 「관서록」은 평안도 암행어사가 되어 평안도의 강안 지역을 살펴본 후에 보고한 장계, 서계, 별책서계, 별단 등으로 구성되어 있다.

누르하치의 성장에 따라 여진족이 차츰 국가의 형태를 갖추어가면서 점증하는 압록강 지역에서의 위기에 대해 조선정부에서는 누르하치에게 여러 차례 역관과 무사를 파견하여 상황을 파악하려고 하였다. 고조되는 위기상황에서 광해군은 평안도 지역의 방비태세를 점검할 필요가 있었다. 1608년 동지사의 서장관으로 북경을 다녀오면서 요동의 명의 동향에 비상한 관심을 표출하였던 최현의 능력을 본 광해군은 1610년 최현을 평안도 암행어사로 파견하였다.

최현은 암행어사를 다녀온 후 관련 기록을 모은 「관서록」에서 고을 수령에 대한 포폄 문건인 서계 외에 평안도 강안지역 진보의 대비 태세를 점검하고 이에 대한 각종의 방비책을 종합적으로 정리한 별책서계와 강안지역 각 진보의 상황을 정리한 〈연강열보〉를 올리고 있다.

최현은 서북으로 야인들이 들어올 길에 대해 3대로, 3소로로 정리하고 내지의 방비를 위해서 청산성, 희천, 영변 3개 지역은 특별히 관리할 것을 건의하였다. 이들 방어선에서 여진족을 격퇴시키지 못한다면 내지까지 위험해진다고 하였다. 또한 서북지역의 폐단으로 축성의 폐단, 군안 감축의 폐단, 삼수군 양역의 폐단, 군졸 윤방의 폐단, 삭선 진상의 폐단, 인삼의 폐단, 변방에서 군사를 모집하는 폐단, 군마 영송의 폐단 등을 지적하고 이에 대한 개선책을 제시하였다.

최현은 별책서계에서 중앙 정부에서 시급히 처리해야 할 각종 방비책을 종합적으로 정리하여 제시하고 있다. 직접 강변의 대진과 소보를 모두 돌아보고 강안의 길과 산속의 길을 조사한 경험을 바탕으로 대책이 시급한 성과 지켜야 할 군사의 수를 정리하였다. 최현은 강변에 어느 정도의 큰 진을 중심으로 방비 체제를 확보하고 주요 교통로에 있는 요충지에 방어 진지를 구축하려고 하였다. 조선이 후일 산성 위주의 방어 전략을 취하였던 1627년 정묘호란과 1636년 병자호란에서 기동력을 앞세웠던 여진족의 침략을 막아내지 못하였음을 볼 때 최현 주장의 적절성과 효용성을 엿볼 수 있다.

이 시기 실학자들이 주로 재야층에 있으면서 사회의 전반에 걸쳐 급진적인 개혁 방안을 연구하고 있었던 것에 비해 「관서록」에서 제시한 군정 개혁론은 고전적인 유교적 제도개혁의 수준을 크게 벗어나지는 못하고 있다. 따라서 최현의 개혁론은 실학자들의 사회 제도 개혁론에 비해 개혁성에서 크게 앞서 나가지 못하고 있다. 그러나 관료로 복무하면서 실제적 상황에 근거를 둔 군정의 개혁안을 제시하고 이의 개선을 위해 노력하고 있음을 보여주는 「관서록」은 최현을 포함한 당시 개혁적 관료층이 지향하였던 개혁론의 일단을 보여주고 있다.

ꕥ 제4절 ꕥ

만오 박래겸의 암행어사 직임 수행 배경에 대한 일고찰

1. 머리말

조선후기에 활약한 암행어사 가운데 구미 출신으로 박래겸(朴來謙)이 있다. 그동안 규장각에 소장된 박래겸의 『서수일기』를 열람하게 되면서 많은 사람들이 박래겸에 주목을 하였다.[1] 그러나 아직 지역에서는 박래겸에 대해 잘 알려지지 않아 이에 대해 간략하게 소개하고자 한다.[2]

1 박래겸에 대한 최초의 학술 연구로는 김명숙의 연구(김명숙, 「서수일기를 통해 본 19세기 평안도 지방의 사회상」, 『한국학논집』 35, 한양대학교 한국학연구소, 2001; 『19세기 정치론 연구』, 한양대학교 출판부, 2004)를 들 수 있다. 그 이후 박래겸에 대한 본격적인 연구가 여러 분야에서 이어졌으며, 『서수일기』는 최근 완역되었다(조남권·박동욱, 『서수일기』, 푸른역사, 2013).

2 김명숙의 연구 이후에 나온 박래겸에 대한 연구 성과를 소개하면 다음과 같다.
강석화, 「19세기 전반의 실무관료 박래겸의 생애와 사상」, 『조선의 정치와 사회』, 최승희 교수정년기념논문집간행위원회, 2002.
오수창, 「암행어사 길 - 1822년 평안남도 암행어사 박래겸의 성실과 혼돈」, 『역사비평』 73, 2005.
김영시, 「만오 박래겸의 생평과 문학세계」, 경북대학교 대학원 석사학위논문, 2008.
박영호, 「조선시대 사환일기 연구 - 박래겸의 서수일기를 중심으로」, 『동방한문학』 45, 동방한문학회, 2010.

암행어사와 관련된 자료로는 서계와 별단이 있다. 그런데 암행어사 자료로 공식적인 보고서인 서계와 첨가한 부록 자료라고 할 수 있는 별단 외에 자신의 일기 기록이 있다. 일기 기록은 공식적인 서계와 별단에서 싣지 못한 이야기를 수록하고 있다는 점에서 사료적 가치가 크다.

암행어사 일기 가운데 박래겸의 『서수일기』는 다른 자료에 비해 자료양이 많고 자세한 특징이 있다. 박래겸의 『서수일기』는 암행 기간 중에 있었던 일기를 기록해 둔 것이다. 따라서 행로와 암행기간 중 있었던 일 등이 자세하게 기록되어 있다.

그런데 기존의 연구에서 선산이 고향인 박래겸의 지역적 배경에 대한 내용에 부족함이 있어서 여기서는 이를 자세히 다루었다. 이러한 지역적 배경에 대한 설명은 선산 출신의 박래겸이 중앙 정계에서 활약할 수 있었던 점을 설명해 줄 수 있을 것이다. 또한 암행어사로서의 활동에 대해 역사학적 관점에서 일기를 간략히 살펴보았다. 이러한 고찰은 암행어사 직임의 수행 배경에 대한 한 설명이 될 수 있을 것이다.

장 지에(張 傑), 「清人 繆公恩과 朝鮮使臣 朴來謙의 교유 - 燕行錄에 관한 네 번째 연구」, 『한국학연구』 22, 인하대 한국학연구소, 2010.
박영호, 「만오 박래겸의 심사일기 연구」, 『동방한문학』 51, 동방한문학회, 2012.
박영호, 「만오 박래겸의 북막일기 연구」, 『동방한문학』 55, 동방한문학회, 2013.
박동욱, 「암행어사 일기 연구」, 『온지논총』 33, 온지학회, 2013.
박동욱, 「박래겸의 심사일기 연구」, 『온지논총』 36, 온지학회, 2013.
박영호, 「서수일기를 통해 본 박래겸의 리더십」, 『동방한문학』 56, 동방한문학회, 2013.
박영호, 「조선시대 관료의 공적 여행과 그 기록 - 만오 박래겸의 경우」, 『동방한문학』 59, 동방한문학회, 2014.

2. 박래겸의 가문 내력[3]

박래겸은 선산에 거주하는 밀양 박씨의 후손이다. 선산에 거주하는 밀양 박씨는 복야공파의 이요당(二樂堂) 박홍거(朴興居)의 후손이다. 이요당 박홍거에서 박수홍(朴守弘)에 이르는 시기의 인물들은 대대로 관직을 역임하면서 밀양 박씨 복야공파는 명문 거족으로 성장해 있었다. 이요당 박홍거는 사림에 의해 화암서원(花巖書院)에 배향되었다. 이요당 박홍거에서 선산에 자리잡은 경주공에 이르는 계통은 아래와 같다.

박홍거 - 박숙노 - 박원근 - 박양균 - 박응종 - 박호민 - 박정실 - 박수홍

연안도호부사 박응종(朴應宗)의 4남이었던 박희민(朴希閔, 1538~1592)은 영동 비봉산 아래의 양산(陽山)에서 1538년(중종 33) 출생하여 서울에서 예빈시직장 등을 역임한 후 부인 충주 박씨의 외조부인 이유화(李有華)의 옛 전장이 있었던 김천의 양천(陽川)으로 들어와 우거하면서 김천 입향조가 되었다. 이유화는 벽진 이씨 이약동(李約東)의 후손으로, 당시 벽진 이씨는 김천 양천에 세거하면서 강력한 경제적 기반을 구축하고 있었다. 1966년 박희민을 위해 후손들이 재사로 김천의 양천동 하로(賀老)의 응봉산 아래에 봉서재(鳳棲齋)를 지었다. 박희민은 임진왜란 때 1592년 5월 10일 양천의 묵방산에서 사망하였다.

장남인 박정실(朴鼎實, 1566~1593)은 군자감판관으로 재직하였으나 역시 임진왜란 중인 추풍령 전투에서 1593년 5월 8일 젊은 나이에 사망하였다. 부인은 양천현령 이민선(李敏善)의 딸이다. 외아들 박수홍이 너무 어려

3 이 부분을 서술하면서 밀양 박씨 경주공파 후손 인물에 대한 기본 자료는 『密陽朴氏僕射公派大同譜』(복야공파대동종약소, 1969)와 朴台鉉, 『密陽朴氏僕射公派史蹟』(1983)에서 취하였다.

시신은 가매장하였다가 뒤에 선산의 다복동(현 구미 봉곡동)에 이장하였다.

임진왜란으로 할아버지와 아버지를 여윈 어린 박수홍(朴守弘, 1588~1644)은 어머니 벽진 이씨를 따라 외할아버지 이민선이 벼슬을 하고 있던 비안으로 갔다. 외조부가 체차되자 어머니와 함께 선산의 봉곡 별남으로 들어왔다. 이에 따라 박수홍은 밀양 박씨 선산 입향조가 되었다. 인근의 다복동에는 종조부 박희맹이 있었다. 북봉(北峰) 이민선은 다복동에 있었던 종조부인 박희맹과 동서지간이었다. 두 분의 장인인 경주 노씨 노사성(盧思聖)은 봉곡동에 큰 부를 이루고 있었는데, 큰 딸은 벽진 이씨 이민선에게 출가하고 둘째 딸은 밀양 박씨 박희맹에게 출가하였다. 아들이 없어 재산을 나누어주면서 봉곡의 등골산 일대는 이민선에게, 범어골산 일대는 박희맹에게 주었다. 이러한 인연으로 벽진 이씨가 아들을 데리고 선산의 별남에 내려오게 되었다. 게다가 다복동의 종조부가 사망 후 아들이 없어 종조모인 경주 노씨가 박수홍을 친아들처럼 키웠다. 이로 인해 밀양 박씨 복야공 - 이요당 - 경주공파는 봉곡동을 중심으로 자리를 잡게 되었다.[4] 후손들은 경주부윤공과 효자공을 모시는 재사인 백인당(百忍堂)을 두었다.

---

4 女壻들이 장인의 땅을 상속받아 입장하였다가 후일 부계위주 상속이 강화되면서 세장지를 두고서 산송이 빈발하게 된다. 1807년(순조 7) 선산에서 경주 노씨 盧尙樞家와 밀양 박씨 朴春魯家 사이에 山訟이 일어났다. 별남의 골짜기에 경주 노씨, 벽진 이씨, 밀양 박씨가 각기 독립된 세장지를 가지고 있었는데 1807년 박정실의 후손인 박춘노가 모친을 盧氏家 墳山의 대안에 입장하면서 분산수호권과 관련하여 분쟁이 발생하였다. 노씨가에서는 선산부에 偸葬으로 정소하였다. 노씨가는 향촌에서의 승소에도 불구하고 1809년 관찰사의 보고에 의해 패소하게 되었다. 노상추는 이후 상언과 격쟁을 시도하다가 非理健訟으로 옥에 갇히기까지 하였다(산송의 경과 과정은 김경숙, 「조선후기 산송과 상언·격쟁」, 『고문서연구』 33, 한국고문서학회, 2008 참조).

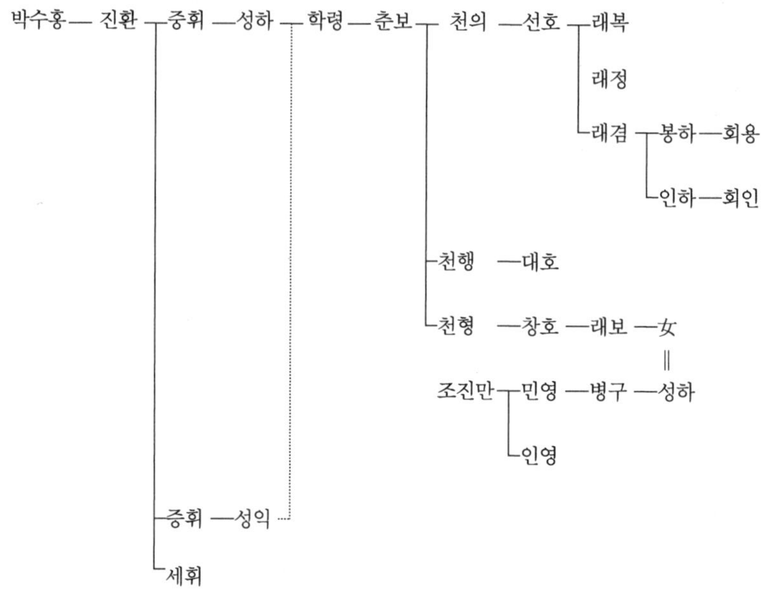

외가인 벽진 이씨는 조선전기 이심지(李審之) 가문이 형곡동을 중심으로 세력 기반을 다지고 있다가 경은 이맹전의 후손들은 영천으로 이거해 나가기 시작하였고, 일부 후손들은 도량동에 자리를 잡고 있었다. 벽진 이씨 북봉공파는 김천의 양천 중곡에서 선산 봉곡동 별남으로 입향하였다. 입향조는 북봉 이민선(李敏善)이다. 양천 중곡에는 벽진 이씨 이약동의 후손들이 세거하고 있었다. 벽진 이씨 이민선 후손들은 그 후 별남에서 광평동 다송마을로 옮겨갔으며, 구미의 도시 개발로 후손들이 흩어지게 되었다. 구미 광평동에는 이민선의 재사(齋舍)인 추원재(追遠齋)가 있다.[5] 이민선의 아들 이상일은 동춘당 송준길, 우암 송시열 등과 교유하였다.[6]

박수홍은 어릴 적 선산에 거주하였으나 그 후 서울로 옮겨가 경주부윤을

5 소재지는 경상북도 구미시 광평동 산32번지이다.

6 『여헌선생문집』 권12, 「碑銘墓碣墓誌」, 〈현령이공민선묘지〉.

역임하였다. 박수홍의 자는 유언(裕彦), 호는 봉곡(蓬谷)이다. 매돈(梅墩) 김번(金蕃) 문하에서 수학하였다. 1618년(광해군 10) 문과에 급제하여 승문원권지부정자(承文院權知副正字)에 임명되었다. 그 후 여러 관직을 역임하였다. 1640년에는 경주부윤 겸 경주진병마절제사에 취임하였다. 1643년 상주에 갔다가 여사에서 사망하였다. 이에 아들 박진환(朴震煥)이 상주 여사에서 모셔와 다복동 다봉산 아래에 안장하였다. 청음(淸陰) 김상헌(金尙憲, 1570~1652)이 지은 묘갈이 있다. 봉곡동은 최근 도시 개발로 옛 모습을 잃어버렸으나 밀양 박씨 문중에서는 효자 박진환의 효열비각[7]을 재단장하고 선현을 위해 재실을 지어 선대 조상들을 제향하고 있다.

박수홍의 부인은 이이의 동생으로 선산에 거주하였던 옥산(玉山) 이우(李瑀, 1542~1609)의 사위인 정유성(鄭維城, 1596~1664)의 딸이다. 덕수이씨 율곡 이이의 동생인 이우가 선산에 자리잡게 된 것은 고산(孤山) 황기노(黃耆老)의 사위가 되어 이 지역으로 이거하였기 때문이다. 이우의 묘갈은 송시열(宋時烈)이 지었다. 정유성의 딸들은 박수홍·김택선(金擇善)·권흥문(權興文)·김시민(金時閔)에게 각각 시집갔는데, 김시민은 선산의 대표적인 서인계 김종유(金宗儒)의 손자이기도 하다. 정유성은 1659년(현종 즉위년) 이조판서 송시열이 경성판관 홍여하(洪汝河)의 상소로 사직하게 되자, 상소를 통해 송시열의 사직을 철회시켰을 정도로 친서인의 입장에 선 인물이다.

박진환은 부친이 서울에서 벼슬살이를 하고 있을 때 여전히 선산 봉곡동에서 거주하였다. 그는 서인 가문인 선산 김씨 김종유계와 혼인하였는데, 부인은 김훤의 딸이자, 김종유의 손녀 딸이었다. 선산 김씨 김종유계는 송시열이 김종유와 김훤의 묘도문자를 찬하여 줄 정도로 친분이 있었다. 박진환은 부친의 사망 후 시묘 끝에 병을 얻어 46세의 젊은 나이로

---

7 효자비와 효열각은 2000년 9월 4일 경상북도 문화재 자료 391호로 지정되었다.

사망하였다. 묘는 다복동 선영 아래에 조성하였는데, 묘지는 이상일이 찬하고, 묘갈은 우암 송시열이 찬하였다.

박수홍, 박진환 부자 이후 후손들은 봉곡동을 근거지로 삼게 되었다. 박진환의 아랫대는 매우 번성하였다. 형제로 중휘, 증휘, 세휘, 경휘, 창휘, 대휘를 두었다. 이들은 중앙 관직에 진출하면서 자손들이 서울과 파주, 양주 등지로 진출해 나갔다. 박수홍은 경기도 파주군 교하에 전장을 마련하여 자손 가운데 등과하는 자는 이곳에 와서 살 수 있도록 하였다. 박증휘가 등과하여 서울에서 벼슬을 살면서 그 후손들은 파주에 기반을 두게 되었다. 박수홍의 차자인 박진성(朴震煋, 1623~1687) 계열은 주로 봉곡동을 지켰다.

박진환의 차자 박증휘(朴增輝, 1626~1672)[8]는 문과 급제 후 중앙과 지방의 관직을 역임하였다. 등과한 직후인 1655년(효종 6)에는 전남우도(全南右道)의 추쇄어사(推刷御史)를 역임하였다.[9] 박증휘는 효종과 현종 연간에 중앙 정계에서 사헌부와 사간원에 재직하면서 서인계 주론자로 활약하였다. 현종 대는 칠간신(七諫臣) 가운데 첫째라는 말을 들었다. 그런데 예송이 시작되면서 1661년 조경이 윤선도를 옹호한 상소[10]에 대해 대신들이 처벌하지 말 것을 청하자 박증휘는 인피하면서 비판하는 등[11] 친서인의

---

8 박증휘의 자는 晦仲, 호는 洛丁이다. 경주부윤 박수홍의 손자이며, 효자 박진환의 차자이다. 1648(인조 26) 식년 문과에 급제하여 효종 후반기와 현종 대 중앙 정계에서 크게 활약하였다. 1672년에는 고향에 있으면서 사직소를 올렸는데 당시 어려움에 처해 있었던 영남의 부역과 군역의 경감을 요청하였다(『현종개수실록』 권26, 현종 13년 10월 24일 을축). 손자인 鶴齡(朴成翼 - 鶴齡, 예안현감)은 成夏(朴震煥 - 重輝 - 成夏)의 계자로 들어가 가계를 계승하였다.

9 『효종실록』 권14, 효종 6년 2월 8일 계해.

10 『현종실록』 권4, 현종 2년 4월 21일 경자.

11 『현종실록』 권4, 현종 2년 4월 25일 갑진. 이 건에 대해 『현종실록』을 편찬한 남인계 사관은 "소장을 불태운 것을 안될 일이라고 한 조경의 말이 과연 君上을 혼조 때에 견주려는 뜻에서 나온 것이라고 할 수 있겠는가. 아무리 곽지흠이 용렬하고 어리석다 하더라

정치적 입장을 뚜렷이 하였다. 게다가 3자 박세휘(朴世輝)는 1689년 기사환국 때 스승인 송시열을 위한 신변소를 올리다가 형신을 받고 정배되기도 하였다.[12] 이후 밀양 박씨 박수홍 가문은 송시열 계열의 인물들을 사사하고 또한 차츰 중앙에서 활동하였던 노론과 학맥·혼맥으로 연결되면서 선산에서 대표적인 노론 가문으로 자리잡았다.

숙종 대 밀양 박씨 경주공파 인물 가운데 중앙 정계에서 활약하였던 이로는 박봉령(朴鳳齡, 1671~1728)이 있다.[13] 그는 숙종 후반기 영남지역의 대표적인 노론 주론가로 활약하였다. 1701년(숙종 27) 8월 중전 민비가 사망하였을 때 인현왕후에 대한 시책문(諡冊文)을 왕의 명을 받아 작성하였다. 그는 1705년(숙종 31) 1월 조정 중신들의 부패와 배리(陪吏)의 일로 진소하였다가 숙종으로부터 이기고자 하는 자의 억지 말이라는 비답을 받게 되자 인피(引避)하였다. 그러나 이에 대해 서인계 사관은 오히려 정언 박봉령에 대해 언론이 강직하여 볼 만하다고 적고 있다.[14] 또한 판부사 김창집(金昌集)이 자신을 모함당한 것에 대해 변명하는 소를 올렸다가[15] 최석정, 서종태 등으로부터 집중적인 공격을 받으면서 고향에 내려가 있었는데 박봉령은 김창집을 불러 위로할 것을 청하였다.[16] 이 상소 이후 김창집

도 속마음으로는 필시 그렇게까지 생각하지는 않았을 것이다. 그런데도 이런 말을 하여 군상을 격노하게 할 여지를 만들어놓고는 은근히 조경에게 화가 돌아가게 한 것은 송시열에게 아첨하여 좋은 자리 하나를 얻어보려고 하였기 때문이다. 비열하도다! 자기 한 몸 돌보는 계책이여. 더러울 뿐만이 아니라 애처롭기까지 하도다."라고 적고 있다. 같은 시기를 다룬 서인계가 편찬한 『현종개수실록』에서는 이 논평은 삭제되었다.

12 『숙종실록』 권21, 숙종 15년 6월 5일 경오.

13 박봉령의 자는 公瑞, 호는 五松軒이다. 박증휘의 손자이며, 朴成翼의 차자이다.

14 『숙종실록』 권41, 숙종 31년 1월 6일 신축. "諫官의 나약한 풍습이 근래에 와서 더욱 심해졌는데, 유독 朴鳳齡만은 言論이 강직하여 볼 만하였다. 그리고 이번의 引避에 이르러서는 또 다시 극론하여 왜곡하는 바가 없었으므로, 사람들의 마음을 조금 분발시켰다고 한다." 『숙종실록보궐정오』의 해당 일 기사는 더 자세하게 박봉령의 인피건을 다루고 있다.

15 『숙종실록』 권45, 숙종 33년 1월 28일 임오.

은 다시 판부사로 돌아왔다. 김창집은 경종 때 노론 4대신의 한 사람으로 연잉군(후일 영조)를 받들어 왕세제로 옹립하였으나 소론의 반격으로 사사(賜死)되었다. 박봉령은 후일 노론의 거두가 되는 김창집을 구명하는 소를 올려 이를 관철시킨 것이다. 한편 박봉령은 1708년(숙종 34) 경상좌도에 암행어사로 파견되어 대구판관(大丘判官)·영해부사(寧海府使)·하양현감(河陽縣監)을 폄론하고, 장기현감(長鬐縣監)을 포계(褒啓)하는 서계를 올렸다.[17]

격화된 당쟁을 완화하기 위해 탕평책을 시작하였던 영조 대에도 밀양 박씨 경주공파 후손들은 노론의 논리를 대표하였다. 박래겸의 증조인 박춘보(朴春普, 1694~1748)[18]는 1717년(숙종 43) 진사시에 입격한 후 성균관에서 수학 중 1737년(영조 13) 영조가 성균관에 나가 구일제를 설행하면서 수석한 박춘보에게 전시에 직부하도록 명하였다.[19] 이듬해 1738년(영조 14) 식년시에 급제하였다. 박춘보는 1746년(영조 22) 중시(重試)에도 응시하여 합격함으로써 문과를 두 번이나 급제하였다. 박춘보는 1738년 간언을 용납할 것과 겉으로는 탕평이라는 이름에 가탁하면서 권력을 탐한 이들을 탄핵하였다. 이 건에 대해 사관은 "대간(臺諫)이 말을 하지 않은 지 오래 되었는데, 박춘보는 진실로 직간의 명성을 들을 만하다"고 평하였다.[20] 1740년(영조 16) 정언으로 재직시에 여러 노론계 인사들과 함께 유봉휘·조태구·이광좌 등 소론계 인사들을 징치할 것을 요청하는 상소를 올렸다.[21] 이 일은 탕평을 시도하였던 영조에 저항하였던 노론계의

16 『숙종실록』 권45, 숙종 33년 12월 30일 무신.
17 『숙종실록』 권46, 숙종 34년 2월 12일 기축.
18 박춘보의 자는 子元이며, 호는 凝川이다. 예안현감 박학령의 아들이다.
19 『영조실록』 권45, 영조 13년 9월 13일 무술.
20 『영조실록』 권47, 영조 14년 11월 1일 기유.
21 『영조실록』 권51, 영조 16년 5월 19일 무오.

정치적 의도가 있었던 사건으로, 박춘보가 사실상 노론의 입장을 따르고 있음을 보여준다. 이러한 정치적 입장은 이후에도 계속 견지되고 있다. 특히 1743년 원경하(元景夏)가 섭향고(葉向高)의 글이 당의(黨議)를 보합(保合)하려고 하였다면서 영조에게 볼 것을 청하자 영조가 섭향고의 글을 베껴 올리도록 하여 열람한 것에 대해 박춘보가 섭향고의 글을 비판하는 상소를 올리자 영조는 자신의 탕평책에 반기를 든 것으로 간주하였다.[22] 박춘보는 아들 천의, 천행, 천건, 천형을 두었다.

박천행(朴天行, 1729~1791)[23]은 1774년(영조 50) 늦은 나이에 문과에 급제한 이후 홍문관수찬에서 출발하여 정조 연간에는 규찰과 간쟁을 담당하는 사헌부의 지평·장령·집의, 홍문관의 부수찬·수찬·부교리·교리·부응교·응교, 승정원의 동부승지·좌부승지, 사간원의 사간과 대사간을 역임하였다. 박천행은 간관으로서의 소임을 다하면서 정조의 신임을 받아 오랫동안 간쟁기관에 근무하였다. 외직으로는 안동도호부사에 이르렀다. 부인은 한산 이씨 이수보(李秀輔)의 딸과 연일 정씨 정만유(鄭萬有)의 딸이다.

그는 정조의 신임을 바탕으로 세력을 장악하고 있던 도승지 홍국영을 정조가 1779년(정조 3) 9월 사직시키고 은퇴한 원로에게 주는 봉조하로 임명하여 조정에서 물러나게 했을 때 당시 지평으로 있던 박천행은 이를 쟁집(爭執)하지 않는 대신들을 비난하는 상소를 올렸다.[24] 그러면서도 박천행은 승지로 임명되었다. 1780년(정조 4) 왕후 독살기도 사건에 연루되자 이 해 봄부터 신하들이 홍국영의 처벌을 주장하기 시작하였으며, 이전에 홍국영을 옹호하였던 다수의 관료들이 사직을 청하게 되었다. 박천행도 홍국영을 옹호한 것에 대하여 책임을 지고 삭탈을 청하였으나 사직하지

---

22 『영조실록』 권57, 영조 19년 4월 15일 무술.
『영조실록』 권57, 영조 19년 4월 20일 계묘.

23 박천행의 자는 汝健이다. 박춘보의 2자이다.

24 『정조실록』 권8, 정조 3년 10월 6일 병진.

말라는 비답을 받았다.[25] 이와 같이 홍국영에 대한 옹호 상소와 삭탈 상소가 교차하는 상황 속에서도 정조는 박천행에게 사직하지 말라고 명하고 있다.

한편 홍국영이 1781년(정조 5) 4월 5일 강릉에서 죽게 되자, 정조는 본격적으로 홍국영 지우기에 나서게 되었다. 그 대표적인 사례로 박천행이 1786년(정조 10) 12월 대사간으로 근무하면서 홍국영의 잔존 세력인 송덕상과 이담을 처벌할 것을 대사헌 윤승렬과 같이 상소한 것을 들 수 있다.[26] 이에서 보듯이 홍국영의 제거에는 정조의 의지가 반영되어 있으며, 박천행은 정조의 뜻을 충실히 받들고 있다. 다만 박천행의 정치적 입장은 1782년 채제공(蔡濟恭)에 대한 처벌을 주장한 상소[27]에서 보이듯이 남인 당로자에 대해서는 호의적이지는 않았다.

박천형(朴天衡, 1737~1793)[28]은 1773년(영조 49) 문과에 급제한 이후 차츰 중앙 정계에서 두각을 나타내었다. 부인은 선산 김씨 김일리(金逸履)의 딸이다. 박천형은 1774년(영조 50)에는 호남 해남에서 괘서고변이 있자 이를 조사하기 위한 안핵어사에 임명되었다.[29] 박천형은 이 사건이 기존 좌수를 몰아내고 대신 자신이 좌수가 되고자 무고한 것임을 밝혔다. 박천형은 정조가 어려움 속에서 집권하면서 형과 함께 정조의 근신 세력으로 두각을 나타내었으며, 정조의 신임도 크게 얻었다. 정조는 1780년(정조 4)에는 충주인 이술조가 고변하자 박천형을 호서에 안핵어사로 파견하여 조사케 하였다.[30]

이듬해 정조는 박천형을 어사로 파견하자는 영의정 서명선(徐命善)의

25 『정조실록』 권9, 정조 4년 5월 12일 경인.

26 『정조실록』 권22, 정조 10년 12월 2일 신축.

27 『정조실록』 권13, 정조 6년 1월 7일 갑진.

28 박천형의 자는 士赫, 호는 海岡이다. 박춘보의 4자이다.

29 『영조실록』 권123, 영조 50년 10월 28일 무신.

30 『정조실록』 권10, 정조 4년 11월 5일 기묘.

건의[31]를 받아들여 제주어사로 임명하였다. 1781년 6월 20일 정조는 박천형을 직접 불러 순무(巡撫)한 뒤에는 제주의 물정(物情)과 풍요(風謠)를 상세히 잘 기록하여 별단(別單)으로 아뢰라고 명하였다.[32] 박천형은 왕의 선유문을 가지고 제주어사(濟州御史)로 내려가서 죄인들을 다스리고 왕의 어제로 시취하여 시권을 거두어 이듬해인 1782년 1월 서울로 돌아와 복명하였다.[33] 그런데 제주도의 죄인인 홍대섭에게 자복과 결안도 하지 않은 채 먼저 군율을 적용하였던 일로 파직되었다.[34] 그러나 1784년 8월 다시 사간원대사간으로 임명되었으며,[35] 승지를 역임하면서 국왕의 근신세력으로 정조를 보좌하였다. 그 후 형조참의, 곡산현감, 사간원대사간, 충청도관찰사 등을 역임하였다.

한편 대대로 노론의 정치적 입장을 취하였던 밀양 박씨 경주공파 후손의 가문적 배경에 순조 대에 넘어가면서 이 집안은 세도가인 풍양 조씨와 연결되었다. 박천형의 증손녀이자 박래보의 딸이 조만영의 손자인 조성하와 결혼하였다. 조성하는 조진관의 증손이자, 조만영의 손자이며, 조병구의 아들이다. 조만영은 세도정치 아래 풍양 조씨의 대표적 인물이었다.

또한 순조 대의 박래겸에 이르러서는 풍양 조씨 조인영 외에 당시 명문 집안과 인척으로 맺어졌다. 박래겸의 친구로는 전주 이씨와 연결된다. 『서수일기』에서도 나오는 순천부사 이지연, 신계현령 이회연(李晦淵), 성천부사 이기연은 어릴 때 서울의 한 동네에서 알고 지내던 친구였다. 이들 삼형제는 대표적인 노론의 전주 이씨 가문이다. 이들은 후일 조만영과 사돈이 되었는데 이지연의 아들 이인설은 조만영의 딸, 이회연의 아들

31 『정조실록』 권11, 정조 5년 6월 17일 무자.

32 『정조실록』 권11, 정조 5년 6월 20일 신묘.

33 『정조실록』 권13, 정조 6년 1월 12일 기유.

34 『정조실록』 권13, 정조 6년 1월 14일 신해.

35 『정조실록』 권18, 정조 8년 8월 12일 을미.

이인우는 조인영의 딸과 결혼하였다.

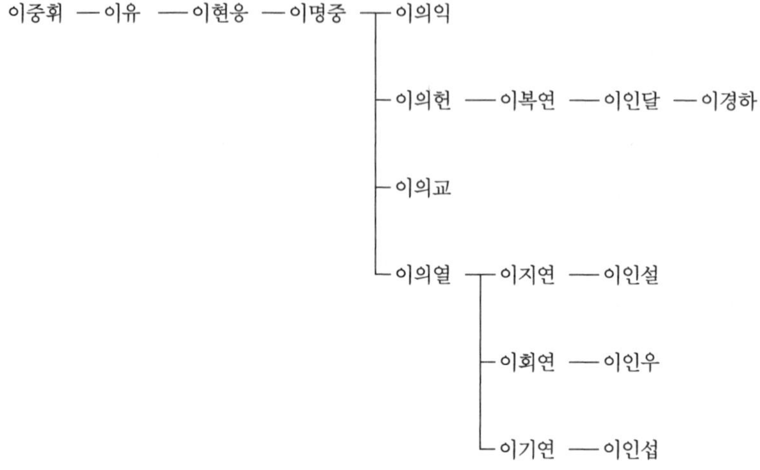

박래겸은 신계현령 이회연이 자신을 알아보지 못하자 즐거워하였다. 자산부사 이지연이 묘향산으로 유람가던 중 만나기도 하고 또한 암행 대상인 추생읍이었지만 성천부사 이기연을 직접 찾아가서 물자를 지원받기도 하였다.

> 신연포(新延浦)에서 점심을 먹고 신계현(新溪縣)을 지났는데 수령은 이회연(李晦淵)이었다. 시내와 산이 맑고 그윽하여 풍경이 그지없이 빼어나니, 이곳이 바로 기개높은 관리가 큰 소리로 노래를 불러 볼 만한 곳이었다. 마침 진휼 곡식과 죽을 나누어 주는 날이어서 자취가 드러나지 않게 굶주린 백성들과 섞여 현청(縣廳) 마당에 들어가 죽사발을 받아들었다. 현령은 한 동네의 가까운 친구인데도 나를 알아보지 못하니 안보이는 곳에서 혼자 웃을 따름이었다. 저녁에 신곡원(新谷院)에서 묵었다. 이날 100리를 갔다.[36]

박래겸의 부인은 한산 이씨로, 이장재(李長載)의 딸이다. 이들 한산 이씨과는 혼맥으로 이어진다. 한산이씨는 이덕사(李德泗)의 후손인데, 이덕사는 송시열의 장인이다. 박래겸의 장인인 이장재는 이규상(李圭象)의 아들인데, 이규상은 『병세재언록』을 쓴 인물이다. 『화해휘편』이라는 거대한 당론서를 지은 이원순과 박래겸은 처남 매부 사이이다. 『화해휘편』의 서문을 쓴 이인부(李寅溥)도 한산 이씨 출신이다. 『화해휘편』의 집필자는 이원순(李源順)인데[37] 『화해휘편』에서 당론의 폐해를 언급하고는 있으나 기본적인 논조는 친노론의 입장에 서고 있다.[38] 박래겸도 이원순에게 보낸 편지에서 당쟁의 폐해를 언급하고 있으나 노론 중심의 당론 확립을 주장하고 있다.

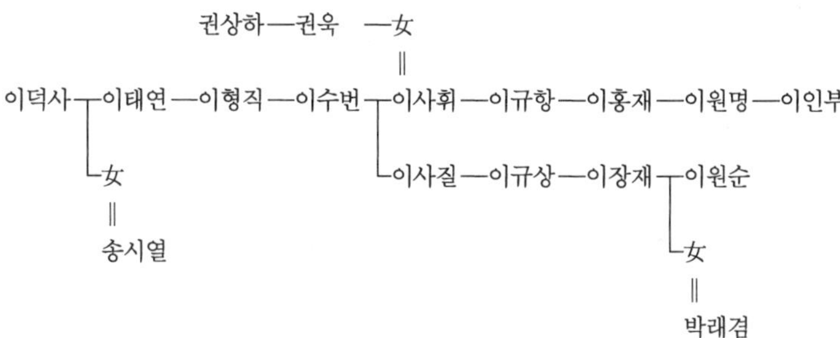

36 『서수일기』, 규장각본.

37 『화해휘편』은 이원순이 편찬하였다. 이원순의 문집으로 『수헌고』가 있다. 『수헌고』에 「화해당원서」가 수록되어 있는데 『화해휘편』의 마지막 지문과 같은 내용이다. 다만 문집에 수록된 서문에서는 책명을 『화해당원』이라고 적고 있는데 이는 초고본의 명칭으로 보인다. 초고본으로 추정되는 『화해당원』은 일본 동양문고에 소장되어 있으며, 7권이다. 이를 확대하여 증보한 것이 『화해휘편』이며, 『화해휘편』 완질본은 규장각과 버클리대도서관에 소장되어 있다.

38 李源順은 광산 김씨 金相肅의 딸과 혼인하였다. 김상숙(1717~1792)의 자는 季潤, 호는 坯窩·草樓 이다. 아들 金箕書(1766~1822)와 함께 부자 서예가로 저명하다.

1822년 암행어사에 같이 파견되었던 인물로 권돈인(權敦仁, 1783~1859)이 있는데, 권돈인은 안동 권씨로, 송시열의 학문적 적전(嫡傳)인 권상하의 현손이다. 안동 권씨 권상하 집안은 청풍에 기반을 둔 대표적인 노론 집안이다.[39] 권돈인은 1813년(순조 13) 증광 문과에 급제한 인물로 박래겸과는 인척으로 연결된다.

이와 같이 박래겸은 상대적으로 희소하였던 영남지역 노론 출신이라는 가문적 배경과 당대 집권 세력과의 친분이나 연혼 관계를 가지고 있었으며, 이것은 그가 척박하였던 순조 대의 정치적 환경 속에서 고위직으로 진출하는데 있어 한 배경이 되었다.

3. 박래겸의 이력과 활동

1) 박래겸의 이력과 저술

박춘보 이후 계보를 보면 박천의(朴天儀), 박선호(朴善浩, 1748~1816)로 이어진다. 박천의(1713~1772)는 박춘보의 1자로 자는 백우(伯羽)이다. 사마시를 거쳐, 관은 청산현감에 이르렀다. 문경공 송환기(宋煥基)가 묘갈을 찬하였다. 손자인 래겸으로 인해 이조참의에 추증되었다. 박선호는 1777년(정조 1)에 진사시를 거쳐 1782년(정조 6) 음사(蔭仕)로 관계에 진출해 아산현감, 문의현령, 풍기군수 등을 역임하였다. 사후 삼자(三子) 래겸(來謙)의 귀(貴)로 인해 이조참판에 추증되었다.

박선호의 아들로 래복(來復), 래정(來鼎), 래겸(來謙)이 있다. 박래겸(1780~1842)의 자는 공익(公益), 호는 탑서(塔西) 혹은 만오(晩悟)이다.

---

39 박인호, 「조선중기 제천 지역 사족의 형성」, 『지역문화연구』 1, 지역문화연구소, 2002; 『제천 지역사 연구』, 이회문화사, 2005, 102~103쪽.

박래겸은 선산 봉곡동에서 태어났으며, 어린 시절을 보내었다. 후일 박래겸은 봉곡동을 고향으로 인지하고 있어, 이곳을 근거지로 의식하고 있었음을 볼 수 있다.

박래겸은 25살 때 일시 고향으로 돌아온 다음 감회를 전하는 〈환향유감(還鄕有感)〉이라는 시를 남기고 있다.[40] 병서에서 부친을 따라 서울에 올라오기 전 15년을 봉곡에서 자랐다고 적으면서, 자신의 고향인 봉곡에 대해 그리워하였던 마음을 표시하고 있다. 박래겸은 여기서 봉곡을 자신의 고향으로 인지하고 있으며, 또한 마음속에서 하루도 봉곡을 잊은 적이 없다고 적고 있다. 한편 시에서는 자신의 환향으로 인해 집안의 명성을 깎는 신세가 될 것을 두려워하는 모습을 보이기도 하였다.

박래겸은 그로부터 얼마 후 1809년 문과에 급제하여 벼슬길에 올라 삼사와 춘방에 들었다. 사간원헌납, 사헌부집의, 홍문관교리와 응교를 지내고 시강원필선, 승정원승지를 역임하였다. 외직으로는 부안현감을 거쳐 1831년(순조 31) 나주목사에 임명되었다가 1833년 5월 우승지가 되었다. 당시 향풍순화에 노력한 결과 퇴임한 후인 1837년(헌종 3) 12월 나주민들은 선정비를 객사 경내(전남 나주시 옛 객사 경내)에 세웠다.

다시 외직으로 의주부윤, 평안도암행어사, 함경도북평사를 역임하였다. 평안도암행어사 시의 『서수일기』와 함경도북평사 시의 『북막일기』가 남아 있다. 1829년(순조 29)에는 심양문안사 이상황(李相璜)의 서장관으로 심양에 갔다. 서장관으로 갔을 때 쓴 『심사일기』가 저명하다. 그 후 호조참판을 역임하였으며, 1833년(순조 33) 예조참판으로 재직하면서 동지부사로 청에 갔다. 1842(헌종 8)에 63세의 나이로 사망하였다.

박래겸의 아들로 봉하, 인하, 명하, 우하, 준하 형제가 있었다. 장자인 박봉하(朴鳳夏, 1809~1881)[41]는 여러 고을의 수령을 지냈으며, 광주목사

---

40 『만오유고』 권1.

를 역임하였다. 수령 재직시에는 선정을 베풀어 퇴임 후 읍민들이 선정비를 세웠다. 차자인 박인하(朴麟夏, 1820~1865)[42]는 공조참판을 역임하였다. 박인하는 1849년(헌종 15) 사마시에 입격하고 성균관에서 수학하던 중 성균관 유생을 대상으로 한 춘당대시에서 강 부분에서 으뜸을 차지하여 헌종의 명령에 의해 전시에 직부하게 되었다.[43] 이듬해인 1850년(철종 1) 증광시에 급제하였다. 관직으로는 홍문관정자를 시작으로 함경도 안변현령과 승정원좌승지 등을 역임한 후 전라도암행어사에 임명되었다. 밀양 박씨 경주공파 집안에서는 대대로 암행어사 직임에 임명되고 있다. 그 후 외직으로 동래부사와 영변부사를 지냈으며, 성균관대사성과 이조참의를 거쳐 공조참판에 이르렀다. 박인하는 정치적으로는 대남인 강경입장을 견지하였다.[44]

박인하는 1854년(철종 5) 전라도 암행어사의 임무를 마치고 왕을 인견하고 장계를 올렸다. 박인하가 올린 서계와 별단은 철종 대 암행어사의 모습을 보여주는 중요한 자료이다. 이 자료는 박인하의 문집인 『동석유고(東石遺稿)』에 수록되어 있다.[45] 박인하의 서계와 별단 내용 가운데 특히 전 전라감사 정최조(鄭冣朝)에 관한 장계는 도신의 위치 때문에 이조에서 논단할 수 없어 묘당에서 품처하도록 하였는데 비변사에서는 아무리 도신이지만 죄가 중하므로 정최조를 압송하여 처리하기를 청해 철종의 허락을 얻게 되었다. 또한 이조,[46] 병조,[47] 비편사[48] 등에서는 박인하의 서계와 별단

41 박봉하의 자는 成九, 호는 東井이다. 박래겸의 장자이다.

42 박인하의 자는 仁九, 호는 東石이다. 박래겸의 차자이다.

43 『헌종실록』 권16, 헌종 15년 윤4월 20일 정해.

44 『철종실록』 권7, 철종 6년 4월 3일 을미. 1855년(철종 6) 남인계인 柳致明이 사도세자의 추존을 청하는 상소를 올리자 국청을 설치하고 조사할 것을 주장하였다.

45 『東石遺稿』는 간행되지 못한 필사본 문집이다. 소장처는 연세대학교 도서관으로, 6권 4책으로 구성되어 있다. 권1~3은 시, 권4~5는 문이며, 권6은 繡啓를 수록하고 있다.

46 『일성록』, 1854년 윤7월 3일.

을 검토하여 이에 대한 대응책을 건의하였다. 박인하의 서계와 별단은 문집 외에 『일성록』에도 전한다.[49] 철종은 서계를 통해 전 감사를 용감하게 탄핵하고 비리를 밝혀내었기 때문에 특별히 박인하를 불러서 보았다.[50]

박래겸의 저술로는 일기기록으로 『서수록(西繡錄)』(규장각), 『심사록(瀋槎錄)』(규장각), 『북막록(北幕錄)』(규장각)이 있다. 문집 기록으로는 『탑서유고초(塔西遺稿抄)』(성균관대 존경각), 『만오유고(晩悟遺稿)』(일본 천리대)가 있다. 그 외 『만오수록(晩悟隨錄)』(장서각)이 있다.

장서각 소장의 『만오수록』은 목록에서 한용구(韓用龜)가 편찬한 것이라고 적고 있으나 이는 오류이다.[51] 『만오수록』은 박래겸의 평소 필기 기록을 연대순으로 정리한 자료로 문집의 편찬 과정에서 활용하였던 것이다. 장서각 소장의 『만오수록』은 문(文)만 37편이 수록되어 있는데 연대순으로 정리된 것으로 보아 문집의 편찬 순서로 본다면 최초의 초고본으로 보여진다. 그 중 2편은 제목만 있다.[52]

이어 만들어진 것이 천리대본 『만오유고』이다. 『만오유고』는 3책으로 구성되어 가장 많은 양을 수록하고 있다. 1책은 시, 2~3책은 문으로 구성되어있다. 『만오유고』는 다른 초록류와는 달리 문집 편찬의 직전 단계에 해당하는 것이다.

---

47 『일성록』, 1854년 윤7월 5일.

48 『일성록』, 1854년 윤7월 13일. 「全羅右道暗行御史 朴麟夏의 別單에 대해 回啓하는 備邊司의 啓」.
『비변사등록』, 철종 5년(1854) 윤7월 13일.

49 『일성록』, 1854년 7월 30일.

50 『일성록』, 1854년 7월 30일.
『철종실록』 권6, 철종 5년 7월 30일 정묘.

51 『장서각도서 한국판 총목록』, 한국정신문화연구원, 1984(『장서각소장고도서목록』, 문화재관리국 장서각, 1971 영인).

52 제목만 있고 내용은 수록하지 않은 것은 〈平安南道暗行御史書啓〉와 〈祭故同敎寧李綱重文〉 2편이다.

성균관대본 『탑서유고초』는 2권으로 구성되어 있는데 『만오유고』에서 제목이나 내용의 일부에 수정표시가 있는데 이러한 수정 사항이 성균관 대본 『탑서유고초』에는 모두 반영되어 있다.[53] 수록된 내용은 『만오유고』의 것 가운데 일부가 초록되어 시 22편과 문 40편이 수록되어 있으며, 별도로 다른 내용을 수록한 것은 없다. 따라서 『탑서유고초』는 문집본 『탑서유고』를 만드는 과정 혹은 『탑서유고』를 만든 후 『탑서유고』의 중요한 내용을 초록한 것으로 보인다. 따라서 현재로서는 박래겸의 저술을 가장 온전히 전하는 것은 천리대본 『만오유고』라고 할 수 있다.

이외에도 관련 자료로 아들 박봉하가 편찬한 부친의 사적 기록인 『만오부군사적초(晩悟府君事蹟抄)』가 있다.[54] 박사호가 서문을 적고, 아들 봉하가 지문을 적고 있다.

2) 암행어사로서의 활동

1822년 순조는 비변사에 암행어사를 추천할 것을 명하였다. 1822년(순조 22) 비국(備局)에서 권돈인(權敦仁)·김난순(金蘭淳)·남이무(南履懋)·박제문(朴齊聞)·서좌보(徐左輔)·이언순(李彦淳)·임준상(任俊常)·조인영(趙寅永)·홍승규(洪勝圭)·홍학연(洪學淵) 등이 천거되었다. 비변사에서 추천한 1차 명단에 적합하지 않은 인물이 있다고 생각한 순조는 다시 추천하도록 하여 최종적으로 조인영(함경도), 권돈인(전라우도), 심영석(전라좌도), 박래겸(평안남도), 서좌보(공청좌도), 홍승규(황해도), 김정균(경상좌도), 윤명규(경상우도), 이언순(공청우도), 박제문(경기도)을 파견하였다.

---

53 예를 들면 『만오유고』에서는 〈纔別仲氏寂寥空館獨坐牢騷尤不勝離索之懷敬以一律奉呈〉에 삭제 표시와 수정 표시를 하고 있는데 『탑서유고초』에서는 그 수정된 내용에 따라 〈纔別仲氏寂寥空館尤不禁離索之懷謹呈一律〉로 바뀌어 있다.

54 『만오부군사적초』의 내제는 『塔西遺事』이다. 필사본 1권으로, 고려대 도서관에 소장되어 있다.

그런데 면면을 보면 순조 초년의 세도정국 하에서 정권을 장악하였던 안동 김씨와는 대립된 입장을 가진 이들이 발탁되었다. 이들은 이제 새로운 세도정치를 이끌어나갈 풍양 조씨 집안과 연계된 신진 세력들이었다.[55]

정조의 유탁으로 김조순(金祖淳)의 딸이 순조비가 되면서 안동 김씨에 의한 세도정치(勢道政治)의 시대가 되었다. 그런데 순조의 아들 효명세자(孝明世子, 1809~1830)는 1812년 왕세자로 책봉되었다. 이어 1819년 세자는 부사직(副司直) 조만영(趙萬永, 1776~1846)의 딸을 세자빈으로 맞아들였다. 이 사람이 신정왕후(神貞王后, 1808~1890)로 조선 왕실에서는 특이하게 장수하면서 철종 사후 후일 흥선군(興宣君)의 둘째 아들인 고종에게 왕위를 승계시켰다. 이 국혼의 결과 풍양 조씨가 안동 김씨를 제치고 세도정치의 새로운 주역으로 차츰 권력을 확대해 나가기 시작하였다. 조만영의 조부는 이조판서를 지낸 조엄(趙曮)이고, 아버지는 판돈녕부사를 지낸 조진관(趙鎭寬)이었다.

1822년은 효명세자의 장인인 조만영이 본격적으로 세력을 확대해 나가던 시기였으며, 이 해의 암행어사 임명에도 이러한 정치적 이해관계가 저변에 있었다. 이해에 같이 임명되었던 암행어사를 보면 조인영은 조만영의 동생이었으며, 효명세자의 처삼촌이었다. 권돈인, 박래겸, 서좌보, 홍승규, 김정균은 조인영과 인척관계에 있었다. 이러한 관계로 인해 이들은 후일 중앙 정계에서 순조 대 후반과 헌종 대 정국을 이끌어나갔다. 후일 조인영과 권돈인은 영의정, 이지연은 우의정, 이기연은 형조판서를 역임하였다. 조만영은 효명세자가 1827년 대리청정을 시작하였을 때 이조판서와 어영대장을 겸해 인사권과 군사권을 독점하였다. 그러나 효명세자가

55 김명숙은 순조가 집권 중반으로 들어가면서 안동 김씨 척족 세력을 견제하고 왕권을 강화하기 위해 효명세자의 대청을 구상하게 되면서 효명세자를 둘러싼 세력들을 지방으로 보내 사정을 파악토록 하여 장차 대리청정에 도움될 수 있도록 배려한 것이라고 보았다(김명숙, 앞의 책, 231~238쪽 참조).

1830년 갑자기 사망하면서 다시 안동 김씨에게 세력의 일부분을 내어주게 되었다.

박래겸은 이러한 정치적 역학구도 내에서 평안도 암행어사에 임명되었다. 1822년 윤3월 16일 사알(司謁)의 전갈을 받고 창덕궁 희정당을 나아가 임후상(任後常), 박제문(朴齊聞)과 대기하다가 봉투를 받았다. 서대문 밖에서 열어보니 평안남도 암행어사로 나가라는 순조가 친히 적은 명령[56]이었으며, 사목책 하나, 마패 하나, 유척 둘을 받았다. 사목책은 암행어사가 해야 할 일과 임무 수행에서의 주의 사항 등을 적은 문건이다. 1783년(정조 7)에 왕이 도별로 통일된 사목책을 만들어 이후에는 통일된 암행어사 사목책을 가지고 나갔다. 유척은 6치 5푼(약 19.7cm) 크기의 구리로 만든 척도 도량 기구이다. 시중의 도량형 물건뿐만 아니라 형구의 크기까지 검척하여 제도에 맞게 설치하였는지를 확인하는 데 사용하였다.

암행어사를 임명받으면 바로 출발하도록 되어 있으나 이 시기가 되면 이러한 원칙은 그다지 지켜지지 않았다. 박래겸은 윤3월 16일 임명 당시 과거의 시험관 후보로 궁궐 대기소에 있었기 때문에 가족과 인사를 하지 못하였다고 하였으나 후일 가족에게 편지를 보내고 행선지에서 수령한 것으로 보아[57] 이 시기에 가족과 작별 등의 연락은 이루어진 것으로 보인다.

암행어사로 떠날 준비를 한 끝에 윤3월 21일 출발하였다.[58] 박래겸은

---

56 밀지의 내용은 다음과 같았다. "關西一路之凋弊 難以毛擧 而兩年之內 再經勅行 昨秋歉荒 又是近年所罕 民生之困踣 必益甚焉 以爾爲平安南道暗行御史 爾其悉心按廉竭力對揚 毋負衣繡之名"(『만오유고』 권3, 「諭平安南道暗行御史朴來謙」)

57 4월 4일은 중화에서 나중에 합류하는 수행원 유형원(덕유)으로부터 서간을 받은 이후, 4월 21일, 5월 3일, 5월 24일, 6월 12일, 6월 20일, 7월 11일, 7월 16일 계속 집안으로부터 서신을 받았으며, 또한 자신이 쓴 편지를 부치기도 하였다(『서수일기』).

58 호조에서 말과 짐을 지급하도록 되어 있다. 짐은 여비조로 식량을 주었는데 식량은 항상 부족하였다. 원래 염찰 지역 내의 수령에게는 돈을 받는 것이 금지되어 있었으므로 친분

공식 수행원으로 서리 2명, 군관 1명, 아전 1명, 역졸 6명을 부여받았으며,[59] 자신의 아저씨인 성부(誠夫)[60]와 노복인 복남(福男)을 대동하였다. 윤3월 26일 왕이 암행하도록 명한 추생읍인 양덕현에 도착하였다. 이날부터 염찰을 시작하여 5월 1일 강서읍에서 일단 종료하였다.

염찰 경로를 보면 윤3월 26일 양덕을 출발하여, 윤3월 28일 성천에 들어갔다. 성천은 추생읍이지만 수령이었던 이기연이 자신의 친구이었기 때문에 공주의 박서방을 자칭하고 관아에 들어가 함께 잠을 잤다.[61] 4월

이 있는 비염찰 지역의 수령에게 돈을 빌리기도 하였다. 박래겸은 이 때 호조로부터 관련 물품을 지급받은 것으로 보인다.

59 서리로는 자가 景博인 金厚根, 자가 稚三인 崔台運, 군영 소속의 위관인 哨官으로는 자가 季賢인 趙益濂, 경기 감영의 吏胥로는 盧有宗이 배속되었다. 驛의 馬卒로는 靑坡驛의 姜喜進 李聖必 權卜伊, 延署驛의 李遠伊 權加五金 李完實이 박래겸을 수행하였다.

60 기록에 나오는 誠夫는 5촌 당숙(박춘보 - 박천행 - 박사호)인 朴思浩(1784~1854)이다. 기존 논문과 번역서에서 아우라고 하였으나 아저씨이다. 나이는 원래 1784년에 태어났으나 신분상의 문제로 족보에는 1789년 출생으로 적고 있다. 부친인 박천행이 안동부사로 재임시 안동 권씨 權俊植의 딸과의 사이에 태어났다. 오랫동안 주위 사람들의 막료생활을 하였던 박사호는 음관으로 58세에 이문학관에 올랐다. 호는 心田이다. 박사호는 1816년 홍기섭이 순천부사로 임명되었을 때 3년 동안 보좌하였으며, 1828~1829년 洪起燮이 謝恩兼冬至正使로 북경에 가게 되었을 때 종사관으로 따라갔다. 박사호는 당시 강원도 감영에서 감사 이기연의 막료로 근무하고 있었는데 휴가를 받아 따라갔다. 박사호는 문집으로 『心田稿』 9권 9책(영남대)이 있다. 이 책의 연행 기록에는 박지원의 『열하일기』 이후 순조 대 중국의 사정, 조선 지식인의 중국에 대한 인식, 중국인과의 교환한 서신이 수록되어 있어 북학파의 학문적 계승이라는 점에서 매우 중요한 자료이다. 박사호에 대해서는 임영길, 「심전 박사호의 연행과 한중문학교류」, 성균관대학교 석사학위논문, 2008; 임영길, 「심전 박사호의 연계기정에 대한 일고찰」, 『한문학보』 21, 우리한문학회, 2009 참조.

61 서계를 보면 자산부사 이지연, 전성천부사 이기연, 평안감사 김이교에 대한 보고는 상대적으로 좋은 편이다(『일성록』 순조 22년 7월 28일 平安南道暗行御史 朴來謙進書啓別單). 0 慈山府使 李志淵은 재상의 반열로 지방관을 역임하고 지위와 명망이 특별하며 본성이 깔끔하고 꾸미지 않아 비록 위엄을 유지하는 체통은 부족하다고 하더라도 다스림이 자상하고 스스로 소민들의 뜻을 다하고자 합니다. 환곡을 거둘 때 감독이 혹 소홀할 때가 있지만 임무를 맡길 때에는 청탁을 받지 않았고 거두어들이기 어려운 환곡은 자비로 보충하여 갚았습니다. 화전세의 5분의 2를 감해주니 그 수 역시 많습니다. 청렴하다는 명성이 파다하고 백성들의 혜택이 많습니다. 城役米를 회감하는 것은 잘못된 관례가 되었습니다.

1일에는 강동, 4월 2일에는 삼등과 상원, 4월 3일에는 중화, 4월 4일에는 평양에 도달하였다.

평양에서는 저녁에 평양감사 김이교(金履喬)를 만났다. 평양감사와는 친숙한 사이라 신분을 밝히고 만났다. 인조 이전에는 감사는 염찰 대상이 아니었으나, 인조 이후 대상이 되었다. 그런데 암행어사에게 지방수령의 면직 결정에 공정하지 않거나 군졸을 침학한 감사와 병사는 염문하라고 하였지만 감사는 2품, 병사는 3품의 당상관이므로 당하관에 불과한 암행어사가 감사를 염찰하는 것은 사실상 불가능하였다. 박래겸도 평안감사 김이교[62]를 만나서는 아예 신분을 밝히고 있다.

4월 10일에는 자산, 4월 11일에는 은산, 4월 12일에는 순천, 4월 13일에는 맹산, 4월 15일에는 포탄, 4월 16일에는 영원, 4월 18일에는 덕천, 4월 20일에는 개천, 4월 21일 순천, 4월 22일에는 안주, 4월 25일에는 숙천, 4월 26일에는 영유, 4월 27일에는 증산과 함종, 4월 29일 삼화, 5월 1일에는 용강과 강서에서 염탐하였다.

5월 2일에 평양에 도착한 다음 10여 일은 평양을 거점으로 다시 강서, 강동, 용강 등을 염찰하면서 출도 이전의 미비한 사항들을 점검하였다.

이러한 염찰을 통한 정보 수집을 바탕으로 5월 13일 순안에서의 출도를 시작으로 이후 삼화, 개천, 영원, 안주, 강서, 증산, 강동, 성천, 숙천, 평양을 거쳐 7월 14일에는 마지막으로 중화에서 출도하였다. 이들은 추생읍으

---

0 成川前府使 李紀淵은 2년 동안 다스림에 있어 한결같이 임금의 은혜에 보답하고자 하고 아전들의 일을 비루하게 하지 않으며 백성을 다스림에 숙달되니 백성들은 떠나가는 것을 아쉬워하고 아전들은 두려워합니다.

0 監司 金履喬는 공정하게 마음을 잡고 자세하게 사물을 진압합니다. 일하는 데 있어서 대체가 있으니 모든 마을들이 잘못을 그칠 줄을 알고 명령과 법을 엄하게 지키니 백성들은 모두 믿고 기쁘게 생각합니다. 도신의 체통이 매우 중하니 그 대개를 들었습니다.

62 金履喬(1764~1832)는 신안동 김씨 출신이다. 선산의 밀양 박씨는 신안동 김씨 가문과 오랫동안 혼인을 통해 척분을 맺고 있었다.

로 조사하도록 지정된 고을이었다. 이 가운데 순안과 개천의 경우 봉고를 하였다.[63] 순안의 경우에는 순안현령 이문용과 개인적으로 친교가 있었으나 탐학이 너무 심하여 어쩔 수 없이 부득이 봉고처리 하였다고 적고 있다. 그러면서도 비록 공무를 수행하는 것이라지만 마음으로는 차마 할 수 없는 노릇이라고 적어 놓기도 하였다.

출도 과정에서 7월 8일 사망사건이 일어나기도 하였다. 황명조(黃命祖)가 토호와 부자들을 끼고 변장(邊將)을 지냈는데, 어사의 탐문 내용 중에 자신의 비리 첩보가 들어갔을 것이라고 생각하고, 또 그의 사촌 형 황겸조(黃謙祖)가 일러서 보고가 들어가게 되었다고 생각하여 밤중에 황겸조를 찔러 죽이고 자기도 배를 찔러 죽는 일이 일어나기도 하였다.

그런데 출도하여 해당 군현에서의 일이 끝나면 각 군현의 수령으로부터는 융숭한 대접과 잔치를 받기도 하고, 또한 수령과 감사가 붙여준 기생과 동침하기도 하였다.

암행어사의 임무를 끝내고서 7월 18일 황주를 출발하여 봉산, 서흥, 평산, 경기도의 금천, 장단, 파주를 거쳐 7월 24일 양주에 도착하였다. 양주 읍내에서는 만형 박래복이 마련해 준 집에서 4일간 머물면서 복명 보고서인 서계와 거기에 딸린 건의서인 별단을 정서하는 일을 시작하였다. 7월 28일 성안으로 들어와 임무를 수행을 보고하였다.[64] 이어 희정당으로 들어가 순조에게 복명하였다.

그런데 암행어사로 젊은 당하 시종관들이 파견되었지만 하루 평균 80~90리를 걷고 말을 타는 일정은 무리가 있었다. 특히 북도 지역은 의심

---

63 封庫는 물품을 출납하지 못하도록 창고를 봉하여 잠그는 것으로서, 부정이 명백하거나 혹은 이를 검사할 경우에는 암행어사가 봉고를 시행하였다.

64 이때 올린 서계와 별단은 『일성록』(순조 22년 7월 28일 平安南道暗行御史 朴來謙進書啓別單)에 수록되어 있다. 그런데 서계와 별단의 서두에 있는 서문이 각각 생략되어 있다. 서문과 이두가 있는 원문은 『만오유고』 권2에 수록되어 있다.

스러운 사람에게 잠자리를 제공하지 않으려는 관습 때문에 적절히 묵을 곳을 구하지 못하는 경우가 태반이었다. 1822년 파견되었던 암행어사 가운데 황해도의 홍승규와 평안북도의 임준상은 순직까지 하였다.

또한 서울에서 공부만 하다가 관료가 암행어사들이 이러한 힘든 암행을 제대로 하기는 쉽지 않았다. 이들이 암행의 기법을 제대로 이수받을 기회도 없었다. 이전에는 왕의 임명이 있으면 사대문 밖의 일정한 장소에서 봉투를 개봉 후 제대로 떠나는지를 승정원의 하졸들이 와서 감시까지 하였다. 이들이 지방에 가서 염찰을 한다고 하여도 말하는 사람의 편견과 척(隻) 관계로 그 짧은 시간 내에 지방 수령에 대해 제대로 된 염찰과 판정을 하기는 쉽지 않다.

박래겸은 어려운 환경 속에서도 암행어사로서의 임무를 성실히 수행하기 위해 부단히 노력하였다. 특히 암행어사의 신분이 탄로날 것을 걱정하여 길에서 지인을 만나면 자리를 피하기도 하고, 유숙하려고 하였던 집에서 자신을 알아보자 숙소를 다른 곳으로 옮기기도 하였다. 평양의 기생 경란 집에서 들렸을 때도 자신을 알아보는 듯하자 자리에서 일어나 돌아왔다. 물론 친분이 있는 이들에게는 신분을 밝히고 도움을 청하기도 하였다.

사실 암행어사는 서울 말씨를 사용하기 때문에 평안도나 함경도에 들어서는 순간 이미 암행어사로서의 신분은 드러난다고 할 수 있다. 또한 암행어사가 도보로 군현을 순회할 수 없으므로 역마를 이용하는데 역마를 탈 수 있는 사람이 많지 않던 시기에 역마를 타고 염찰하는 것은 암행어사임을 자인하는 것과 마찬가지다.[65]

암행어사의 파견은 대부분 예상되는 경우가 태반이었으며, 암행어사가

---

65 박래겸도 4월 4일 중화에 이르렀을 때 지나가던 역졸이 말을 보더니 "이 말은 청파역의 말인데, 어떤 사람이기에 민간인 복장으로 타고 다니는가"라고 말할 정도였다(『서수일기』).

임명되면 관련 물품의 수령 과정에서 이미 지방으로 소문이 퍼졌다. 또한 해당지역 수령이나 이서들은 암행어사의 행방을 예측하고 수상한 자가 나타나면 바로 관가에 고하도록 하였기 때문에 실제 암행어사가 신분을 완전히 숨기고 암행을 다니는 것은 불가능하다. 다만 암행어사가 파견되었다는 소문이라도 나면 관리나 토호들의 불법과 수탈이 줄어들기 때문에 암행어사의 파견이 일정한 효과를 거둘 수 있었다.

4. 맺음말

조선후기에 선산과 인동에 근거지를 두고 있으면서 남인의 정치적 입장을 취한 가문 가운데 고위 관료를 지속적으로 배출하여 지역사회에서 뚜렷하게 부각된 집안은 희소하다. 인재의 반은 영남에서 나오고 영남 인재의 반은 선산에서 나왔다는 말은 조선전기에는 해당되지만 조선후기에는 그리 해당되는 말이 아니다. 무엇보다 조선후기에는 노론 위주의 정국이 운영되면서 영남지역에서 다수를 차지하였던 남인 출신이면서 서울의 중앙 정계에 고위직으로 진출하기는 쉽지 않았다.

그런데 인조반정 이후 서인(노론) 위주의 중앙 정국 운영에서 영남에서도 서인(노론)의 정치적 입장을 취하는 집안이 있었다. 저명한 집안으로는 상주권에서는 창녕 성씨 성람 가문, 함안 조씨 조려 가문, 함창권에서는 평산 신씨 신석번 가문, 인천 채씨 채하징 가문, 봉화권에서는 진주 강씨 강흡 가문, 순흥권에서는 남양 홍씨 홍섬 가문, 예천권에서는 평산 신씨 신민일 가문, 김천권에서는 창녕 조씨 조위 가문, 대구권에서는 옥천 전씨 전유장 가문, 단양 우씨 우석규 가문, 달성 하씨 하시찬 가문, 청도권에서는 밀양 박씨 박태고 가문, 밀양권에서는 청송 심씨 심의겸 가문, 함양권에서는 하동 정씨 정여창 가문, 진주권에서는 해주 정씨 정문부 가문, 진양 하씨 하증 가문 등이 있다.[66] 소론의 입장을 취하는 가문으로는 봉화권의 진주 강씨 강각 가문, 예천권의 동래 정씨 정옹 가문, 순흥권에서는 남양 홍씨 홍익한 가문 등이 있다.[67]

특히 선산과 인동에서는 대구와 상주와 함께 노론의 정치적 입장을 취하는 집안이 강고한 세력을 형성하고 있었다. 이와 유관한 집안으로는 선산 김씨 김종유(김취문 차자) 가문, 덕수 이씨 이우 가문, 영일 정씨 정유성 가문, 밀양 박씨 박수홍 가문, 선산(일선) 김씨 김응기 가문 등이 있으며 인근 인동에는 인동장씨 장용한 가문이 있었다. 이들은 선산의 대표적인 서인(노론) 집안으로 조선후기 상대적으로 세력이 약화되었던 남인계 집안과는 달리 조선후기에도 중앙 관료를 다수 배출하였다.

선산의 밀양 박씨 경주공파 박수홍 가문은 송시열의 학문적 노선을 수용하면서 서인(노론)의 정치적 입장을 취하였으며, 이에 따라 상대적으로 관직 진출이 어려웠던 영남지역 출신이라는 한계 속에서도 중앙 관계에 지속적으로 고위 관료를 배출하였다. 게다가 밀양 박씨 경주공파에서는 박중휘, 박봉령, 박천형, 박래겸, 박인하 등이 연이어 암행어사를 역임하면서 암행어사 직임에 대한 정보도 누적되어 있었다. 만오 박래겸과 그 아들 동석 박인하의 암행어사 직임 진출과 수행에는 이러한 가문의 정치적 입장이나 관직 경력이 배경에 있음을 볼 수 있다.

---

66 이연숙, 「17~18세기 영남지역 노론의 동향」, 『실학사상연구』 23, 무악실학회, 2002. 이재철, 「조선후기 대구지역 서인세력의 동향」, 『대구사학』 76, 대구사학회, 2004. 김학수, 「조선후기 영남지역 사족가문의 학파·정파적 분화와 그 존재양상」, 『한국사학보』 38, 고려대, 2010.

67 박인호, 「입재 강재항의 역사인식과 현실비판」, 『한국학논집』 53, 계명대 한국학연구원, 2013.

제3장

조선중기 여헌학파의 학문적 동향

ɛ 제1절 ɜ

임진왜란기 지방 지식인의 피난살이

장현광의 『용사일기』를 중심으로

1. 머리말

조선중기 임진왜란의 경험을 적은 실기류 기록들은 관찬사료가 보여주지 못하는 일반인이 겪은 임진왜란의 실상을 보여주고 있다. 그 가운데 여헌(旅軒) 장현광(張顯光, 1554~1637)의 피난일기인 『용사일기(龍蛇日記)』는 왜군의 진격로 상에 있었던 경상도 지역의 선비가 피난하면서 경험하였던 생활을 적은 것으로 난리의 참상이나 경과 과정을 자세히 남기고 있어 자료적으로 가치가 크다.

장현광은 임진왜란의 가장 큰 전장터였던 인동, 선산, 의성의 축선에 있으면서 직접 왜병을 피해 도망다닐 수밖에 없었던 환경에 처해 있었다. 전쟁의 현장에 있었으므로 피난지를 수색하는 왜병과 맞닥뜨린 위기의 순간이 여러 차례나 있어 상대적으로 안전하였던 호남 지역의 피난 상황에 비해 훨씬 급박할 수밖에 없었으며, 그러한 모습은 일기의 곳곳에 기록되어 있다.

또한 『용사일기』는 단순한 경험담에 그치는 것이 아니라 장현광이 느꼈던 임진왜란에 대한 여러 생각을 정리해 두어 당시 지식인들의 임진왜란에 대한 인식관을 확인할 수 있는 자료이기도 하다. 대부분의 임진왜란 체험록은 피난과 이어지는 의병 참여를 기본 축으로 자신의 활동을 정리한 형식이 대부분이다. 따라서 사족들의 의병활동을 강조하고 근왕적 입장이 강하게 나타난다.[1] 그런데 『용사일기』는 사족이었던 사람이 피난 과정에서 경험한 곤궁한 형편을 기술하여 의병에 참여하지 않았던 일반 사족의 피난 양상을 보여주고 있다.

한편 장현광의 『용사일기』는 단순한 사실의 전달 뿐만 아니라 일기 속에서는 사회적 현상을 지켜보는 자신의 철학적 인식까지 서술해 놓아 장현광의 철학을 이해하기 위해서는 일기의 내용을 정확히 이해하는 것이 필수적이다.

이와 같은 가치를 가진 『용사일기』는 장현광과 그의 시대를 이해하기 위해 검토해 볼 가치가 있는 자료라고 할 수 있다. 그러나 현재까지 전론은 보이지 않아서 이를 다루게 되었다.

2. 자료 소개

1) 저술 동기

임진왜란을 경험하였던 이들이 자신의 경험을 정리해 놓은 실기류는 중요한 역사적 사료가 될 수 있다. 왜냐하면 이러한 기록은 사실을 기록해

---

1 국문학에서는 문학적 관점에서 임진왜란 당시의 실기에 주목한 연구가 상당수 진척되어 있다(황패강, 『임진왜란과 실기문학』, 일지사, 1992; 장경남, 『임진왜란의 문학적 형상화』, 아세아문화사, 2000 참조). 역사학에서 임진왜란기 일기류에 주목하여 당시의 생활상을 그려낸 논문은 다음과 같다.
조원래, 「난중잡록으로 본 임진왜란 중의 사회상」, 『한국사학사연구』, 나남출판, 1997.
문숙자, 「임진왜란으로 인한 생활상의 변화」, 『임진왜란과 한일관계』, 경인문화사, 2005.
정해은, 「임진왜란 시기 경상도 사족의 전쟁 체험」, 『역사와 현실』 64, 2006.

두려는 역사 기록자의 역사의식을 담고 있기 때문이다.

임진왜란을 경험하고서 남긴 일기나 일록류의 실기류는 크게 보면 종군실기, 포로실기, 피난실기, 호종실기로 분류할 수 있다.[2] 장경남은 피난 다닌 피난실기로는 오희문(吳希文, 1539~1613) 『쇄미록(瑣尾錄)』, 정영방(鄭榮邦, 1577~1650)의 『임진조변사적(壬辰遭變事蹟)』, 유진(柳袗, 1582~1635)의 『임진록』을 들고 있다. 그런데 이러한 분류에 의하면 임진왜란 기간 동안 피난 다닌 행적을 정리한 것으로 미상, 『왜변일기(倭變日記)』; 이덕열(李德悅), 『양호당일기(養浩堂日記)』(규장각); 손엽(孫曄), 『용사일기』[『청허재집(淸虛齋集)』], 도세순(都世純), 『용사일기』[『암곡일고(巖谷逸稿)』], 오극성(吳克成), 『임진일기(壬辰日記)』[『문월당선생문집(問月堂先生文集)』] 등을 더 찾을 수 있다. 그 외에도 종군하거나 호종한 일기류도 초창기 부분에는 피난 다닌 내용을 수록한 경우가 많이 남아 있어 일률적으로 종군일기로 보기는 어려운 점이 있다.[3]

---

2 장경남, 앞의 책.

3 종군이나 의병일기로는 李廷馣, 『西征日錄』; 李擢英, 『征蠻錄』; 柳成龍, 『懲毖錄』; 尹國馨, 『聞韶漫錄』; 李魯, 『龍蛇日記』; 李舜臣, 『亂中日記』; 趙靖, 『壬亂日記』; 鄭慶雲, 『孤臺日錄』; 郭守智, 『浩齋辰巳錄』; 李偁, 『篁谷先生日記』; 文緯, 『茅溪先生日記』; 金垓, 『鄕兵日記』; 徐思遠, 『樂齋先生日記』, 미상, 『壬辰日錄』; 趙慶男, 『亂中雜錄』; 安邦俊, 『隱峰野史別錄』; 全致遠, 『壬癸別錄』; 李宜潤, 『壬辰日記』; 張夢紀, 『火旺日記』; 李安國, 『龍蛇事蹟』 등이 있다. 그외에는 문집에 수록된 것으로 崔東輔, 「倡義事實」(『憂樂齋實紀』); 金後生, 「倡義時日記」(朴慶傳, 『悌友堂集』 內), 郭𧺝, 「八溪日記」(『禮谷集』), 趙翊, 「辰巳日記」(『可畦集』); 高彦伯, 「龍蛇事蹟」(『海藏實記』); 李說, 「龍蛇日錄」(『愛日堂實紀』); 孫起陽, 「日錄」(『聱漢集』); 丁希孟, 「日記」(『善養亭集』); 黃貴成, 「亂中記事」(『晩休堂集』); 鄭士誠, 「壬辰日錄」(『芝軒集』); 李大期, 「壬癸日記」(『雪壑集』); 權濟, 「壬丁日記」(『源堂實紀』); 李景淵, 『龍蛇日錄』(『霽月堂實記』), 金應河, 「忍心齋日記」(『忍心齋實紀』); 金得福, 「從軍錄」(『東广實記』); 李彦春, 「當亂日錄」(『東溪實紀』); 朴仁國, 「龍蛇日錄」(『靖广實紀』); 李訥, 「壬辰日記」(『樂義齋實紀』); 朴春茂, 「龍蛇日錄」(『蘿谷實記』), 李宜溫, 「龍蛇日錄」(『五宜亭集』) 등이 있다.
호종실기로는 鄭琢, 『龍蛇日記』; 金涌, 『扈從日記』; 尹卓然, 『北關日記』; 朴東亮, 『寄齋史草』, 閔仁伯, 「龍蛇日錄」(『苔泉集』) 등이 있다.
포로실기는 權斗文, 『虎口錄』; 魯認, 『錦溪日記』; 姜沆, 『看羊錄』; 鄭慶得, 『萬死錄』;

그런데 피난일기 가운데 장현광의 『용사일기』[4]가 현재 남아 있다. 게다가 피난일기 기록 가운데 오희문은 50대의 장년, 정영방은 16세, 유진은 11세 때의 체험을 적은 것이다. 이에 반해 장현광의 『용사일기』는 40대 중년의 나이에 겪은 경험담이다. 한 집안의 중추적인 위치에 있었던 40대 남성이 가진 난중의 심리가 잘 묘사되어 있다.

『용사일기』 집필 동기를 살펴보면 첫 번째의 가장 큰 동기는 임진왜란이라는 사건에 대해 자신의 개인적 경험 기록에 그치는 것이 아니라 임진의 경과를 통해 옳고 그름을 밝히어 보려는 의도가 있었다. 장현광은 "그대는 피난 일을 적되 마땅히 한 몸 한 집안의 고생하고 곤궁하던 일만을 적을 것이지 그 밖의 일을 들어 이러니 저러니 함은 과연 옳은 일인가"라는 물음에 대해 "비록 일은 밖에 있었으나 듣는 귀는 나에게 있고, 자취는 다른 사람에게 있었으나 보는 눈은 나에게 있는 것이다. 게다가 옳고 그르다거나 취하고 버리는 마음은 나에게 있으므로 피난 다니던 중에 적은 것이다. 어찌 문자를 번거로이 함을 좋아해서 그렇게 하였겠는가"[5]고 밝히고 있다. 이는 자신의 곤궁한 모습뿐만 아니라 여러 가지 일들을 적은 것에 대해 언급한 것으로 단순히 글쓰는 것을 좋아해서가 아니라 옳고 그름을 판단한 것이 의도적인 것임을 은연중에 보이고 있다.

두 번째는 기록 정신의 소산으로 자신의 피난 경험을 잊어버릴까 염려하여 적었던 점이다. "내가 전에 일기를 적지 못하였는데 세월이 오래되면 내가 겪은 일을 모두 잊어버릴까 염려하여 기록을 하였는데 그 대강을

鄭希得, 『月峰海上錄』; 鄭好仁, 『丁酉避難記』, 金涴, 「龍蛇日錄」(『海蘇實紀』) 등이 있다.

4 龍蛇라는 말은 辰年과 巳年을 의미하는 연대를 말하며 임진왜란을 우리나라에서는 용사의 난이라고도 하였다.

5 『용사일기』 310, 447~448. "或曰 子錄避難 當止於一身一家顚沛困頓之跡 而多括外事 且發議論 可乎 余曰 事雖在外 而所聞之耳 在我 跡雖在人 而所見之目 在我 況是非取捨之心 又在我矣 則錄之於避難之中 又豈好煩文字者也哉"

적어 두었으나 상세히 적지는 못했었다. 그런데 그 뒤의 일들도 또한 피난의 일이 아닌 것이 없다."[6]고 적고 있다. 그는 자신의 경험이 기록되어 후대에 온전히 전해지기를 기대하였다. 문하 제자인 유진(柳袗), 도세순 등이 자신들의 임진왜란 경험을 남긴 것도 이와 같은 기록을 남기려는 의식이 전해진 것이다.

세 번째는 장현광은 자신의 전쟁 체험이지만 이를 통해 당대의 현실을 비판하고 반성을 촉구하려는 의식이 있었다. 장현광은 "난이란 것은 다스림의 반대요, 망이란 존의 반대이다. 다스리지 못한 까닭에 어지러워지며 존하지 못한 때문에 망하는 것이니 다스릴 만하여 잘 다스리었는데도 어지러워지는 것은 없으며, 또 존할 만하여 능히 존하는 데도 망한다는 것은 없는 것이다"[7]고 적고 있다. 잘 다스려지면 존하고 존할 만하면 망하지 않음을 말하여 반성과 희망을 말하고 있다. 그래서 근년에 이미 우리나라는 어지러워짐이란 오래 되었고 그 망함이란 벌써 오래되었으며 이를 가지고 나라 어지러움은 운수라고 하고 오늘의 망함을 왜가 성해서 그렇다고 하는 것은 깊이 생각하지 못한 데서 나왔다고 비판하고 있다. 일기는 위로 조정에서 아래로 여항에 이르기까지 나라의 이(理)와 도(道)가 제대로 있지 못해 오늘날의 난망함이 있다고 지적하여 반성을 촉구하기 위해 편찬하였음을 보여주고 있다.

2) 저술 연대

『용사일기』는 크게 권 1 피난록과 권 2 피난후록의 두 부분으로 나누어

---

6 『용사일기』 311, 449. "而以余前無日記 恐歲久則 必遺忘其所經歷者 故遂錄其夏以前事 只錄其大槩 不能詳也 其後之事 亦莫非避難之跡也"

7 『용사일기』 309, 445. "亂者 治之反也 亡者 存之反也 不治故亂 不存故亡 未有可治者能治而亂者 又未有可存者能存而亡者也"

진다. 피난록은 전쟁으로 직접 피난 다닌 기록이라면, 피난후록은 전선이 남해안으로 내려가면서 안정을 얻은 다음의 유행(遊行) 기록이다.

피난록은 1595년 초여름 초순 의성 구지산(龜智山) 아래에서 머무를 때 기록한 것으로 1592년 여름에서 시작하여 1595년 여름 왜병들이 남쪽의 해안가 일원으로 밀려나 있기까지의 피난 당시의 행로를 정리하였다. 날짜가 정확히 기재된 것으로 보아 피난 다니면서 메모된 것을 가지고 정리한 것으로 보인다.

피난후록은 1595년 뒤부터 1596년까지 여러 행로와 보은현감을 역임하면서 돌아다닌 기록을 정리한 것이다. 기재는 정유재란이 일어난 뒤인 1598년 이후 기술한 것으로 보인다. 이 동안 엎치락뒤치락 곤궁함을 겪었고 고향으로 돌아가질 못하고 떠돌아다니는 나그네 신세[8]이기에 제대로 된 기록을 남기기 못하였으므로 기록 자체는 첫 번째에 비해 상당한 시일이 지난 다음에 기술하여 날짜가 그리 정확하게 기재된 것은 아니다.

이 일기의 내용은 장현광이 직접 작성한 것으로 보인다. 그런데 현재 이 일기는 인쇄되지 못하고 필사본으로 두 질이 남아 있는 것으로 전한다. 한 질은 경북 인동의 종손가에 사본 1책이 전승되어 있으며, 1부는 경북 영일군 죽장면(竹長面) 입암리(立巖里)에 보관된 것이 있다.[9] 종손가에 소장된 것은 후손가에서 영인한 『여헌선생전서』에 영인 수록되어 있다. 한국국학진흥원에서는 전서와 동일한 내용을 수록한 『선조문강공피난록(先祖文康公避亂錄)』을 인터넷으로 서비스하고 있다. 전서 수록본과 피난록에는 12대손 장병기(張炳驥)과 14대손 장창익(張昌翼)이 적은 발문이 있으며 1962년 제작한 것으로 보인다.

『용사일기』에 대한 번역은 김사엽에 의해 『자유문학』지에 1959년 1월

8 『용사일기』 311.

9 김사엽역, 「역자의 말」, 『국역 용사일기』(『김사엽전집』 13), 박이정, 2004, 240쪽.

부터 1960년 1월까지 연재되었으며, 후일 편집된 『김사엽전집』에 영인 수록되었다.[10]

3. 장현광의 피난 행로와 참상기

1) 피난 행로[11]

왜군은 1592년(선조 25) 4월 14일 부산포에 상륙한 이후 동래를 거쳐 3로로 나누어 북상하였다. 그런데 왜군의 주력군은 영남대로 가운데 중로인 동래-양산-밀양-청도-대구-인동-선산-상주-문경-조령 노선을 중심으로 북상하였다. 중로의 왜군은 16일 기장, 18일 밀양, 21일 대구를 함락하였으며, 이어 성주, 선산, 개령, 상주를 지나 조령을 거쳐 서울로 진격하였다. 동로의 왜군은 울산을 거쳐 21일 경주, 23일 영천을 함락하였으며 신령, 인동, 의성을 거쳐 중로의 왜군과 합류하여 조령을 지났다.

인동은 주요 북상 통로에 위치해 있어 피해가 상대적으로 더 심하였으며 실지 회복도 늦었다. 이에 따라 장현광도 오랜 시기동안 피난 다녀야만 하였다.

장현광은 어머니상을 당하여 여막(廬幕)에서 글을 읽고 아이들을 가르치고 있던 중 4월 15일 오후 난리가 일어났다는 소문을 듣게 되었다. 16일에는 부산이 함락되었다는 소문을 들었으나 실제로 부산은 이미 함락된 이후였다. 동래와 양산이 함락되었다는 소문이 잇따르자 고을의 인심은 흉흉해졌다. 17일과 18일 사이에는 마을 사람들도 피난할 준비를 시작하

10 『김사엽전집』 13, 박이정, 2004. 이하 『용사일기』의 번역문 인용은 이 책의 것을 이용하였다. 일부 번역문은 수정하여 수록하였다. 표기는 번역, 원문순으로 하였다.

11 장현광의 구체적인 피난행로는 논문의 끝에 부록으로 수록한 장현광의 피난 행로를 참조.

였다. 19일에는 밀양과 청도가 함락되었으며 각 고을 사이의 전통도 끊어져 소문에 의해 소식을 들을 수 있을 뿐이었다. 19일 여막에 있던 아이들을 제집으로 돌려 보내고 아이들 가운데 있던 허상원(許尙遠)과 함께 권속들을 낙동강 건너 이모부 허응호(許應虎)가 살고 있던 비산촌(飛山村)으로 보내었다. 제기와 함께 십여 위의 신주는 궤에 넣어 땅에 묻었다.

20일 적이 온다는 소문이 있자 장현광은 본격적으로 피난에 나서게 되었다. 장현광은 낙동강을 건너 비산으로 나아갔다가 밤늦게 금오산으로 향하여 21일 새벽에 형곡(荊谷)에 이르렀으며 잠시 휴식을 취한 후 다시 길을 나서 금오산의 산마을에 이르러 움막을 지었다. 4월 말경 인동에 왜적이 들어와 있으면서 위험을 느낀 장현광은 5월 초 금오산의 반대편 기슭인 칠곡 숭산으로 거처를 옮겼다. 그러나 남쪽의 약목에서 올라오는 왜적의 위협에 5월 말 골짜기로 올라갔다가 6월 초에는 오태에서 낙동강을 건너 묵방사(墨坊寺)로 거처를 옮겼다.

7월초에는 칠곡 팔거(八莒)에 있던 동서 조벽(趙壁)의 집으로 옮겼다가 7월 중순에는 처가가 있는 팔거의 도촌(道村)으로 옮겨갔다. 8월에는 자형 여윤(呂倫)의 집이 있는 김천 증산으로 가기 위해 인동 남쪽을 통해 성주 가천(伽川), 입암(立巖)을 거쳐 21일 김천 증산(甑山)에 도착하였다. 증산은 왜적의 북상 경로에서 떨어져 있어 이곳에서는 비로소 어느 정도 안정을 되찾고 주역 공부에 심혈을 기울이게 된다. 그해 겨울은 가야산에서 지냈다.

이듬해인 1593년 2월 말경 개령에서 왜적이 완전히 남쪽으로 물러나면서 장현광은 이제 왜적과 직접 대면할 위험에서는 벗어나게 되었다. 2월 하순 이후에는 가야산을 떠나, 성주 암촌(巖村), 칠곡 팔거(八莒), 의성 탄지(炭池), 의성 사곡(舍谷)을 거쳐 안동의 둘째 누님의 집까지 돌아보고서 3월말 경에는 암촌으로 되돌아왔다. 4월 보름 경에는 성주 신당(新堂)으로 갔다가 5월 중순 인동에서 왜적이 완전히 물러났다는 소식을 듣고 신당을 떠나 팔거의 대곡(大谷)으로 갔다. 5월 말 처가가 있는 칠곡 도촌에 갔다가 각기병이 발생하여 요양을 했다. 6월에는 인동의 옛 집으로 돌아왔으나 폐허가 된 모습을 보고서 의성의 누님 집 옆인 구지산에 거처를 마련하였다.

의성 구지산(龜智山) 아래에 거처를 마련한 다음에는 군위, 진보, 의흥 등지에 드나들면서 일상적인 생활을 영위하게 되었다. 1594년 3월에는 팔거에 진을 친 유정(劉綎) 총관을 만나기 위해 길을 나섰다가 해평 고촌(古村), 인동, 칠곡 석적(石積)을 거쳐 도촌에 갔다가 돌아왔다. 6월에는 유성룡의 초청으로 풍기에 갔다가 사위인 노경임과 소백산과 백운동 서원을 찾았다. 1595년 6월 말 노경필(盧景佖)이 임지인 안기(安奇)에서 죽어 안기에 조문을 다녀왔으며, 7월에는 박수일(朴遂一)과 같이 청송의 초정에 유람을 다녀왔다.

1595년 7월 보은 현감에 임명되었다는 소식을 듣자 의성으로 돌아와 서울로 향하게 되었다. 7월 말 안동을 거쳐 죽령을 지나 단양으로 나아갔다. 충주에서 누암, 여주, 광주를 지나 서울에 도착하여 정구, 김우옹, 유성룡 등을 찾아 보고서 보은으로 향하였다. 경로는 과천, 수원, 천안을 거쳐 보은으로 남하하였다. 보은에 도착하여 하인들 초집을 처소로 삼아 정무를 보게 되었다. 그러나 학문으로 배운 것과 현실과는 너무나 달랐다. 사세를 고려하지 않고 성현의 문자대로 대처하고자 하면 도저히 감당해 낼 도리가 없었다.[12] 쓸데없이 성을 쌓도록 하여 민심이 흉흉했으며, 현에는 파수장과 하졸, 채은관 등이 있어 이들을 현에서 담당해야 하는 상황이 현실과의 괴리를 통감하게 하였으며, 석 달 만에 병을 얻어 사직을 하려고 하였다.[13]

---

12 『용사일기』 324, 473. "余本非久留之計 而到縣以來 時政之所及於本縣者 與本縣時勢 無不矛盾 如欲不計事勢 一一應之 以文字所及 則必蕩盡根柢 而後已"

13 『용사일기』 325.

1596년 2월 사표를 내었으나 사표가 수리되지 않았다. 수리되지 않았으나 3월 3일 길을 떠나 상주, 선산을 거쳐 해평의 고촌(古村)으로 나아갔다. 3월 20일 의금부에 체포되어 선산, 상주, 보은, 청안, 수원, 과천을 거쳐 서울로 압송되었다가 무죄 방면되자 죽산을 거쳐 선산으로 돌아왔다.

이후 장현광은 여러 곳을 유행하게 된다. 인동을 거쳐 성주의 암포에 있는 친척들을 돌아보고 원당과 소야에 있는 묘들을 둘러보고 해평의 우거처로 돌아오기도 하였다. 5월 초에는 영천 정사진(鄭四震)의 집에 갔다가 후일 거처로 정한 입암(立巖)을 구경하기도 한다. 또 빙산사(氷山寺)와 빙혈(氷穴)을 구경하기 위해 의성 가음(嘉音)을 방문하기도 하고 6월에는 월파정(月波亭)에 놀러가기도 한다.

이러한 피난 행로와 유람 행로를 통해 인동을 중심으로 선산을 비롯하여 칠곡, 성주, 의성, 청송, 서울, 보은, 영천 등 지역과 관련한 400여 년 전의 각 고을 간의 소통 관계, 접근 경로 등을 살펴볼 수 있다. 인동을 중심으로 본다면 아래로는 칠곡·영천, 위로는 의성·안동이 주 접근 경로였으며, 그 외 지역은 피난을 갈 정도였으므로 상대적으로 접근성이 낮았던 것으로 보인다.

2) 피난의 형편

처음 피난 가면서 쌀 4말을 가지고 집을 나갔다. 피난 가서는 언덕에 잡초를 베고 움막을 지어 거처를 마련하였다. 피난 나온 사람들은 밤에 밥을 지어먹고 새벽에 숨었다가 해가 지고 적이 돌아간 뒤에야 숲 속에서 빠져나왔다.[14] 망군을 두어 적이 오는 가를 살피기도 하였으며, 닭이 울면 일어나 식사를 빨리 하고 가벼운 옷차림으로 망군의 보고를 기다렸다.[15]

---

14 『용사일기』 247.

15 『용사일기』 250, 265.

당시 소나 개가 울거니 짖는 소리가 나면 적군이 오므로 보존할 수 없는 형편이어서 소 잡기를 개나 닭 잡듯 하였다. 곡식이 떨어지게 되자 친척에게 붙어먹기도 하고 현의 창고에서 곡식을 얻어다 먹기도 하였다.[16] 절에 있을 때도 절의 중에게서 도움을 받았다.[17]

이 과정에서 양반은 피난살이에 무능한 모습을 보였다. 장현광도 나룻가에 숨어 있으면서 배 주린 형상을 보이자 종이 물에 담근 쌀을 주었으며 여종 몇도 눈물을 흘리면서 물 담근 쌀을 가지고 밥을 지어 주었다고 적고 있다.[18] 게다가 노비들은 예전처럼 상전을 모시지 않게 되었으며,[19] 도망간 노비가 있다는 말을 듣고 관할 원에게 부탁하여 잡아다가 돌려 달라고 청을 넣었으나 매우 순하지 못하여 가까이 둘 것이 못 된다는 말을 듣고는 추쇄를 포기해야 할 정도로 노비의 도망조차 제어하지 못할 지경에 이르렀다.[20] 그리하여 노와 비를 짝지워 주었더니 근실하지 못하여 나그네 신세가 이것들로 말미암아 한층 노곤함을 면치 못한다[21]고 한탄만할 뿐이었다.

피난민들은 처음에 왜적의 침입을 당하자 산으로 도망하였으나 차츰 이완되어 자기가 살던 마을로 돌아간 경우도 생겨났다.[22] 일부 피난민은 깊숙한 곳에 가서 농사를 지어 가을에는 얼마쯤 추수를 하게 되었다.[23] 그러나 적의 소굴이 된 여러 고을은 가을이 되어도 추수할 것이 없고 의지

16 『용사일기』 250.

17 『용사일기』 253.

18 『용사일기』 252.

19 『용사일기』 277. "내집 종 한 녀석이 살아 있다. 그러나 짐승과 흡사한 마음이 되어 옛 주인을 보아도 마치 길가는 사람 보듯 한다."

20 『용사일기』 328.

21 『용사일기』 338.

22 『낙재선생일기(서사원)』, 1592년 6월 14일(박영호역, 『국역 낙재선생일기』, 이회문화사, 2008, 46쪽).

23 『용사일기』 262.

할 것조차 없는 형편인데다가 기한(飢寒)이 다가오자 모두 적의 진영에 귀순하여 의식을 차리게 되니 백성의 궁핍이 극도에 도달하였기 때문이라고 적어[24] 당시의 곤궁한 형편을 전하고 있다. 게다가 일부 현에서는 왜적의 명령을 받아 공미를 가져다가 바쳤으며, 왜적에 아예 색장을 두어 각 마을마다 파견하여 공역을 독려하였다.[25] 왜적들도 쉬, 도주 등의 체계를 갖추어 관리하였다.[26]

장현광은 임진왜란이 있었던 그해 겨울에는 증산(甑山, 현 김천시 증산면)의 누님 댁에서 지내었다. 증산은 깊은 곳이었고 산밭에 약간의 곡식 소출이 있었기 때문이었다. 이곳에서는 상대적으로 왜적과 떨어져 있어서 안정을 취할 수 있었다. 그러다 이듬해 증산을 나와 가야산 백운대로 들어갔으며, 전염병이 유행하자 암자 북쪽에 움막을 지어 거주하였다. 그러나 산 위는 매우 추웠으며 견디기가 어려웠다.[27]

1593년 2월이 되면서 차츰 왜적들이 물러나게 되자 2월 하순 피난해 있던 가야산에서 성주 암촌(巖村)의 옛 집으로 내려왔다. 당시 경상좌도의 곡가는 우도보다 귀하여 무명 베 한 필과 나락 한 말 값과 비등하였으며, 큰 마소는 벼 한 섬과 맞먹었으며, 실한 노비라도 마소 값에 미치지 못하였다.[28]

여름이 되면서 호남에서 양식을 실어오면서 겨우 아침 저녁 끼니를 이어나가는 형편이었다. 또 머무를 집이 없어 왜적들이 파놓은 굴 속에 들어가 은신하는데 장현광은 가족을 데리고 이 굴속에 들어가서 머물렀다.[29]

---

24 『용사일기』 263.

25 『용사일기』 262.

26 서사원, 『낙재선생일기』, 1592년 6월 9일(『국역 낙재선생일기』, 43쪽).

27 『용사일기』 276.

28 『용사일기』 278.

29 『용사일기』 282.

가을에는 농사지은 사람들이 조금씩 나누어 주어 장현광은 이것으로 가을을 나게 되었다. 봄 갈이를 할 수 있었던 사람이 없었으므로 가을이 되자 굶주린 백성들은 피로 죽을 쑤어 끼니를 잇게 되었다.[30] 양식이 떨어지면 무명베를 가지고 장에 가서 곡식으로 바꾸었다.[31] 당시 장시의 기능이 일부 남아 있었던 것으로 보인다. 경비가 필요할 때는 데리고 있던 종을 팔아서 충당하였다.[32] 종을 팔게 되자 장현광은 이제 직접 논에 가서 농사를 지어야 하였다.

3) 임진왜란기의 참상

장현광의 『용사일기』에는 피난살이의 참상이 구체적으로 서술되어 있다. 직접 일본군과 직면하지 않은 사족들은 전쟁 체험을 변하지 않는 일상생활로 묘사할 정도로 안정된 양상을 보이고 일기의 내용도 공적인 사건을 기록하는 것을 선호하였지만[33] 일본군이 직접 침략하는 경로 상에 있었던 인동의 사족이었던 장현광의 일기에는 전쟁의 참화가 훨씬 더 혹독하게 나타난다.

장현광의 일기에는 도망 다니면서 왜병들의 수색에 걸리지 않기 위해 고심하는 모습, 시체들이 수습되지 않고 길가에 버려진 모습, 먹을 것이 없어 아사한 형상, 역질에 걸려 한 마을의 주민 모두가 없어지는 양상, 가족과 이웃이 전쟁 중 살해당하는 모습 등 일반 사람이 겪은 임진왜란의 참상 모습이 구체적으로 묘사되어 있다.

---

30 『용사일기』 289.

31 『용사일기』 297.

32 『용사일기』 299.

33 정해은, 「임진왜란 시기 경상도 사족의 전쟁 체험」, 『역사와 현실』 64, 한국역사연구회, 2006.

추위와 주림이 다가오자 인간의 윤리는 허물어져 버렸고 부자와 부부가 서로 많이 도로에서 헤어졌으며, 굶주려 죽은 자가 구덩이에 가득찼다. 해인사에서는 죽은 시체를 끌고 나오는 것이 하루에 7, 8인 아래로 내려가지 않았는데 모두 굶어죽은 사람들이었다고 한다. 또 겨울이 들면서부터 역질이 크게 유행하기 시작하여 온 마을이 눕게 되고 온 가족이 전부 죽는 예가 마을마다 없는 곳이 없었다. 또 무뢰배들이 서로 떼를 지어 도적이 되어 밤낮없이 횡행하는데 마을에 남아 있는 백성들을 노략질하기가 왜적과 다를 바가 없었다. 이러하였기 때문에 사람이 죽어가는 길은 한 두가지가 아니었다.[34]

길가에는 유리하면서 굶주린 사람들을 보았는데 구덩이에서 곧 죽기가 조석에 달려 있는 자들도 있었다.[35]

1594년 봄 백성들의 굶주림이 더없이 심하여 굶어죽은 시체가 구덩이마다 연이어 있었고 사방에서 토적이 벌떼같이 일어나 없는 곳이 없었다. 그들은 금전을 탐할 뿐만 아니라 사람을 죽여 그 인육까지 먹을 지경이었다. 그러므로 길 가는 사람이 비록 한 되의 곡식이나 한 자의 베를 지니지 않고 몸에 헤진 옷을 걸쳤어도 역시 모두 죽음을 당하였다.[36]

그들은 쪽빛 얼굴에다가 나물 빛의 색을 하고 마치 짐승과 같은 눈초리로 내가 자루를 가진 것을 보고서 마치 수레바퀴의 살이 한가운데로 몰려 있는 것처럼 집중하였다.[37]

---

34 『용사일기』 272~273, 388. "飢寒旣迫 人理壞絶 父子夫婦 亦多相棄道路 餓莩塡滿溝壑 人云海印寺曳尸而出者 日不下七八人 皆飢民之死也 又自其冬 癘氣大熾 全里而臥 合家而死者 無境不然 無邑不然 而失業之民 相聚爲盜 晝夜橫行 摽掠餘民 無異倭賊 是以當時人死之路 非一非二"

35 『용사일기』 277, 394. "路上見遊離飢困之民 頻死丘壑期在朝夕者 或有"

36 『용사일기』 299, 429. "是春 民飢尤甚 饑莩連壑 土賊蠭起 無處不發 不必貪貨 殺人爲食其肉 故不持升粟尺布 身荷懸鶉者 亦皆見殺"

37 『용사일기』 300, 429. "藍面菜色 禽形獸目 見余有槖 莫不輳眼"

> 난리가 일어난 뒤로 역병이 잇달라 치열하여 임진년과 계사년 두 해 사이 역병으로 죽은 사람이 많았다. 이 해 봄에도 또 심했으나 병 증세가 가볍고 괴로움도 덜하여 지난 해의 병처럼 독하지는 않았다 그러나 사람들이 모두 굶주리고 곤핍한 끝이라 죽는 사람이 많았다. 나도 이미 몇 차례나 앓았고 오월에는 딸도 자주 앓아 모두 전염병인가 의심이 들어 누님 댁과 왕래를 끊었다.[38]

장현광은 이러한 참상을 눈으로 목도하면서 다른 관찬 기록에서 전하지 않는 생생한 현장 기록을 남기고 있다.

4. 임진왜란에 대한 여러 관점

1) 임진왜란의 발발 원인

황윤길 통신사 일행이 일본에서 돌아온 1591년(선조 24) 조야에 일본군의 침략설이 유포되면서 전국이 소란스러웠다. 당시 기록에 따르면 조정에서 나름대로 일본에 대한 방비를 마련하기 시작하였음을 보여주고 있다. 정부에서는 군영을 정비하고 성지를 수축하는 등의 방어시설 구축에 적지 않은 노력을 기울이고 있었다. 이러한 흐름 속에 일부 지식인들이 모여 시국을 논하면서 왜적의 침략에 우려를 금치 못하고 있었다.[39]

그런데 3년 전인 1588년 3월 16일 영남지역의 인사들이 신녕(新寧)의 불골사(佛骨寺)에 모여 의리를 논하면서 동고록(同苦錄)을 작성하였다. 당

---

38 『용사일기』 301, 431. “亂生以後 癘氣連熾 壬癸兩歲間 死者多由於癘矣 是春又盛 但痛輕歇易 不似前歲之病爲甚毒也 而人皆飢困 故死者亦多 余旣屢病 又於五月間 女兒亦屢病 人頗疑染 遂姊家不通”

39 경주지역 지식인의 동향에 대해서는 최요식, 『임진왜란기 영남의병연구』, 국학자료원, 2003, 472~478쪽 참조.

시 맹약한 서류 하나를 금강문 대들보 위에 끼어 놓았다고 적고 있다.[40] 이 때 동고록 작성에 참여한 이 가운데 장현광이 있다. 장현광은 권춘란(權春蘭), 김우옹(金宇顒), 이덕홍(李德弘), 조호익(曺好益), 홍한(洪澣), 문위(文緯), 김응하(金應河), 이삼한(李三韓), 최인(崔認), 최동보(崔東輔), 이계수(李繼秀), 채선수(蔡先修), 박영수(朴英遂), 최근(崔謹), 장응기(張應起), 박형(朴泂), 백상대(白尙大)와 같이 동고록 작성에 참여하였다.[41] 나이를 살펴보면 가장 많은 권춘란(1539생)에서 가장 어린 채선수(1568생)에 이르기까지 다양한 연령층의 인원이 참여하고 있다. 당시 35살의 장현광(1554생)은 이들 가운데 중간층에 자리잡고 있다.[42]

이들이 신녕 불골사에 모인 목적은 잘 알 수 없으나 시국을 논의하고 구국창의(救國倡義)의 의리를 논하였을 것으로 여겨진다. 당시 불골사 동고록 등재 인물 대부분이 임진왜란시 근왕(勤王)하거나 의병으로 참여하고 있어 이 모임에서 맹세하였던 절의정신이 의병 참여와 일정하게 연관되어 있음을 추정할 수 있다.

그러나 당시 조선의 대책은 "장상(將相)끼리 서로 말하기를 우리나라 군대는 천하의 강병이요, 적선을 부시고 적을 무찌르는 데는 우리에게 큰 활통이 있으며 쏘아 멀리 가도록 우리에게 큰 화살이 있지 않느냐고 뽐내었다. 그리고서 각 고을에서는 성을 더욱 높이 쌓아 올리려고만 하고

---

40 崔東輔, 崔五永譯, 『내가 겪은 임진왜란(憂樂齋實紀)』, 중문출판사, 1992, 124쪽. 그런데 불골사에서의 회합이 있었던 해를 최효식은 앞의 책에서 金應河의 『忍心齋日記』의 내용("辛卯 三月十六日 佛骨寺同苦錄 一件于金剛門樑上云")를 인용하여 1591년으로 적고 있으나(47쪽, 474쪽, 479쪽 등), 『憂樂齋實紀』 행장과 李景淵의 『霽月堂實紀』 연보·유사 등에서는 1588년 봄에 모임이 있었던 것으로 적고 있다. 1591년 당시에는 김우옹이 회령에 유배되어 있었으므로 1588년 봄에 모임이 있었을 것으로 추정된다.

41 "戊子春 聞佛骨寺諸賢李艮齋德弘張旅軒顯光金東岡宇顒曺芝山好益 會說義理 往從之 時崔東輔亦來參 旅軒見而奇之曰 此兩人濟世才也"(李景淵, 『霽月堂實紀』)

42 崔東輔, 崔五永譯, 『내가 겪은 임진왜란(憂樂齋實紀)』, 중문출판사, 1992, 124쪽. 최효식, 앞의 책, 476~477쪽에 수록된 동고록 등재 명단의 비고 참조.

각 진영에서는 근방 못을 더욱 깊게 파기에만 힘쓰며 각 진에서는 장틀을 더욱 크게 하여 군의 위엄만을 세우려고 하였다. 그리고 명령을 연달아 내어 사졸들을 통제하려고만 하였다. 그러나 뉘 알았겠는가! 민력은 날로 줄어들고 인심은 날로 와해되어 그대로 무너질 기세가 적이 쳐들어오기 전에 벌써 서리어 있었음을. 이것이 요즘 어지러워진 까닭이다."[43]고 적고 있다.

민심은 이반되어 있어 "난이 일어나던 처음에 이미 민심은 어그러져 나라를 생각하지 않고 재산이 흩어지는 것만을 근심하였으며, 싸움터에 나아감을 애처롭게 여겨도 적이 쳐들어옴을 다행으로 여기며 나라 망하는 것을 뼈저리게 생각지 않았다. 나라를 위해 목숨을 바칠 생각이 없었을 뿐만 아니라 모두 지는 것을 즐겁게 여겼기 때문에 성에는 죽음으로 지키려는 장수가 없고 진영에는 죽음으로 지키려는 군졸이라고는 없었다. 이것이 바로 적이 나라 안 깊숙이 들어오게 된 까닭이다."[44]고 적고 있다.

그리하여 전란 중에 오히려 세금을 징수하는 자가 없어서 다행이라고 할 정도로 전란 전에 이미 민심은 땅에 떨어져 있었다. 장현광도 직접 일기에서 당시 관에 의한 적폐를 지적하고 있다.

> 적란(敵亂)의 고생도 고생임은 사실이나 적란이 일어난 뒤로 내 집 문 앞에서 망태기를 맨 자를 보지 않게 된 것은 여간 다행이 아니라고 하였다. … 세금을 징수하는 자가 노상 망태기를 메고 다녔으므로 망태기 맨 자라고 하였

43 『용사일기』 242, 346. "將相之所相與言者 則曰我國天下之强兵也 破船摧賊 有吾大中筒焉 射踈及遠 有吾强弓矢焉 列邑務高其城而已 各陣務深其池而已 大其杖足以立軍威也 急其令足以制士卒也 其孰知 民力已竭 人心日散 瓦解土崩之勢 已成於敵未至之前乎 此所以有當日之亂也"

44 『용사일기』 248, 356. "亂起之初 民心乖戾 不念國家 雖憂其敗產 憫其赴戰 然乃以賊來爲幸 不以國敗爲傷 不但無死國之心 皆有樂敗之意 故城無死守之將 陣無戰死之卒 賊所以長驅者 以此也"

> 는데 이러한 자를 보지 않게 된 것이 다행이라 함은 이를 매우 미워하고 고통스럽게 여겼기 때문이 이와 같이 말한 것이 아니겠는가.[45]

임진왜란의 원인에 대해 우리나라의 군병이 강력하고 중국의 울타리였으므로 이를 먼저 쳐서 명으로 하여금 울타리를 잃게 하고 우리나라를 우익으로 삼아 명을 침략하려는 흉계를 꾸민 데서 기인한 것으로 지적하고 있다.[46] 그러나 국가 운수에 돌리거나 전쟁 원인을 평수길에 돌리는 것은 나에게 있지 않을 것을 구하며 내게 있는 것을 구하지 않는 것이라고 비판하고 운수를 잃게 하는 것도 사람이요, 적을 이끌어 들인 것도 나라고 자아비판하고 있다.[47]

2) 임진왜란기 사회현상 비판

장현광은 임진왜란이 발발한 후 피난 다니면서 나름대로 사회적 현상에 대해 비판적인 인식을 표출하고 있다. 특히 위정자들의 무능과 무책임, 무능한 장수에 대한 비판, 장수들의 알력, 산성책을 비롯한 군정정책에 대한 비판, 왜에 빌붙어 있는 사회현상 등에 대해 비판적인 인식을 보이고 있다.

장현광은 당시 관찰사였던 김수(金睟)를 비롯하여 각 고을을 담당하였던 수령에 대해 매우 비판적인 인식을 보이고 있다. 김수에 대해서는 여러 곳에서 비판을 하면서 "자기가 모은 군을 관군이라고 하고 숨어있던 수령들과 수응하려고 하였으나 수령들이란 벌써 공의에서 버림당한 자들인지

---

45 『용사일기』 268, 380. "氓曰 賊亂之苦 苦則苦矣 然自賊亂以來 吾門之前 不見有荷網橐者 此吾所甚安也 (中略) 其徵斂之使 必荷網橐 故目之曰荷網橐者 而以不見爲大幸 玆非疾苦之言乎"

46 『용사일기』 241.

47 『용사일기』 309.

라 어찌 일을 도모할 수 있겠는가?"[48]고 비판하였다.

(김수는) 성을 높이 쌓고 못을 깊게 팠으나 지금에 와서 적이 나라 안 깊숙이 쳐들어오는데 무슨 보람이 있으며, 김수가 순찰의 소임을 맡고 있으면서도 적을 막아낼 계책은 세우지 못하고 성을 쌓아 나라를 지키자는 명령도 땅을 파고서 가재 도구를 묻으라고 바꾸어 말하였을 뿐이니 공문이 이르는 곳마다 모두 이를 통분하게 여겼다.[49]

상대적으로 남인 계열에서 긍정적으로 평가되었던 원균에 대해서도 비판적으로 적고 있다.

이때 병사는 원균이다. … 모든 요구하고 책임지우는 일들이 평상시와 조금도 다름이 없어 각 고을에서 조금이라도 명령에 미치지 못하면 아전들을 잡아다가 장을 때리고 엄한 형을 가하였다. 내가 다른 사람들에게서 듣기로는 형장을 가하면서 엉덩이와 배를 갈라놓는데 매 끝에 당장 죽지 않은 자란 없다고 한다.[50]

특히 전쟁 초기 군장을 위해 죽음으로 충성을 다하려는 기풍이 없었던 것은 태평이 오래되는 동안 경계를 소홀히 하고 군율이 문란해졌기 때문이며, 그 결과 봉수조차 제멋대로 일어나고 있음을 지적하고 있다.[51] 그리

48 『용사일기』 258, 370. "自其所募之軍曰官軍 遂與竄伏守令 相爲酬應 然守令等 亦皆公義之所棄者也 安能濟其事乎"

49 『용사일기』 242, 347~348. "是時巡察使金睟 (中略) 至是高城深池 無如何於賊鋒之長驅 而睟在巡察之任 莫爲捍禦之策 轉其築城衛國之令 變爲掘地藏貨之言 關文所之莫不痛之"

50 『용사일기』 324~325, 473. "是時兵使則元均也 (中略) 凡所求責欲同平時 各邑少不及令 則必欲椎杖殘刑色吏 余聞之於人 則被其刑杖 加於臀腹裂於內 故杖下 無不卽殞云耳"

하여 당시 군이라는 것이 오히려 백성들을 수탈하는 존재가 되었음을 비판하고 있다.

> 우리나라 군대의 각 진영에서는 나라를 배반하고 적에게 복종하였다고 해서 정병을 보내어 서로 통한 자를 죽이는데 각 진영의 정병이나 또는 정병이 아니면서 정병인양 가장한 자들이 이것을 이용해서 재물을 약탈하고 무고히 살상을 함부로 한 까닭에 현의 백성이 골탕을 더욱 먹게 되었다.[52]

한편 거병한 군인 내부에서도 미묘한 알력관계가 있음을 적고 있다. 장현광은 수령과 의병과의 알력관계에 대해 다음과 같이 적고 있다.

> 각 고을 수령들은 적이 공격해 오던 때 모두 몸을 빼어 달아나 숨어 조금이라도 자취가 들어날 까 두려워하였는데 이에 이르러 창의한 사람들이 기세를 올리게 되자 엎드려 있었음을 불안하게 생각하게 되고 또 어떻게 해서 이전의 죄를 씻어 볼까 하였다. 각기 자신의 읍으로 돌아가게 되자 비로소 군사들을 모으려 하였으나 이미 각 읍의 군사들은 의병의 각 진에 들어가 있었으며, 게다가 각 읍의 수령들은 죄인인지라 사람들이 그 모병에 나아감을 탐탁하지 않게 여겼다. 이에 여러 읍의 수령들은 모두 의병을 시기하는 마음이 있었다. 심지어 터무니없는 말을 만들고 헐뜯고 의병을 미워하기가 마치 원수처럼 대하였다.[53]

51 『용사일기』 244.

52 『용사일기』 263, 374~375. "而國兵各陣 又以其叛國服賊 繼遣精兵 斬殺交通 則各陣精兵 及非精兵而假稱者 利其奪貨擴殺無忌 縣民之盡 其以此也"

53 『용사일기』 257, 368. "列邑守令 賊至之初 皆脫身遁竄 惟恐形迹之少露 至是唱義之人 旣作聲勢 皆知退伏之不安 又念前罪之或贖 各還邑境 始爲聚兵之跡 而各邑之兵 皆已入於義兵各陣 且以各邑守令 爲罪人 不肯就其招集 於是諸邑守令 皆有猜忌義兵之心 至或言詛毁疾之如仇讐也"

이러한 알력관계는 관군 중심의 김성일과 의병 중심의 정인홍의 관계에서도 나타나고 있다. 김성일이 상도의 군사를 거느리고 지례에다 진을 치고, 정인홍은 하도의 군사를 거느리고 가야산 아래에 진을 치고 있었는데 그들이 서로 꾀를 합하고 서로의 장점을 취하여 단점은 용서함으로써 틈바구니를 두지 않았더라면 능히 성공할 근본이 잡혔을 것이라고 안타까워하고 있다. 두 세력은 약한 세력임에도 불구하고 조화하려는 마음이 없다고 적고 나는 식견이 없는 사람이라 두 진영사이에 게재된 병폐가 꼭 무엇인가를 지적할 재간은 없어도 어딘지 부족한 점이 있음은 사실인 것 같다고 비판하고 있다.[54]

장현광은 조선군의 대비태세나 전투력, 임진왜란 경과과정 속에서 관군의 역할에 대해 매우 비판적인 인식을 가지고 있으며, 상대적으로 의병에 대해 긍정적으로 적고 있다. 이는 병자호란 때 장현광이 직접 의병활동을 벌여 나가게 되는 현실적인 이유이기도 하다.

산성정책에 대해서도 매우 비판적인 인식을 보이고 있다. 조정에서는 산성 쌓는 것을 가장 뛰어난 상책으로 여기고 있으나 결국은 백성을 부려서 흙과 돌을 끌게 하고 농사의 때를 잃게 한다고 비판하였다. 특히 김수가 여러 성을 쌓는다면서 백성을 동원하여 민심을 잃어 버렸기 때문에 군졸은 침략의 소문만 듣고 흩어져 버렸다고 비판하고 있다.[55]

그리고 우리나라 사람들의 부왜(附倭) 행위나 양민에 대한 약탈 행위에 대해서도 비판적으로 적고 있다.

> 각 읍의 적은 혹은 목사, 혹은 군수라고 칭하면서 관곡(官穀)이 있으며 읍민들에게 나누어주니 백성들이 많이 나아가 이를 받았다. 또 귀순하는

54 『용사일기』 268~269.

55 『용사일기』 339~343.

> 자에게는 나무로 만들 패를 주어 차고 다니게 하였다. 이 패를 가진 자는 적이 보아도 죽이지 아니하였으므로 무지한 백성들이 나아가 패를 받는 자가 많았다.[56]

> 혹 그 사이 적진에 아부하여 그들이 주는 상화를 달게 여겨 우리 군대의 동정이나 여러 진영의 허실을 모두 적에게 전하여 적으로 하여금 미리 대비토록 하여 틈을 만들지 않게 하였으므로 우리 군대에서 출전 명령을 내려도 매양 무너져 참패를 당하는 치욕을 겪었던 것은 모두 이러한 무리 때문이었다. 또 더욱 심한 자는 왜적의 앞잡이가 되어 중요한 길을 인도하되 깊고 멀다고 해서 약탈하지 않음이 없었다. 우리 백성을 죽이고 노략질하기가 적보다 더 심하였으니 백번 죽여도 그 죄 값에 미치지 못한다.[57]

길가에 푸는 옷을 입은 마을 사람이 있었는데 이를 베어 가지고 다니면서 적의 머리를 벤 것이라고 하였는데 그 까닭은 그들이 퇴군하게 된 것이 허망하지 않은 것임을 증명삼고자, 혹은 적의 머리를 베었음을 증명하기 위한 것이라고 비판하고 있다.[58] 우리나라 사람으로 적에게 투항한 자가 인동에서 선산으로 가는 옆은 여울 길을 안내하여 왜병들이 쉬운 길을 찾아 갔음을 적어 부왜한 자가 적지 않았음을 지적하고 있다.[59] 또 무뢰배들이 있어 이 자들은 대개 왜복(倭服)을 입고 떼를 지어 마을을 헤매며 도둑질을 하거나[60] 토적들은 갑자기 짐짓 왜말 입내를 내어 사람을 놀라게 해서

---

56 『용사일기』 259, 371. "列邑之賊 或稱牧使 或稱郡守 有官穀則分給邑民 民多就受者 且其歸服 必給木牌 各令佩之 帶牌者 賊遇不殺 故無知民 皆多就受牌"

57 『용사일기』 263, 375. "或於其間 阿附賊陣 甘其賞貨 國兵動靜 諸陣虛實 俱通于賊 使賊先機預備 無隙可乘 而致令我軍 每見奔潰損威取辱者 皆此類也 又其甚者 作倭先鋒 指引要路 無深不探 無遠不掠 殺辱我民 有甚於賊者 雖百誅無以當其罪也"

58 『용사일기』 248.

59 『용사일기』 246.

60 『용사일기』 247.

흩어 달아난 뒤를 틈타서 버리고 간 물건을 훔쳐갔다고 적고 있다.[61]

또한 장현광은 임진왜란 기간 동안의 전공이라는 것도 의심스러운 것이 많음을 지적하고 있다.

> 난이 일어난 이후 군공을 세움에 있어 우리 도를 두고 말하여도 한 두 성의 승리는 도 전체가 아는 것이고 두 셋 장수의 공은 뭇사람이 모두 믿을 수 있는 것이다. 그런데 그 밖에 소위 아무개 싸움에서 적 몇 놈의 머리를 베고, 또 아무개가 적을 활 쏘아 죽였다는 등의 이야기에서 실제로 그 수와 같은 것이 과연 얼마나 될 것인가.[62]

그리하여 한 진영의 장수는 부하가 벤 것을 가지고 자기의 공으로 삼고, 또 그들이 세웠다는 전공조차 진위를 구분할 수 없다고 비판하고 있다. 엉터리 군공을 세운 자들이 비어 있는 고을에 보직되고 보니 모두 적임자가 아닌 무능배들이라고 한탄하고 있다.[63]

3) 왜와 명에 대한 비판

왜군의 행패와 잔인성에 대해서는 여러 곳에 적고 있다. 게다가 직접 왜군이 주둔지 상에 있었던 인동에서의 피해는 더욱 컸다. 그 점은 장현광의 일기에서 확인할 수 있다.

> 남자로써 건장하고 여자로서 예쁜 이는 반드시 사로잡는데 순종치 않으면

61 『용사일기』 252.

62 『용사일기』 293, 419. "自亂生之後 軍功之立 以本道言之 一二城之勝 固爲一道所共知 二三將之功 固爲衆人所共信 而其餘所謂某戰 所斬幾頭 某人所射幾賊 則實如其數者 其有幾乎"

63 『용사일기』 293.

> 죽인다. 오늘 아무개 부인 아무개 딸이 사로잡히고 아무개 남편 아무개 아들이 죽임을 당하여 그 부모 처자는 울부짖고자 하나 소리를 낼 수가 없다. (중략) 적이 마을이나 산야에 이르러 부녀자를 만나면 음탕한 짓을 함부로 하는데 백주를 꺼리지 않는다. 심지어 서원 향교 또는 마을 사묘에 이르러 만일 위판이나 목주를 보면 불지르거나 칼로 짜개어 진흙 속에 처넣었다. 서책을 보면 함부로 뜯어 버리고 더럽혀 버리지 않음이 없다. 재화와 보물을 보면 그 중 좋은 것은 가지고 나머지는 모두 빠개어 땅에 널어놓고 말로 하여금 지근지근 밟도록 하였다. 곡식을 보면 인마가 배불리 먹고 남은 것은 불태워 버리거나 똥을 끼얹었다. 술, 간장, 젓갈 등은 그 독을 깨뜨려버리거나 혹은 그 위에 똥과 오줌을 갈기었다. 개, 닭, 염소를 보면 무리를 후려 내어 활로 쏘거나 칼로 베어버렸다. 마을의 집이 모두 불타 버리니 가축은 사방으로 흩어지고 개들은 산야로 도망가 산짐승이 되어 버린다.[64]

> 나는 피난 나가던 처음에 왜가 지나가던 도중에 묘를 보기만 하면 이를 파헤쳐 널을 부수고 시체를 욕보인다고 들었다.[65]

1593년 여름이 되면서 호남에서 양식을 실어 와서 고을 역에다 비치하고서 이를 지키며 또 음식을 장만하는 부엌을 만들고 임시로 거처할 움막을 지어 오르내리는 당병(唐兵)을 대접하기 시작하였다.[66] 그리고 유도독에 대해서는 "의거해 있는 땅 형세며, 진을 치는 제도며, 군사를 부리는 호령이

---

64 『용사일기』 247, 355. "男而壯女而色者 必虜之 不從則殺之 今日某妻某女爲所虜 某男某子爲所殺 其父母妻子 雖欲號哭 不敢發聲 (中略) 賊至閭里及山野 或遇婦女 則恣其淫穢 不避白晝 至於書院鄕校及村家祠廟 若見位板與木主則或火焚或刀斫 或投之泥壤 見書冊則毁裂汚褻 亦無不至 搜人貨物則取其美好者 餘悉斫裂 或布地而屨藉其馬 若米穀則 人馬俱飽 餘皆焚之 或散其糞壤 凡有酒醬鹽醢 必撞碎其器 或糞溺其上 見鷄犬羔羊則群馳衆逐 或射或伐 及其閭落俱焚 家畜皆散 群犬奔聚於山野 如野獸云"

65 『용사일기』 283, 399~400. "余自奔竄之初 屢聞倭賊所過 必掘新墓"

66 『용사일기』 282.

다 법도가 있어 보는 이는 모두 탄복하였다"[67]고 긍정적으로 그리고 있으며 만나기 위해 집을 나서기도 하였다. 칠곡 일원에 진주하였던 당병으로 인해 폐해가 컸었다는 기록이 있으나[68] 장현광의 일기에는 당병의 폐해에 대해서는 크게 드러나지 않았다. 당병과 마주 치게 되자 장현광은 "다음날 팔거로 가기위해 인동길을 걸어 가는데 도중에 당병을 만나 왜적이 정세를 물었다. 또 가다가 당병을 만났더니 내가 가지고 있는 지석을 빼앗아 가버렸다."[69]고 적고 있다. 이것은 장현광이 피신하고 있었던 구지산 일원은 당병을 만날 기회가 많지 않았기 때문으로 보이며 그 결과 다른 일기류에서 흔히 보이는 명나라 병사들의 폐해상도 그다지 나타나지 않는다.

4) 충효 정신의 고양

조선시기 지식인에게 제사는 아무리 어려운 상황이어도 포기할 수 없는 것이었다. 장현광은 피난의 어려움 속에서도 어머니의 목주(木主)를 걸머지고 다녔으며, 목주를 안치한 다음에는 조석(朝夕)으로 밥을 올리고 있다. 또한 "나는 불효한 자손이 되어 화가 윗대에 미치도록 하였으며 신령으로 하여금 의지할 곳을 잃게 하였으며, 돌아가신 어머님의 삼년 동안 죽을 쑤어 받자옵기를 제대로 하지 못하였으니 은혜를 갚고 죄 씻을 길을 백가지로 헤아려 보아도 할 바가 없으니 슬픈 노릇이다"[70]고 회한에 젖기도 하였다. 제사는 사족으로서 반드시 실행해야할 실천 행위였으며

---

67 『용사일기』 293, 418. "其據地形勢 立陣布置 制軍號令 皆有度律 觀者歎之"

68 서사원의 『낙재선생일기』에는 1593년 9월부터 당병에 의해 침탈을 곳곳에서 자세히 적고 있다.

69 『용사일기』 286, 406. "翌日旋向八莒出仁同路 路有往來唐兵遇一人 問賊勢 復遇一人 奪我紙席"

70 『용사일기』 261, 373. "余則爲不孝子孫 禍延先世 神靈失依 亡妣三年奠粥不納 報恩贖罪 百思無路 可慟也哉"

이를 지키지 않으면 안되는 것이 당시 사회의 요구이었음을 알 수 있다.

장현광이 집으로 돌아왔을 때 선영이 무사함을 보고서 크게 기뻐하였으나 땅에 묻은 목주와 7대 할아버지 초상이 사라진 것을 보고는 자신의 죄가 크고 악이 극진하여 천지간에 용납될 수 없어 마침내 화가 선세까지 미친 결과라고 자책하였다.[71]

집안에 대한 효(孝)뿐만 아니라 국가에 대한 충(忠)을 곳곳에서 강조하고 있다. 전쟁 초기 군장을 위해 죽음으로 충성을 다하려는 기풍이 없음을 비판하고 있으며[72] 오산서원 앞의 지주중류비(砥柱中流碑)가 해를 입지 않은 것을 보고서 어찌 이는 충의의 한 가닥 맥락이 우리나라 문교에 전해와서 재흥을 하려고 조물주가 도와 이 비석만을 그대로 남겨놓은 것이 아니겠는가고 적고 있다.[73] 장현광은 국왕에 대한 충성과 믿음을 끝까지 견지하고 있으며 이는 사족집단의 국왕에 대한 인식관을 전형적으로 보여준다. 당시 나라를 이끌었던 선조에 대해 조금도 비판적인 모습을 보이지 않는 것도 사족으로서의 한계를 단적으로 보여주고 있다.

각 고을 수령들이 적이 쳐들어오자 모두 도망하기에 바쁜 모습을 보였다고 비판하면서 대신 의병장 가운데 곽재우를 높이 평가하고 있다. 곽재우가 창의한 다음부터 적은 마땅히 쳐야하며 창의에 따라야만 할 것임을 알게 되었으며, 무부는 다시 활을 잡고 용사는 다시 칼을 잡게 되니 이는 곽장군의 불음에 응함이었다고 적고 있다. 이리하여 우도 고을의 반은 무사할 수 있었음과 전라도가 또한 안전함을 얻은 것은 모두 그의 힘이 아님이 없다고 평가하였다.[74]

의병에 대해서도 꼭 반드시 충성심에 근거했거나 의로운 담심에서 나온

---

71 『용사일기』 283~285.

72 『용사일기』 244.

73 『용사일기』 253.

74 『용사일기』 257.

것이 아닌 자도 있겠지만 그러나 의병이라고 부르게 된다면 그 의는 인간이 상도(常道)를 지켜나가는 데 없어서는 안되는 공공(公共)의 천성(天性)인지라 이같은 이름을 띠게 된 것만으로도 귀중한 것이라고 평가하고 있다.[75] 게다가 의(義)란 한 글자야 말로 하늘과 땅을 꿰뚫는 큰 방패여서 나는 탄환도 맞추지 못하고 잘드는 날카로운 칼이라도 짜개지 못하며 힘셈으로써도 겁내게 못하며 많음으로도 빼앗지 못한다고 적고 있다.[76]

다만 의(義)의 사심이 없고 하늘의 이(理)에 합당한 의(義)의 체(體)와 때를 알고 때의 움직이는 방향을 알며 희미한 것에도 통하고 먼 것도 살필 수 있는 능력을 의(義)의 용(用)으로 규정하고 의(義)의 체(體)와 용(用)에 있어서 그 기능을 충분히 다하지 못하면 의(義)의 공용(功用)을 이루지 못하니 이러한 능력이 없다면 천하의 변에 대처할 수 없으며,[77] 오늘날 창의를 하는 자가 많아도 공을 이룩하는 자가 적은 것도 그 때문이라고 적고 있다.[78]

한편 이러한 충효 논리의 대상에 대해 장현광은 차츰 왕조 사직의 보존이라는 측면을 넘어서 백성의 존립이라는 측면으로까지 발전시키고 있다.[79] 장현광은 전쟁 경험을 거치면서 하층민에 대한 연민을 가지게 되었으며, 전쟁 중 노비로부터 많은 도움을 얻으면서 이전에 가지고 있었던 특권적인 양반으로서의 자의식에서 비껴나기 시작하였다. 그는 서리들이 수령을 속여 농민들을 침탈해도 습속이라고 여겨 유순한 고을 원은 못본

---

75 『용사일기』 269.

76 『용사일기』 270.

77 『용사일기』 270.

78 『용사일기』 270.

79 『여헌집』 속집 10, 「부록」, 〈경원록-장매〉. 선생은 말씀하시기를, "무릇 백성이 된 도리는 굳이 조정에서 군주를 섬기기를 기다린 뒤에 군신간(君臣間)의 도리를 다하는 것이 아니다. 오직 마땅히 자신의 직분을 다하여 국가에서 길러준 은혜를 저버리지 않는 것이 한 가지 큰 의(義)이다." 하시었다.

척하고 굳센 사람은 아예 고칠 길을 막아 버리는데 이것은 모두 옳지 못하며, 인간인 바에는 잘 이끌어 옳게 해야 한다는 생각을 가지고 있었다.[80] 그리고 아전 가운데 지도자를 이찰(吏察)이라고 하고 종 가운데 근실한 자를 노찰(奴察)이라고 하여 이들의 보고에 따라 상벌을 주었다. 또한 매달 품관을 모아 백성의 풍속을 바르게 한 것을 서로 토론하여 보고하면 이에 따라 상벌을 가하였다.[81] 이것은 일방적인 하향 행정이 아니라 상향식 행정을 상정한 것으로 고난의 전쟁 경험이 장현광으로 하여금 서리와 하층에 대해 일방적으로 통제하는 사고 방식에서 벗어나게 한 것이다.

그래서 우리나라의 백성에 대해 다른 이민족과는 구별되는 불쌍한 동포의 백성이라는 관념을 가지게 되었으며, 이들은 모두 나와 동포의 백성이라고 적고 있다.[82] 이러한 관념 속에는 우리 백성이라는 구별되는 개체를 의식하고 있음을 보여주고 있다.[83] 이러한 백성에 대한 새로운 인식은 이민족의 침략인 임진왜란이라는 전쟁이 가져다 준 비상한 경험 때문에 나오게 된 것이다.

5. 맺음말

임진왜란을 거치면서 많은 사람들이 당시 자신들이 경험한 역사적 사실을 일기로 남겼다. 이는 치열한 기록정신에서 유래한 것으로 개개인이

---

80 『용사일기』, 323.

81 『용사일기』, 323.

82 이러한 관념을 집약적으로 보여주는 글로는 『여헌집』 권 11, 「收瘞白骨文」이 있다. 그 가운데 적확하게 그 부분을 보여주는 것으로는 "或于鋒鏑, 或于凍餓, 而同是亂中之死也, 其某姓某鄕某里之人, 而皆與同胞之民也"이라는 구절을 들 수 있다.

83 이에 대해 정구복은 민족을 최초로 인식한 것이라고 평가하고 있다(정구복, 「전근대 국가의 형성과 그 발전」, 『한국사학사학보』 17, 한국사학사학회, 2008, 41쪽).

기록의 역사적 의미를 자각하고 있음을 보여준다. 특히 피난생활의 치욕적 사실도 기록으로 남겨 놓는다는 것은 공훈을 과장하여 묘사하는 성향을 지닌 의병장의 일기류와는 다른 또 다른 의미를 지니고 있다.

장현광은 임진왜란의 피난상을 일기로 기록해 놓았다. 유교적 윤리의식에 의해 전쟁을 판단하고 응시하고 있으나 당대 지식인으로서의 자부심과 함께 자기반성과 비판의식이 나타나기도 한다. 바로 장현광의 철학사상은 이러한 임진왜란의 모진 경험을 통해 승화된 것이다. 장현광은 필사적으로 왜군을 피해 도망다녀야 했다. 또 왜로 오해를 받기도 하였으며, 다른 사족들의 배신을 목도하기도 하였다. 종을 팔고나서는 자신이 직접 농사를 짓게 되면서 가난한 농민이나 노비들의 어려움을 알게 되었으며, 피난을 나가 산과 들에서 나는 풀과 나물들을 먹으면서 가난한 농민들의 배고픔을 알게 되었다. 장현광의 사상이 여러 학파의 논의를 잘 수용하여 유연하게 해석을 전개한 것도 이러한 경험에서 나온 것이다.

장현광은 임진왜란의 참상을 기록하였을 뿐만 아니라 이를 통해 철학적 이론을 더욱 다지게 되었다. 장현광의 『용사일기』는 단순한 체험록을 넘어서서 장현광의 실용적 철학정신의 연원을 보여주고 있어 중요하다. 『용사일기』에서는 중간 중간에 자신의 철학적 논리를 현실 경험과 연계하여 설명하고 있다.

의(義)의 체용론을 통해 창의한 순수성에도 불구하고 현실적으로 성과가 부족한 점을 설명하고 있다. 그러면서도 길흉화복과 치난흥망은 서로 번갈아 돌아온다고 하면서 오로지 성심을 다할 뿐이라는 인간적인 노력을 강조하고 있다. 인간이 사악한 기운을 만나 나쁜 운수에 처하여 고생하게 되었으나 흉한 운수를 타고 일어난 흉한 자는 끝까지 굳세고 큼을 보지 못하였으며 사도를 만나 사도를 쓰는 자는 반드시 패망하고 만다고 규정하였다. 그리하여 의리를 지켜 죽은 신하가 없는 현실에서 나아가 심성(心性)이 고요한 자는 능히 그 곧음을 지키고 심성이 움직이는 자는 의지를

곧잘 옮기게 된다는 심성론으로 발전시키고 있다.[84]

출처와 거취에 대해서도 한 가지 의론에 얽매일 것이 아니라고 규정하고 "처음에는 마치 큰 것 같이 보여도 마지막에 가서 적고 또 처음은 바른 것 같아도 마침내는 그르고 처음에는 높은 것 같이 보여도 마침내 낮게 되는 것보다 처음에 우선 응해 스스로를 높은 것이라 여겨지는 형적을 감추어 서서히 시세를 관망해서 진퇴하여 나의 뜻이 편안할 바를 구하는 것이 좋다"[85]는 실용적인 논리를 보이고 있다.

장현광이 특정 이론에 매몰되지 않고 여러 학자들의 다양한 의견을 절충하여 나름대로 독자적인 철학관을 수립하게 된 것도 이와 같이 혹독한 전쟁 경험을 통해 체득한 인식론을 바탕으로 이론에 얽매이지 않고 유연하게 문제를 파악하려는 데서 나온 것이라 하겠다.

---

84 『용사일기』 263.

85 "故余竊以爲與其初似大而終小 初似正而終謬 初似高而終卑 不若其初姑出而應之 以晦其自高之跡 徐觀時勢而進退 求其志之所安者 庶乎其可也"(『용사일기』 317, 461)

【부록】 장현광의 피난 행로

권 1 피난록

1592년 4월 15일: 난리 소문을 들음.

4월 19일: 권속을 낙동강 건너 비산촌(현 구미시 비산동)으로 보냄.

4월 20일: 낙동강을 건너 비산촌을 거쳐 금오산으로 향하다가 다음날 새벽 형곡(현 구미시 형곡동)에 다달음.

4월 21일: 아침 금오산 산마을에 다달아 움막을 지음.

4월 22일: 왜적이 인동에 침략해 옴.

5월 초순: 금오산 아래의 숭산(현 칠곡군 북삼면 숭오리 숭산마을)으로 거처를 옮김.

5월 말: 왜적이 약목에 근거지를 마련하면서 골짜기로 이동해 옴.

6월 초: 왜적이 금오산을 수색하기 시작하자 崇山을 나와 漆津을 향하다가 나룻가의 吳泰村(현 구미시 오태동)에 다달음.

6월 4일: 오태에서 강을 건너 竹坊寺(칠곡 석적읍 남율리 밤실마을)에 당도하였다가 산 위의 蔚嶺으로 갔다가 墨坊寺(구미 구평동 남쪽)에 이름.

6월 22일: 병이 심해 짐.

6월 그믐: 趙壁이 아들 趙辰男을 찾아 종을 보내 옴.

7월 초: 趙壁이 宋俊慶과 함께 와서 八莒 大谷村(한실)에 있는 조벽의 집으로 데리고 감.

7월 보름: 처가인 팔거의 道村으로 옮겨 감.

8월 10일: 밤 자형인 呂倫의 권유로 증산으로 가다가 인동 上枝村에 도착.

8월 20일: 밤에 출발하여 새벽 虎坪에 당도. 여륜의 아들 呂間生이 인도하여 伽川(현 성주군 가천면) 상류에 있는 立巖(현 성주군 금수면 영천리 선바위)을 지남.

8월 21일: 밤 금릉 누님집인 甑山(현 김천시 증산면)에 도착.

8월 중순: 盧景倫이 들림.

10월 보름: 본격적으로 『주역』을 읽기 시작함.

1593년 1월 6일: 가야산으로 출발하여 거창으로 나아감. 해인사에 도착. 백운대 도착.

2월 20일: 개령의 적이 완전히 떠남.

2월 하순: 가야산을 떠나 내려 옴. 星州 巖村(현 성주군 월항면 안포리 덤개)에 당도.

3월 10일: 盧守誠, 蔡應鯤, 任而重 세 분 누님을 찾아 보고 유숙할 곳을 살펴보기로 함. 八莒에 유숙.

3월 11일: 인동에 유숙.

3월 12일: 밤 동리를 빠져나가 저물 무렵 義城 炭池村에 도착.

3월 13일: 맏 누님이 우거한 곳으로 나아감. 盧景倫을 만남.

3월 14일: 朴純伯 遂一이 우거한 절으로 감.

3월 15일: 임누님이 계신 舍谷里로 나아감.

3월 20일 경: 안동의 채누님에게 나아감.

3월 22일: 최형을 찾아 의성으로 나아감.

3월 말경: 다시 사곡으로 되돌아 나와 탄지, 인동, 팔거, 암촌으로 되돌아 옴.

4월 보름 경: 가야로 가서 新堂村(현 성주군 수륜면 신파리 신당)으로 들어감.

5월 보름: 인동에는 왜가 없다는 소식을 듣고서 신당을 떠나 檜淵(현 성주군 수륜면 신정리 양정)을 거쳐 月烏江에 이르러 한실(大谷)에 감.

5월 말경: 道村에 당도하였다가 각기병이 발생함.

6월: 인동으로 나아감. 성묘와 목주의 행방을 수소문한 다음 가족들의 거처를 마련하기 위해 의성 後穴村으로 나아감. 다시 출발하여 구지산(현 의성군 금성면 구련2리)에 가서 머물다가 탄지로 돌아 옴. 다시 인동을 거쳐 팔거로 나아감. 사오일 머문 다음 길을 떠나 加村(현 구미시 인동읍 금전1동)에 당도하였다가 의성의 누님집 옆에 가족들의 거처를 마련함.

8월: 장내범이 영해에서 장현광이 우거하였던 의성으로 옴.

9월: 呂挺生을 데리고 군위 石本村(현 군위군 소보면)에 가서 박수일을 만남. 탄지로 돌아옴.

10월: 眞寶에 나아갔다가 절에 가서 머물다가 옴.

12월: 양식이 떨어져 여정생을 데리고 義興 장에 나갔다가 탄지로 옴.

1594년: 적은 아직 우리나라에 머물러 있음.

3월: 팔거에 진을 친 총관 劉綎을 만나기 위해 길을 나섰으나 군위에서 유도독이 남원으로 갔다는 소식을 듣고 석본촌으로 나아감. 다음날 星嶺(별재, 비재, 현 구미시 산동면 동곡리)를 넘어 古村에 당도. 이어 仁同에 이르러 성묘하고 돌밭(石積村)으로 감. 다시 道村으로 갔다가 돌밭으로 돌아 옴.

3월 그믐: 盧懼仲 景佖을 전송하기 위해 탄지에 감.

6월 3일: 장현도를 데리고 유운룡의 초청으로 풍기로 감. 유운룡의 사위인 노경임과 소백산 백운암에 오름. 초암을 거쳐 백운동서원에 찾아감.

7월 1일: 안기와 철파를 거쳐 돌밭으로 옴.

8월: 팔거에 장모 장사를 지내러 감.

9월 21일: 李有章의 집에 수리하여 들어감.

10월 보름: 蔡應鯤 우거처로 감. 蔡應鯤 사망.

권 2 피난후록

1595년 초여름(6월) 初旬: 구지산 우거처에서 피난살이를 기록함.

6월 20일: 盧景佖이 안기에서 죽었다는 소식.

6월 21일: 김경원과 함께 안기로 감.

7월 초: 노구중의 영구가 안기에서 문소를 지나 선산으로 감.

7월 4일: 朴遂一이 선산에서 우거처로 옴. 같이 청송의 椒井에 가려고 함. 安東 吉安縣 晩音村에 당도. 근처 안동의 초정으로 감. 李光彦의 집으로 감.

다음 날: 청송으로 출발하여 감. 초정에 갔다가 眞城縣에 있는 우물로 감.

7월 중순: 보은 현감으로 임명. 진성 어천, 만음촌을 거쳐 의성으로 돌아 옴.

7월 25일 : 보은으로 향함. 안동 영풍을 지나 죽령을 지나 단양을 나아감.

8월 1일: 단양 산수의 길에서 郭守智를 만남.[86] 忠州를 거쳐 樓巖으로 나아감. 여주를 지나 광주로 나아감. 서울 도착. 동대문에서 식사. 호현방에 나아가 한강을 뵘. 유참판 뵘. 그리고 김우옹, 유성룡을 찾아 뵘. 김동강은 김응남을 찾아 보도록 권유함. 돌아오는 길에는 과천을 거쳐 수원으로 나옴.

사흘 후: 천안에 당도. 천안군수 鄭好仁을 만남.

보은 부임 십여 일 후: 천안을 거쳐 서울로 감. 한강 정구와 동강 김우옹을 만나 뵘. 과천 수원을 거쳐 현으로 돌아 옴. 속리산과 대곡 정사 방문.

1596년 2월: 사표를 내었으나 보은의 사표가 수리되지 않음.

3월 3일: 길을 떠남. 상주를 거쳐 선산에서 月波津을 건너 古村(현 구미

---

86 장현광이 곽수지를 만난 일자는 郭守智의 『浩齋辰巳日錄』 권 2, 을미 8월 1일조 참조.

시 해평면 괴곡2리 고리실)으로 나아감.

3월 20일: 의금부에 체포되어 압송길. 선산부를 거쳐 상주로 나감. 문경 새재를 택하지 않고 보은으로 나옴. 청안에 도착. 수원으로 감. 과천으로 올라 옴. 유참판 댁에서 자고 금부로 감. 무죄 방면됨. 호현방의 유참판댁으로 감. 돌아오는 길은 죽산을 거쳐 청안에 이름. 용화촌에 이름. 선산 우거처로 돌아 옴.

인동을 거쳐 성주에 이름: 암포에 있는 친척 방문. 원당촌에서 여누님 내외 묘를 찾음. 소야촌(현 성주군 초전면 소성리 소야)에서 고조부 산소 성묘. 암포에 돌아 옴. 인동으로 돌아 옴. 고촌 우거로 돌아 옴. 되돌아올 때 鐵床村을 지나 옴.

5월 초순: 채누님이 계신 永陽[永川] 鄭君燮 四震 사진의 집으로 감. 缶溪 都元禮의 집에서 묵고 이튿날 영양 명항의 정사진의 집에 당도.

5월 하순: 鳴項을 출발 立巖(선바위, 현 경북 영일군 죽장면 입암리)을 구경. 普賢山을 거쳐 의성으로 나아감: 氷山寺(의성군 춘산면 빙계계곡)에 도착. 빙혈을 구경함. 申應純과 가음(현 의성군 가음면)에 사는 양반들이 옴. 빙산아래 서원[長川書院, 후일 빙계로 이건하여 冰溪書院이 됨]에 들렸다가 탄지로 들어감. 하천으로 나아감.

6월 초: 古村의 朴遂一 집으로 돌아 옴. 月波亭에 놀러가서 餘次村에서 묵음.

6월 겨울: 다시 의성 구지촌으로 옮김.[87]

---

87 "丙申(中略) 冬先生移于寓 于聞韶龜智村"(朴遂一, 『健齋逸稿』)

ꕥ 제2절 ꕥ

여헌학파의 동향과 만회당 장경우의 위상

1. 머리말

이 논문은 여헌학의 가학 전수와 선산·인동으로의 전파 속에서 만회당 장경우가 차지하는 역할과 위상에 대하여 살펴보려는 데 연구의 목적이 있다. 만회당(晩悔堂) 장경우(張慶遇, 1581~1656)는 부친인 극명당 장내범(張乃範, 1563~1640)과 아들인 남파(南坡) 장학(張㴒, 1614~1669)과 함께 3대가 여헌학파[1] 내에서 여헌 장현광을 시봉하고 추숭하는 데 가장 주도적 역할을 하였다.

만회당 장경우의 학문과 사상에 대해서는 기존의 연구가 없지는 않다.[2]

---

1 학파를 의미하는 단어로 학단, 그룹, 학파 등의 용어가 사용되고 있다. 비슷한 의미를 지니고 있지만 특별히 학단이라고 할 때에는 작업의 성과물이 협업적 연구의 산물이 다수 존재할 경우에는 학단이라고 할 수 있을 것으로 생각한다. 학파는 스승과 제자가 있으면서 성리학이라는 학술 교재를 가지고 연구하고 학문을 계승하는 스승과 제자의 관계가 존재하는 것을 의미하는 것으로 한정한다면 여기서는 여헌학파라고 부르는 것이 적절할 것으로 생각한다.

2 장인채, 「만회당 선생 장경우」, 『옥산연봉』, 여헌학연구회, 2007; 「만회당 선생」, 『극명당선생과 만회당선생』, 화산서원, 2007.
최정준, 「만회당의 생애와 학문」, 『동양고전연구』 29, 동양고전학회, 2007; 「만회당 장경우의 생애와 학문」, 『여헌학의 전망과 계승』, 예문서원, 2012.

게다가 만회당의 아버지인 극명당 장내범과 아들인 남파 장학에 대해서도 전문 논문이 있다.[3] 그런데 이 논문들은 대체로 만회당 장경우의 문집을 바탕으로 생애와 철학적 인식을 다루고 있다.

여기서 다시 장경우를 다루는 것은 기존의 글들이 주로 장경우의 학문과 사상을 밝히고 있으나 그러한 사상과 활동이 여헌학파 내에서 어떤 위치에 있으며, 또한 장경우의 위상이 어떠하였는지에 대한 언급은 부족하기 때문이다. 여기서는 장경우의 학문과 사상에 대한 기존의 연구를 바탕으로 하면서, 여헌학파의 동향과 장경우가 학파에서 담당하였던 역할과 후대의 추숭 작업을 통해 그 위상을 살펴보고자 한다.[4]

2. 여헌학의 학문 수수와 여헌학파의 동향

퇴계 이황에 의해 창도된 퇴계학파의 학맥은 그 다음 세대인 월천 조목, 서애 유성룡, 학봉 김성일, 한강 정구 등에 의해 계승되었다. 그런데 퇴계학파를 잇는 계열 가운데 안동권은 인조반정 이후 정치적 입지가 점점 좁아지고 있던 상황에 놓였으나, 상주와 인동 등 비안동권에서는 영남학계의 차세대 주자들이 등장하고 있었다. 그 가운데 대표적인 인물로 상주권의 우복(愚伏) 정경세(鄭經世, 1563~1633)와 함께 인동을 중심으로 세력을 넓혀 나가고 있었던 여헌(旅軒) 장현광(張顯光, 1554~1637)을 들 수

---

3 장인채, 「극명당선생」, 『극명당선생과 만회당선생』, 화산서원, 2007.
장인채, 「남파선생」, 『여헌학단』 1, 여한학연구회, 2009.
박학래, 「남파 장학의 생애와 학문활동」, 『동양고전연구』 33, 동양고전학회, 2008; 『여헌학의 전망과 계승』, 예문서원, 2012.

4 여헌학파 내에서 만회당의 활동을 위상과 관련하여 소개한 글로는 김학수의 학위논문이 있다.
김학수, 「17세기 영남학파 연구」, 한국학중앙연구원 박사학위논문, 2008.

있다. 장현광이 16세기 말부터 지역에서 강학에 들어가면서 인동에서부터 차츰 경상좌도의 퇴계학권과 경상우도의 남명학권 일부를 잠식해 들어가기 시작하였다.

장현광은 임진왜란 중 영천 출신의 제자로부터 초청을 받아 입암이 가거처임을 확인하였으며, 1596년 여름에는 입암사우(立巖四友)의 권유로 이거하였다.[5] 영천 입암에 거주지를 마련하고 여헌에게 이거할 것으로 청한 영천 출신의 대표적인 제자는 동봉(東峰) 권극립(權克立), 우헌(愚軒) 정사상(鄭四象), 수암(守庵) 정사진(鄭四震), 윤암(綸庵) 손우남(孫宇男)이었다.[6] 여헌이 강학하였던 입암에는 1599년 별도의 강학처인 입암정사가 건립되었다.[7] 입암에서의 강학은 이후 영천 일대가 여헌 학맥의 한 축이 되는 기반이 되었다. 장현광도 1607년 입암정사에 대한 기문에서 보이듯이 입암에서의 강학에 심혈을 기울였다.[8]

지난했던 임진왜란이 끝나고 여헌이 본격적으로 사환과 강학을 시작하면서 학문적 영역이 차츰 확대되기 시작하였다. 특히 1603년 의성현령 부임[9]은 기존의 인동·선산과 영천권을 벗어나 본격적으로 의성 일대에까지 학문적 기반을 확장시킨 계기가 되었다.[10]

임진왜란이 끝나고 사회가 어느 정도 안정되자 여헌도 고향으로 돌아오게 되었다. 1605년 선산 원당에 서재인 원회당(遠懷堂)[11]과 1606년 인동 남산에 거처 겸 서재인 모원당(慕遠堂)이 마련되면서[12] 고향 일대에 강학을

---

5 『旅軒先生全書(張顯光)』, 『여헌선생연보』 권1, 24년 병신.

6 『東峰先生逸稿(權克立)』, 「동봉선생연보」, 25년 정유; 『永嘉世稿』 권3.

7 『守庵先生文集(鄭四震)』 권3, 「연보」, 27년 기해.

8 『여헌선생전서』, 『여헌집』 권9, 「기」, 〈立巖精舍記(張顯光)〉.

9 『여헌선생전서』, 『여헌선생연보』 권1, 31년 계묘.

10 김학수, 「17~18세기 의성지역 여헌학파의 동향과 현실대응」, 『선주논총』 14, 금오공과대학교, 2011, 32~37쪽.

11 『여헌선생전서』, 『여헌선생연보』 권1, 33년 을사.

위한 기반을 구축하였다. 특히 1610년 낙동강 가에 부지암정사가 세워지면서[13] 강학을 위한 근본 도장을 마련하게 되었다.[14] 부지암정사는 여헌학이 학문적 독립성을 보인 출발지라고 하여도 과언이 아니다. 강학처로서의 부지암정사의 건립을 주도한 이들이 바로 양송 15현이었다. 양송 15현은 김종효(金宗孝), 장제원(張悌元), 장광한(張光翰), 장내범(張乃範), 조희도(趙熙道), 이수언(李秀彦), 박유문(朴有文), 장내도(張乃度), 장덕원(張德元), 신우덕(申祐德), 장내정(張乃貞), 박지율(朴之聿), 장경우(張慶遇), 장내목(張乃睦), 이충민(李忠民)이었다.[15] 이들은 여헌의 초기 강학에 참여한 인물들로 출신 지역은 대부분 인동, 선산, 약목이며, 여헌과 인척관계로 연결되어 있다.

여헌의 휘하에는 고제 10현이 있었다. 여헌도 평소 호학하는 인물로 학문의 정진과 성취에 따라 10명의 인물을 기록하여 두었는데[16] 이들이 바로 유진, 김응조, 정사진, 장경우, 신열도, 정극후, 조임도, 김경장, 권봉, 안응창이었다. 이들은 경상도 북부권, 영천권, 인동권, 의성권, 경상도 남부권을 대표하는 인물들로 여헌학이 전개되어 나간 지역과 일치하고 있다.

여헌학파가 영남지역의 기존의 학맥과 다른 노선을 걷기 시작한 것은 광해군 말의 정국 동향 때문이었다. 인목대비(仁穆大妃)에 대한 폐모론(廢母論)이 일어나자, 1621년(광해군 13) 영남 유생들이 상소를 올려 반대하고자 하였는데 전 영남권이 동의하였기 때문에 지역에서는 크게 문제가 되지 않았다. 광해군 정권 협력자에 대한 여헌학파에서의 비판적 시각은

---

12 『여헌선생전서』, 『여헌선생연보』 권1, 34년 병오.

13 『여헌선생전서』, 『여헌선생연보』 권1, 38년 경술.

14 『여헌선생문집』 권9, 「기」, 〈不知巖精舍記〉.

15 『심곡선생문집』 권2, 「잡저」, 〈不知巖精舍樑腹文〉.

16 『省齋公逸稿(權尌)』, 〈旅軒先生門下十賢錄〉; 『영가세고』 권4.

1620년 의성 빙산서원의 심원록에 게재되어 있던 감사 정조(鄭造)의 이름을 원장이었던 신적도가 삭제하였던 사건에서도 볼 수 있다.[17] 또한 1621년에는 여헌의 문인 김휴가 도산서원 심원록에서 정조의 이름을 삭제하는 사건이 다시 발생하였다.[18] 심원록 삭제 사건에서 보듯이 삭제건을 주도한 사람들이 모두 여헌의 문인이었다. 당시까지만 하더라도 안동권을 비롯하여 의성, 인동 선산권까지 광해군 정권에 대한 비판의식은 공유하는 바가 컸다.

그러나 이이첨(李爾瞻)이 국정을 농락한 죄로 1621년 참수소를 올리려고 하였을 때는 영남지역에서 분열이 일어났다. 이 참수소는 안동과 예안이 중심이 되어 시작되었는데 일부 남인계에서는 그 적합성을 두고 비판적인 입장이 개진되기 시작하였다. 특히 우복 정경세를 중심으로 한 상주지역의 유사들의 비판적인 입장이 두드러졌다.[19] 만회당 장경우는 참수소에 적극적으로 참여하였다. 당시 장경우는 소청의 지도부에 속하면서 소청의 사론을 주도해 나갔으나[20] 유진을 비롯하여 상주에 거점을 두었던 여헌의 제자 그룹들은 참수소에 참여하는 것을 꺼려하는 분위기가 있었으며, 이에 따라 여헌학파 내에서도 갈등이 생겨나게 되었다.

한편 1623년 인조반정 이후 여헌은 산림으로 인조 대 정국에 참여하였으나 정국 참여에 따른 입장 차이 때문에 차츰 영남권의 각 학파와 거리가 생기기 시작하였다. 특히 1635년 상중 서자 출생설로 선현을 무함한 것에 대한 퇴계변무소를 두고 여헌학파는 어디에 설 것인지를 요구받았다. 특히 장경우는 소두로 차정되어 출청할 것을 요구받았다. 그러나 적극적으

17 『虎溪先生遺集(申適道)』 권5, 「부록」, 〈遺事(申埰)〉.

18 『敬窩先生文集(金烋)』 권8, 「부록」, 〈行狀(金聖鐸)〉

19 김학수, 「1635년 퇴계변무소의 추진과 여헌학맥의 대응」, 『선주논총』 10, 금오공과대학교, 2007, 162~169쪽.

20 『晩悔堂先生文集(張慶遇)』 권1, 「서」, 〈示疏行諸儒〉.

로 인조정권에 참여하였던 여헌학맥은 퇴계변무소에 미온적으로 대처하였다. 당시 소두로 차정된 장경우는 아예 소두를 사임하기에 이르렀다.[21] 그러나 이러한 정치적 입장은 차츰 영남지역에서 여헌학파의 학파적 존립성에 위기를 가져왔다.

1637년 여헌의 사망 이후 이러한 위기는 더욱 강해지기 시작하였으며, 인근 지역의 여헌학파 계열의 후학들이 차츰 퇴계학으로 전화되기 시작하였다. 이러한 학파적 위기는 여헌의 가학 계승자들을 중심으로 여헌의 유문을 간행하고 강학 지역에 원향 수립을 시도하는 등의 노력을 가속화 시켰다. 이 일은 여헌의 사자인 장응일을 비롯하여 인동 장씨 가학 계승자들이 더욱 앞장서 나갔다.

이에 따라 여헌의 가학 계승자와 초기 여헌의 영향을 크게 받았던 영천, 인동, 의성, 안동 지역의 인물들을 중심으로 불유사승론(不由師承論)이 일어났다. 이들은 스승의 학문을 상사(上師)가 없었던 것으로 표현하였다. 이러한 불유사승론은 장응일과 장학이 크게 앞장 서 주장하였다.[22] 그런데 그보다 한 세대 전인 극명당 장내범과 만회당 장경우는 본격적으로 불유사승론이 제기되기도 전에 이미 제문에 불유사승의 입장을 보이고 있다.[23]

여헌의 급문록인 『여헌급문제현록』 기미본[24]에 수록된 355명의 제자 가운데 가학을 계승한 인동 장씨들의 명단은 아래의 〈표 1〉과 같다.[25]

---

21 김학수, 「1635년 퇴계변무소의 추진과 여헌학맥의 대응」, 『선주논총』 10, 금오공과대학교, 2007, 189쪽.

22 김학수, 「17세기 영남학파 연구」, 한국학중앙연구원 박사학위논문, 2008, 162~166쪽.

23 국학진흥연구사업추진위원회, 『고문서집성』 79, 한국학중앙연구원, 2005. 제문 74의 張乃範이 지은 제문에는 "仰夫子如怙恃 依夫子如泰山", 제문 61의 張慶遇가 지은 제문에는 "夫子之志 不在於小 夫子自期 不在於孔氏以下之人物"의 표현에서 보이듯이 여헌을 夫子라고 칭하였다.

24 『여헌선생전서』 하, 『여헌선생급문제현록』, 인동장씨남산파종친회, 1983.

25 이외에 장씨성을 가진 인물로 張警百과 張文道가 있으나 장경백은 병진본 『여헌선생급문록』에 夏山人으로 기재되어 있다. 張文道는 迎日(기미본 『여헌선생급문제현록』 및

〈표 1〉『여헌급문제현록』 수록 인동 장씨 후학의 인적사항

순번	성명	본관	자	호	거주	문집명	비고
2	張悌元	인동	중순	深谷	인동 진평, 가산	심곡집	양송15현 부: 張詢
3	張光翰	인동	사거	自惺亭	인동 황상		양송15현
5	張乃範	인동	정보	克明堂		극명당 실기	양송15현 부: 張士瑛 제: 張乃度
22	張德元	인동	사순	无悶堂	인동 율리		양송15현
41	張乃度	인동	입보	儉谷			양송15현 부: 張士瑛 형: 張乃範
62	張乃貞	인동	정보	守訓齋			양송15현
66	張慶遇	인동	태래	晩悔堂	석적	만회당집	양송15현, 여문10현 부: 張乃範 제: 張慶기, 張慶逌
96	張乃謙	인동	익보	止窩	인동 진평		부: 張悌元
108	張慶逌	인동	태언	晩溪	석적		부: 張乃範 형: 張慶遇, 張慶기
119	張以兪	인동	자유	知分軒	성주 벽진	지분헌집	부: 張鳳翰
156	張乃昌	인동	성보		인동 율리		부: 張德元
173	張㶨	인동	거원	三優堂	인동 구포		부: 張慶遇 제: 張㲿, 張原
183	張㲿	인동	성원	南坡	인동 장곡	남파집	부: 張慶遇 형: 張㶨 제: 張原
201	張乃睦	인동			인동		
218	張乃克	인동	명보	松齋			중복
226	張龍遇	인동	운경	丹溪	영주		부: 張汝華 제: 張龍燮, 張龍見, 張龍慶
234	張龍燮	인동	용경	自求齋	영주		부: 張汝華
254	張乃昌	인동	성보				
274	張慶達	인동	태형	晩翠堂			부: 張乃亮
298	張士珍	인동			군위		

『고문서집성』 79, 제문 238)에서 거주한 유생으로, 본관을 알 수 없어 일단 제외하였다.

<표 1>에 수록된 인동 장씨 문중 학자들은 인동 인근에 거주하면서 가학을 계승하였던 인물들로, 고제 집단인 여헌 10현과 함께 장현광의 학문적 업적을 정리하고 학문의 정체성을 드러내는 데 특히 노력하였다. 이때 장응일과 함께 가장 주도적으로 장현광의 업적을 정리하면서 학파로서의 모습을 부지하려고 노력하였던 인물이 장내범 - 장경우 - 장학으로 이어지는 인동 장씨 종파의 3대 이었다(<그림 1> 참조).

<그림 1> 인동 장씨 가계도

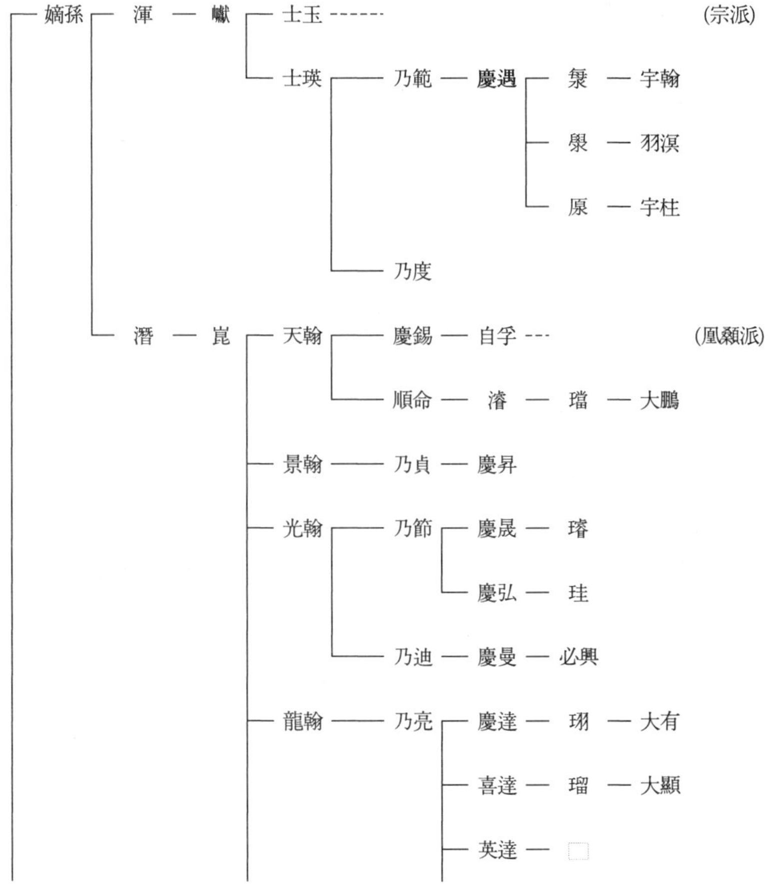

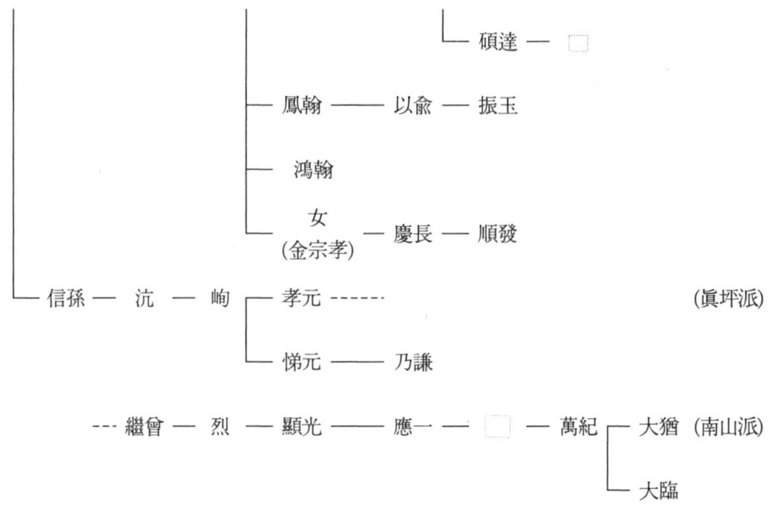

3. 장경우의 학문 연원과 교유 관계

1) 장경우의 학문 연원과 여헌 추숭

만회당 장경우는 젊은 시절에 아버지 극명당과 함께 여헌을 곁에서 시봉하였으며, 스승의 인동 정착과 인동에서의 생활에 큰 역할을 담당하였다.[26] 그러나 그 동안 여헌에 대한 시봉의 역할에 집중하여 조명하고 또 학맥에서는 여헌으로만 좁혀 본 결과 만회당 장경우의 학문적 폭을 너무 좁게 설정하는 결과를 낳았다. 극명당만 하더라도 한강과 여헌의 문인이며 만회당도 한강을 같이 모셨다. 따라서 만회당의 학문적 연원과 활동 배경으로 한강과 여헌을 모두 주목할 필요가 있다.

만회당의 가학적 배경으로 가장 중요한 인물은 아버지 극명당 장내범

---

26 장인채, 「만회당 선생 장경우」, 『옥산연봉』, 여헌학연구회, 2007; 「만회당 선생」, 『극명당선생과 만회당선생』, 화산서원, 2007.

으로, 본관은 인동, 자는 정보(正甫), 호는 극명당(克明堂)이다. 극명당은 11세에 여헌 장현광에게 입문하였으며, 그 이후 한강 정구에게도 수학하였다. 동문인 낙재(樂齋) 서사원, 모당(慕堂) 손처눌, 석담(石潭) 이윤우 등과 친밀하게 지냈다.[27] 후일 소암서원(嘯巖書院)에 제향되었다.[28] 장내범은 양송(樑頌) 15현(賢) 가운데 한 사람으로 여헌을 스승으로 모신 초기 제자 가운데 대표적인 인물이지만 학맥의 측면에서 본다면 한강도 역시 스승으로 모셨고 한강에 기울어져 있던 대구와 칠곡 일원의 인물들과 활발하게 교류하고 있다.[29] 여헌 장현광은 1600년 봄 입암으로 거처를 옮기면서 낙재 서사원 등 대구지역의 선비들과 활발하게 교류하기 시작하였다.[30] 이듬해 극명당은 여헌 장현광을 모시고 서사원, 여대로 등 대구 지역 선비들과 금호에서 뱃놀이를 하며 시회를 열었으며,[31] 1604년에는 연경서원(研經書院)에서 직접 강을 하였다.[32] 게다가 극명당 장내범은 1919년에 편찬된 기미본『여헌선생급문제현록』과는 달리 1916년 목판으로 간행된 병진본『여헌선생급문록』[33]에서 제자 가운데 첫머리에 수록되어 있다. 비록 연차에 따라 적는 원칙이 적용된 결과이지만 극명당이 문인록에서 수

27 『克明堂先生實紀(張乃範)』 권1, 〈시〉, 〈서〉, 〈제문〉 및 권2 「부록」, 〈제문〉, 〈만사〉. 『慕堂先生文集(孫處訥)』 권6, 「연보」, 27년 기해(1599). 1599년 모당 손처눌이 칠곡 건령산 아래 녹봉에서 강회를 열었을 때 이윤우, 이언영, 장내범, 이홍우 등이 참가하였다.

28 『극명당선생실기』 권2, 「부록」, 〈嘯巖書院奉安文(李彙寧)〉.

29 장내범은 徐思遠, 李潤雨, 張顯道, 金宗孝, 朴成一, 趙玘 등과 鄭逑, 張顯光, 徐思遠, 盧景任, 李潤雨, 朴成一 등에게 만시와 제문을 제출하였다. 장내범이 사망하였을 때 金應祖, 李道長, 張應一, 申祐德, 金慶長, 金喜長, 朴침 등이 제문을, 金應祖, 金寧, 李道長, 張應一, 宋錫圭, 蔡楙, 金瀁, 朴晉慶, 金狃, 呂爾弘, 李주, 呂燦, 金慶長, 蔡瀛吉, 朴愰 등이 만사를 제출하였다.

30 『낙재선생문집』, 「낙재선생연보」 1, 경자(1600).

31 『극명당선생실기』 권1, 〈陪旅軒先生泛舟於達城之琴湖徐樂齋呂鑑湖并二十三賢齊會酒後先生誦朱夫子武夷詩出載長煙重歸裝片月輕之句遂因分韻而得裝字〉.

32 『낙재선생문집』, 「낙재선생연보」 1, 갑진(1604).

33 『여헌선생급문록』, 1916.

제로 기록된 것은 후학들에게 비추어진 여헌학파 내 극명당의 위상을 볼 수 있다.

만회당의 학문 연원으로 한강 정구가 주목된다. 어릴 때 서천, 한강, 동강 세 분을 여헌이 모셨을 때 만회당이 그 자리에 있으면서 영특한 자질을 칭찬받았다. 1604년 모부인의 상을 당하였을 때 슬픔이 지나쳐 몸이 상할 지경이 되자 이듬해 한강 정구가 직접 위문차 왔다.[34] 1610년에는 한강 정구가 박이립으로부터 무고를 당하게 되자 도내 유생들과 함께 한강선생변무소를 의정하였다.[35] 1606년에는 연경서원의 강회를 참석하였다. 서사원, 손처눌 등의 요청에 의한 것이었다. 이후 만회당은 1609년, 1615년, 1625년에도 연경서원으로 나아가 강석을 열었다. 1609년은 오봉(五峯) 이호민(李好閔)과 선원(仙源) 김상용(金尙容)이 당시 태실상사와 부사로 왔다가 같이 강회에 동참하였다. 연경서원은 대구 지역의 퇴계학 전통을 이은 곳이며,[36] 만회당이 이곳에서 강학을 하게 된 것은 부자가 모두 한강의 학문을 이었기 때문이다. 1620년에는 한강 정구가 돌아가자 직접 문상하였다.

만회당의 족대부인 여헌 장현광은 만회당에게 가장 많은 영향을 미친 스승이었다. 다음 〈표 2〉에서 보이듯이 만회당과 스승인 여헌 장현광과의 관계는 만회당의 어린 시기부터 사후의 추숭에 이르기까지 지속적으로 이어지고 있다.[37]

---

34 『만회당선생문집』, 「연보」. "三十三年乙巳(先生二十五歲) 寒岡先生臨慰問疾(先生旣禫 哀毁成疾 鄭先生特來問之)"

35 『만회당선생문집』, 「연보」. "三十八年庚戌(先生三十歲) 與道內儒生 議定寒岡先生辨誣疏(時鄭先生被朴而立誣告)"

36 홍원식, 「퇴계 이황 및 낙중 퇴계학파와 연경서원」, 『퇴계학논집』 11, 퇴계학연구원, 2012.
구본욱, 「연경서원의 경영과 조선 중기 대구지역의 유학」, 『퇴계학논집』 11, 퇴계학연구원, 2012.
구본욱, 「연경서원의 경영과 유현들」, 『한국학논집』 57, 계명대학교 한국학연구소, 2014.

〈표 2〉 만회당의 여헌 관련 주요 연보

연대	나이	장소	비고
1589	9		就學
1591	11	伽倻山	陪從
1592	12	金烏山, 墨坊寺	避倭
1594	14	聞韶	侍奉
1595	15	報恩	先師莅報恩
1596	16	立巖	侍奉 受中庸
1597	17	青松 涑谷	避兵
1598	18	奉化 道心村	陪從
1599	19	善山 月波村	陪從 受大學
1600	20	立巖	陪從
1601	21	仁同 磻溪松亭洞	侍奉 司爨累年
1602	22	不知巖	陪先師 泛舟于不知巖下
1603	23	義城	陪從
1604	24	月波村	先師解歸 先生歸省于磻溪
1606	26	仁同 南山	建慕遠堂
1607	27	慕遠堂	受論語
1608	28	吳山書院	宣廟昇遐 陪先師擧哀
		立巖	陪先師 出戒懼臺 西向哭
1610	30	不知巖	營建不知巖精舍
1613	33	吳山書院	參享禮爲相禮 先師亞獻
1617	37	慕遠堂	陪先師
1625	45	善山	省先師
1627	47		先師差定 爲仁同義兵將
1629	49	立巖	陪先師 入立巖留旬月而還
1632	52	吳山書院	陪先師 擧哀

37 〈표 2〉는 『만회당선생문집』, 「연보」를 중심으로 작성하였다.

연대	나이	장소	비고
1635	55	不知巖精舍	陪先師 擧哀
1636	56	吳山書院	陪先師 往吳山書院
1637	57	立巖	陪先師 立巖
		吳山	易簀晩勖齋 葬先師
1638	58		祭文 記聞錄
1639	59	吳山書院	祭文 奉安位版於吳山書院 校正先師文集
1641	61		遣子槼與同門諸公 議鋟刊先師文集
1643	63		善山元堂 奉安先師眞像
1645	65	吳山書院	參謁吳山 尙賢祠
1655	75		奉安先師位版 不知巖書院

장경우는 1589년(선조 22) 9살의 나이로 부친의 명으로 집안 할아버지였던 여헌에게 나가 배우기 시작하였다. 여헌으로부터 사랑을 받으면서 1590년(선조 23) 여헌 장현광의 족질인 경암 노경임이 여헌을 찾아왔다가 장경우를 보고서 칭찬하였다는 기사나 1591년(선조 24) 여헌을 모시고 가야산을 유람하였을 때 유산록을 기록하였는데 일행이었던 서천(西川) 정곤수(鄭崑壽), 한강(寒岡) 정구, 동강(東岡) 김우옹 세 사람이 칭찬하였던 기록으로 보아 어릴 때부터 영특한 자질을 보였다. 동강이 이름을 경회(慶會), 자를 대래(大來)라고 지어 주었는데 한강이 회(會)자는 우(遇)로, 대(大)자는 태(泰)자로 고쳐 주어, 이때부터 이름을 경우(慶遇)라 하고 자(字)를 태래(泰來)라고 하였다.[38]

---

38 『만회당선생문집』, 「연보」. "十九年辛卯(先生十一歲) 陪從先師 伽倻之遊(時西川鄭相公寒岡鄭先生東岡金先生 幷會海印寺 遊連浹旬 先生侍奉將命 無異老成 承先師命修遊山日記以獻 相公及兩先生亟稱之不已 先師曰諸公幸錫以名字 金先生始命之 曰慶會字大來 鄭先生曰 信美矣 然於渠不甚叶着 若以遇字代會字 泰字代大字 乃爲渠身榮慶遠到之祝矣 座中咸可之 遂定名與字焉)"

이듬해인 1592년 12살 때 임진왜란이 일어나자 여헌을 모시고 아버지 극명당과 함께 금오산으로 피난을 갔다.[39] 이어 묵방사와 칠곡에 이르기까지 스승을 성심으로 모셨다. 스승으로부터 아버지를 모시라는 명을 받고 1593년 극명당을 모시고 영해로 피난을 갔다. 피난 중에도 아버지와 함께 스승을 찾아뵙기도 하고 의성으로 모셔오기도 하였다. 1595년 여헌이 보은현감으로 출사하였을 때는 직접 모시고 보은에 나아가기도 하였다. 1596년 여헌을 모시고 입암에 가서 『중용』을 수학하였으며, 1597년 정유재란이 일어나자 역시 여헌을 모시고 청송과 봉화로 피난을 가기도 하였다.

선산의 월피촌과 입암을 거쳐 1601년 여헌이 인동으로 돌아오게 되었을 때 옛 저택이 모두 불타버렸으므로 부친이 있던 송정동의 반계(현 석적 반계리) 극명당으로 여헌을 모셨다. 1603년 여헌이 의성현령이 되어 부임할 때도 모시고 의성으로 갔다. 이듬해 여헌이 돌아와 월피촌에 머물게 되자 만회당은 반계로 옮겨 거주하였다. 이때까지 만회당은 여헌을 직접 모시고 다녔다.

1606년에는 종인들과 협의하여 남산에 여헌을 위한 거주지로 모원당(慕遠堂)을 지었다. 이때부터는 여헌의 사자인 청천당(聽天堂) 장응일과 함께 여러 일들을 주선하여 처리하였다. 1610년에는 여헌을 위해 외가의 정자가 있었던 낙동강의 강변에 부지암정사(不知巖精舍)를 영건하였다.[40] 1613년에는 중건된 오산서원을 참례하면서 야은 길재의 위판을 봉안하였다. 이 때 장내범은 초헌관, 장현광은 아헌관, 장경우는 상례로 참가하였다. 1625년에는 선산(善山)으로 여헌을 찾아갔다. 당시 여헌은 조정의 명

---

39 박인호, 「임진왜란기 지방 지식인의 피난살이 - 장현광의 용사일기를 중심으로」, 『선주논총』 11, 금오공과대학교, 2008; 『여헌학의 전개와 수용』, 보고사, 2010, 119~154쪽.

40 『기촌선생문집』, 「잡저」, 〈不知巖書堂創建文〉.

을 받아 나아가다가 선산에 이르러 말에서 떨어져 다쳤기 때문이다. 이후에도 자주 찾아가 문후를 살폈다. 그해 11월 간송 조임도가 월피촌에 오자 같이 여헌에게 나아가 배움을 청하였다. 1627년에는 여헌이 좌도호소사가 되자[41] 만회당을 인동의병장으로 임명하였다. 1629년에는 여헌을 모시고 입암에 갔다가 돌아왔다. 1632년에는 인목왕후와 1635년 인열황후가 승하하자 여헌을 모시고 오산서원과 부지암정사에 가서 문상하였다.

1637년에는 여헌을 모시고 입암에 갔다가 극명당이 연로하여 자리를 비울 수 없어 돌아왔으나 여헌이 입암에서 돌아가실 지경이 되자 급히 가서 병환을 살폈으며, 결국 만욱재에서 사망하자 부친의 일에 처하듯이 성심을 다해 일을 처리하였다.

만회당은 스승이 돌아가신 후 여헌학파 내에서의 여헌 추숭 사업을 주도적으로 처리해 나갔다. 1638년 여헌의 소상을 맞이하여 제문과 기문록을 작성하였다. 기문록에서는 스승이 이룩한 평생 학문에 대해 한 가닥의 도맥을 찾고 천고의 경지를 더듬으며 물건을 관찰하는 안목을 통달하고 조화의 근원을 연구하였으니, 자품이 다른 사람보다 뛰어난 것도 있지만 부지런히 탐색하고 사변한 힘이 이룬 것이 아니겠는가라고 칭송하고 있으며,[42] 스승이 읽지 않은 서책이 없지만 특히 성리학에 침잠하여 매일 정진하였음을 전하고 있다.[43] 그런데 이 기문록에서 만회당은 어릴 때부터 모시고 다닌 인연에서 시작하여 여러 대화와 일화를 소개하면서 여헌과의 관계에 대해 스승이 인도하고 진작하여 준 방법과 교육하고 깨우쳐

41 『인조실록』 권15, 인조 5년 1월 정해(19일).

42 『여헌선생속집』 권9, 「부록」, 〈기문록(장경우)〉. "先生自志學之年 至易簀之日 無一日而非學問 無一事之非工程也 尋一線之脈 探千古之域 洞觀物之眼 窮造化之原 雖其資品之有超詣於人者 而亦豈非探索之勤 思辨之力有以致之者哉"

43 『여헌선생속집』 권9, 「부록」, 〈기문록(장경우)〉. "先生於書無所不讀 而尤用心於性理之學"

준 도는 마치 천지가 낳고 이루어 주는 덕과 같다고 하였다.[44]

1639년 여헌 장현광의 대상을 맞이하여 동문 제자들과 함께 선사의 위판을 오산서원에 봉안하였으며, 스승의 문집도 직접 교정하였다. 1640년에는 여막에 있는 상황이었으므로, 아들 남파 장학을 보내어 스승의 문집 간행을 준비하도록 하였다. 1642년은 여헌 추숭사업에서 큰 진전이 있었던 해로 이해에 『여헌집』이 간행되었으며, 성주의 천곡서원, 영천의 임고서원, 선산의 금오서원에서 제향이 결정되었다.[45] 장경우는 1643년 선산의 사림들이 원당에 스승의 진상을 봉안할 때 김경장과 함께 참사하였다. 1645년에는 김경장, 장학, 배상룡 등과 함께 대흥사에서 모여 스승의 문집 간행사를 논의하였다.[46] 1654년에는 학사 김응조, 난재 신열도, 청천당 장응일, 등암 배상룡, 간송 조임도 등과 인동에 모여 강학 장소인 부지암에 서원을 세울 것을 의정하고 건물을 세웠다.[47] 1655년 오산으로부터 위판을 모셔왔으며, 북벽에 진상을 아울러 봉안하였다.[48] 만회당은 1637년 여헌 사망 이후 1655년 부지암서원(不知巖書院)에의 위판 봉안에 이르기까지 여헌 장현광의 추숭사업을 주도적으로 이끌어갔다. 그리고 1656년 만회당에서 역책하였다.[49]

만회당 장경우는 처음 학문을 시작할 때는 한강과 여헌을 모두 스승으

---

44 『여헌선생속집』 권9, 「부록」, 〈기문록(장경우)〉. "余早登先生之門 多年趨走於函丈之間 其誘掖之方 教戒之道 有如天地生成之德 而才本魯下 不能遵行其萬一 而斯文不幸 遽失依歸 終天之痛 曷有窮已 乃以晩悔自號 因略記其平日所聞見者 以備省覽"

45 김학수, 『17세기 영남학파 연구』, 한국학중앙연구원 한국학대학원, 2008, 248~259쪽.

46 『藤庵先生文集(裵尙龍)』, 「연보」. "(我仁祖二十三年)乙酉(先生七十二歲) 十二月 十日 與張晩悔慶遇金龜巖慶長張南坡斆 期會于大興寺 議定張先生文集刊行事"

47 『등암선생문집』, 「연보」. "(我孝宗五年)甲午(先生八十一歲) 三月往仁同 與趙澗松張晩悔諸賢 議建旅軒張先生主院"

48 『柏浦先生文集(蔡楙)』 권3, 「봉안문」, 〈不知巖書院奉安文〉.

49 이상 만회당의 일생에 대한 내용은 『南坡先生文集(張斆)』 권3, 「행장」, 〈先考通德郎行英陵參奉府君家狀〉과 『만회당선생문집』, 「연보」를 바탕으로 정리하였다.

로 모셨으나 한강이 돌아가신 후에는 여헌을 받들어 모시는 일을 가장 우선시하여 진행하였다. 여헌 사망 후 만회당의 활동은 거의 여헌 추숭사업에 귀일되었다. 여헌의 원향 추진과 저술 간행에 여헌의 사자인 장응일과 함께 만회당은 주도적인 역할을 담당하였으며, 아들인 장매, 장학 형제도 여헌에 입문함으로써 3대가 장현광을 스승으로 모시게 되었다.

2) 장경우의 교유 관계

만회당 연보에 보이는 교유관계 기사를 정리하면 〈표 3〉에서 보이듯이 만회당은 청, 장년기의 경우 스승인 한강으로부터 이어지는 학맥으로부터 많은 교류관계를 보이고 있다.[50] 이 시기 만회당은 한강과 관련이 깊은 대구 지역 연경서원의 학맥과도 일정하게 교류하였다. 연경서원과의 관계는 한강 동문인 서사원(1550~1615), 손처눌(1553~1634)의 요청에 의한 것이었지만 아버지 극명당 장내범을 이어 지속적으로 연경서원의 강회에 참석하거나 혹은 통강한 것에서[51] 대구 지역 유학으로부터의 영향도 엿볼 수 있다.[52]

그러나 말년으로 갈수록 선산과 인동에 독자적인 강학처 마련에 주력하고 있다. 제향처로는 김경장과 함께 원당에 여헌 장현광의 진상 봉안에 참여하거나 장응일, 채무와 협력하여 지역에서 죽정 장잠(張潛)의 상현사

---

50 아래 교유 기록과 〈표 3〉은 『만회당선생문집』, 「연보」를 중심으로 작성하였다.

51 통강은 스승 앞에서 경전을 암송하고 지도를 받는 공부 방법이다. 장경우는 1609년 『중용』, 1615년 독서한 책, 1621년 『중용』, 1625년 『심경』 등을 통강하였다(『모당선생문집』 권6, 「연보」, 기유(1609); 『영모당통강제자록』, 42쪽).

52 연경서원은 1563년 대구 유림에 의해 창건논의가 시작되어 1565년 낙성하였으며, 임진때 소실되었다가 1602년 중건되었다. 시작부터 강학에 중점을 두어 17세기 초반까지 1, 2세대에 해당하는 학자들이 배출되었다. 만회당 장경우는 대체로 곽재겸, 서사원, 손처눌 등 2세대로부터 교육을 받은 3세대 학자들과 연령대가 비슷하다(구본욱, 『연경서원과 대구 유현 통강록』, 동방, 2012).

(尙賢祠)를 건립하였다.[53] 강학처로 1651년 인동 남쪽, 학산(鶴山) 서쪽의 화산(花山) 아래에 화산서당을 낙성하였는데, 가르침을 청하는 이가 있으면 한결같이 여헌의 방식을 표준으로 삼았다.[54] 또한 스승의 강학처인 부지암(不知巖)을 서원으로 발전시켜 나가는 데 주력하기도 하였다.[55] 이와 같이 생애 후반기가 되면 교유권이 여헌 계열 인물과 줄어들었을 뿐만 아니라 스승 사망한 후에는 장응일과 함께 스승에 대한 추숭사업을 주도적으로 전개해 나가고 있다.

〈표 3〉 만회당의 제현 교유 연보

연대	나이	교유 인물	비고
1590	10	盧景任	見先生稱之
1591	11	鄭昆壽 鄭逑 金宇顒	錫以名字
1594	14	朴惺	靑鳧 涑谷 有詩書論孟等書 往請剋日而還
1596	17	朴惺	拜 朴大菴于松生
1602	22	趙任道及鄕中士友	泛舟于不知巖下
1603	23	申悅道	與申懶齋悅道 朝夕講靡 申公深加敬服
1606	26	徐思遠 孫處訥	往參硏經書院講會
1607	27	朴惺	哭朴大菴訃

---

53 『만회당선생문집』, 「연보」. "十六年癸未(先生六十三歲) 往善山元堂 奉安先師眞像(善山士林 奉安眞像于元堂 先生與金龜巖 往參將事) 爲竹亭張先生 議立祠(竹亭立祠之論已久 先生與聽天堂張公柏浦蔡公 更議營建 發文通告于士林)"
『옥산지』 5, 「향교」, 〈飛浪川 尙賢祠〉.

54 『만회당선생문집』, 「연보」. "二年辛卯(先生七十一歲) 花山書堂成(在府南十里許花山下 有五十尺細瀑 滙爲潭 先生愛其幽深 嘗往來遊賞焉 鄕土友爲構草屋 以爲先生棲息藏修之所 ○ 或有來請業 則先生爲之鉤深奧義 反覆證明 壹以先師爲準的焉"

55 『만회당선생문집』, 「연보」. "六年乙未(先生七十五歲) 九月 奉安先師位版于不知巖書院(先生與金鶴沙申懶齋張聽天堂諸賢 建議不知巖先師講道之所 不可無書院 乃就精舍舊基 闢地營建 自吳山奉位版 移安于本院 幷安眞像于北壁)"

연대	나이	교유 인물	비고
1609	29	蔡楙	往參硏經講會
1610	30	蔡楙	秋與蔡柏浦赴京 中六百試
1615	35	徐思遠	四月哭徐樂齋 九月往參硏經講會
1617	37	孫處訥	孫慕堂來訪 仍共會于慕遠堂
1625	45		四月 往參硏經講會 講心經
		趙任道	十一月 趙澗松來訪 趙公自月波村來
1626	46	趙任道 金大振 金烋	七月趙澗松金而遠大振金敬窩烋來訪
1628	48	申悅道	贈別申懶齋朝京序
1629	49	鄭四震 鄭克後	與鄭守菴四震鄭雙峯克後諸賢 共爲留侍 講究心近諸書
		孫處訥	十月孫慕堂來訪
1630	50	柳袗	柳修巖季華來訪
1631	51	趙任道	趙澗松來訪 先生與趙公侍先師坐 敢問晦齋退溪兩先生造詣
1636	56	趙任道	趙澗松亦在坐
1639	59	金慶長	與金龜巖慶長泛舟不知巖下 翫月遊賞
		趙任道	奉安位版於吳山書院 面囑趙澗松製奉安文 趙公製送之
1643	63	黃㦿	黃漫浪㦿來訪 黃公奉使日本 歸路訪先生于晩悔堂
		金慶長	善山士林 奉安眞像于元堂 先生與金龜巖 往參將事
		張應一 蔡楙	竹亭立祠之論已久 與聽天堂張公柏浦蔡公 更議營建 發文通告于士林
1645	65	金慶長 鄭克後	與金龜巖鄭徵士克後 泛舟砥柱碑下 泊不知巖
		金慶長	長孫宇翰冠 請金龜巖 主其禮
1653	73	申悅道	申懶齋來訪
1654	74	金應祖 申悅道 張應一	與金鶴沙申懶齋張聽天堂諸賢 建議不知巖先師講道之所 不可無書院 乃就精舍舊基 闢地營建

만회당의 중, 장년시기의 교유권을 살피기 위해 문집에서 자료를 살펴보면 먼저 만회당이 다른 사람을 위해 보낸 만시가 문집에 수록되어 있다. 만시는 만회당이 존경하는 선배 세대이다. 대상자는 장현광(張顯光), 김광계(金光繼), 김종효(金宗孝), 배상호(裵尙虎), 이희옹(李希雍), 도신수(都愼修), 김여권(金汝權), 권응생(權應生), 김휴(金烋)이다.

〈표 4〉 만회당의 만시를 통해 본 교유권

이름	본관	호	거주지	학맥	비고
張顯光	인동	旅軒	인동		
金光繼	광산	梅園	예안	한강 여헌 우복	
金宗孝	순천	伴月堂	인동	한강 여헌	
裵尙虎	성주	愧齋	성주	한강 여헌	
李希雍		和彦			
都愼修	팔거	止巖	성주	한강	
金汝權	의성	觀瀾齋	지례	동강 여헌	
權應生	안동	魯軒	경주	여헌	
金烋	의성	敬窩	안동	여헌	

김광계(金光繼, 1580~1646)는 본관이 광산이며, 자는 이지(以志), 호는 매원(梅園)이다. 예안 오천 출신으로 근시재 김해(金垓)의 아들이다. 동생 김광실(金光實), 김광악(金光岳)과 같이 여헌의 문하에 입문하였다. 상대적으로 여헌에 비판적이었던 예안권의 대표적인 여헌 문인이다. 1636년 부지암을 방문한 후 20여 일 동안 여헌 문인들과 교유하였다.[56] 이러한 인연으로 김광계는 여헌의 문하를 자처하였다.

김종효(金宗孝, 1553~1632)는 본관이 순천이며, 자는 행초(行初), 호는

56 『매원일기(김광계)』 권15, 1636년 병자 4월 22일 ~ 5월 14일; 2000, 한국사료총서 43, 국사편찬위원회.

반월당(伴月堂)이다. 국초 좌의정을 역임하였던 김승주(金承霔)의 후손이다. 부친 김기(金淇)는 여헌이 묘명에 "후덕장자(厚德長者)"라고 적었다. 김종효는 인동의 가락동에서 태어나 어릴 때 한강을 스승으로 모셨다. 선산의 퇴계 문인인 고응척(高應陟, 1531~1605)의 사위가 되었다. 첫 부인과 사별하고 나서 인동 장씨(張潛의 손녀)와 혼인하였다. 나이는 어리지만 학문이 깊었던 여헌 장현광에 감복하여 종유하였다. 아들 구암(龜巖) 김경장(金慶長, 1597~1653)을 여헌 문하에 보내어 학문을 잇도록 하였다.[57]

도신수(都愼修, 1598~1651)의 본관은 성주(星州)이며, 자는 영숙(永叔), 호는 지암(止巖)이다. 아버지는 무공랑(務功郎) 도여유(都汝兪)이다. 낙재 서사원의 문인인 도성유의 종질이기도 하다. 갑인예송의 주론자인 도신징(都愼徵)의 형이다. 낙재 서사원(徐思遠)으로부터 학문을 배웠으며, 한강 정구(鄭逑)를 스승으로 모셨다. 달성의 용호서원(龍湖書院)에 배향되었다. 문집으로 『지암집』이 있다.[58]

김여권(金汝權, 1557~1640)은 본관은 의성이며, 자는 자중(子中), 호는 관란재(觀瀾齋)이다. 지례현 울안마을(현 구성면 작내리)에 살았다. 족친인 동강 김우옹에게서 학문을 배웠으며, 만년에는 여헌 장현광을 스승으로 받들었다.[59] 김여권의 아들로 익(釴), 협(劦), 확(鑊), 호(鎬)가 있었다. 김여권의 딸은 장내적(張乃迪)과 혼인하였다.[60] 김확(金鑊)은 여헌의 『급문제현록』에 문인으로 기록되어 있다. 김익의 아들인 김덕이(金德頤)는 장잠(張潛)의 후예인 장내정(張乃貞)의 딸과 결혼하였다. 의성 김씨 집안과 인동 장씨 집안은 혼척으로 맺어져 있다. 집안에서는 울안마을(현 구성면 작내

---

57 『龜巖先生文集(金慶長)』 권3, 〈先考伴月堂府君行狀〉.

58 『止巖先生文集(都愼修)』. 권5에는 金應祖를 비롯한 88인의 도신수에 대한 만사가 실려 있다.

59 『品川史集』 13 및 119.

60 『남파선생문집』 권1, 「詩」, 〈輓金觀瀾汝權〉.

리)에 1864년 김여권을 제향하기 위해 경인사(景仁祠)를 세우고 문중 자제의 교육을 위해 의산서당(義山書堂)을 건립하였다.[61]

권응생(權應生, 1571~1647)의 본관은 안동(安東)으로, 자는 명세(命世), 호는 노헌(魯軒)이다. 할아버지는 권덕린, 아버지는 권사의(權士毅)이다. 경주 두류에 살았으며, 일찍부터 여헌 장현광의 문하에서 수학하였다. 권기, 권도 등 세 아들도 여헌의 문인이며, 여헌의 외손자인 박협의 처부이기도 하다. 특히 여헌의 명에 의해 경주의 읍지인 『동경지』를 편찬하였다. 문집인 『두헌유고』는 안동 권씨의 세고인 『두고세고(杜皐世稿)』 안에 수록되어 있다.[62]

경와 김휴(金烋, 1597~1638)의 본관은 의성(義城)이며, 자는 자미(子美)·겸가(謙可), 호는 경와(敬窩)이다. 안동 임하면 내앞 출신이다.[63] 1615년(광해군 7) 경암(敬菴) 노경임(盧景任)의 집에 장가들면서 여헌 장현광과 관계가 이루어졌으며, 1616년 봄에는 인동에서 여헌을 스승으로 모시고 수업을 들었다.[64] 1616년 겨울 여헌의 명에 따라 『해동문헌록』의 저술을 시작하였다.[65] 1617년(광해군 9) 폐모론을 주창하였던 정조(鄭造)가 도산서원을 배알하고 심원록에 자기의 이름을 기재해 놓고 가자, 김휴는 이를 보고서 칼로서 이름을 도려내 버렸다. 평생 학문에 뜻을 두고서 선성(宣城; 현 예안)에 한계당(寒溪堂)을 지어 소일하면서 지내었다. 저술로는 『해동문헌총록(海東文獻總錄)』이 있으며,[66] 문집으로는 『경와선생문집』이 남아

---

61 박인호, 「여헌학맥과 김천」, 『여헌학보』 20, 여헌학연구회, 2011.

62 『魯軒遺稿(權應生)』; 『杜皐世稿』.

63 박인호, 「해동문헌총록에 나타난 김휴의 학문세계」, 『선주논총』 9, 금오공과대학교, 2006; 『여헌학의 전개와 수용』, 보고사, 2010.

64 『경와선생문집』 권6, 「雜著」, 〈遠堂聞見錄〉.

65 『경와선생문집』 권7, 「序」, 〈海東文獻錄序〉.

66 김휴, 『해동문헌총록』, 학문각, 1969.

있다.[67]

이들은 대부분 만회당보다 앞선 세대의 인물이므로 만회당의 교유권을 확인할 수 있다. 지역적인 측면에서 보면 성주권의 한강과 김천권의 동강 문하 인물들과 일정하게 교유하고 있음을 확인할 수 있다.

1656년 만회당이 사망하였을 때 그해 12월 정산 선영에 장사를 지냈는데 당시 학사 김응조가 묘지명을 작성하고, 청천당 장응일이 묘갈명을 작성하였다. 여헌학파의 대표적인 관료와 여헌의 사자인 장응일이 각각 묘지명과 묘갈명을 작성하였다. 장응일은 만회당이 성심으로 어버이를 섬기고 의리로써 스승을 존숭한 행의는 다른 사람이 이에 앞설 수 없다고 칭송하였다.[68] 사망 당시 인근 각지에서 보내온 제문을 문집에서 수록하고 있다. 제문 작성자는 김응조(金應祖), 장응일(張應一), 신열도(申悅道), 김희장(金喜長), 송세륭(宋世隆), 송세달(宋世達), 장이유(張以兪), 향교유생, 오산서원유생 송우경(宋友璟) 등, 부지암서원유생 장경최(張慶最) 등, 향사당 등이다. 뇌문은 장이유(張以兪)가 작성하고 있다.[69]

〈표 5〉 만회당 사후 제문 작성자 명단

이름	본관	호	거주지	학맥	비고
金應祖	풍산	鶴沙	안동	서애 여헌 우복	
張應一	인동	聽天堂	인동	한강 여헌	
申悅道	아주	懶齋	의성	여헌	
金喜長	순천		인동	여헌	金慶長의 동생
宋世隆	야로	淸溪	성주	여헌	

67 가전 문집의 초고를 바탕으로 金鎭澔와 金羲洛 등에 의해 고종 초기에 간행되었다.

68 『만회당선생문집』 권4, 「부록」, 〈墓碣銘(張應一)〉.

69 『구암선생문집』, 〈제만회당장공문〉에도 만회당 제문이 수록되어 있는 것으로 보아 각지에서 보내온 제문을 모두 수습한 것으로는 보이지 않는다.

이름	본관	호	거주지	학맥	비고
宋世達	야로		성주	여헌	宋世隆의 동생
張以兪	인동	知分軒	성주	한강 여헌	
鄕校儒生					
吳山書院儒生宋友璟等					
不知巖書院儒生張慶最等					
鄕射堂					

제문에는 오산서원, 부지암서원, 향사당 등 지역의 유관 기관의 이름을 보내온 것이 있다.

야은 길재의 학덕을 기리는 오산서원은 1569년 현감 조천계가 서원을 마련하려고 하였으나 완성하지 못하였다.[70] 1584년 인동현감으로 부임한 유운룡이 주관하여 1585년 서원을 나월봉 아래로 옮겨 이건하기로 하여 1588년 완성하였다. 당시 관찰사였던 권문해(權文海), 류몽정(柳夢鼎), 아사였던 이희(李熹)가 자금을 대었다.[71] 원장은 이숙린, 유사는 신계와 이발이었다. 임란으로 황폐화된 오산서원은 여헌 장현광 등이 중심이 되어 1604년 중창하기 시작하여 1606년에는 중건하고 위판을 다시 봉안하였다. 당시 원장은 장광한(張光翰)이었다. 여헌 장현광은 장광한에게 이 일을 주관하도록 하였으며, 중건 상량문을 직접 지었다.[72] 1637년 여헌이 사망한 후 함께 묘사를 지내게 되면서 1639년에는 장현광의 위패가 봉안되었다. 여헌 문인들이 오산서원에서 강회를 주도하면서 오산서원은 여헌학파

---

70 지역에서는 이전에도 길재에 대한 향사가 진행되었던 것으로 보인다. 『竹亭先生逸稿(張潛)』, 「죽정선생연보」. "二十三年甲辰(先生四十八歲) 八月參花洞書院享祀(今吳山書院)" 장학도 관아 동쪽에 길재의 사당인 화동서원이 있었다고 전한다(『남파선생문집』 2, 「소」, 〈오산동락양원청액소〉).

71 『吳山志』 권4, 「고증」, 〈事跡〉.

72 『玉山志』 5, 「학교」, 〈오산서원〉.

의 거점이었다. 그러나 1654년 부지암서원이 만들어지고 오산서원으로부터 여헌의 위패를 모셔오면서 차츰 여헌학파의 영향력이 감소하기 시작하였다. 특히 장광한과 장용한 계의 인동 장씨 일부 후손들이 친서인계의 입장을 취하면서 장대현(張大顯)의 오산서원 중창[73]과 장유(張瑠)-장대현(張大顯)의 2대에 걸친 송시열과 송준길의 양송 오산서원 추배 시도가 이루어지는 등[74] 서남대립 과정에서 서원 운영의 주도권을 두고 지역 사회에서 다툼이 일어나면서 여헌학파의 오산서원에 대한 영향력이 차츰 감퇴하였다.[75]

부지암서원은 1654년 여헌의 제자들이 스승의 강학 장소였던 부지암에 서원을 세울 것을 결의하면서 이루어졌다. 1639년 오산서원에 봉안하였던 위판을 1655년 묘우에 옮기고 여헌의 진상을 묘사한 영정을 봉안하였다. 사액을 받으려는 노력을 지속하였으며, 1668년에는 오산서원과 부지암서원의 사액을 청하였다가 오산서원은 사액 받았으나 부지암서원은 편액을 받지 못하였다.[76] 계속된 노력 끝에 1676년(숙종 2) 사액을 청할 때 동락(東洛), 부지암(不知巖), 임수(臨水)의 삼망을 올렸는데 동락으로 낙점을 받아 동락서원의 편액을 걸었다.[77] 이후 여헌을 주향으로 받들었던 동락서원은 여헌학파의 거점이었다. 18세기에는 동락서원을 유지하기 위해 지원을 요청하는 정문이 기회가 있을 때마다 올려졌다.[78]

향사당은 향중의 원노들이 모여 향중의 일을 의논하는 곳으로 그 설치의

---

73 『옥산지』 5, 「학교」, 〈오산서원〉.

74 『안재선생문집』 권4, 〈吳山書院重修時移安告文〉, 〈還安告文〉, 〈冶隱先生墓道門墻重修告文〉.

75 박인호, 「조선후기 구미 사회의 변화와 갈등」, 『성리학의 본향 구미의 역사와 인물』, 구미문화원, 2006, 228~229쪽.

76 『남파선생문집』 권2, 「소」, 〈오산동락양원청액소〉.

77 『옥산지』 5, 「학교」, 〈동락서원〉.

78 『六宜堂逸稿(張大臨)』 권하, 「정문」, 〈方伯巡到時東洛書院呈文〉.

연원은 고려 때까지 올라간다. 향사당에는 좌수와 별감이 근무하였다. 통상 향안을 향사당에 두는데 인동에서는 1534년 죽정 장잠(張潛, 1497~1552)이 향안을 처음 만들었다.[79] 향안에는 내외조 및 처변이 모두 향안에 든 자라야 등록을 허락했다. 또 선악을 기록한 장부인 선악적(善惡籍)을 두어 좋아하고 미워하며 권하고 징계하는 뜻을 엄하게 하였다. 그러나 선악적을 기록함으로써 사단이 생겨남에 따라 1634년 여헌 장현광이 향안을 불살라 향안이 폐지되었다.[80] 그러나 만회당 장경우는 1646년 다시 향약을 실행하면서 선악과 악적을 향당에 두어 권징하는 방법으로 사용하였다.[81] 당시 호장이 육방 이하 인원을 데리고 먼저 향사당을 배알한 후에 공무를 집행하였다고 하므로[82] 향사당은 인동 지역에서의 향권을 장악한 중요한 위치를 점하고 있었을 것으로 보인다.

이상에서 보이듯이 지역의 서원과 향사당에서 제문을 보내온 것은 만회당이 당시 지역사회에서 가지고 있었던 위상을 보여준다.

한편 만회당이 사망한 후 만사를 보내온 이는 김응조(金應祖), 장응일(張應一), 신열도(申悅道), 박진경(朴晉慶), 여이재(呂爾載), 홍여하(洪汝河), 이주(李紬), 윤집(尹鏶), 이도장(李道章), 신홍망(申弘望), 이원규(李元圭), 정도응(鄭道應), 장영(張金永), 이홍조(李弘祚), 신우덕(申祐德), 정극후(鄭克後), 채무(蔡楙), 김하량(金廈樑), 이원록(李元祿), 정기(鄭基), 박혜(朴憓), 이상언(李尙彦), 송석규(宋錫圭), 장이유(張以兪), 황원룡(黃元龍), 이

79 『죽정선생일고』, 「죽정선생연보」, "十三年甲午(先生三十八歲) 又置鄉案法以嚴好惡勸懲之道"
『옥산지』에는 가정 을유(1525)로 적고 있으나 착오가 있는 것 같다.

80 『옥산지』 7, 「공서」, 〈향사당〉.

81 『만회당선생문집』, 「연보」. "二十四年丙戌(先生六十六歲) ○ 置鄉約 著善籍惡籍序(先生憫鄉俗之漸渝 嘗曰呂藍田鄉約法行 則末世無惡俗 朱文公社倉法行 則凶歲無飢民 乃與一鄉士友相議 定約束條目 置善惡籍於鄉堂 以寓勸懲之方)"

82 『옥산지』 7, 「공서」, 〈향사당〉.

현(李現), 여민제(呂閔齊), 박협(朴悏), 이형원(李亨源), 정시량(鄭時良), 이영세(李榮世), 이형천(李亨千), 황찬(黃燦), 박창휘(朴昌輝), 박황(朴愰), 장건(張鍵), 전형(全滎), 정헌세(鄭憲世), 이집(李禾咠), 여경(呂儆), 김하영(金廈楹), 김희장(金喜長), 이정기(李廷機)이다.

〈표 6〉 만회당 사후 만사 작성자 명단

이름	본관	호	거주지	학맥	비고
金應祖	풍산	鶴沙	영주	여헌	
張應一	인동	聽天堂	인동	여헌	장현광 사자
申悅道	아주	懶齋	의성	여헌	
朴晉慶	밀양	臥遊堂	선산	한강 여헌	
呂爾載	함양	海翁	서울	여헌	
洪汝河	부계	木齋	문경		서애 우복 문인인 洪鎬의 아들
李紬	경산	學稼齋	성주	한강 여헌	여문10철
尹鏶	파평	星溪	서울		
李道章	광주	鑑湖堂	칠곡	한강 여헌	장응일 사돈
申弘望	아주	孤松	의성	여헌 구전	신지제의 아들
李元圭	홍양	鋤谷	상주	우복	이준의 차자
鄭道應	진주	無忝齋	상주	우복	정경세의 손자
張金永	인동	訴梅堂	인동	여헌	장현광 손자, 장응일 아들
李弘祚	한산	睡隱	안동	서애	유성룡의 외손자, 이상정의 고조부
申祐德	평산	眞靜	약목	여헌	양송 15현, 장내범 사돈
鄭克後	연일	雙峰	영천	한강 여헌 지산	
蔡楙	인천	柏浦	달성	한강	
金廈樑	선산	江灘	선산	여헌	
李元祿	광주	朴谷	칠곡	허목	
鄭基					
朴檍	밀양		인동		박수일의 손자, 박진경의 조카

이름	본관	호	거주지	학맥	비고
李尙彦	경주	城西	영주		이휘음의 아들
宋錫圭	은진		인동		
張以兪	인동	知分軒	성주	한강 여헌	
黃元龍					
李垷					장현광 사위인 박진경의 사위
呂閔齊	함양				여이재의 아들
朴悏	밀양	喜懼堂	선산	여헌	장현광 외손자
李亨源					
鄭時良			선산		
李榮世	벽진	日休亭	성주	여헌	
李亨千	경산	浦隱	성주		이주의 아들
黃燦	덕산				장경우의 손녀사위, 장매의 사위
朴昌輝	밀양		선산		장경우의 손녀사위, 장학의 사위
朴愰	밀양	醉石堂	선산	여헌	장현광 외손자
張鍵	인동	玉蘭軒	인동 장곡		장현광의 손자, 장응일의 아들
全榮		海恩	인동		
鄭憲世	진주	竹軒	상주		
李楫	덕수		선산		이우의 손자
呂徹	성산	霽月堂	김천		
金廈樞	선산	訥堂	선산		김경의 아들
金喜長	순천		인동	여헌	김경장의 동생
李廷機	영천	漫翁	의성	여헌	이민성의 아들

만사는 만회당의 업적과 활동을 칭송하고 평소의 관계를 회고하는 내용을 담고 있다. 이주는 '어진 행실은 온 세상이 우러렀고 좋은 시문은 내가 항상 탄복하였네, 사십세에 함께 만사를 지었는데 응하는 글자마다 자세하였으니, 의리는 스승의 법을 겸하였고 인정은 형제와 같다'고 안타

까워하였다. 채무는 '여헌 문하에 현사가 있으나 바로 만회당이네, 어려서부터 선생을 따랐고 나이 들어 항상 곁에서 모셨네, 성리의 설을 참여하여 듣고 예법의 장소를 쫓아 따랐네, 선을 좋아하기를 구운 고기 좋아하듯 하였고 악을 미워하기를 끓는 물에 손을 댄 듯하였네'라고 만회당의 일생을 평하였다. 박혜는 '여러 제자 가운데 제일'이라는 평가를 보내왔다. 문중 학자인 장이유는 만회당이 '장씨 가문의 적장손'이라는 위상을 적기도 하였다.[83]

한편 만사 작성자의 분포를 보면 인동 장씨 집안과 여헌학파 제현뿐만 아니라 문경에 거주하면서 서애와 우복의 학문을 사숙하였던 퇴계학파 거두인 홍여하, 여헌학파의 학문을 이으면서도 차츰 중앙 정계에서 남인을 대표하였던 칠곡의 이도장과 이원록, 우복학파의 학문을 계승하며 상주에 거주하였던 우복의 손자인 정도응과 이준의 차자인 이원규도 만사를 보내왔다. 만사를 보내온 사람들이 거주하는 지역으로 보면 기존의 인동, 선산, 의성 외에도 교유권이 문경, 영주, 칠곡, 상주 등지로 확대되고 있음을 볼 수 있다.

4. 장경우의 여헌학파 내 위상

여기서는 만회당 장경우 사망 후 진행된 만회당에 대한 추모사업과 출판사업을 통해 여헌학파 내의 위상을 살펴보고자 한다. 대표적인 만회당 추모사업으로 인동 장씨 종인이 중심이 된 옥계사와 화산서원(花山書院)

83 『만회당선생문집』 권3, 「부록」, 〈輓詞〉. "世皆瞻行誼 吾每喜琳瑯 四十同時誄 惟應字字詳 以義兼師法 求情卽弟兄(李주)", "旅門有賢士 曰我晩悔堂 自少從先生 至老常侍傍 與聞性理說 趨隨禮法場 嗜善如嗜炙 惡惡如探湯(蔡楙)", "魯國多君子 公惟第一人(朴憓)", "公是吾張嫡長孫(張以兪)"

그리고 동락서원 배향을 들 수 있다. 현종 대 한강과 여헌의 문인 이름을 적어서 보고하라는 어명이 있었는데 장현광의 봉사손인 장영이 『십철록』[84]을 지으면서 만회당 장경우를 가장 높은 반열에 두었다. 정구의 원유들도 문도록을 지으면서 만회당을 고제로 삼아 입계하였다.[85] 만회당이 사망한 후 121년이 지난 1777년 집안에서는 옥계사에 만회당의 위판을 봉안하였다.[86] 옥계사는 장지학 등 종인들이 중심이 되어 고려 충신인 충정공 장안세(張安世)를 제향하는 곳이었는데 후손 중 학행이 출중한 자손을 종향하여 왔으며, 최근에는 옥계서원으로 승격하였다.

1840년(헌종 6)에는 만회당의 강학처였던 화산서당을 옮기고 강당을 건조하였다. 원래 화산서당이 있던 곳이 너무 협소하여 거리를 조금 옮겨 봉두산 남쪽 기슭에 세웠다. 강당의 상량문은 장석우가 찬하였다.[87] 1853년(철종 4) 묘우인 경덕사에 위판을 봉안하고 마침내 서원으로 승호하였다.[88] 묘우 상량문은 고계 이휘녕이 찬하였다.[89] 그 후 화산서원은 1871년 훼철되었다. 기존의 화산서원의 강당인 화산서당은 2009년 영남대학교 민속촌으로 옮겨갔다. 별도로 2007년 화산서원을 복원하고 극명당 장내범과 만회당 장경우를 모시게 되었다.[90]

한편 동락서원에 만회당을 배향하려는 논의가 철종 말 거론되어, 1843

---

84 十哲은 수학기간이 오래거나 성취한 정도에 따라 붙인 것으로 보인다. 십철이라는 표현은 김경장의 행장(『구암선생문집』 권4, 「부록」, 〈행장(張允相)〉)에도 보인다. "惟我先子文康公 設爐鞴於東洛 作成人才 門下彬彬 德政講學 殆遍于一國 而最親且近者 有所稱十哲言 金龜巖先生與心鶴沙鄭守庵趙澗松張晩悔申懶齋諸先生 亦得與焉"

85 『江海文集(張心學)』 권4, 「계장」, 〈晩悔張先生陪享啓狀〉.

86 『만회당선생문집』, 「연보」.

87 『만회당선생문집』, 「연보」. "憲宗大王六年庚子 花山講堂成(花山 卽先生藏修之地 士林相與爲設俎豆之所 以本基太狹 乃移就數弓地 先立講堂 張新齋錫愚撰上樑文)"

88 원지편찬위원회, 『화산서원지』, 화산서원, 2008(증보판), 128쪽.

89 『만회당선생문집』, 「연보」. "當宁四年癸丑 廟宇成(李承旨彙寧 撰上樑文)"

90 박성용 외, 『화산서당이전 복원보고서』, 영남대학교 박물관, 2010, 175~176쪽.

년 강해(江海) 장심학(張心學)[91]의 이름으로 계장을 올리기도 하였다. 장심학은 배향 청원문에서 만회당 장경우를 "우리 도의 으뜸이며, 사문의 적통 제자(吾道攸宗 師門正嫡)"라고 칭송하였다. 어릴 때부터 여헌을 모시면서 평생 스승을 보좌하여 사문에서의 공으로 본다면 여헌을 모신 묘우에 단독으로 배향할 수 있는 고제라고 적고 있다.

> 이에 장선생 경우는 어린 나이에 스승을 찾아가 가르침을 받들어 도를 들은 것이 가장 앞섰으며, 노년에 이르도록 부지런히 힘써 스승의 교화를 받음이 가장 오래되었습니다. 명성은 십철에 올랐고 덕은 사과를 겸하였습니다. (중략) 본도 인동의 동락서원은 문강공을 단독으로 배향한 처소요, 선대 조정에서 사액한 곳입니다. 고제를 배향하는 것은 선배의 정한 의론이 이미 있으나 사액 서원에 추배하는 것은 사림이 함부로 거행할 것은 아니한 듯하여, 저희들은 한 도에서 모두 함께 주창하여 천리를 달려 왔습니다. 국사와 공문에서 증거가 될 만한 사적을 모아서 행차하시는 길에 공경히 자세히 진술하오니 엎드려 바라옵건대 은혜로 살펴주시옵소서. (중략) 처음에는 남산에 집을 짓고 나중에는 동락에 글방을 구축해 선사께서 강학할 장소를 만들어 지금의 사문의 종택과 원우가 되었습니다. 선사께서 영천 입암에서 돌아가시자 초상의 모든 범절에 예를 갖추었고 몸소 거문고와 책을 수습하였으며, 관을 모시고 돌아와 장사까지 지내었으니 선생은 사문에 공이 있다고 할 만합니다. (중략) 현종조 한강과 여헌의 문인을 뽑아 보고하라는 명이 있자 문강공의 사손인 위솔 신 영이 수찬한 십철록에 선생이 상위의 위치에 있었고, 문목공의 서원 유생들이 만든 문도록에도 역시 선생을 고제로 올려 간행하였습니다. 후학이 존경하고 사모하는 정성은 오래되어도 사라지지 않아서, 선사의 서원

---

91 張心學(1804~1865)은 자는 在中, 호는 江海, 본관은 仁同이며, 인동장씨 홍해파에 속한다. 조부는 耳溪 思敬이며, 부친은 應璧이다. 당시 인동 장씨 출신으로 철종 대 총융장과 동부승지 등 고위직에 올랐고 또한 무과 출신이지만 문필로 저명하였기 때문에 대표로 계장을 작성한 것으로 보인다. 후일 장심학의 묘갈명을 문중 후생인 인동 출신의 遊軒 張錫龍(1823~1907)이 지었다.

> 에 배향하고자 함은 백년의 공의이오나 아직도 펼치지 못하여 많은 선비들의 답답함은 더욱 심해질 따름입니다. 또 선생은 문강공께서 믿고 중하게 여긴 집안 종손이옵니다. 어른을 잘 모심이 이와 같으며, 스승의 문하에서 공이 있음이 이와 같고, 도를 일찍 들은 것이 이와 같고, 복종하고 모신 것이 이와 같고, 정맥의 적전과 덕업의 성취가 또 이와 같습니다. 스승이 계실 때는 곁을 떠나지 않았으며, 돌아가신 후에는 존경하고 그리워한 것이 또 이와 같습니다. 그리고 오늘의 추배하려는 논의는 송나라 유학자들의 자취를 그대로 따르려는 것도 아닙니다.[92]

그러나 당시 추배가 이루어지지 못하였으며, 고종 대 서원철폐령으로 동락서원까지 철폐되면서 결국 배향은 실현되지 못하였다.

1932년 동락에 영당이 복원되면서 만회당 장경우의 종향문제가 다시 거론되었다. 우선 1933년 영당에 종사가 결정되었다. 견산 장명상(張命相)은 1934년 영당 종사시 고유문에서 "곰곰이 생각하건대 만회당은 어린 나이에 문하에 들어가 친히 수업을 받은 바가 가장 오래되었다. 여러 일을 추진함에는 무리 가운데 가장 뛰어났으며 재사를 짓고 서원을 세운 데는 그의 구획에 힘입은 바가 크다"[93]고 업적을 적으면서 자리에 있는

---

92 『강해문집』 권4, 「계장」, 〈晩悔張先生陪享啓狀(張心學)〉. "張先生慶遇妙齡負芨 聞道最早 服勤到老 熏炙最久 名躋十哲 德兼四科 (中略) 本道仁同之東洛書院 卽文康公單享之所 而先朝賜額地之也 高弟陪享 已有先輩之定論是白乎 乃額院追配 恐非士林之擅擧是白乎等以 臣矣身等 一道齊聲 千里裹足 略采國乘與公案可據之蹟 敬敷陣於淸蹕之路 伏願垂察焉 (中略) 始等南山之屋 晩講東洛之塾 爲先師講學之所 而今焉爲師門之宗宅與院宇 先師之易簀于永川立巖也 初終凡節備禮 躬幹收合琴書 奉櫬歸葬 先生之於師門 可謂有功矣 (中略) 顯廟朝有寒旅門人抄報之命 而文康公祀孫衛率臣鉥 修十哲錄 而先生居上足之列 文穆公院儒修門徒錄 而亦以先生謂高弟入啓而刊行是白如乎 後學尊慕之誠 愈久而不泯 將欲躋享於先師之院 百年之公議 未伸多士之齎鬱益甚是百分叱除良 又況先生 卽文康公倚重之宗孫也 親切於丈席如是 有功於師門如是 聞道之早如是 服事之久如是 正脈之嫡傳德業之成就者又如是 存焉而杖屨不離歿焉而羹牆必慕者又如是 則今日追配之論 非但宋儒之軌轍"

93 『見山文集(張命相)』 권4, 「축문」, 〈東洛影堂從祀時晩悔堂先生張公時告由文〉. "粤惟

모든 사람들이 일치하여 추천하였다고 적고 있다. 이에서 보이듯이 후학들에게 있어서 만회당 장경우가 선사 학문의 주맥을 잇고 있는 것으로 인식하고 있음을 보여주고 있다. 한편 1971년 여헌을 주향으로 모신 동락서원이 완전히 복원되고 묘우인 경덕사가 마련되면서, 여헌을 주향으로 모신 묘우에 만회당의 위패가 종향되었다.[94]

만회당의 글은 1862년(철종 13) 2권 4책으로 『만회당선생문집』으로 간행되었다. 이종상(李鍾祥)은 만회당의 9세손인 장두현(張斗鉉)의 부친인 장용팔(張龍八)과의 종유 인연으로 서문을 지었다. 장두현은 유문을 편집하여 목판본 4권 2책으로 간행하였다.[95] 그 뒤 11세손 장준식(張濬植)이 권4 부록편의 끝에 〈사림통문(士林通文)〉, 〈동락서원입향시고유문(東洛書院入享時告由文)〉, 〈화산서당기(花山書堂記)〉를 추가하여 석인본으로 재간행하였다.[96]

5. 맺음말

만회당 장경우의 일생을 본다면 족대부 여헌 장현광을 모시고 종파를 대표하여 여헌의 현양 사업을 주관한 것이라고 할 수 있다. 장경우가 시행하였던 각종 예의와 학규는 스승인 장현광의 가르침을 따른 것이다. 여헌학파가 여헌의 사망 이후에 독자적인 정체성을 확립하고 유지할 수 있게 된 것은 장경우의 주도적인 노력 때문이라고 할 수 있다.

晩悔 妙齡登門 親受最久 造諸超倫 建齋創院 賴其規劃"

94 편집실, 「만회당선생 동락서원 배향에 관한 고찰」, 『여헌학보』 18, 여헌학연구회, 2009.

95 『竹烏文集(張斗鉉)』 권2, 「발」, 〈先祖晩悔堂先生遺集跋〉. 죽오 장두현은 선조의 위선사업에 심혈을 기울여 1868년 『남파선생문집』도 간행하였다.

96 목판 초간본은 여러 도서관에 소장되어 있으며, 경인문화사에서 한국역대문집총서(1836)로 1997년 영인하였다. 석인 재간행본은 안동대 도서관 등에 소장되어 있다.

장경우는 한강 정구가 돌아가신 후에는 여헌 장현광을 받들어 모시는 일을 가장 우선시하여 진행하였다. 여헌이 돌아가신 후에는 여헌학파 내에서 스승의 추숭 사업을 주도적으로 처리해 나갔다. 그는 동문 제자들과 함께 선사의 위판을 오산서원에 봉안하였으며 스승의 문집도 교정하였다. 1654년에는 학사 김응조, 난재 신열도, 청천당 장응일 등과 함께 강학 장소인 부지암에 서원을 세울 것을 결의하고 건물을 세우고 이듬해 오산으로부터 위판을 모셔왔다. 장현광의 원향 추진과 저술 간행에 여헌의 사자인 장응일과 함께 주도적인 역할을 담당하였다.

그 결과 장영은 여헌의 제자록인 『십철록』을 지으면서 장경우를 가장 높은 반열에 두었다. 정구의 원유들도 문도록을 지으면서 장경우를 고제로 삼아 입계하였다. 고려 충신인 충정공 장안세(張安世)를 제향하는 옥계사에 종인이 중심이 되어 후손 중 출중한 자손을 종향하였는데 장경우를 입향하였다.

한편 장현광을 주향으로 모시는 동락서원에 장경우를 배향하려는 논의가 철종 말 거론되었는데 장경우를 사문의 적통 제자라고 칭송하였다. 평생 스승을 보좌하였으며 학파로서의 독자성을 확립하는 데 기여함으로써 사문의 공으로 본다면 장현광을 모신 묘우에 단독으로 배향할 수 있는 고제라고 본 것이다. 1932년 동락에 영당이 복원되면서 1933년 영당에 종사가 결정되었다.

그런데 광해군 말 인조 초의 정국 동향과 관련하여 여헌학파의 동향을 살펴보면 이이첨소에 대해서는 안동·예안권이 동조하였으나 퇴계변무소와 같은 일부 안에 대해서는 비판적인 입장을 표방하였다. 이러한 정치적 입장의 차이는 향후 여헌학파의 영남지역에서의 외연 확대에 부정적 영향을 낳았다. 1637년 장현광의 사망 이후 인근 지역의 후학들이 차츰 퇴계학으로 전화되기 시작하였다. 이러한 학파적 위기는 여헌의 가학 계승자들을 중심으로 여헌의 유문을 간행하고 강학 지역에 원향 수립을 시도하는 등의 노력을 가속화시켰다. 만회당 장경우는 여헌 사망 후 여헌학파를 계승하고 추숭사업을 주도적으로 이끌어나갔던 대표적 인물이다.

∞ 제3절 ∞

『해동문헌총록』에 나타난 김휴의 학문세계

1. 머리말

조선중기에는 새로운 지식에 대한 필요성, 역사적 근거를 고전에서 찾으려는 전거의식의 심화, 임진왜란과 병자호란 이후 우리 것에 대한 애정과 지식 욕구, 사실에 대한 고증적 연구의 심화 등으로 인해 백과전서류가 크게 편찬되어 나왔다. 어숙권(魚叔權)의 『고사촬요(攷事撮要)』(1554년 편찬, 1585년 간행) 이래로 권문해(權文海, 1534~1591)의 『대동운부군옥(大東韻府群玉)』, 이수광(李睟光, 1563~1628)의 『지봉유설(芝峯類說)』, 김육(金堉, 1580~1658)의 『유원총보(類苑叢寶)』, 권별(權鼈, 1589~1671)의 『해동잡록(海東雜錄)』(1670년 완성) 등이 연이어 편찬되었다.[1]

이러한 백과전서류 가운데 현대 서지학적 측면에서 주목되는 것으로 우리나라 서지에 대한 일련의 백과적 정리가 전통시대에 이루어졌다는 점이다. 이 시기에 나온 전통시대 서지류는 김휴(金烋)의 『해동문헌총록』, 서유구의 『누판고』, 규장각신의 『군서표기』, 이만운의 『증정문헌비고』 내 「예문지」, 박주종의 『동국통지』 내 「예문지」 등을 들 수 있다.

---

1 박인호, 「백과전서류의 편찬」, 『한국사학사대요』(3판), 이회문화사, 2001, 121~123쪽.

이 가운데 김휴의 『해동문헌총록(海東文獻總錄)』은 최초의 서적 해제집이자, 조선중기 백과전서적 저술의 효시를 이루는 작품이라는 커다란 학문적 의의를 가진다. 김휴는 스승인 장현광의 학문을 계승한 성리학자이면서도 우리나라의 서책을 분류하여 서지적 내용을 소개함으로써 서지학의 기초를 닦은 서지학자이기도 하다.[2] 그러므로 김휴에 대한 연구는 우리나라의 서지학이 어떠한 학문적 기초 위에 성립하였으며, 그것이 백과전서학 내에 가지는 학문적 위상과 의미가 무엇인가를 잘 보여줄 수 있을 것이다.

그리고 김휴의 학문에 대한 기존의 연구에서는 대부분 『해동문헌총록』을 실학적 연구라는 관점에서 접근하고 있다. 여기서는 이 문제를 재검토하여 과연 『해동문헌총록』이 어떠한 학문적 전통의 기반 위에서 출발하였으며, 그리고 이에 영향을 미친 당대의 학문적 동향이 어떠하였는가를 살펴보는 데 이 논문의 목적이 있다.

2. 김휴의 가계와 생애

안동 임하면 내앞[3]에 근거지를 둔 내앞[川前] 의성 김씨는 영남을 대표하는 명가 가운데 하나로, 경순왕의 아들인 김석(金錫)이 고려 태조 왕건의

---

2 기존의 연구성과를 소개하면 다음과 같다.
배현숙, 「해동문헌총록 연구」, 중앙대 석사학위논문, 1975.
송정숙, 「조선조 후기 자료조직의 양상」, 『한국문학논총』 8·9, 한국문학회, 1986.
정명세, 「김휴의 해동문헌총록 연구」, 『영남어문학』 14, 영남대학교, 1987.
그 외 간략한 해제류가 있다.
강주진, 「해동문헌총록 해제」, 『해동문헌총록』, 학문각, 1969.
윤남한, 「해제 해동문헌총록」, 『한국학』 2, 중앙대, 1974.

3 내앞은 안동에서 영덕으로 나가는 국도변에 있다. 마을 앞으로는 반변천이 흐르고 있다.

외손으로 의성군에 봉해지면서 후손들이 의성을 관향으로 삼게 되었다.

의성 김씨의 안동 입향 시조는 김거두(金居斗, 1339~?)이다. 김거두는 만년에 아들인 김천(金洊, 1361~?)과 함께 안동 풍산(豐山)으로 내려와 정착하여 의성 김씨의 안동 입향조가 되었다.[4] 그런데 김거두는 김부식의 『삼국사기』를 중간한 인물로 저명하다. 김거두는 1393년(태조 2) 10월 김해부사[5]로 부임하여 이전의 판각 작업을 이어 다음 해인 1394년 완료하였다.[6]

김천의 증손자 김만근(金萬謹)이 내앞에 살고 있던 해주 오씨 집안에 장가들면서 의성 김씨가 내앞에 정착할 수 있는 근거를 마련하게 되었다. 김만근은 해주 오씨와의 사이에는 병절교위(秉節校尉) 김예범(金禮範)[7]을 낳았으며, 김예범은 김진(金璡, 1500~1580)을 낳았다. 김진의 선대는 대대로 안동부에 살았는데 김진의 조부인 진사 김만근(金萬謹) 대에 처음 임하현 천전리로 이사하여 의성 김씨 천전파의 파조가 된다.

김진의 자는 형중(瑩仲)이며 호는 청계(靑溪)이다. 고모부인 권간(權幹)[8]에게서 수학하였으며, 1525년(중종 2) 사마시에 합격하여 성균관에서 학업을 닦다가 내앞의 건너편에 있는 부암(傅巖)에 서당을 만들어서 자제와 마을의 어린 아이들에게 학문을 가르쳤다. 슬하에는 약봉 김극일, 귀봉 김수일, 운암 김명일, 학봉 김성일, 남악 김복일, 김연일 6아들을 두었는데 그 가운데 5아들을 사마시 혹은 문과에 합격하는 오현자(五賢子)로 길러내었다. 이 가운데 학봉 김성일은 퇴계의 학통을 전승하여 경당 장흥효에게 학문을 전해 퇴계학이 갈암 이현일로 이어지도록 하였다. 김진은

---

4 『霽山先生文集(金聖鐸)』 권15, 「碑誌」, 〈先祖奉翊大夫工曹典書府君碣陰記〉.

5 『義城金氏文獻錄』, 1937. "按東國循吏傳 爲金海府使 刊三國史"

6 정구복, 「삼국사기 해제」, 『역주 삼국사기』 1, 한국정신문화연구원, 1996, 548~552쪽.

7 『鶴峯文集(金誠一)』 권7, 「墓碣銘」, 〈先祖考秉節校尉府君墓碣銘〉.

8 『靑溪先生逸稿(金璡)』, 「雜著」, 〈參奉權公幹家帖〉; 『聯芳世稿』 1.

중년에는 강릉의 구정 일대를 개척하여 후손들로 하여금 터전으로 삼도록 하였으며, 만년에는 영해의 청기에 별업을 열어 살았다. 후일 김성일이 선무공신이 되자 이로 인해 이조판서겸지의금부사에 추증되었으며, 사빈서원(泗濱書院)에 배향되었다.[9]

김휴는 김진의 4세손으로 아버지는 김시정(金是楨, 1579~1612), 조부는 김용(金涌, 1557~1620), 증조부는 김수일(金守一, 1528~1583)이다. 증조부 귀봉(龜峰) 김수일의 자는 경순(景純), 호는 귀봉으로 천전리에서 태어났다. 1555년(명종 10) 생원시에 합격하였으며, 퇴계 이황의 문하에 종유하였다. 시를 잘 지었으며, 인심도심은 체와 용의 관계에 있으므로 이를 나눌 수 없다는 주장에 대해 퇴계 이황의 칭찬이 있었다.[10] 중년 이후에는 천전으로 돌아와 은거하였으며, 부친의 명으로 백운정(白雲亭)을 지어 자질들의 독서하는 장소로 삼았다. 유일로 자여도찰방(自如道察訪)에 임명되었다.[11]

조부 김용(金涌)의 자는 도원(道源)이며 호는 운천(雲川)이다. 아버지인 김수일이 결혼 후 세간났던 안동 일직 구미리(龜尾里)에서 태어났다. 숙부인 학봉 김성일에게서 학문을 닦았으며,[12] 1590년(선조 23) 증광 문과에 급제하여 승문원권지정자(承文院權知正字)를 거쳐 예문관검열을 역임하였다가 벼슬자리에서 물러났다. 1592년 임진왜란이 일어나자 안동에서 의병을 규합하여 성을 지키고 또한 선조를 호가(扈駕)한 공로로 선무원종공신(宣武原從功臣)이 되었다. 1597년 정유재란이 일어나자 제도체

---

9 『청계선생일고』, 「부록」, 〈行狀(金誠一)〉, 〈墓誌(金誠一)〉, 〈墓碣銘(鄭經世)〉; 『聯芳世稿』 1.

10 『龜峯先生逸稿(金守一)』, 「附錄」, 〈答金景純(李滉)〉; 『聯芳世稿』 4.

11 『귀봉선생일고』, 「부록」, 〈墓誌(金涌)〉; 『聯芳世稿』 4.

12 『敬窩先生文集(金烋)』 卷6, 「雜著」, 〈感舊錄〉. “祖考少時 風彩凌邁 藻思逸發 叔父鶴峯先生 鍾愛特深 或執手撫背 或置之懷抱中曰 門戶之望 都在汝一身”

찰사(諸道體察使) 이원익(李元翼)의 종사관으로 많은 활약을 하였다. 동서분당(東西分黨) 후 1599년에는 선산부사로 내려와 향교를 중수하고 금오서원(金烏書院)을 남산(藍山)으로 옮기는 등 많은 업적을 남기었다. 이후 계속 경직과 외직을 역임하였다.[13] 저서로는 왕을 호종할 때의 일기인 『호종일기』가 있으며, 시문집으로는 『운천집』이 있다.[14]

부 김시정(金是楨)의 자는 이간(以幹), 호는 경재(敬齋)이다.[15] 1609년(광해 1) 형인 김시주(金是柱)와 함께 성균생원시에 합격하였다. 8세 때부터 수신궁리(修身窮理)의 학에 뜻을 두었으며, 성현의 격언을 뽑아 책으로 만들어 조석으로 경계와 자성의 근거로 삼았다. 퇴계 선생의 유촉(遺躅)이 있는 선성의 계상리(溪上里)에 집을 지어 선현의 뜻을 본받으려는 모습을 보이기도 하였다. 그러나 34살의 젊은 나이로 세상을 떠났다.[16] 시문집으로는 『경재유고(敬齋遺稿)』가 있다.[17]

이상의 가계관계를 표로 표시하면 다음과 같다.

---

13 『雲川集(金涌)』 권6, 「附錄」, 〈行狀(趙德鄰)〉, 〈誌文(金是榲)〉, 〈碣銘(許穆)〉.

14 『호종일기』는 국보 464호로 지정되었다. 『운천집』은 현손인 金昌錫, 金世欽, 金世鎬 등에 의해 편찬되어 1720년경 원집 5권과 부록 1권 합 4책의 초판본이 간행되었으며 그 뒤 1898년에 중간되었다. 『한국문집총간』 63(민족문화추진회, 1991)으로 영인되었다.

15 김시정의 자에 대해 『敬齋遺稿』나 당대 기록에는 '以幹'으로 적고 있으나 후대 나온 이현일의 『갈암집』 「별집」(〈성균생원김공행장〉, 『갈암전집』 하, 여강출판사, 1986, 173쪽)이나 『의성김씨문헌록』에서는 '公幹'으로 적고 있다. 당대에는 '이간'을 사용하였을 것으로 추정된다.

16 『敬齋遺稿(金是楨)』, 〈行狀(李玄逸)〉, 〈行略(金烋)〉.
『경와선생문집』 권7, 「行略」, 〈先府君行略〉.

17 『경재유고』는 金是楨의 유고로, 1868년(고종 5) 그의 후손인 金鎭澔, 金羲洛 등에 의해 목활자로 간행되었다. 서문은 金岱鎭(1800~1871)이 썼다. 부 2편을 제외하고는 모두 시로 대부분 여행 중 본 산수와 자연의 변화에 대한 소회를 읊은 것이 많다. 〈溪上雜詠〉, 〈東浦十六景〉, 〈遊淸凉山〉 등에서는 특정 지역의 산수에 대해 잘 묘사하고 있다.

〈표 1〉 김휴의 가계도

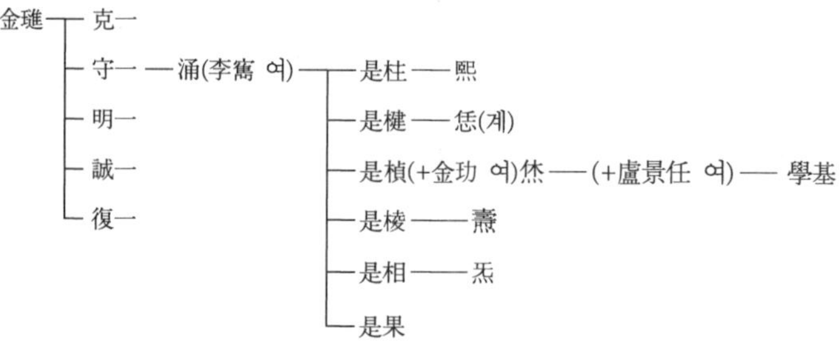

외조부는 김륵(金玏, 1540~1616)으로, 본관은 예안(禮安), 자는 희옥(希玉), 호는 백암(栢巖), 시호는 민절(敏節)이다. 1540년(중종 35) 영주 북백암에서 태어났으며, 어릴 때는 소고(嘯皐) 박승임(朴承任)과 금계(錦溪) 황준량(黃俊良) 문하에서 종학하였으며, 1557년 퇴계 이황의 문하에 들어가 수업하였다. 1576년(선조 9) 문과에 급제하고, 이어 중앙과 지방의 관직 생활을 역임하였으며, 1592년 임진왜란 때에는 경상도 안집사(安集使)로 활약하면서 군사를 초모하는 데 큰 공을 세워 다음해 경상우도 관찰사가 되었다. 1602년에는 동지사로 명나라를 다녀왔다. 1610년 사헌부 대사헌으로 있으면서 공빈 김씨(恭嬪金氏) 별묘(別廟)의 의품(儀品)을 종묘의 격과 같이 하는 것을 반대하였다가 강릉부사로 좌천되었다. 이후 삭탈 관직당하고 고향으로 돌아오게 되었다. 문집으로는 『백암선생문집』이 있다.[18] 김휴는 외조부인 김륵의 편년 자료를 정리하였으며,[19] 행적을 별도로 기록해 두었다.[20] 〈기문록〉에서는 "큰 일이나 큰 의논이 있으면 올바름을 지켜 굽히지 않았으며, 옛 사람의 빼앗지 못할 의절을 지니고 있었다"[21]고 적어 놓았다.

---

18 『栢巖集(金玏)』 貞, 「附錄」 下, 〈神道碑銘(權瑎)〉.

19 『백암집』 정, 「年譜(金烋外)」, 〈跋(金塼)〉.

20 『경와선생문집』 7, 「行略」, 〈外祖柏巖金先生行略〉.

처부는 노경임(盧景任, 1569~1620)으로, 본관은 안강(安康), 자는 홍중(弘仲), 호는 경암(敬菴)이다. 1569년(선조 2) 선산 문동리에서 태어나 장현광(張顯光)과 유성룡(柳成龍)의 문하에서 종학하였다. 1591년(선조 24) 문과에 급제하여 관직을 시작하였다가 1592년 임진왜란이 일어나자 의병을 모집하여 공을 세웠다. 1595년 강원도순안어사(江原道巡按御使)로 있으면서 삼척부사 홍인걸(洪仁傑)이 왜구에 잡혀갔다가 도망온 백성을 왜구로 처단한 비행을 적발하였다. 1613년 성주목사가 되었으나 정인홍(鄭仁弘)과의 악연 때문에 부역(賦役)이 고르지 못하다는 혐의를 받아 파직되었다. 이후 낙동강 가에 은거하면서 여생을 보내었다. 저서로는 『경암선생문집』이 있다.[22] 김휴는 노경임의 딸과 결혼하면서 노경임의 문하에 들어가 『주역』을 배웠으며, 노경임과 그 가족은 김휴를 매우 자랑스레 여겼다.[23]

경와 김휴의 본관은 의성(義城), 자는 자미(子美)·겸가(謙可), 호는 경와(敬窩)이다. 어려서부터 재질이 뛰어나 조부 김용의 기대를 받았으며, 존고부인 황여일(黃汝一)로부터도 크게 칭찬을 받았다.[24] 15세 때는 향리의 백일장에서 고관인 구전(苟全) 김중청(金中淸, 1566~1629)으로부터 칭찬을 받으면서 장원하였으며, 다음해는 향해(鄕解)에 합격하였다. 그러나 1612년 부친의 병이 깊어지자 성시(省試)에 나아가지 않고 또 부친상을 당하자 예를 다하였다.

1615년(광해군 7) 경암 노경임의 집에 장가들었으며, 경암으로부터 『주

21 『백암집』 정, 「附錄」 下, 〈記問錄(金烋)〉. “至其臨大事當大論 守正不撓 有古人不可奪之節”

22 『경암집(노경임)』 5, 「附錄」, 〈行狀(李栽)〉, 〈墓誌銘(李栽)〉.

23 『경와선생문집』 8, 「附錄」, 〈行狀(金聖鐸)〉. “委禽于敬庵盧公之門 盧公愛重之異甚 盧公之母夫人嘗曰 吾兒自得此壻 喜而忘寢食云”

24 『경와선생문집』 8, 「附錄」, 〈行狀(金聖鐸)〉. “雲川公大奇愛之 海月黃公汝一 公之尊姑夫也 以文鳴一時 嘗命公爲黃河賦 公卽述百餘句以進 黃公歎賞不已”

역(周易)』을 배웠다. 이 때 노경임의 외삼촌이자 스승이기도 하였던 여헌(旅軒) 장현광(張顯光)으로부터 수업을 들었다. 1616년 봄에는 인동에서 여헌 선생을 모시고 『공자가어』를 읽었다.[25] 1616년 겨울 스승 장현광의 명에 따라 해동문헌록의 저술을 시작하였다.[26] 1619년(광해군 11) 가을에는 우복(愚伏) 정경세(鄭經世)를 배알하였다.[27]

광해군의 난정이 지속되면서 비분하여 시와 술로써 자신을 달래었다. 1617년(광해군 9)에 폐모론을 앞장서서 주장하였던 정조(鄭造)가 경상도 안찰사로 부임하여 예안(禮安)을 순시하던 중 도산서원(陶山書院)을 배알하고 원록(院錄)에 자기의 이름을 기재해 놓고 가자, 김휴는 이를 보고서 흉적이 감히 유적(儒籍)을 더럽혔다고 하면서 칼로서 이름을 도려내 버렸다. 후에 정조가 이를 듣고서 화를 입히려고 하였으나 마침 인조반정을 만나서 화를 면하였다. 당시 사람들은 그 기개와 절의에 더욱 감복하게 되었다.

1623년 5월 매실이 익어가던 때 여헌 선생을 배알하고 친우들과 영귀정으로 뱃놀이 할 것을 약조한 후 다음날 평성서 김자량(金子亮), 김여함(金汝涵), 김정여(金靜汝), 김여징(金汝澄), 김담여(金澹汝), 김원숙(金源叔), 김태초(金泰初) 등이 오고 여차리에서 노사술(盧士述)이 오고 해평에서 이사진(李士眞), 최백옥(崔伯玉) 등이 와서 함께 하였다.[28] 1625년 봄에는 관동의 산수를 구경하고 이어 인동과 도산을 방문한 뒤 관서로 돌아가는 선우협을 배송하였다.[29] 여름에는 역병을 피하여 의인촌사(宜仁村舍)에 나

25 『경와선생문집』 6, 「雜著」, 〈遠堂聞見錄〉.

26 『경와선생문집』 7, 「序」, 〈海東文獻錄序〉.

27 『경와선생문집』 6, 「雜著」, 〈感舊錄〉.

28 『경와선생문집』 7, 「記」, 〈詠歸亭泛舟記〉.

29 『경와선생문집』 1, 「賦」, 〈送鮮于遯庵還關西賦〉; 『敬窩先生文集』 2, 「詩」, 〈送遯庵還關西〉.

가 있었다.[30]

1627년(인조 5) 진사시에 합격하였으며, 모부인의 병환으로 응시하지 않으려 하였으나 강권에 따라 1635년(인조 13) 전시에 나아가 장원에 이를 정도였으나 대책 끝에 '근대(謹對)'라는 말을 쓰지 않아 낙방하였다. 그 후 1635년(인조 13) 모친상을 당하여 크게 병을 앓게 되고 1637년(인조 15) 장현광의 상을 연이어 당하면서 병이 더욱 깊어졌다. 이 즈음에는 퇴계 이황의 고장이자 김시정이 말년에 살았던 선성(宣城; 현 예안)에 한계당(寒溪堂)을 지어 소일하였다.

1637년 조경(趙絅)의 천거로 강릉(康陵) 참봉에 제수되었으나 병으로 나아가지 못하고 결국 1638년(인조 16) 8월 병이 위독해지자 학문에 뜻을 두었으나 이룬 바가 적고 예를 실행하고자 하였으나 죽음이 이르게 되었다는 만시를 남기고,[31] 다음날인 24일에 사망하였다.[32]

김휴의 저술로는 『해동문헌총록(海東文獻總錄)』이 있으며,[33] 직접 그린 서화(書畵)가 후손가에 남아 있다.[34] 문집으로는 『경와선생문집』이 남아 있다.[35]

---

30 『경와선생문집』 1, 「賦」, 〈感懷寄從弟子仁熹賦〉.

31 『경와선생문집』 3, 「詩」, 〈臨終自輓〉. "學何有志 竟無所成 禮何欲履 而至滅生 上負爾親 下負爾身 爾何顏面 歸見先人"

32 이상 김휴의 행적에 대해서는 1745년 金聖鐸이 쓴 행장(『경와선생문집』 8, 〈行狀(金聖鐸)〉)의 내용을 정리하였다. 金聖鐸이 쓴 행장에는 졸년이 1638년(인조 16)으로 되어 있으나 『경와선생문집』의 「잡저」에 수록되어 있는 〈조문록〉에는 숭정 12년(1639년, 인조 17)에 쓴 김휴의 지문이 있어 서로 다르나 여기서는 행장의 연대를 따른다.

33 『海東文獻總錄(金烋)』, 筆寫本, 35.2×23cm, 序: 崇禎十年丁丑(1637) … 金烋書; 學文閣, 1969.

34 金烋, 〈書畵〉, 2폭 산수도 4매, 46.3×58.8cm, 41×56cm.

35 『경와선생문집』, 8권 4책, 목활자본, 31.8×21cm, 판심제: 敬窩集, 간행년도: 1860년 후반, 10행 20자, 匡郭 21.4×17㎝, 上下二葉花紋魚尾.. 家傳되던 문집의 초고는 저자의 遠孫인 金鎭澔와 金羲洛 등에 의해 고종 초기에 간행되었을 것으로 추정된다. 문집의 끝에 수록된 묘갈명은 방손인 金岱鎭(1800~1871)이 썼다.

3. 학문적 연원

1) 김휴에 미친 학문적 영향

김성탁은 김휴의 행장에서 김휴가 중히 여긴 것은 학문에 있으며, 오랫동안 침잠하고 완색하여 학문의 대요가 "홀로 있을 때 삼가하여 속이지 말 것이며, 허물을 고쳐 선에 이르도록 한다(謹獨勿欺 遷善改過)"에 있음을 알게 되었다고 적고 있다.[36] 김휴는 「조문록」의 후지에서 아들 김학기(金學基)와 조카 김종원(金宗源)에게 「조문록」은 하학(下學)을 통해 상달(上達)하는 공부에 긴요한 것이며, 그 요체는 독신(謹獨)에 있다고 밝히면서 아들과 조카가 증정을 가해 빠진 것을 보충하여 완전한 책을 만들기를 권고하였다.[37] 이러한 생각은 친우에게 보낸 편지에서도 나타나고 있다. 병상에 있던 친구인 유석(柳碩, 1595~1655)에게 보낸 편지에서도 오직 "근독불기(謹獨不欺)"를 학문의 요체로 삼도록 권유하고 있다.[38]

김휴는 이것을 스스로 몸과 마음을 수양하는 근본으로 삼았다. 유학에서 가장 긴요한 것은 "근독(謹獨)"이며, 그것은 "내 마음을 속이지 않는 것(勿欺吾心)"이라고 정의하면서[39] 허물을 고쳐 선에 이르고 옛 잘못을 고쳐 스스로 새로워진다는 이 말을 실천하지 않으면 자신의 포기하는 것[40]이라고 다짐하였다. 이와 같이 김휴의 학문은 주자학의 도덕주의적 전통에

---

36 『경와선생문집』 8, 「附錄」, 〈行狀(金聖鐸)〉. "然所重常在於問學 沈潛玩索之久 知爲學大要 不出乎謹獨不欺遷善改過數語"

37 『경와선생문집』 5, 「雜著」, 〈朝聞錄後識 示子學基及內姪金宗源〉. "此編所錄 皆切於下學上達之工夫 而其緊要處 專在於謹獨上 汝不可不知也 … 此後所望 全在於汝等必須詳加證正 增補闕遺 以成完書"

38 『경와선생문집』 4, 「書」, 〈與柳德甫 碩〉. "惟願吾兄勉卒事業 勿太剛勿太柔 須以謹獨不欺爲要 用副知舊朋友之望千萬"

39 『경와선생문집』 7, 「箴」, 〈勿欺箴〉. "吾儒實學 聖訓千言 苟昧要則 豈得其門 何者最切 惟謹獨云 謹獨惟何 勿欺吾心"

40 『경와선생문집』 7, 「箴」, 〈自警箴〉. "改過遷善 革舊自新 不踐斯語 汝棄汝身"

서고 있음을 볼 수 있다.

이러한 경와 김휴의 학문에 미친 영향으로는 크게 가학적 배경, 스승 장현광의 가르침, 친우와의 교우관계를 상정할 수 있다.

안동의 의성 김씨 가학은 퇴계 이황의 학문을 이은 학봉 김성일을 정점으로 하여 운천(雲川) 김용(金涌) - 표은(瓢隱) 김시온(金是榲) - 갈천(葛川) 김빈(金賓)·지촌(芝村) 김방걸(金邦杰)·금옹(錦翁) 김학배(金學培)·경와(敬窩) 김휴(金烋) - 적암(適庵) 김태중(金台重)·제산(霽山) 김성탁(金聖鐸)·월탄(月灘) 김창석(金昌錫)·칠탄(七灘) 김세흠(金世欽)·귀주(龜洲) 김세호(金世鎬) - 구사당(九思堂) 김낙행(金樂行)·지곡(芝谷) 김정한(金正漢)·난곡(蘭谷) 김강한(金江漢) - 정와(訂窩) 김대진(金岱鎭)·서산(西山) 김흥락(金興洛)으로 이어진다.[41] 이 가운데 의성 김씨 집안에서는 금옹, 적암, 제산, 구사당을 '금적제구(錦適霽九)'라는 이름으로 가학 전수의 대표로 내세우기도 하였다.

최근의 『퇴계학맥도』에 따르면 의성 김씨 가학으로 김용 - 김임(金恁)·김시온·김시추(金是樞)·김시주(金是柱)·김휴 - 김방걸·김학배·김빈 - 김세흠·김태중·김창석 - 김명석(金命錫)·김성탁 - 김정한·김익명(金翼溟)·김강한·김용보(金龍普)·김성흠(金聖欽)·김낙행·김도행(金道行)·김우한(金宇漢) - 김붕운(金鵬運)·김회운(金會運)·김양운(金養運)·김호운(金虎運) 등으로 연결하고 있다.[42] 여기서는 금옹, 적암, 제산, 우고 등을 가학의 대표를 내세우고 있다. 요컨대 김휴는 조부인 김용의 학문을 이어 의성 김씨 가학의 전달에 일정한 역할을 담당하고 있음을 볼 수 있다.

의성 김씨 집안에는 의성군 이래의 전해오는 창포검(菖蒲劍)이라는 보검이 있었는데[43] 청계 김진을 이어 김수일과 김용에게 이어지고 이것이

---

41 이정섭, 「해제」, 『고문서집성』 5, 한국정신문화연구원, 1989, 5쪽.

42 『퇴계학맥도』, 한국국학진흥원, 2002.

다시 경재 김시정과 경와 김휴로 이어져 세상에서는 이를 문장검(文章劒)이라고도 하였다.[44] 이를 통해 보면 김휴는 가학으로 멀리는 운천 김용에서부터 그리고 표은(瓢隱) 김시온[45]과 아버지 경재 김시정으로부터 학문과 문장을 이어받았다고 할 수 있다.

다음 학문적 스승으로는 노경임, 장현광, 정경세를 들 수 있다.

1615년 선산에 거주하였던 노경임에게서 『주역』을 배우면서 학문을 시작하였다.[46] 노경임은 외삼촌인 장현광과 퇴계의 제자인 유성룡으로부터 학문을 배웠다.[47] 노경임으로부터 학문을 시작한 것은 안동 천전 출신으로 퇴계학의 영향을 많이 받았던 의성 김씨 출신이면서도 김휴가 여헌학에 연결되는 고리가 되었다.

1619년에는 당시 고향에 내려와 있던 우복(愚伏) 정경세를 찾아가 가르침을 얻었다. 이 때 정경세는 남효온이 지은 〈과금오산시(過金烏山詩)〉의 "달가는 두 임금을 섬겼으니 좋은 재목이 썩고 거울에 티가 끼인 격이다"는 구절에 대해 야은의 행적과 관련하여 비유가 적절하지 않다는 지적을 하였으며 김휴는 인동과 선산의 사림에게 그 뜻을 전하였다.[48] 1633년

---

43 『경와선생문집』 6, 「雜著」, 〈家藏四寶記〉. "菖蒲劍 劍傳自始祖 兩邊有刃 中皆有脊 形似菖蒲 故名曰菖蒲劍 此劍之久 幾至六七百年 在吾子孫 則實爲莫大之寶也 祖考雲川府君年十四 背誦論語七卷 無一字錯 高祖靑溪府君大喜曰 此劍我始祖所佩 傳之子孫 以至於吾 吾待其可傳者而傳之 今其贈汝 汝須謹藏 毋敢失墜先業 自是名曰文章劍"

44 『운천집』 6, 「부록」, 〈雲川先生年譜〉. "祖考淸溪公贈寶劒一 幷給水田以志喜 劒卽義城君以來世傳之寶 號菖蒲劒 後先生又傳于第三子敬齋公是楨 敬齋公傳之子敬窩公烋 世且謂之文章劒云"

45 표은 김시온은 조카이지만 1살이 많은 김휴가 죽자 애통한 마음을 2,400여 자에 달하는 긴 제문에 담아 적고 있다(『경와선생문집』 8, 「부록」, 〈祭文(金是榲)〉; 『瓢隱先生文集(金是榲)』 3, 「祭文」, 〈祭從姪謙可文(戊寅)〉).

46 『경와선생문집』 8, 「附錄」, 〈墓碣銘(金岱鎭). "乙卯制除 委禽于敬庵先生盧公之門 盧公甚愛重之"

47 『경암집』 5, 「附錄」, 〈行狀(李栽)〉. "稍長 從張先生學 旣又遊西厓柳先生之門"

에는 병환으로 신저인 묵곡(墨谷)에 내려와 쓸쓸하게 지내고 있던 정경세를 찾아 위문을 하였다.[49]

김휴는 인동을 중심으로 독자적인 일문을 이루었던 장현광으로부터 많은 학문적 감화를 입었다. 김휴는 1615년(광해군 7) 장현광 문하에 입문한 이래로 스승으로 모셨다. 장현광과 의성 김씨는 이미 김용 대부터 관련이 있었다. 김용은 손자인 김휴에게 "장여헌(張旅軒)은 덕기(德器)가 천연적으로 이루어져서 규각(圭角)을 드러내지 않으며, 겸손하고 공손하고 화락하고 평이하여 조금도 인위적으로 꾸민 뜻이 없으니, 옛사람의 말에 겉으로는 심상한 말을 하나 안은 진실로 슬기로운 것을 장모(張某)에게서 보았다"[50]라고 칭송하였다.

김휴는 여헌의 문도가 되면서 스승에게 여러 번 배알하였을 뿐만 아니라 많은 곳을 스승과 같이 여행하였다.[51] 또한 스승으로부터 자를 새로이 받았다. 1627년 겨울에 인동의 부지암(不知巖)에서 여헌을 모시고 있을 때에 김휴의 청을 들어 여헌이 김휴의 처음 자인 자미(子美)를 겸가(謙可)로 고쳐주었다. 장현광은 김휴의 이름그대로 아름다움을 아름답게만 여기고 아름다움을 더하는 뜻을 다하지 않을까 염려하여 겸가로 지어주면서 "겸

---

48 『경와선생문집』 6, 「雜著」, 〈感舊錄〉. "己未秋 余拜愚伏先生于外南本第 … 先生曰 子見冶隱集乎　其集中載南秋江過金烏山詩　有曰達可身經二姓王杞梓寸朽鑑中玭之句 此眞聞見之誤也 以秋江博洽 當日細微曲折 亦有所不詳者邪 古今天下 豈有事二姓之達可乎 承閩洛之餘緖 立文山之大節 日月乎綱常 棟樑乎宇宙 千載之下 想象此老心事 尙且隕淚 肝膽欲裂 又何忍求過於無過中乎 幸以此意 歸告於仁善兩邑士子 秋江此詩 若不削去 則必須著註其下 無使惑人於無窮可也"

49 『경와선생문집』 6, 「雜著」, 〈感舊錄〉. "癸酉五月 先生疾篤 烋往拜之 先生時在新第 有孫一人避痘于外 門無雜賓 傍無子弟 獨參奉憲世來省"

50 『여헌선생속집』 9, 「附錄」, 〈敬慕錄(金烋)〉. "張旅軒德宇天成 不露圭角 謙恭樂易 少無作爲底意思 古人云外爲常談而內實惺惺 於張某見之矣"

51 『경와선생문집』 2, 「詩」, 〈陪旅軒先生 遊太祖山下 先生命次淸字韻〉, 〈陪旅軒先生 遊新豐亭石上〉.

괘에 나아가 점(占)을 쳐서 새로 얻은 듯이 여겨 반복하고 깊이 생각하여 묵묵히 알고 체험한다면 아름다움에 대처하는 도(道)와 유익함을 받는 경사가 클 것이니 어찌 자로 잴 수 있겠는가. 반드시 장차 군자(君子)가 마침이 있는 형통함을 다하면 선친(先親)께서 명명하신 뜻을 능히 계승할 것이니, 이 한 겸(謙) 자에 스스로 허다한 길한 덕(德)의 근본이 있는 것이다"[52]고 하여 유종의 미를 거둘 수 있기를 기대하였다.

장현광은 김휴에게 성리학·예학[53] 뿐만 아니라 어릴 때는 골고루 익히고 두루 알 필요가 있으므로 산수와 역학에도 힘쓸 것을 권유하였다.

> 옛 사람은 나이가 어릴 때부터 이미 학문에 뜻을 두었다. 그리하여 모든 사물(事物)에 대하여 골고루 익히고 두루 알지 않은 것이 없어 장성하면 모두 쓸모있는 훌륭한 인재가 되었다. 그러나 지금 사람들은 그렇지 않으니, 매우 개탄스러운 일이다. 산수(算數)의 일만 하더라도 비록 작은 재주에 해당하나 지혜를 쓰는 공교로움과 물건을 헤아리는 묘함은 성인(聖人)이 아니고서는 만들 수 없는 것이다. 지극히 적은 것으로 무궁하게 많은 것을 살피고, 지극히 간략한 것으로 무한하게 넓은 것을 헤아리며, 산천(山川)의 넓고 멂과 천지(天地)의 높고 큼과 사시(四時)·일월(日月)의 운행을 추측함에 이르기까지 모두 이것으로 살피고 헤아리고 추측하여 다할 수 있으니, 그 쓰여지는 바가 크고 또 신묘하다고 이를 만하다. 그대는 연부역강(年富力强)하니, 책을 읽는 여가에 반드시 산수에 유의하여 힘써 익히도록 하여야 할 것이다.[54]

---

52 『여헌선생속집』 8, 「雜著」, 〈金上舍字說〉. "上舍就這卦如筮斯得 反覆焉紬繹之 默會而體驗之 其於處美之道 受益之慶 有可量耶 必將能盡夫君子有終之亨 而克承命名之先旨矣 此一謙字上 自有許多吉德基焉"; 『경와선생문집』 5, 「雜著 朝聞附錄」, 〈旅軒先生字說〉.

53 김휴의 예제에 대한 질문과 이에 대한 대답을 적어 놓은 것이 장현광의 『여헌집』에 수록되어 있다(『여헌선생문집』 5, 「答問目」, 〈答金烋〉); 『여헌선생속집』 2, 「答問目」, 〈答金謙可烋〉).

54 『여헌선생속집』 9, 「부록」, 〈敬慕錄(金烋)〉. "古人自年少時旣有志於學矣 其於事事物

천문(天文), 지리(地理), 음양(陰陽), 복서(卜筮), 의학(醫學), 병법(兵法) 등 여러 술가(術家)에 이르러서도 혹 상(象)을 취하고 뜻을 취한 내용이 있으면 모두 채집하여 부록(附錄)을 만들고 명칭을 방류(旁流)라 하였으니, 역(易)의 도(道)는 광대(廣大)하여 있지 않은 곳이 없기 때문이다. 만약 자네의 몸에 질병이 없어 여러 달 동안 함께 같이 있을 수 있으면 거듭 고증을 더할 수 있을 것이며, 또한 의문된 부분을 질문하여 깨닫는 유익함이 없지 않을 것이다.[55]

김휴는 이러한 장현광의 가르침을 한마음으로 나아가 모시려고 하였다. 병중에도 스승의 글을 읽고서 "비로소 내가 평소 우리 선생을 엿보고 측량한 것이 마치 술잔을 가지고 바닷물을 떠 헤아려보면서 스스로 바다를 아는 자라고 여긴 것과 같을 뿐임을 알게 되었다. 참으로 가소롭고 한탄스럽다. 나는 이제 숨이 끊기게 되었으니, 비록 선생의 글을 통하여 선생의 도를 배워서 사물의 이치를 모두 알고, 천지의 변화를 다 연구하여 거의 우주 사이에 헛되이 태어나지 않은 사람이 되고자 하나, 어찌 될 수 있겠는가. 우선 소감(所感)을 여기에 기록하여 물건을 명령한 하늘의 처분을 기다릴 뿐이다"[56]고 스승의 학문을 제대로 전승하지 못함을 안타까워하였다.

物上 無不備習而周知 故既長則皆可爲有用之成才 今人卻不然 甚可歎也 至於算數一事 雖涉末藝 其用智之巧 量物之妙 非聖人不能作也 以至少而量無窮之多 以至約而度無限之廣 至於山川之闊遠 天地之高大 四時日月之推行 亦可以此而度量 推而極之 則其所用 可謂大且神矣 君年富力强 讀書之暇 必須留意着力 備盡其術可也"

55 『여헌선생속집』 9, 「부록」, 〈敬慕錄(金烋)〉. "以至天文地理陰陽卜筮醫藥兵法諸術家 或有則象取義之處 則無不採輯 以爲附錄 名之曰旁流 蓋以易道之廣大 無所不在也 君若身無疾故 得遂累月同處 則可以重加考證 亦不無問難開悟之益矣"

56 『여헌선생속집』 9, 「부록」, 〈敬慕錄(金烋)〉. "始知平日所以窺測我先生者 不啻若持杯酌海 而自以爲知海者 堪可笑歎 余今氣息奄奄 雖欲因先生之書 而學先生之道 有以盡事物之理 極天地之變 庶幾爲宇宙間不虛生之人 其可得乎 姑識所感于此 以竢命物者處分也"

장현광의 학문에 대해서는 “유학의 연원은 본래 끝이 없어 남헌(南軒)의 뒤를 이어 여헌(旅軒)이 있네”[57]라고 하여 남헌 장식(張栻)의 학맥을 여헌 장현광이 이은 것으로 적고 있다. 그리고 여헌의 학문에 대해 “선생께서 도를 창도하니 선배로서 이보다 뛰어난 사람이 적네. 바른 맥으로는 퇴계의 위에 연결되고 진정한 근원은 사빈에 접하였네. 이는 장경부(張敬夫)의 심(心)이 은연중에 이어진 것이며, 유자후(柳子厚)의 학(學)이 순정한 데로 돌아온 것이네. 두려워하고 조심하면서 항상 경(敬)을 지니고 공부를 하여 실로 인을 체득하였네. 『주역』의 숨은 상(象)을 탐구하고 황폐해진 성인의 길을 열었다네”[58]라고 하여 여헌의 학문을 송대 경부(敬夫) 장식(張栻), 당대 자후(子厚) 유종원(柳宗元), 그리고 멀리는 공자의 학문에까지 이어지는 것으로 평가하였다.

그리하여 김휴는 장현광의 인물에 대해 “선생은 체모(體貌)가 크고 얼굴에 광채가 충만하고 윤택하여 사람을 대할 때에 화기(和氣)가 넘치셨다. 그러나 그 가운데에 엄숙하여 함부로 대할 수 없는 점이 있다”[59]고 적고 있다. 또한 김휴는 장현광의 화상(畵像)에 “마음은 이치를 간직하여 달을 비추는 가을 물과 같고 덕(德)은 용모에 나타나 온 방안에 봄바람이었네. 태산(泰山)의 높음과 같아 그 높음을 알 수 없고 바다에 임한 듯하여 그 깊음을 헤아릴 수 없노라. 행하고 감춤은 자신에게 있고 나아가고 물러감은 의리를 따랐으니 염계처럼 깨끗하고 소자처럼 안락하였네”[60]라고 찬

57 『경와선생문집』 2, 「詩」, 〈拜旅軒先生于不知巖 先生命賦近體〉. “斯學淵源本不窮 南軒後有旅軒翁”

58 『경와선생문집』 2, 「詩」, 〈奉送旅軒先生承召赴洛〉. “先生鳴以道 前輩寡其倫 正脈連溪上 眞源接泗濱 敬夫心默契 子厚學歸醇 惕厲恒持敬 工夫實體仁 易門探隱象 聖路闢荒榛”

59 『여헌선생속집』 9, 「부록」, 〈敬慕錄(金烋)〉. “先生體貌魁偉 顔采充潤 接人之際 和氣藹如 然其中有儼然不可狎處”

60 『여헌선생속집』 9, 「부록」, 〈敬慕錄(金烋)〉. “心涵乎理 貯月秋水 德發於容 滿室春風

(贊)하였다.

김휴에 영향을 미친 교우관계를 보면 대부분 장현광의 제자들과의 교유가 뚜렷하다. 『경암선생문집』에 따르면 부와 서간을 교환한 이로는 선우협(鮮于浹), 김광계(金光繼), 장응일(張應一), 유석(柳碩) 등이 있으며, 또한 김휴는 최철(崔喆), 이준(李埈), 김집(金潗), 김봉조(金奉祖), 권태일(權泰一), 김효달(金孝達), 배상익(裵尙益), 유심(柳檮), 홍하량(洪河量), 전덕길(全德吉) 등의 만사를 쓰고 있다.

김휴가 죽자 제문을 쓴 이로는 종숙 김시온, 문인 김종원(金宗源), 당제 김도(金燾), 정칙(鄭侙), 만사를 쓴 이로는 김응조(金應祖), 장경우(張慶遇), 권후(權垕), 이상언(李尙彦), 신열도(申悅道), 유석, 이규(李烓), 조수익(趙壽益), 정칙(鄭侙), 박경(朴璥), 김공(金玒), 김초(金礎), 금시무(琴是武), 김광술(金光述), 금호겸(琴好謙), 유인배(柳仁培), 김광계(金光繼), 권혁(權赫), 유직(柳稷), 금시성(琴是成), 김선(金鐥), 김득추(金得秋), 조기원(趙基遠), 장우주(張友朱), 김규(金烓), 김훈(金薰) 등이 있다.

이외에도 여헌의 동문 제자인 괴재(愧齋) 배상호(裵尙虎),[61] 옥봉(玉峯) 권위(權暐),[62] 망와(忘窩) 김영조(金榮祖),[63] 도헌(陶軒) 유우잠(柳友潛),[64] 규천(虯川) 전극항(全克恒)[65] 등과도 교류가 있었다.

2) 여헌의 지도

여헌의 지도는 여헌 문도들의 편찬 사업에 크게 작동하였다. 신열도의

如岳之喬 莫知其高 如海是臨 莫測其深 行藏在己 進退惟義 濂溪灑落 邵子安樂"

61 『愧齋先生文集(裵尙虎)』 2, 「부록」, 〈奉酬負愧子見贈(金烋)〉.

62 『玉峯先生文集(權暐)』 4, 「부록」, 〈輓詞(金烋)〉.

63 『忘窩先生文集(金榮祖)』, 「부록」, 〈輓詞(金烋)〉.

64 『陶軒先生逸稿(柳友潛)』, 「詩」, 〈次金謙可感懷韻〉.

65 『虯川先生文集(全克恒)』 1, 「詩」, 〈次贈金謙可案下〉, 〈夜酌與金謙可呼韻〉.

〈배문록〉에 의하면 "갑술년(1634) 2월 나는 남산에 와서 선생을 뵙고 여러 친구들과 여지(輿地)의 일에 대하여 언급하였다. 선생은 말씀하시기를, '우리나라는 전적(典籍)이 구비되지 못하였으니, 여기에서 살면서 여기의 고사(故事)를 알지 못한다고 하는데 과연 옳은 것인가. 제군은 각기 지지(地誌)를 편찬하여 권하고 징계하는 바가 있게 하는 것이 좋겠다'고 하시고, 이어 나에게 『문소현지(聞韶縣誌)』를 편찬하도록 명하였다. 이것은 선생이 일찍이 문소현(聞韶縣=현 의성)의 현령이 되시어 수집할 뜻이 있었으나 성취하시지 못한 때문이었다"[66]고 적고 있다.

여헌의 지시로 여헌의 제자들은 지지 편찬에 많은 공을 기울였다. 그 직접적인 예로는 이원정의 『경산지』를 들 수 있다. 경산지 서문에 의하면 "지난 숭정 을해(1635) 여헌 장선생이 사림의 부고(府庫)로 알려진 고을에 증빙할 만한 문헌이 없어서는 안된다고 하여, 고을의 어른인 정랑 김주와 사인 여찬에게 위촉하여 읍지를 만들게 하였다. 이는 우리 고을이 장선생의 외가이기 때문이었다. 두 어른이 물러나면서 도세순에게 서면과 남면의 옛 이야기를 간략하게 기록하게 하였으나 스스로 견문이 보잘 것이 없어서 여헌 선생의 유시에 부응할 수 없다고 생각하여 나의 선군에게 편지를 보내어 이 일을 맡아줄 것을 요청하였다"[67]고 적고 있다. 이와 같이 성주지역 『경산지』 편찬은 여헌 선생의 적극적인 권유에 힘입은 바가 크다.

의성의 『문소지』의 경우에도 음애(陰崖) 이자(李耔, 1480~1533)가 완성하였던 읍지가 임진왜란 때 병화로 없어졌는데, 여헌 장현광이 현감으

---

66 『여헌선생속집』 9, 「부록」, 〈拜門錄(申悅道)〉. "甲戌二月 來謁于南山 與諸益語及輿地事 先生教曰 吾東載籍不備 居在此邦 不知此邦故事 可乎 諸君各撰地誌 俾有所勸懲 可矣 因命余撰聞韶縣誌 蓋先生嘗宰聞韶 有意修輯 而未就故也"

67 『京山誌』, 〈序〉; 星州老人大學堂, 1980. "曾於崇禎乙亥年中 旅軒張先生 以爲士林府庫之邦 不可使文獻無徵 屬鄕老金正郎輳呂士人燦 使志之 盖是州於張先生爲外鄕也 二老者退與都公世純 略記西南二面舊聞 而自謂聞謏見淺 不足副軒老之托 乃貽書吾先君而請之"

로 있으면서 중수를 시작하였으나 직을 떠나게 되면서 매번 이곳의 사람을 볼 때마다 이 일을 먼저하도록 권면하였다고 적고 있다.[68]

그외 여헌과 친분을 맺거나 지도를 받은 많은 이들이 지지를 편찬하였다. 대표적인 예로는 노경임의 『숭선지(嵩善誌)』, 최현(崔晛)의 『일선지(一善志)』, 장학(張㶊)의 『옥산지(玉山志)』, 정수민(鄭秀民)의 『천령지(天嶺誌)』, 권응생(權應生)·정극후(鄭克後)의 『동경잡기(東京雜記)』 등을 들 수 있다. 이러한 일련의 집필사업은 장현광의 영향이 크다. 김휴의 『해동문헌총록』도 여헌의 지도에서 시작하였다.

4. 『해동문헌총록』의 학문적 지향

1) 『해동문헌총록』의 편찬

전래해 오는 책을 분류하고 내용을 검토하여 그 성격을 구명하는 서지적인 접근은 문헌자료의 내용과 성격을 이해할 수 있는 학문적 방법이다. 일찍부터 책이 나온 중국에서는 도서를 분류하려고 하였으며, 이러한 시도는 유향(劉向)과 유흠(劉歆) 부자에 의해 이루어진 『별록(別錄)』과 『칠략(七略)』에서 시작하여 『한서』「예문지」, 『수서』「경적지」 등으로 이어지면서 계속 학문적으로 계승되어 왔다.[69]

우리나라에서는 오래 전부터 이러한 문헌 목록 작성과 내용 설명이 이루어졌으며 목록류로는 고려 의천의 『신편제종교장총록(新編諸宗教藏總錄)』, 팔만대장경의 목록인 『대장경총목(大藏經總目)』, 어숙권의 『고사촬

68 『柏巖先生文集(安應昌)』 2, 「序」, 〈聞韶志序〉.

69 『별록』과 『칠략』은 전해지지 않으며 현존하는 가장 오래된 도서목록은 『칠략』을 수정하여 완성한 반고의 『한서』「예문지」라고 할 수 있다.

요(攷事撮要)』 내의 〈책판목록(冊板目錄)〉 등이 있으나 해제를 다룬 전문 저술이면서 현재 남아 있기로는 김휴가 쓴 『해동문헌총록(海東文獻總錄)』이 최초이다.

1637년에 쓴 〈해동문헌록서(海東文獻錄序)〉에 따르면 『해동문헌총록』은 1616년(광해군 8) 김휴가 스승인 장현광으로부터 명을 받고 편찬하기 시작하였다.

> 병진년 겨울 내가 여헌 선생을 원당에 가서 뵙게 되었는데 선생께서는 책 몇 권을 내어 보여주면서 말씀하시기를 "이 책은 『문헌통고(文獻通攷)』「경적고(經籍考)」이다. 이 책을 보면 고금 문헌의 성쇠를 알 수 있으므로 나는 『문헌통고』에서 경적 관련 부분을 뽑아서 간직해 두었다. 그런데 동방의 사람은 동방 문헌에 대해 반드시 잘 알아야 한다. 자네는 박식하고 기억하는 재량이 있다. 자네가 살고 있는 가까운 읍은 병난의 재화를 면하여 서적들이 온전히 보존된 곳이 많을 것이므로 듣고 본대로 모아서 편집하여 이를 이어서 저술한다면 문헌을 능히 밝힐 수 있고 널리 참고로 삼을 수 있을 것이니 그 저술의 공은 옛 사람의 작품에 못지 않을 것이다"고 하였다.[70]

1616년 김휴가 장현광을 찾아갔을 때 장현광이 『문헌통고(文獻通考)』「경적고(經籍考)」를 내놓으면서 우리나라 사람은 우리나라의 문헌에 대해 반드시 알아야 한다는 지적[71]과 함께 우리나라 문헌도 조사할 것을 권유한 데서 『해동문헌총록』을 편찬하기 시작하였음을 적고 있다. 그런데

---

70 『경와선생문집』 7, 「序」, 〈海東文獻錄序〉. "歲丙辰冬 余拜旅軒先生於遠堂 先生出數卷書以示之曰 此乃文獻通攷經籍考也 觀此一書 可知古今文獻盛衰 吾故就通攷中抄出經籍所附 卷以藏之矣 但旣爲東方之人 則東方文獻 不可不知 吾君頗有博記之才 君所居近邑 得免兵火 書籍多有保完之處 倘能裒集聞見 繼此以述 則文獻足徵 博考是資 其功當不讓於古人矣"

71 여헌이 우리나라를 '아동(我東)'이라고 표현하여 중국과 구별되는 동방의 나라로서의 조선을 드러낸 것은 주목된다.

이 서문을 1637년 11월에 짓고 있다.[72] 이는 『해동문헌총록』의 편찬이 1616년 스승의 권유 이래 약 20여 년 동안 계속 지속되었음을 보여주고 있다. 그러나 간행은 이루어지지 못하여 원고본으로 남게 되었다.[73]

김휴는 오랜 세월을 들어 이 책을 완성한 후 이름을 『해동문헌총록』이라고 정하였으며, 스승인 장현광에게 올려 평을 구하였다. 장현광은 자못 칭찬을 한 후 "이 책을 만든 것은 문헌을 고증하기 위한 것이다. 그런데 문헌을 고증하려면 인물의 성쇠와 문장의 고하와 세도의 승강을 잘 알아야 한다"고 지적하였다. 이에 미진한 곳은 붓으로 삭제하고 수정을 가해 완성해나갔다.[74] 김휴가 『해동문헌총록』에서 편찬자의 행적을 중시한 것도 정현광이 제시한 "인물의 성쇠, 문장의 고하, 세도의 승강"의 설명에 따른 것임을 볼 수 있다.

2) 체재와 내용

영인본 『해동문헌총록』에 수록된 서적은 총 640종으로 멀리는 고구려에서부터 조선 당대까지 이른다.[75] 그런데 『해동문헌총록』은 전통적인 중국의 사부분류법과는 달리 자신의 독자적인 분류법에 따라 총론(總論), 어제시집(御製詩集), 제가시문집(諸家詩文集), 경서류(經書類), 사기류(史記類), 예악류(禮樂類), 병정류(兵政類), 법전류(法典類), 천문류(天文類), 지리류(地理類), 보첩류(譜諜類), 감계류(鑑誡類), 주해류(註解類), 소학류

---

72 『경와선생문집』 7, 「서」, 〈해동문헌록서〉. "崇禎十年丁丑十一月旣望 聞韶後人金烋書"

73 현재 전해지고 있는 원고본에 대해서는 배현숙, 앞의 논문, 69~79쪽 참조.

74 『경와선생문집』 7, 「序」, 〈海東文獻錄序〉. "故積以歲月 僅成若干帙 名之曰海東文獻錄 未及脫藁而急於取正 遂獻諸先生 先生不以爲非而濫賜奬與 且曰 是書之作 所以欲徵文獻 欲徵文獻者 欲知其人物之盛衰 文章之高下 世道之升降焉耳 未盡筆削處更加修正就完"

75 배현숙, 앞의 논문, 39쪽. 수록된 책에 대한 소개는 43~68쪽 참조.

(小學類), 의약류(醫藥類), 농상류(農桑類), 중국시문선술(中國詩文選述), 동국시문선술(東國詩文選述), 중국동국시문합편(中國東國詩文合編,) 유가잡저술(儒家雜著述), 제가잡저술(諸家雜著述)로 나누어 정리하였다.[76] 영인된 『동국문헌총록』에는 도동록(道東錄)이 추가되어 있다.

기술은 서명 아래에 저자를 밝히고 저자와 관련된 전기적인 개요, 해당서의 편찬과 관련된 사항, 저자와 관련된 전기적 사항을 싣고 있다. 특히 출판과 관련하여 초기 판본을 언급하고 있어 이후 판본 변화에 대하여 비교할 수 있는 근거를 제공하거나 일부에서는 전래 여부를 언급하고 있어 당시 책의 유통을 엿볼 수 있는 등 해제를 통해 오늘날 서지적 연구를 위한 정보도 제공하고 있다.

체재적인 측면에서 이 책이 전범으로 삼은 『문헌통고』[77] 「경적고」와 비교하면 「경적고」는 『수서』 「경적지」 이래 대부분의 도서해제류가 채택하였던 전통적인 경사자집(經史子集)의 4부 체재 속에 편성되어 있다.[78] 이에 반해 『해동문헌총록』은 내용을 중심으로 독자적인 분류법에 의하여 분류하고 있다. 『문헌통고』 「경적고」를 통해 이미 4부 체재를 알고 있으면서도 의도적으로 다양하게 분류하여 독자적인 분류법을 시행한 것이다.

---

76 『해동문헌총록』, 학문각, 1989.

77 『文獻通考』는 元대 馬端臨이 편찬하였으며, 348권, 고증 3권으로 이루어져 있다. 『통전』의 기초 위에 세목을 분류하여 송 광종 대까지의 전장 제도를 정리하였다. 분류된 24목 가운데 하나가 經籍考(76권)인데, 다른 세목은 대부분 『通典』의 9문에서 나온 것이라면 經籍은 帝系, 封建, 象緯, 物異와 함께 새로이 신증한 것이다(『文獻通考』, 中華書局 영인, 1986).

78 사부 분류법은 중국에서의 오랜 서적 분류방식에서 나온 것으로 진대 荀勗의 『中經新簿』에서 갑(경), 을(제자), 병(사), 정(시부 외)으로 나누어 4부로 분류하였으며, 李充의 『晉元帝四部書目』을 거쳐 『수서』 「경적지」에 이르러서는 경, 사, 자, 집, 도경(부), 불경(부)으로 분류함으로써 사부 분류법의 토대를 마련하였다(국립중앙도서관 서지학부, 『조선 서지학 개관』, 국립출판사, 1955, 71쪽 및 祝鼎民, 『中文工具書及其使用』, 북경출판사, 1987, 343~350쪽).

이러한 분류법은 오히려『한서』「예문지」나 그 뒤에 나온 내용적 분류 방식으로 돌아가는 모습을 보이고 있다.『한서』「예문지」에서는『칠략(七略)』에 따라 집략(輯略), 육예략(六藝略), 제자략(諸子略), 시부략(詩賦略), 병서략(兵書略), 술수략(術數略), 방기략(方技略)으로 구분하였다.[79] 송나라 시기에는 왕검(王儉)이 이를 발전시켜 경전(經典), 제자문한(諸子文翰), 군병(軍兵), 음양(陰陽), 술예(術藝), 도보(圖譜), 불가(佛家), 도가(道家)의 9지(志)로 만들었다.[80] 김휴의『해동문헌총록』이 이들 서적과 구별되는 부분은 어제류를 앞세워 유교적인 국왕 중심의 도덕률이 작용하고 있는 점,[81] 외형적인 형태보다는 내용적인 측면에 중점을 두어 더욱 다양하게 분류한 점 등의 특징이 있다.

그런데 이러한 분류법을 채택한 의도는 책의 행태적 측면보다 책의 내용적 측면을 강조하기 위한 의도에서 나온 것으로 보인다. 이러한 내용적 측면을 강조하여 해제적 소개를 한 것으로 중국의 경우에는 남송대『군재독서지(郡齋讀書志)』와『직재서록해제(直齋書錄解題)』를 비롯하여 계속 이어지고 있으나,[82] 우리나라에서는『해동문헌총록』이후 크게 번성하지 못하고 정조 연간이 되어서야 어정서(御定書)와 명찬서(命撰書)에 대해 해제를 가한 규장각신의『군서표기(群書標記)』와 개인 독서 비망록인 홍

79 『한서』 30,「예문집」 10(『한서』, 경인문화사, 1975, 426쪽). "向輒條其篇目 撮其指意 錄而奏之 會向卒 哀帝復使向子侍中奉車都尉歆卒父業 歆於是總書而奏其七略 故有輯略 有六藝略 有諸子略 有詩賦略 有兵書略 有術數略 有方技略 今刪其要 以備篇籍"

80 국립중앙도서관 서지학부, 앞의 책, 71쪽.

81 그 뒤에 나오는 우리나라의 책판목록류는 해동문헌총록과 같이 대부분 어제, 어필을 앞세우고 이어 서적을 분류하여 목록화하고 있다.

82 중국에서 해제 형태를 가진 전문 저작이면서 가장 이른 시기에 나온 것으로는 남송대 晁公武의『郡齋讀書志』와 陳振孫의『直齋書錄解題』를 들 수 있다. 이 두 책에서는 사부 분류에 따라 서목 뿐만 아니라 제요를 붙여 내용의 득실을 고증하였으며, 이러한 방식은『문헌통고』「경적고」와『사고전서총목제요』등을 거쳐 현대 해제집으로 이어진다.

석주(洪奭周)의 『홍씨독서록(洪氏讀書錄)』 등이 나올 뿐이었다. 그러나 어정서에 국한되었던 『군서표기』나 독서록인 『홍씨독서록』에 비해 『해동문헌총록』은 다룬 대상이 다양할 뿐만 아니라 내용도 풍부하다. 『해동문헌총록』과 같은 해제적 방식의 서술은 그 뒤로도 잘 계승되지 않고 오히려 모리스 꾸랑(Courant)의 『한국서지(Bibliographie Coreenne)』(1894~1896), 전간공작(前間恭作)의 『고선책보(古鮮冊譜)』(1944~1958), 이인영(李仁榮)의 『청분실서목(淸芬室書目)』(1944) 등 근대 해제서에 이르러서야 나타난다.[83]

한편 김휴는 『문헌통고』의 문제점을 지적한 다음의 언설을 남기고 있다.

> 중국의 『문헌통고』는 유형별로 모은 것으로 경적(經籍)도 여러 조목 중 한 조목이므로 편찬한 사람의 성명과 책을 편찬한 뜻을 간략하게 적어도 편질(篇帙)이 많게 된다. 그러나 『해동문헌록』은 오로지 경적(經籍)만을 대상으로 편찬한 것이다. 그런데 편찬자의 행적을 분명히 조사한 연후에라야 그 문헌의 전승 여부를 믿을 수 있을 것이다. 그러므로 여기서는 인물의 출처를 먼저 밝힌 다음에 문장과 의논을 서술하였다. 그러나 우리 동방의 문헌은 부족하여 어떤 사람이 편찬하여 전할 만한 책이 있어도 증거하여 그 실제적인 내용을 얻을 수 없다.[84]

『문헌통고』 「경적고」는 비록 조공무(晁公武)의 군재독서지(郡齋讀書志)와 진진손(陳振孫)의 『직재서록해제(直齋書錄解題)』의 제요를 취하여 해제를 강화하였으나 중국에서 나온 정사 예문지나 경적지와 마찬가지로

---

83 천혜봉, 『한국 서지학』, 민음사, 1991, 52~53쪽, 62~64쪽.

84 『경와선생문집』 7, 「序」, 〈海東文獻錄序〉. "蓋通攷則本是類聚 而經籍乃衆條目中一條目 故略記其人姓名及其述作之意 而篇帙已多矣 此書則專爲經籍而作 必明其作者之行跡 然後可信其書之必傳與否 故先之以人物出處 次及其文章議論 而吾東方文獻不足 雖或有人物述作之可傳者 無憑考得其實"

도서와 저작의 상황을 간략히 보여줄 뿐 편찬자와 편찬 동기에 대한 자세한 설명은 결여되어 있었다.

김휴는 『문헌통고』가 모든 책을 유형별로 정리하였으므로 편찬자와 편찬의 동기를 간략히 언급하여도 그 양도 방만하게 되었음을 지적하고 경적을 중심으로 그 편찬자의 행적을 자세히 밝히려고 하였다. 왜냐하면 편찬자의 행적이 책의 가치를 결정하는 중요한 요인으로 보았기 때문이다. 따라서 4부 체재와 같은 분류체계에 따른 서술 방식보다 책을 편찬한 인물을 통해 책의 편찬과 관련된 내용을 보여주기 위해 주제를 기초하여 책을 분류하였다.

게다가 책의 문장이나 편찬 의도보다 중요한 것은 인간으로의 행적에 두고 있다. 인물을 논하려면 먼저 기국과 식견을 먼저 살피고 나서 문예를 보아야 하며 작품을 논하려면 먼저 행적을 보고서 문장을 보아야 함을 강조하고 있다. 그래서 김휴는 편찬자의 행적을 먼저 적고 그 다음 책의 문장을 논하였다. 인물의 선하고 선하지 아니한 장부(臧否)를 통해 자신에게 비추어 보아야 독서의 공효가 나타난다고 주장하였다.[85] 따라서 김휴는 책의 편찬한 인물의 선, 불선을 독서의 가장 중요한 기준으로 제시하였다. 이는 전통적인 유학의 도덕주의적 판단 기준에 따라 문헌을 평가하는 것으로 도덕적 부면과 문헌의 사실성을 구별하려는 조선후기 백과전서학의 학문적 특성[86]에서 본다면 아직 전통적인 측면에 서 있음을 볼 수 있다.

내용적인 측면에서 보면 삼국시기부터 당대까지 간행된 서적을 소개하

---

85 『경와선생문집』 7, 「序」, 〈海東文獻錄序〉. "烋於是慙惶而退 竊伏自思曰 嗚呼 凡論人物者 必須先器識而後文藝 論述作者 必須先行跡而後文章 知此則可以序是錄矣 … 然則余所以先述其行跡 後及其文章者 實有見於鄒聖之遺意也 後之覽斯錄者 必以其人爲先 見其處心之善者而法之 不善者而懲之 行事之是者而則之 不是者而創之 總攬數千載人物臧否 一一反求於吾身 則庶可見讀書之功效 而文章述作 特其餘事耳"

86 박인호, 「백과전서학」, 『한국사학사대요』, 이회문화사, 2001 3판, 181~186쪽.

고 있으며, 당시 전하는 않는 서적에 대해서는 존목(存目)을 남기고 있어 오늘날 서지학에서 보면 상대적으로 정보가 부족한 임진왜란 이전에 나온 책에 대한 많은 기록을 남기고 있으며, 특히 어제류나 제가시문집류에 소개된 고려시기 서적에는 현재 서목만 남아 있는 책이 다수 수록되어 있다. 그리고 학문적 경향성을 알 수 있는 경서류에서는 조선초기 유학자들은 예외로 하더라도 이황과 이이를 다루면서 조식은 제외되어 있으며, 예악류에서는 퇴계계열 학자들의 저술을 주로 소개하고 있어 사상적 편향성이 나타난다.

또한 김휴는 유학을 신봉하는 성리학자이지만 제가시문집과 제가잡저술에서는 도가와 불가류의 서적을 소개하고 있다. 제가시문집류에서는 선귀(仙鬼) 1종, 석가(釋家) 54종을 소개하고 있는데, 석가류 중에는 신라와 고려시대에 편찬된 석가류 서적 43종을 소개하고 있다. 김휴가 불가류 서적에 대해 많은 정보를 남길 수 있었던 것은 절에서 스승과 같이 지내거나[87] 지역의 절을 돌아보거나[88] 금강산을 유람할 때에는 절에서 숙식하여[89] 불가에 대해 그다지 배타적이지 않았기 때문으로 보인다. 불가류 서적에 대한 정보가 상세한 것은 당대 유학자가 편찬한 다른 책에서 볼 수 없는 『해동문헌총록』만이 가진 특징이다.

이러한 『해동문헌총록』이 가지는 의미를 정리하면 다음과 같다.

첫째, 『해동문헌총록』은 고문헌에 대한 본격적인 최초의 서지적 연구서임이 주목된다. 특히 이전에 나온 책에 대한 해제적 저술이라는 점, 인

87 『경와선생문집』 2, 「詩」, 〈侍旅軒先生在崇巖 先生令賦詩 要以平淡爲主〉. "千年桃李寺 金池連珠林 幸陪吾先生 良辰此登臨 淹留十餘日 勝處窮幽尋"
『경와선생문집』 6, 「雜著」, 〈遠堂聞見錄〉. "烋嘗侍先生於山寺累月"

88 『경와선생문집』 1, 「詩」, 〈與漁溪諸友宿龍壽寺 翼日諸友皆散去 阻雨獨留 題西僧舍壁〉, 〈桃李寺記所見〉.

89 『경와선생문집』 3, 〈金剛錄〉.

물에 대한 주관적인 해설을 가하였다는 점, 고려 이전에 편찬된 다수의 책을 소개하고 있다는 점, 도교나 불교 관련 저술에 대한 소개가 수록되어 있다는 점 등에 특징이 있다.

둘째, 우리나라에서 도서목록이나 책판목록은 이전에도 나왔으나 전문적인 해제 저술로는 『해동문헌총록』이 최초라고 할 수 있으며, 해제 방식은 그 뒤로도 크게 번성하지 못하여 정조 연간이 되어서야 『군서표기』와 『홍씨독서록』이 나올 뿐이었다. 해제적 방식의 서술은 그 뒤로도 잘 계승되지 않아 모리스 꾸랑의 『한국서지』, 전간공작의 『고선책보』, 이인영의 『청분실서목』 등 근대 해제서에 이르러서야 본격적으로 나타난다.

셋째, 『해동문헌총록』은 『문헌통고』 「경적고」를 이용한 점에서 볼 수 있듯이 동시기인 명(明)대의 학문적 성과를 수렴하려는 분위기에서 나오고 있으나 새로운 분류 형태를 취하고 자국에서 편찬된 서적을 정리하려는 모습을 보이고 있다. 이는 여헌 장현광의 자주적 문제의식으로부터 영향을 받았던 것으로 보인다. 장현광은 "가는 곳마다 낙토(樂土) 아닌 데가 없고 들어가는 곳마다 아름다운 지역 아닌 데가 없다. 시골마다 좋은 풍속이요 고을마다 아름다운 풍속이니, 중국에 뒤지는 것이 별로 없다. 이는 어찌 원초(元初)의 혼륜(混淪)하고 방박(磅石)한 기운 가운데서 높고 후하고 순수하고 밝음이 쌓여서 마침내 중국이 만들어지고 미진(未盡)한 남은 기운으로 또 우리나라가 만들어진 것이 아니겠는가"[90]고 말하고 있다. 장현광의 이러한 중국과의 구별과 우리 문화에 대한 자존의식이 그의 지도를 받은 김휴에 의해 우리나라의 고서적에 대한 조사와 해제로 나타나고 있다.

---

90 『여헌선생속집』 4, 「雜著」, 〈青邱圖說〉. "蓋無適而非樂土 無入而非嘉地 鄉鄉好風 邑邑美俗 則其所以讓於中國者無多矣 其豈非元初渾淪磅石蕣之氣 其隆厚純明之積者乃做之而爲中國 其做中國 未盡之餘氣 又做之而爲我東者哉"

넷째, 학문적 지향점은 사회개혁론으로서의 실학이 아니라 유학의 도학주의적 측면에 서고 있다. 김휴가 인물의 선하고 선하지 아니한 장부(臧否)를 통해 자신에게 비추어 보아야 독서의 공효가 나타난다고 한 것은 당시 사회적 개혁론으로서의 실학과는 달리 유학의 도덕주의적 입장에서 책의 편찬을 보고 있음을 보여주고 있다. 기존의 논문에서 김휴가 추구하였던 학문의 성격을 실학의 일면이라고 정의하기도 하였으나 개혁론인 실학과는 다른 도학에 기반을 두었다.

다섯째, 조선 중·후기에 학문적 논쟁이 격렬해지면서 논설을 짓거나 과거 시험에서 문장을 짓기 위해서는 많은 전거 자료가 요구되었으며, 이에 따라 유학에 기반을 둔 백과전서적 저술들이 많이 나오기 시작하였다. 『해동문헌총록』은 비록 서지학 분야를 다루었으나 각 분야의 책을 모두 다루어 백과전서적 형태를 띠고 있다. 책들을 정리하는 형태는 당시 전형적인 분류방식으로 등장한 사부체재와는 달리 내용별로 분류하였으며, 어제류를 앞세워 유교적인 국왕 중심의 도덕률이 작용하고 있다. 이러한 분류법을 채택한 것은 책의 내용적 측면을 강조하기 위한 의도에서 나온 것이다.

5. 맺음말

김휴의 학문은 주자학의 도덕주의적 입장에 기반하고 있다. 그는 "근독불기(謹獨不欺)"를 스스로 몸과 마음을 수양하고 학문하는 근본으로 삼았다. 이러한 김휴의 학문은 가학으로서 멀리는 운천 김용에서부터 또한 표은 김시온과 아버지 경재 김시정으로부터 이어받은 것이다. 그는 조부인 김용의 학문을 이어 의성 김씨 가학의 전달에 일정한 역할을 담당하였다.

김휴는 노경임, 장현광, 정경세를 학문적 스승으로 두었으며, 여헌 장현광 문하의 동문 제자들과 폭넓은 교유 관계를 가지고 있었다. 특히 여헌 장현광으로부터 많은 영향을 받았으며, 스승의 학문에 대해 장식과 유종원을 거슬러 올라가 공자에까지 이어지는 것으로 평가하였다.

김휴는 최초의 전문적인 해제서인 『해동문헌총록』을 남기었다. 이 책은 1616년(광해군 8) 김휴가 스승인 장현광으로부터 명을 받고 일을 시작하여 오랜 기간 동안 편찬을 지속하였다.

전래해 오는 책을 분류하고 내용을 검토하여 그 성격을 구명하는 서지적인 접근은 중국의 경우 전한대 유향(劉向)과 유흠(劉歆) 부자에 의해 시작되었으며, 우리나라에서도 의천의 『신편제종교장총록』이나 어숙권의 『고사촬요』 〈책판목록〉 등의 목록류는 있었다. 그러나 해제를 적은 전문 저술로 현재 남아 있기로는 김휴가 쓴 『해동문헌총록』이 최초이다.

『해동문헌총록』의 편찬이 가지는 학문사적 의의를 찾아보면 『해동문헌총록』은 고문헌에 대한 본격적인 최초의 서지적 연구서이며, 이전에 나온 책에 대한 해제적 저술이라는 점, 인물에 대한 주관적인 해설을 가하였다는 점, 고려 이전에 편찬된 책을 소개하고 있다는 점, 도교나 불교 관련 저술에 대한 소개가 수록되어 있다는 점 등에 특징이 있다.

그런데 우리나라에서 도서목록이나 책판목록은 이전에도 나왔으나 전문적인 해제 저술로는 『해동문헌총록』이 최초라고 할 수 있다. 그러한 해제 방식은 그 뒤로도 크게 번성하지 못하였으며, 정조 연간이 되어서야 『군서표기』와 『홍씨독서록(洪氏讀書錄)』이 나올 뿐이었다. 『해동문헌총록』은 전근대적인 서지서이지만 근대 해제서에서 보이는 해제적 방식을 취하여 우리나라의 전근대적 학문이 근대적 학문으로 이어질 수 있는 선구적인 역할을 담당하고 있다.

그리고 『해동문헌총록』은 『문헌통고』 「경적고」를 이용한 점에서 볼 수 있듯이 명대의 학문적 성과를 수렴하려는 분위기에서 나오고 있으나 새로운 분류형태를 도입하여 서술하는 모습을 보이고 있다. 책의 형태는 당시 전형적인 분류방식인 사부체재와는 달리 내용별로 분류하였으며, 어제류를 앞세워 유교적인 국왕 중심의 도덕률이 작용하고 있다. 그리고 이러한 분류법을 채택한 것은 책의 내용적 측면을 강조하기 위한 의도에서 나온 것이다.

『해동문헌총록』에 바탕한 학문적 지향점은 사회적 개혁론으로서의 실학과는 달리 전통적인 도덕주의적 입장에서 책을 편찬하고 있다. 그런데 정신적으로는 유교적 도학의식이 내재하고 있으나 『해동문헌총록』의 편찬은 조선중기 이래의 백과전서학의 학문적 발전의 출발점이었다는 데 큰 의미가 있다.

요컨대 『해동문헌총록』은 전통적인 유교주의의 산물이나 백과전서류 편찬의 효시라는 점에 일정한 학문사적 의의가 있다. 조선중기 이래 많은 백과전서류가 편찬되어 학문적인 갈래를 세워나갔으며 『해동문헌총록』은 비록 전근대적인 학문의 형식과 내용으로 편찬되었으나 근대기 해제서의 선구적 형태를 가져 서지학의 측면에서 우리나라 전통 학문과 근대 서지학을 연결할 수 있는 가교적 역할을 담당하였다.

찾아보기

【ㄱ】

강복수(姜復粹) 210
강유선(康惟善) 57
『경산지(京山志)』 98, 112, 129-131, 134-138, 140-150, 153, 154, 156, 157, 159-161, 402
『경상도속찬지리지(慶尙道續撰地理誌)』 19, 47, 49, 114
『경상도읍지(慶尙道邑誌)』 22, 26, 30, 36, 39, 46, 48-50, 78, 114, 135, 163, 169
『경상도지리지(慶尙道地理誌)』 18, 19, 39, 47
고응척(高應陟) 56, 85, 121, 196, 209, 210, 213, 214, 239, 252, 370
고한운(高翰雲) 209, 210, 224
곽세건(郭世楗) 156
곽수지(郭守智) 348
『교남지(嶠南誌)』 28, 40, 43, 50, 138, 211, 223
권극립(權克立) 352
권돈인(權敦仁) 300, 304, 305
권상하(權尙夏) 104, 300
권응생(權應生) 369, 371, 403
『금릉지(金陵誌)』 162, 163, 166, 168, 169, 171, 174-178, 183, 184, 188, 190-192
「금생이문록(琴生異聞錄)」 22, 58, 64, 89, 93, 226, 238, 242, 243, 249
금오서원(金烏書院) 59-61, 226, 232, 233, 235-237, 239, 241-247, 248, 249, 252, 255, 365, 389
길사순(吉師舜) 228
길운득(吉云得) 204, 208, 224
길재(吉再) 47, 85, 87, 89, 226-228, 229, 231, 233-236, 238, 239, 241-243, 254, 255, 363, 373
김광계(金光繼) 369, 401
김굉필(金宏弼) 47, 230, 236
김기헌(金箕憲) 25
김녕(金寧) 234, 245, 247, 248
김덕일(金德一) 21
김륵(金玏) 390
김상용(金尙容) 360
김상헌(金尙憲) 148, 151-153, 160, 168, 291
김석윤(金錫胤) 233
김석주(金錫胄) 150, 151
김성일(金誠一) 56, 207, 216, 219, 335, 351, 387, 388, 395
김세렴(金世濂) 92
김수(金睟) 196, 197, 202, 332, 335

김수일(金守一) 387, 388, 395
김숙자(金叔滋) 47, 60, 89, 233, 236, 238, 239, 246, 252, 254, 255
김순발(金順發) 122, 123, 159
김순충(金順忠) 21
김시온(金是榲) 91, 395, 396, 401, 412
김시정(金是楨) 388, 389, 393, 396, 412
김여권(金汝權) 369-371
김용(金涌) 207, 231, 244, 388, 391, 395, 396, 397, 412
김우옹(金宇顒) 149-151, 155, 167, 323, 330, 348, 362, 370
김유수(金裕壽) 24
김윤부(金允夫) 210
김윤안(金允安) 91
김응기(金應箕) 57, 85, 312
김응조(金應祖) 103, 353, 365, 372, 375, 383, 401
김장생(金長生) 104, 106, 122, 123
김정호(金正浩) 27
김종유(金宗儒) 291, 312
김종직(金宗直) 19, 47, 63, 89, 181, 233, 235-239, 241-243, 254, 255
김종효(金宗孝) 353, 369, 370
김주(金澍) 60, 61, 89, 130, 134, 238, 239, 244, 246, 249-252, 402
김지원(金志遠) 27, 67, 237
김진종(金振宗) 57, 85, 250
김취문(金就文) 67, 85, 233, 234, 239, 242, 252
김취성(金就成) 60, 89, 233, 238, 239, 242, 246, 252
김해(金垓) 91, 197, 200, 208, 209, 214-217, 219-221, 224, 369
김휴(金烋) 21, 354, 369, 371, 385, 386, 388, 390-401, 403-413

【ㄴ】

낙봉서원(洛峰書院) 239, 248, 249, 252, 255
남재(南在) 230, 231
내격묘(來格廟) 249
노경임(盧景任) 21, 56, 57, 63, 85, 112, 203, 204, 206, 208, 224, 233, 247, 264, 323, 347, 362, 371, 391, 392, 396, 403, 412
노경필(盧景佖) 204, 208, 215, 323
노사성(盧思聖) 289
노상추(盧尙樞) 43
『노상추일기(盧尙樞日記)』 43
누르하치(奴爾哈齊) 258-263, 266, 284

【ㄷ】

『단성지(丹城誌)』 171-175, 190
『대동지지(大東地志)』 27
도세순(都世純) 131, 134, 317, 319, 402
도신수(都愼修) 369, 370
도신징(都愼徵) 153, 156, 370
도우권(都宇權) 135
도한기(都漢基) 136
『동경잡기(東京雜記)』 112, 403
『동국여지승람(東國輿地勝覽)』 18, 23, 35, 91, 134, 139, 142, 145, 163, 169, 172, 174, 176, 183, 184, 190, 231
『동국여지지(東國輿地志)』 23, 40, 42,

50, 92, 94, 145, 190
동락서원(東洛書院) 119, 374, 379-383

【ㅁ】
매강서원(梅江書院) 252, 253
모원당(慕遠堂) 352, 363
『문소지(聞韶志)』 21, 112, 402
『문헌통고(文獻通攷)』 404, 406, 408, 409, 411, 413
민정중(閔鼎重) 150, 151

【ㅂ】
박래겸(朴來謙) 286-288, 294, 297-301, 303-306, 308, 310, 312
박봉령(朴鳳齡) 293, 294, 312
박봉하(朴鳳夏) 301, 304
박선호(朴善浩) 300
박수일(朴遂一) 58, 59, 93, 204, 209, 224, 238, 323, 347, 348
박수홍(朴守弘) 288-293, 312
박영(朴英) 47, 89, 233, 236-239, 241-243, 255
박영기(朴永琪) 28
박운(朴雲) 58-61, 89, 237-239, 246, 252
박인하(朴麟夏) 302, 303
박증휘(朴增輝) 292, 312
박진환(朴震煥) 291, 292
박천의(朴天儀) 300
박천행(朴天行) 295, 296
박천형(朴天衡) 296, 297, 312
박춘보(朴春普) 294, 295, 300
박흥거(朴興居) 288
배상유(裵尙瑜) 92, 166-169, 188, 191, 192
배정곤(裵定坤) 136
봉양서원(鳳陽書院) 105, 253
부지암서원(不知巖書院) 365, 372-374
부지암정사(不知巖精舍) 353, 363, 364

【ㅅ】
삼강서원(三綱書院) 168
삼인묘(三仁廟) 249, 251, 252
상덕사(尙德祠) 158-161
『상산지(商山誌)』 69, 70, 91, 93, 112, 174, 191
상의사(尙義祠) 249
상현사(尙賢祠) 113, 119, 124, 366
선산(善山) 15, 16, 18, 20, 21, 23-25, 27-35, 37, 39, 42, 43, 45-54, 56, 60-63, 78-81, 86, 87, 89-94, 109, 110, 112, 118, 123, 159, 176, 196-209, 215, 219, 224-228, 230, 233, 235, 236-239, 243, 245, 246, 249, 250, 252-256, 264, 273, 287-291, 293, 296, 301, 311, 312, 315, 321, 324, 336, 348-350, 352, 353, 363-366, 370, 378, 391, 396
〈선산부지도(善山府地圖)〉 26
〈선산읍전도(善山邑全圖)〉 25
『선산읍지(善山邑誌)』 25-27, 30, 35, 36, 38, 43, 48, 86
『선산지도지(善山地圖誌)』 19, 22, 63
『성산지(星山誌)』 137, 138, 143, 155, 156
『성주대관(星州大觀)』 138
『성주지(星州誌)』 136-138, 143

『세종실록지리지(世宗實錄地理志)』 18, 28, 40, 43, 47, 49, 80, 162
소암서원(嘯巖書院) 359
손우남(孫宇男) 352
송기충(宋期忠) 234
송산서당(松山書堂) 57
송산서원(松山書院) 57, 58, 252
송시열(宋時烈) 104, 105, 122-124, 148, 151-153, 156-158, 160, 161, 290-293, 299, 300, 312, 374
송원기(宋遠器) 56, 207
송준길(宋浚吉) 124, 148, 151-153, 156, 157, 160, 290, 374
『숭선지(嵩善誌)』 20, 21, 63, 112, 403
숭의군(崇義軍) 205
『신증동국여지승람(新增東國輿地勝覽)』 18, 20, 23, 29, 39, 40, 42, 49, 50, 80, 81, 106, 162
『신찬팔도지리지(新撰八道地理志)』 18
신충일(申忠一) 261, 262

【ㅇ】

『야은선생행록(冶隱先生行錄)』 232
『양역실총(良役實摠)』 32
여대로(呂大老) 167, 179, 181, 359
여이명(呂以鳴) 163, 166-169, 174-177, 182, 184, 186, 188-191
『여재촬요(輿載撮要)』 27
『여지도서(輿地圖書)』 24-26, 32, 35, 38-40, 42, 45, 46, 48, 50, 109, 114-116, 163
〈연강열보(沿江列堡)〉 266-269, 280, 284
연경서원(研經書院) 359, 360, 366
『영남읍지(嶺南邑誌)』 22, 26, 78, 163
『영지요선(嶺誌要選)』 28, 138
오산서원(吳山書院) 119, 124, 232, 236, 237, 340, 363-365, 373, 374, 383
오횡묵(吳宖默) 27
옥계서원(玉溪書院) 104, 379
『옥산지(玉山志)』 70, 95-98, 100, 102-104, 106, 107, 109-121, 124, 125, 127, 128, 174, 223, 403
『용사일기(龍蛇日記)』 197, 315-318, 320, 327, 343
원회당(遠懷堂) 352
월암사(月巖祠) 249, 251
월암서당(月巖書堂) 65, 251
월암서원(月巖書院) 239, 248, 249, 255
유덕수(柳德粹) 231
유렴(柳濂) 261
유성룡(柳成龍) 101, 121, 323, 348, 351, 391, 396
유운룡(柳雲龍) 236, 347, 373
유정(劉綎) 104, 114, 202, 214, 323
유직(柳稷) 139-401
유철(柳澈) 91, 200, 202
유형원(柳馨遠) 23, 92, 94, 145, 168, 190-192
윤두수(尹斗壽) 148-150, 157, 160
윤지형(尹之亨) 232, 234, 241
윤홍선(尹弘宣) 233, 247
『읍지잡기(邑誌雜記)』 136
의구총(義狗塚) 42
의우총(義牛塚) 42
이규상(李圭象) 299

이덕형(李德馨) 283
이도장(李道長) 131, 134, 153, 160, 375, 378
이맹전(李孟專) 60, 61, 65, 89, 235, 236, 238, 239, 242, 243, 246, 249, 251, 252, 290
이민선(李敏善) 288-290
이병연(李秉延) 28, 43, 138
이보(李輔) 211-213, 215, 221, 224
이상일(李尙逸) 251, 290, 292
이성량(李成樑) 264, 265
이수언(李秀彦) 123, 148, 150, 153, 154, 157-161, 353
이숙(李翿) 157, 158, 160
이순흠(李舜欽) 137
이시분(李時馩) 171, 175, 190
이양(李揚) 230
이언적(李彦迪) 230, 236
이영남(李榮男) 215, 220
이우(李瑀) 85, 208, 211, 253, 291, 312
이원규(李元圭) 375, 378
이원순(李源順) 299
이원익(李元翼) 56, 207, 213, 389
이원정(李元禎) 98, 129, 131, 134, 138-141, 145, 147, 151-153, 155-157, 159, 160, 248, 402
이이(李珥) 121, 139, 148-150, 160, 253, 291, 410
이이첨(李爾瞻) 354
이자(李耔) 21, 402
이장재(李長載) 299
이재(李縡) 91, 206
이정화(李鼎華) 123, 159
이준(李埈) 22, 54, 63-65, 69, 82, 93, 243, 378, 401
이태하(李泰夏) 166, 168, 177, 184, 191
이항복(李恒福) 283
이행(李荇) 20
이현석(李玄錫) 123, 159
이호민(李好閔) 360
이황(李滉) 230, 236, 351, 388, 390, 393, 395, 410
이회연(李晦淵) 297, 298
『일선속지(一善續誌)』 27, 30, 36, 38, 51, 67, 86, 91, 237, 239
『일선읍지(一善邑誌)』 22, 66
『일선지(一善志)』 21-24, 27, 29, 35, 36, 38, 40, 42, 44, 47, 48, 50, 54, 55, 57-59, 62-67, 69-71, 73, 78-83, 86, 87, 90-94, 109, 110, 112, 127, 174, 211, 226, 237, 238, 241, 243, 249, 251, 403

【ㅈ】

장경우(張慶遇) 103, 124, 350, 351, 353-355, 357, 358, 362, 363, 365, 366, 375, 378-384, 401
장경홍(張慶弘) 123, 159
장곤(張崑) 113, 126
장광한(張光翰) 121, 126, 353, 373, 374
장내범(張乃範) 103, 214, 216, 217, 224, 347, 350, 351, 353, 355, 357, 358, 363, 366, 379
장대현(張大顯) 374
장만기(張萬紀) 123, 159

장봉한(張鳳翰) 218-220
장사진(張士珍) 215, 218-224
장석용(張錫龍) 97, 98
장선(張璿) 122
장심학(張心學) 380
장안세(張安世) 126, 379, 383
장용한(張龍翰) 102, 105, 112, 113, 121, 122, 126, 127, 253, 312, 374
장우명(張羽溟) 122, 123
장우상(張宇相) 123
장우주(張宇柱) 123, 159, 401
장우추(張宇樞) 122, 123, 159
장우한(張宇翰) 122, 123, 159
장유(張瑠) 96, 99-106, 111-113, 119, 120, 122-128, 159, 253, 374
장응일(張應一) 124, 152, 153, 155, 156, 355, 357, 363, 365-367, 372, 375, 383, 401
장이유(張以兪) 220, 372, 375, 378
장잠(張潛) 104, 112, 121, 124, 126, 253, 366, 370, 375
장제원(張悌元) 212, 214, 216, 224, 353
장천한(張天翰) 126
장학(張澩) 96-98, 103, 112, 121, 127, 350, 351, 355, 357, 365, 366, 403
장현광(張顯光) 92, 96, 103, 112, 113, 122, 124, 126, 127, 130, 167, 197, 216, 233, 237, 239, 244, 247, 248, 315, 316, 318-322, 324-327, 329-332, 334, 335, 337, 339-345, 347, 350-352, 357, 359, 360, 362, 363, 365, 366, 369-371, 373, 375, 379, 382, 383, 386, 391-393, 395-398, 400-405, 411-413
장홍한(張鴻翰) 126, 218-220
전극념(全克念) 123, 159
전극태(全克泰) 123, 159
전호봉(全壕峰) 138
정경달(丁景達) 200, 201, 204, 205, 209, 224, 225
정경세(鄭經世) 167, 351, 354, 392, 396, 397, 412
정곤수(鄭崑壽) 362
정구(鄭逑) 60, 61, 94, 130, 138, 142, 160, 167, 171, 241, 245-247, 323, 348, 351, 359, 360, 362, 370, 379, 383
정규삼(丁圭三) 27, 30, 48
정극후(鄭克後) 353, 375, 403
정기룡(鄭起龍) 205, 219
정도응(鄭道應) 375, 378
정몽주(鄭夢周) 228, 230, 233, 236
정붕(鄭鵬) 21, 47, 61, 89, 233, 237-239, 241-243, 255
정사상(鄭四象) 352
정사진(鄭四震) 324, 349, 352, 353
정수민(鄭秀民) 403
정여창(鄭汝昌) 230, 311
정원호(鄭源鎬) 28
정인홍(鄭仁弘) 335, 391
정철(鄭澈) 148-150, 157, 160
〈제일선인물지후(題一善人物誌後)〉 63, 93
조경하(趙鏡夏) 136
조광조(趙光祖) 104, 121, 230, 236
조두수(趙斗壽) 25
조만영(趙萬永) 297, 305

『조선환여승람(朝鮮寰輿勝覽)』 28, 43, 138
조집(趙楫) 264, 265
조찬한(趙纘韓) 249, 251
「조천일록(朝天日錄)」 57, 263
조첨(趙詹) 211, 212
조헌(趙憲) 148-151, 160

【ㅊ】
채항길(蔡恒吉) 123, 159
『천령지(天嶺誌)』 112, 403
최문징(崔文徵) 99, 102, 105, 106, 111, 119, 127
최산립(崔山立) 208
최석봉(崔錫鳳) 28
최응룡(崔應龍) 57, 85, 231, 233-235, 241, 242
최주하(崔柱河) 135
최현(崔晛) 21, 22, 54-66, 69, 73, 78, 80, 82, 87, 89, 90, 92, 93, 182, 204, 206-208, 224, 226, 233, 237-239, 245-251, 256, 257, 263-268, 272-275, 280-285, 403

【ㅍ】
『팔도지리지(八道地理志)』 18, 19
퍼알라[佛阿拉] 261, 266
『포산지(苞山志)』 92

【ㅎ】
하세국(河世國) 260, 261
하위지(河緯地) 60, 65, 89, 238, 239, 246, 249, 251, 252
『함주지(咸州誌)』 69, 107, 112, 142, 174, 190
『해동문헌총록(海東文獻總錄)』 371, 385, 386, 393, 403-408, 410, 411-414
『해동잡록(海東雜錄)』 385
허견(許堅) 123, 154
허국신(許國臣) 209
허적(許積) 154-156
허투알라[赫圖阿拉] 266
현암사(賢巖祠) 124
현암서원(賢巖書院) 124, 253
『호구총수(戶口總數)』 32, 36, 38
호대수(胡大受) 260, 261
화산서원(花山書院) 378, 379
화암서원(花巖書院) 288
황사충(黃士忠) 210
황윤길(黃允吉) 196, 329

박인호(朴仁鎬)

경북대학교 인문대 사학과 졸업
한국학중앙연구원 한국학대학원 석사·박사과정 졸업(문학박사)
현 금오공과대학교 교양교직과정부 교수

저서
사학사: 『한국사학사대요』, 『조선후기 역사지리학 연구』, 『조선시기 역사가와 역사지리인식』, 『실학자들은 우리나라 역사지리를 어떻게 보았는가』 등
지역사: 『제천 지역사 연구』, 『제천 관련 고문헌 해제집』, 『귀암 이원정 종가』, 『구미의 역사와 문화』, 『인재 최현』 등

구미 지역사 연구

2022년 1월 28일 초판 1쇄 펴냄

지은이 박인호
펴낸이 김흥국
펴낸곳 도서출판 보고사

책임편집 이순민
표지디자인 손정자

등록 1990년 12월 13일 제6-0429호
주소 경기도 파주시 회동길 337-15 보고사
전화 031-955-9797(대표), 02-922-5120~1(편집), 02-922-2246(영업)
팩스 02-922-6990
메일 kanapub3@naver.com / bogosabooks@naver.com
http://www.bogosabooks.co.kr

ISBN 979-11-6587-280-9 93910

정가 30,000원